January 18, 1999

What do I consider my most important Contributions?

- That I early on—almost sixty years ago—realized that MANAGEMENT has become the constitutive organ and function of the <u>Society of Organizations</u>;

- That MANAGEMENT is not "Business Management- though it first attained attention in business- but the governing organ of ALL institutions of Modern Society;

- That I established the study of MANAGEMENT as a DISCIPLINE in its own right; and

- That I focused this discipline on People and Power; on Values; Structure and Constitution; AND ABOVE ALL ON RESPONSIBILITIES- that is focused the <u>Discipline of Management</u> on Management as a truly LIBERAL ART.

Peter F. Drucker

我认为我最重要的贡献是什么？

- 早在60年前，我就认识到管理已经成为组织社会的基本器官和功能；
- 管理不仅是"企业管理"，而且是所有现代社会机构的管理器官，尽管管理最初侧重于企业管理；
- 我创建了管理这门独立的学科；
- 我围绕着人与权力、价值观、结构和方式来研究这一学科，尤其是围绕着责任。管理学科是把管理当作一门真正的人文艺术。

彼得·德鲁克
1999年1月18日

注：资料原件打印在德鲁克先生的私人信笺上，并有德鲁克先生亲笔签名，现藏于美国德鲁克档案馆。为纪念德鲁克先生，本书特收录这一珍贵资料。本资料由德鲁克管理学专家那国毅教授提供。

彼得·德鲁克和妻子多丽丝·德鲁克

德鲁克妻子多丽丝寄语中国读者

在此谨向广大的中国读者致以我诚挚的问候。本书深入介绍了德鲁克在管理领域方面的多种理念和见解。我相信他的管理思想得以在中国广泛应用,将有赖出版及持续的教育工作,令更多人受惠于他的馈赠。

盼望本书可以激发各位对构建一个令人憧憬的美好社会的希望,并推动大家在这一过程中积极发挥领导作用,他的在天之灵定会备感欣慰。

本页照片和多丽丝寄语原文与亲笔签名由彼得·德鲁克管理学院提供

认识管理

[美] 彼得·德鲁克 著

慈玉鹏 周正霞 译

An Introductory
View of Management

彼得·德鲁克全集

机械工业出版社
CHINA MACHINE PRESS

图书在版编目（CIP）数据

认识管理 /（美）彼得·德鲁克（Peter F. Drucker）著；慈玉鹏，周正霞译 . -- 北京：机械工业出版社，2021.2（2025.5 重印）

（彼得·德鲁克全集）

书名原文：An Introductory View of Management

ISBN 978-7-111-67408-5

I. ①认… II. ①彼… ②慈… ③周… III. ①企业管理 IV. ① F272

中国版本图书馆 CIP 数据核字（2021）第 032232 号

北京市版权局著作权合同登记　图字：01-2020-0411 号。

Peter F. Drucker. An Introductory View of Management.

Copyright © 1977 by Peter F. Drucker.

Chinese (Simplified Characters only) Trade Paperback Copyright © 2021 by China Machine Press.

This edition arranged with Harper's College Press through BIG APPLE AGENCY. This edition is authorized for sale in the Chinese mainland (excluding Hong Kong SAR, Macao SAR and Taiwan). No part of this book may be reproduced or transmitted in any form or by any means, electronic or mechanical, including photocopying, recording or any information storage and retrieval system, without permission, in writing, from the publisher.

All rights reserved.

本书中文简体字版由 Harper's College Press 通过 BIG APPLE AGENCY 授权机械工业出版社在中国大陆地区（不包括香港、澳门特别行政区及台湾地区）独家出版发行。未经出版者书面许可，不得以任何方式抄袭、复制或节录本书中的任何部分。

本书两面插页所用资料由彼得·德鲁克管理学院和那国毅教授提供。封面中签名摘自德鲁克先生为彼得·德鲁克管理学院的题词。

认识管理

出版发行：机械工业出版社（北京市西城区百万庄大街 22 号　邮政编码：100037）

责任编辑：李文静　刘新艳　　　　　　　　责任校对：殷　虹

印　　刷：固安县铭成印刷有限公司　　　　版　　次：2025 年 5 月第 1 版第 7 次印刷

开　　本：170mm×230mm　1/16　　　　　印　　张：39.25

书　　号：ISBN 978-7-111-67408-5　　　　定　　价：129.00 元

客服电话：（010）88361066　68326294

版权所有 · 侵权必究
封底无防伪标均为盗版

如果您喜欢彼得·德鲁克（Peter F. Drucker）或者他的书籍，那么请您尊重德鲁克。不要购买盗版图书，以及以德鲁克名义编纂的伪书。

| 目 录 |

推荐序一（邵明路）

推荐序二（赵曙明）

前言　管理职业与管理承诺

第1章　导论：管理和管理者 / 1
　　管理是什么 / 2
　　管理者的传统定义 / 5
　　管理者的新定义 / 7
　　管理者做什么 / 9
　　管理者的资源：人 / 11
　　管理：实践而非科学 / 12
　　管理的起源及历史 / 15
　　大型组织的兴起 / 17
　　第一波管理热潮 / 20
　　20世纪二三十年代的工作 / 21

第一部分 | 工商企业的绩效

第2章　管理的维度 / 27
　　　　宗旨和使命 / 28
　　　　有成效的工作与有成就的员工 / 30
　　　　社会影响和社会责任 / 31
　　　　最重要的任务是什么 / 33
　　　　时间维度 / 33
　　　　行政与企业家精神 / 35

第3章　西尔斯公司 / 39

第4章　企业是什么 / 48
　　　　企业的宗旨 / 50
　　　　企业家职能 / 51
　　　　销售到营销 / 52
　　　　企业：经济增长与发展的"器官" / 53
　　　　有效利用创造财富的资源 / 55
　　　　利润的功能 / 58

第5章　企业的宗旨和使命 / 62
　　　　决策出自各级管理者 / 63
　　　　"业务是什么"——并非显而易见 / 64
　　　　异议的必要性 / 66
　　　　方法而非意见 / 66
　　　　谁是消费者（客户）/ 67
　　　　对消费者（客户）的价值是什么 / 70
　　　　何时思考"业务是什么" / 73

"业务将是什么" / 75

尚未满足的消费者需求 / 77

"业务应该是什么" / 78

需要有计划地抛弃 / 79

第6章 目标的力量与宗旨：玛莎百货公司的案例 / 82

企业的使命：社会革命 / 83

玛莎百货公司的经验 / 87

工作和安排的基础 / 88

使用目标的方式 / 89

第7章 战略、目标、优先事项、工作安排 / 92

集中经营决策 / 93

市场地位决策 / 94

创新的目标 / 96

资源：供给、使用及生产率 / 97

生产率：检验管理能力的首要标准 / 100

贡献价值 / 101

社会责任 / 102

利润：一种需要和限制条件 / 103

日本的案例 / 104

如何衡量利润率 / 106

有关通货膨胀的说明 / 107

利润率：一个限制条件 / 108

目标的平衡 / 108

预算的作用 / 109

确定优先事项 / 110

　　　　从目标到行动 / 111

第8章　战略规划：企业家技能 / 113
　　　　战略规划不是什么 / 115
　　　　战略规划是什么 / 118
　　　　抛弃过去 / 118
　　　　必须从事什么新业务？何时着手 / 119
　　　　一切都要具体化为工作 / 121

第二部分 ｜ 服务机构的绩效

第9章　多机构社会 / 127
　　　　企业中的服务部门 / 127
　　　　服务机构得到有效管理了吗 / 129
　　　　服务机构可管理吗 / 130
　　　　例外的重要性 / 130
　　　　提高服务机构的绩效 / 131

第10章　服务机构绩效不佳的原因 / 134
　　　　企业化管理 / 134
　　　　优秀的人才 / 135
　　　　目标明确化 / 136
　　　　被预算误导 / 137
　　　　效率是罪过 / 139
　　　　目标的混乱 / 139
　　　　赚取与应得 / 142

第11章　若干例外及经验教训 / 145
　　美国电话电报公司 / 145
　　美国的现代大学 / 147
　　田纳西河流域管理局 / 149
　　市场方法与"社会主义竞争" / 150
　　市场方法的局限性 / 152
　　公共政策方法的局限性 / 153

第12章　服务机构的绩效管理 / 155
　　三种服务机构 / 157
　　机构的特定需求 / 157
　　服务机构的"社会主义竞争" / 159
　　治理机构 / 161

第三部分　｜　有成效的工作和有成就的员工

第13章　新现实 / 167
　　剧变的工作和员工 / 168
　　体力劳动者的危机 / 169
　　工会面临的危机 / 170
　　工会与知识工作者 / 171
　　管理知识工作者 / 173
　　细分劳动力的类别 / 175
　　新一代员工的影响 / 176

第14章　工作、做工与员工 / 179
　　分析、综合与控制 / 181

做工的五个维度 / 182
机械设计、人性化设计与生理维度 / 182
作为诅咒或祝福的工作：心理维度 / 183
社会联系和社区纽带：社会维度 / 185
工资基金和资本基金：经济维度 / 186
作为生计的工资和作为成本的工资 / 188
组织的固有维度：做工的权力维度 / 189
第六个维度：经济权力 / 190
主导维度的谬误 / 192

第15章 使工作富有成效：工作和过程 / 196
四点要求 / 197
工作分析 / 198
生产原则 / 200
独特产品生产系统 / 203
大规模生产系统 / 204
连续生产系统 / 209
每种生产原则的要求和特点 / 210
每种系统对管理的要求 / 213

第16章 使工作富有成效：核查与工具 / 217
常规与例外 / 219
常规的模式 / 221
工作和工具 / 223
机械化和自动化 / 225
超越体力工作 / 227

第17章　做工与员工：理论和实践　/ 232

　　X 理论和 Y 理论　/ 232

　　马斯洛的批判　/ 233

　　当前的新现实　/ 235

　　大棒与小棍子　/ 236

　　胡萝卜的滥用　/ 237

　　毒副作用显现　/ 239

　　管理者或主人　/ 240

　　开明心理专制　/ 241

第18章　从人事管理到对人的领导　/ 246

　　创造力的谬论　/ 247

　　掌握反馈信息　/ 247

　　持续学习　/ 248

　　计划与执行　/ 249

　　权威明确化　/ 250

　　对岗位和工作团队的责任　/ 250

　　流水装配线与工作丰富化　/ 251

　　新一代员工　/ 253

　　前工业群体　/ 254

　　知识工作者　/ 255

　　监工变助理　/ 256

　　由员工负责工作社区　/ 257

　　员工需要领导机会　/ 258

　　工作保障与收入稳定　/ 258

　　真实流动性　/ 259

需求：有组织地安置 / 260

利润、生产率与福利 / 261

合理的福利 / 263

对人的领导 / 265

人事管理 / 267

人是资源 / 268

人员配置 / 269

第四部分　社会影响和社会责任

第19章　社会影响和社会问题 / 275

原因何在 / 277

对政府不抱幻想 / 278

新兴的领导群体 / 278

社会责任的内涵 / 279

为社会影响负责 / 280

识别社会影响 / 282

处理社会影响 / 284

监管的必要性 / 285

需要权衡利弊 / 285

社会问题变商机 / 287

社会的"退行性疾病" / 289

第20章　社会责任的限度 / 292

能力的限度 / 294

权力的限度 / 295

　　　　　　拒绝的时刻 / 298

第21章　企业与政府 / 300
　　　　　　传统典范 / 301
　　　　　　典范与现实 / 304
　　　　　　新问题 / 305
　　　　　　指导方针 / 308
　　　　　　跨国公司 / 310

第22章　责任伦理 / 313
　　　　　　领导群体而非领导人 / 314
　　　　　　首先不要造成伤害 / 315
　　　　　　薪酬与经济不平等 / 317
　　　　　　"黄金脚铐"的危险 / 319
　　　　　　关于利润动机的言辞 / 320

第五部分 ｜ **管理工作和管理岗位**

第23章　为什么需要管理者 / 325
　　　　　　福特汽车公司的兴衰 / 326
　　　　　　通用汽车公司：反向检验 / 327
　　　　　　福特汽车公司的经验教训 / 328
　　　　　　作为一种"相变"的管理 / 330

第24章　管理岗位的设计与内容 / 332
　　　　　　常见的设计错误 / 333
　　　　　　岗位结构与个性 / 338
　　　　　　管理关系的幅度 / 339

定义管理岗位 / 341
管理者的权力 / 343
管理者、上下级、组织 / 344

第25章　管理发展与管理者开发 / 347
为什么需要管理发展 / 348
为什么需要管理者开发 / 348
管理发展不是什么 / 350
发展（开发）的两个维度 / 352

第26章　目标管理与自我控制 / 357
专业工作的误导 / 358
上级领导的误导 / 359
层级隔阂的误导 / 360
薪酬结构的误导 / 361
管理者的目标 / 362
运动式管理造成的后果 / 364
设立目标的主体及方式 / 365
通过评估进行自我控制 / 367
自我控制和绩效标准 / 368
管理哲学 / 369

第27章　中层管理到知识组织 / 371
短暂的必要矫正 / 373
人浮于事的危险 / 374
具体的增长领域 / 375
对决策的影响 / 376
重组为知识组织 / 378

　　　　决策权的明确化 / 378
　　　　对最高管理层的要求 / 379

第28章　绩效精神 / 383
　　　　绝不得过且过 / 384
　　　　重视"良心"决策 / 387
　　　　以机会为中心 / 388
　　　　组织的控制：人员决策 / 389
　　　　试金石：诚实正直 / 390

第六部分 | 管理技能

第29章　有效决策 / 397
　　　　日本式决策 / 397
　　　　决策始于观点 / 402
　　　　异议与替代选择 / 403
　　　　避免"自以为是" / 405
　　　　决策的必要性 / 406
　　　　决策落实到人 / 407
　　　　妥协的限度 / 409
　　　　反馈执行情况 / 410

第30章　管理沟通 / 413
　　　　我们已经学到的知识 / 414
　　　　下行沟通无效的原因 / 419
　　　　实现有效沟通的举措 / 421

第31章　核查、控制与管理 / 424
　　核查的主要特性 / 425
　　核查的具体规范 / 428
　　核查跟随战略 / 429
　　组织的最终控制 / 434

第32章　管理者与预算 / 436
　　预算作为管理工具 / 437
　　采用零基预算 / 438
　　三种成本类型 / 439
　　生命周期预算 / 440
　　经营预算和机会预算 / 441
　　人力资源预算 / 442
　　预算与控制 / 444
　　应用甘特图 / 445
　　利用预算评估绩效 / 448

第33章　管理者与管理科学 / 450
　　承诺与实际绩效 / 451
　　绩效不佳的原因 / 452
　　试图最小化风险 / 456
　　富有成效的关键 / 457

第七部分　管理组织

第34章　结构与战略 / 465
　　以往的最终答案 / 466

传统假设与当前的需求 / 467

我们已经学会的 / 469

三种类型的工作 / 471

需要忘却的争论 / 471

组织的构成要件 / 474

关键业务 / 474

贡献分析 / 476

"良心"业务 / 478

顾问和教学业务 / 479

信息的两个维度 / 481

后勤业务 / 482

决策分析 / 483

关系分析 / 485

组织病症 / 486

"组织炎症" / 488

第35章　以任务和工作为中心的设计 / 491

基本规范要求 / 491

满足上述规范 / 494

三种组织方式 / 494

职能制的优势和劣势 / 496

适用职能制的工作 / 497

采用职能制的组织 / 498

团队制的特征 / 499

团队制的要求 / 500

团队制的优势和劣势 / 501

适用团队制的工作 / 502

团队制与知识组织 / 502

第36章　以成果为中心的设计和以关系为中心的设计 / 506

联邦分权制的特征 / 506

联邦分权制的优势 / 508

联邦分权制的要求 / 510

对规模的要求 / 511

太小是多小 / 513

"事业部"是什么 / 514

模拟分权制的特征 / 515

模拟分权制的问题 / 518

采用模拟分权制的规则 / 519

系统制的特征 / 520

系统制的困难和问题 / 523

第37章　创新型组织 / 527

创新的案例 / 530

创新的含义 / 532

创新的动力 / 532

创新的战略 / 535

衡量和预算 / 537

失败的风险 / 539

创新的态度 / 540

创新的结构 / 543

创新"事业部"/ 544

第38章　最高管理层与董事会 / 548

最高管理层的任务 / 548

　　　　是否参与具体"运营" / 550

　　　　最高管理任务的特征 / 552

　　　　最高管理层的结构 / 554

　　　　最高管理团队合作 / 557

　　　　为最高管理层服务 / 559

　　　　董事会衰落的原因 / 561

　　　　最高管理层需要有效的董事会 / 563

　　　　董事会的三项功能 / 564

　　　　企业的需求 / 567

　　　　董事会成员的资格 / 567

第39章　管理组织的结论 / 571

　　　　简化的需要 / 573

结论　未来的管理者 / 575

参考文献 / 579

术语表㊀

赞誉 / 583

㊀ 请参见网站 www.cmpreading.com 本书《认识管理》产品详情页。

| 推荐序一 |

功能正常的社会和博雅管理

享誉世界的"现代管理学之父"彼得·德鲁克先生自认为,虽然他因为创建了现代管理学而广为人知,但他其实是一名社会生态学者,他真正关心的是个人在社会环境中的生存状况,管理则是新出现的用来改善社会和人生的工具。他一生写了39本书,只有15本书是讲管理的,其他都是有关社群(社区)、社会和政体的,而其中写工商企业管理的只有两本书(《为成果而管理》和《创新与企业家精神》)。

德鲁克深知人性是不完美的,因此人所创造的一切事物,包括人设计的社会也不可能完美。他对社会的期待和理想并不高,那只是一个较少痛苦,还可以容忍的社会。不过,它还是要有基本的功能,为生活在其中的人提供可以正常生活和工作的条件。这些功能或条件,就好像一个生命体必须具备正常的生命特征,没有它们社会也就不成其为社会了。值得留意的是,社会并不等同于"国家",因为"国(政府)"和"家(家庭)"不可能提供一个社会全部必要的职能。在德鲁克眼里,功能正常的社会至少要由三大类机构组成:政府、企业和非营利机构,它们各自发挥不同性质的作用,每一类、每一个机构中都要有能解决问题、令机构创造出独特绩效的权力中心和决策机制，这个权力中心和决策机制同时也要让机构里的每个人各得其所，既有所担当、做出贡献，又得到生计和身份、地位。这些在过去的国家中从来没有过的权力中心和决策机制，或者说新的"政体"，就是"管理"。在这里德鲁克把企业和非营利机构中的管理体制与政府的统治体制统称为"政体"，是因为它们都掌握权力，但是，这是两种性质截然不同的权力。企业和非营利机构掌握的，是为了提供特定的产品和服务，而调配社会资源的权力，政府所拥有的，则是整个社会公平的维护、正义的裁夺和干预的权力。

在美国克莱蒙特大学附近，有一座小小的德鲁克纪念馆，走进这座用他的故居改成的纪念馆，正对客厅入口的显眼处有一段他的名言：

> 在一个由多元的组织所构成的社会中，使我们的各种组织机构负责任地、独立自治地、高绩效地运作，是自由和尊严的唯一保障。有绩效的、负责任的管理是对抗和替代极权专制的唯一选择。

当年纪念馆落成时，德鲁克研究所的同事们问自己，如果要从德鲁克的著作中找出一段精练的话，概括这位大师的毕生工作对我们这个世界的意义，会是什么？他们最终选用了这段话。

如果你了解德鲁克的生平，了解他的基本信念和价值观形成的过程，你一定会同意他们的选择。从他的第一本书《经济人的末日》到他独自完成的最后一本书《功能社会》之间，贯穿着一条抵制极权专制、捍卫个人自由和尊严的直线。这里极权的极是极端的极，不是集中的集，两个词一字之差，其含义却有着重大区别，因为人类历史上由来已久的中央集权统治直到20世纪才有条件变种成极权主义。极权主义所谋求的，是从肉体到精神，全面、彻底地操纵和控制人类的每一个成员，把他们改造成实现个别极权主义者梦想的人形机器。20世纪给人类带来最大灾难和伤害的战争和运动，都是极权主义的"杰作"，德鲁克青年时代经历的希特勒纳粹主义正是其中之一。要了解德鲁克的经历怎样影响了他的信念和价值观，最好去读他的《旁观者》；要弄清什么是极权主义和为什么大众会拥护它，可以去读汉娜·阿伦特1951年出版的《极权主义的起源》。

好在历史的演变并不总是令人沮丧。工业革命以来，特别是从1800年开始，最近这200年生产力呈加速度提高，不但造就了物质的极大丰富，还带来了社会结构的深刻改变，这就是德鲁克早在80年前就敏锐地洞察和指出的，多元的、组织型的新社会的形成：新兴的企业和非营利机构填补了由来已久的"国（政府）"和"家（家庭）"之间的断层和空白，为现代国家提供了真正意义上的种种社会功能。在这个基础上，教育的普及和知识工作者的崛起，正在造就知识经济和知识社会，而信息科技成为这一切变化的加速器。要特别说明，"知识工作者"是德鲁克创造的一个称谓，泛指具备和应用专门知识从事生产工作，为社会创造出有用的产品和服务的人群，这包括企业家和在任何机构中的管理者、专业人士和技工，也包括社会上的独立执业人士，如会计师、律师、咨询师、培训师等。在21世纪的今天，由于知识的应用领域一再被扩大，个人和个别机构不再是孤独无助的，他们因为掌握了某项知识，就拥有了选择的自由和影响他人的权力。知识工作者和由他们组成的知识型组织不再是传统的知识分子或组织，知识工作者最大的特点就是他们的独立自主，可以主动地整合资源、创造价值，促成经济、社会、文化甚至政治层面的改变，而传统的知识分子只能依附于当时的统治当局，在统治当局提供的平台上才能有所作为。这是一个划时代的、意义深远的变化，而且这个变化不仅发生在西方发达国家，也发生在发展中国家。

在一个由多元组织构成的社会中，拿政府、企业和非营利机构这三类组织相互比较，企业和非营利机构因为受到市场、公众和政府的制约，它们的管理者不可能像政府那样走上极权主义统治，这是它们在德鲁克看来，比政府更重要、更值得寄予希望的原因。尽管如此，它们仍然可能因为管理缺位或者管理失当，例如官僚专制，不能达到德鲁克期望的"负责任地、高绩效地运作"，从而为极权专制垄断社会资源让出空间、提供机会。在所有机构中，包括在互联网时代虚拟的工作社群中，知识工作者的崛起既为新的管理提供了基础和条件，也带来对传统的"胡萝卜加大棒"管理方式的挑战。德鲁克正是因应这样的现实，研究、创立和不断完善现代管理学的。

1999年1月18日，德鲁克接近90岁高龄，在回答"我最重要的贡献是什么"这个问题时，他写了下面这段话：

> 我着眼于人和权力、价值观、结构和规范去研究管理学，而在所有这些之上，我聚焦于"责任"，那意味着我是把管理学当作一门真正的"博雅技艺"来看待的。

给管理学冠上"博雅技艺"的标识是德鲁克的首创，反映出他对管理的独特视角，这一点显然很重要，但是在他众多的著作中却没找到多少这方面的进一步解释。最完整的阐述是在他的《管理新现实》这本书第15章第五小节，这节的标题就是"管理是一种博雅技艺"：

> 30年前，英国科学家兼小说家斯诺（C. P. Snow）曾经提到当代社会的"两种文化"。可是，管理既不符合斯诺所说的"人文文化"，也不符合他所说的"科学文化"。管理所关心的是行动和应用，而成果正是对管理的考验，从这一点来看，管理算是一种科技。可是，管理也关心人、人的价值、人的成长与发展，就这一

点而言，管理又算是人文学科。另外，管理对社会结构和社群（社区）的关注与影响，也使管理算得上是人文学科。事实上，每一个曾经长年与各种组织里的管理者相处的人（就像本书作者）都知道，管理深深触及一些精神层面关切的问题——像人性的善与恶。

管理因而成为传统上所说的"博雅技艺"（liberal art）——是"博雅"（liberal），因为它关切的是知识的根本、自我认知、智慧和领导力，也是"技艺"（art），因为管理就是实行和应用。管理者从各种人文科学和社会科学中——心理学和哲学、经济学和历史、伦理学，以及从自然科学中，汲取知识与见解，可是，他们必须把这种知识集中在效能和成果上——治疗病人、教育学生、建造桥梁，以及设计和销售容易使用的软件程序等。

作为一个有多年实际管理经验，又几乎通读过德鲁克全部著作的人，我曾经反复琢磨过为什么德鲁克要说管理学其实是一门"博雅技艺"。我终于意识到这并不仅仅是一个标新立异的溢美之举，而是在为管理定性，它揭示了管理的本质，提出了所有管理者努力的正确方向。这至少包括了以下几重含义：

第一，管理最根本的问题，或者说管理的要害，就是管理者和每个知识工作者怎么看待与处理人和权力的关系。德鲁克是一位基督徒，他的宗教信仰和他的生活经验相互印证，对他的研究和写作产生了深刻的影响。在他看来，人是不应该有权力（power）的，只有造人的上帝或者说造物主才拥有权力，造物主永远高于人类。归根结底，人性是软弱的，经不起权力的引诱和考验。因此，人可以拥有的只是授权（authority），也就是人只是在某一阶段、某一事情上，因为所拥有的品德、知识和能力而被授权。不但任何个人是这样，整个人类也是这样。民主国家中"主权在民"，但是人民的权力也是一种授权，是造物主授予的，人在这种授权之下只是一个既有自由意志，又要承担责任的"工具"，他是造物主的工具而不能成为主宰，不能按自己的意图去操纵和控制自己的同类。认识到这一点，人才会谦卑而且有责任感，他们才会以造物主才能够掌握、人类只能被其感召和启示的公平正义，去时时检讨自己，也才会甘愿把自己置于外力强制的规范和约束之下。

第二，尽管人性是不完美的，但是人彼此平等，都有自己的价值，都有自己的创造能力，都有自己的功能，都应该被尊敬，而且应该被鼓励去创造。美国的独立宣言和宪法中所说的，人生而平等，每个人都有与生俱来、不证自明的权利（rights），正是从这一信念而来的，这也是德鲁克的管理学之所以可以有所作为的根本依据。管理者是否相信每个人都有善意和潜力？是否真的对所有人都平等看待？这些基本的或者说核心的价值观和信念，最终决定他们是否能和德鲁克的学说发生感应，是否真的能理解和实行它。

第三，在知识社会和知识型组织里，每一个工作者在某种程度上，都既是知识工作者，也是管理者，因为他可以凭借自己的专门知识对他人和组织产生权威性的影响——知识就是权力。但是权力必须和责任捆绑在一起。而一个管理者是否负起了责任，要以绩效和成果做检验。凭绩效和成果问责的权力是正当和合法的权力，也就是授权（authority），否则就成为德鲁克坚决反对的强权（might）。绩效和成果之所以重要，是因为不但在经济和物质层面，而且在心理层面，都会对人们产生影响。管理者和领导者如果持续不能解决现实问题，大众在彻底失望之余，会转而选择去依赖和服从强权，同时甘愿交出自己的自由和尊严。这就是为什么德鲁克一再警告，如果管理失败，极权主义就会取而代之。

第四，除了让组织取得绩效和成果，管理者还有没有其他的责任？或者换一种说法，绩效和成果仅限于可量化的经济成果和财富吗？对一个工商企业来说，除了为客户提供价廉物美的产品和服务、为股东赚取合理的利润，能否同时成为一个良好的、负责任的"社会公民"，能否同时帮助自己的员工在品格和能力两方面都得到提升呢？这似乎是一个太过苛刻的要求，但它是一个合理的要求。我个人在十多年前，和一家这样要求自己的后勤服务业的跨国公司合作，通过实践认识到这是可能的。这意味着我们必须学会把伦理道德的诉求和经济目标，设计进同一个工作流程、同一套衡量系统，直至每一种方法、工具和模式中去。值得欣慰的是，今天有越来越多的机构开始严肃地对待这个问题，在各自的领域做出肯定的回答。

第五，"作为一门博雅技艺的管理"或称"博雅管理"，这个讨人喜爱的中文翻译有一点儿问题，从翻译的"信、达、雅"这三项专业要求来看，雅则雅矣，信有不足。liberal art 直译过来应该是"自由的技艺"，但最早的繁体字中文版译成了"博雅艺术"，这可能是想要借助它在汉语中的褒义，我个人还是觉得"自由的技艺"更贴近英文原意。liberal 本身就是自由。art 可以译成艺术，但管理是要应用的，是要产生绩效和成果的，所以它首先应该是一门"技能"。此外，管理的对象是人们的工作，和人打交道一定会面对人性的善恶，人的千变万化的意念——感性的和理性的，从这个角度看，管理又是一门涉及主观判断的"艺术"。所以 art 其实更适合解读为"技艺"。liberal——自由，art——技艺，把两者合起来就是"自由技艺"。

最后我想说的是，我之所以对 liberal art 的翻译这么咬文嚼字，是因为管理学并不像人们普遍认为的那样，是一个人或者一个机构的成功学。它不是旨在让一家企业赚钱，在生产效率方面达到最优，也不是旨在让一家非营利机构赢得道德上的美誉。它旨在让我们每个人都生存在其中的人类社会和人类社群（社区）更健康，使人们较少受到伤害和痛苦。让每个工作者，按照他与生俱来的善意和潜能，自由地选择他自己愿意在这个社会或社区中所承担的责任；自由地发挥才智去创造出对别人有用的价值，从而履行这样的责任；并且在这样一个创造性工作的过程中，成长为更好和更有能力的人。这就是德鲁克先生定义和期待的，管理作为一门"自由技艺"，或者叫"博雅管理"，它的真正的含义。

邵明路

彼得·德鲁克管理学院创办人

| 推荐序二 |

跨越时空的管理思想

20多年来,机械工业出版社关于德鲁克先生著作的出版计划在国内学术界和实践界引起了极大的反响,每本书一经出版便会占据畅销书排行榜,广受读者喜爱。我非常荣幸,一开始就全程参与了这套丛书的翻译、出版和推广活动。尽管这套丛书已经面世多年,然而每次去新华书店或是路过机场的书店,总能看见这套书静静地立于书架之上,长盛不衰。在当今这样一个强调产品迭代、崇尚标新立异、出版物良莠难分的时代,试问还有哪本书能做到这样呢?

如今,管理学研究者们试图总结和探讨中国经济与中国企业成功的奥秘,结论众说纷纭、莫衷一是。我想,企业成功的原因肯定是多种多样的。中国人讲求天时、地利、人和,缺一不可,其中一定少不了德鲁克先生著作的启发、点拨和教化。从中国老一代企业家(如张瑞敏、任正非),及新一代的优秀职业经理人(如方洪波)的演讲中,我们常常可以听到来自先生的真知灼见。在当代管理学术研究中,我们也可以常常看出先生的思想指引和学术影响。我常常对学生说,当你不能找到好的研究灵感时，可以去翻翻先生的著作；当你对企业实践困惑不解时，也可以把先生的著作放在床头。简言之，要想了解现代管理理论和实践，首先要从研读德鲁克先生的著作开始。基于这个原因，1991年我从美国学成回国后，在南京大学商学院图书馆的一角专门开辟了德鲁克著作之窗，并一手创办了德鲁克论坛。至今，我已在南京大学商学院举办了100多期德鲁克论坛。在这一点上，我们也要感谢机械工业出版社为德鲁克先生著作的翻译、出版和推广付出的辛勤努力。

在与企业家的日常交流中，当发现他们存在各种困惑的时候，我常常推荐企业家阅读德鲁克先生的著作。这是因为，秉持奥地利学派的一贯传统，德鲁克先生总是将企业家和创新作为著作的中心思想之一。他坚持认为："优秀的企业家和企业家精神是一个国家最为重要的资源。"在企业发展过程中，企业家总是面临着效率和创新、制度和个性化、利润和社会责任、授权和控制、自我和他人等不同的矛盾与冲突。企业家总是在各种矛盾与冲突中成长和发展。现代工商管理教育不但需要传授建立现代管理制度的基本原理和准则，同时也要培养一大批具有优秀管理技能的职业经理人。一个有效的组织既离不开良好的制度保证，同时也离不开有效的管理者，两者缺一不可。这是因为，一方面，企业家需要通过对管理原则、责任和实践进行研究，探索如何建立一个有效的管理机制和制度，而衡量一个管理制度是否有效的标准就在于该制度能否将管理者个人特征的影响降到最低限度；另一方面，一个再高明的制度，如果没有具有职业道德的员工和管理者的遵守，制度也会很容易土崩瓦解。换言之，一个再高效的组织，如果缺乏有效的管理者和员工，组织的效率也不可能得到实现。虽然德鲁克先生的大部分著作是有关企业管理的，但是我们可以看到自由、成长、创新、多样化、多元化的思想在其著作中是一以贯之的。正如德鲁克在《旁观者》一书的序言中所阐述的,"未来是'有机体'的时代,由任务、目的、策略、社会的和外在的环境所主导"。很多人喜欢德鲁克提出的概念,但是德鲁克却说,"人比任何概念都有趣多了"。德鲁克本人虽然只是管理的旁观者,但是他对企业家工作的理解、对管理本质的洞察、对人性复杂性的观察,鞭辟入里、入木三分,这也许就是企业家喜爱他的著作的原因吧!

德鲁克先生从研究营利组织开始,如《公司的概念》(1946年),到研究非营利组织,如《非营利组织的管理》(1990年),再到后来研究社会组织,如《功能社会》(2002年)。虽然德鲁克先生的大部分著作出版于20世纪六七十年代,然而其影响力却是历久弥新的。在他的著作中,读者很容易找到许多最新的管理思想的源头,同时也不难获悉许多在其他管理著作中无法找到的"真知灼见",从组织的使命、组织的目标以及工商企业与服务机构的异同,到组织绩效、富有效率的员工、员工成就、员工福利和知识工作者,再到组织的社会影响与社会责任、企业与政府的关系、管理者的工作、管理工作的设计与内涵、管理人员的开发、目标管理与自我控制、中层管理者和知识型组织、有效决策、管理沟通、管理控制、面向未来的管理、组织的架构与设计、企业的合理规模、多角化经营、多国公司、企业成长和创新型组织等。

30多年前在美国读书期间,我就开始阅读先生的著作,学习先生的思想,并聆听先生的课堂教学。回国以后,我一直把他的著作放在案头。尔后,每隔一段时间,每每碰到新问题,就重新温故。令人惊奇的是,随着阅历的增长、知识的丰富,每次重温的时候,竟然会生出许多不同以往的想法和体会。仿佛这是一座挖不尽的宝藏,让人久久回味,有幸得以伴随终生。一本著作一旦诞生,就独立于作者、独立于时代而专属于每个读者,不同地理区域、不同文化背景、不同时代的人都能够从中得到启发、得到教育。这样的书是永恒的、跨越时空的。我想，德鲁克先生的著作就是如此。

特此作序，与大家共勉！

南京大学人文社会科学资深教授、商学院名誉院长

博士生导师

2018年1月6日于南京大学商学院安中大楼

| 前 言 |
管理职业与管理承诺

以往，在美国从事管理之人，只有少量受过高等教育。唯有现代组织才能为千千万万受过高等教育之人（当然也包括相关专业的教师）提供合适的岗位。工商企业、政府机构、医院、研究实验室、教育机构等所有组织都依赖管理和管理者。一言以蔽之，现代组织的凝聚力、绩效甚至生存都取决于管理和管理者。

当今的高等院校中，90%的学生未来都会以现代组织雇员的身份度过全部职业生涯。当然，他们在中间某个时期也可能会跳槽，但绝大多数人将在受管理的环境中开展工作，而他们未来的工作绩效严重依赖于自己对管理及其运作方式的理解。工作目标的实现和自我需求的满足也将基本取决于一种能力：使管理层和组织能够为个人需求、个人成长、个人价值观与个人目标服务。

大量受过高等教育的雇员将会成为管理者，还有更多的人将会成为"管理相关人员"，包括工程师、研究员、销售员、分析师、会计师、计算机程序员等专业技术人员，虽然这些人不一定管理他人的工作，但他们将作为同事与管理者密切协作，有可能成为管理团队的成员或领导者。所以，当今高等院校的许多学生（或许超过一半）将不得不亲自从事管理工作。

无论学生学习什么专业，管理学都既属于专业教育又属于通识教育。未来无论是作为现代组织的普通雇员，还是储备管理者，学习管理不仅能够为个人的职业生涯和工作效果添砖加瓦，而且可以帮助你在未来不再忙于"生存"，而是有条件享受"生活"，成为成就瞩目、勇于负责、卓有成效之人，这是通识教育长期以来孜孜以求的目标。在当今的组织社会中，掌握管理知识、具备管理能力都是基本要求，有助于人们彼此加深理解，维护社会秩序。

管理是一个多维度的主题领域，其自身首先是一门学科。管理是一门新兴的学科。迄今为止，现代组织的诞生尚不足百年，管理与之相伴而生。尽管仍有大量未知领域，但我们知道管理不仅仅是对常识和经验的概括，起码还可能是一套条理有序的知识体系。本书力图呈现当前已知的管理知识，也试图呈现该知识体系中更大一部分"有系统的无知"（organized ignorance）。我们知道需要该领域的新知识，心里清楚需要什么，但我们尚未掌握这些知识。然而，实践中的管理者没时间等待，他们在问题和需求出现时必须进行管理。因此，本书试图找到若干方法来探究我们无知的领域，深入思考相关政策、原则和实践，完成管理任务。本书还试图帮助管理者增强理解和思考能力，掌握相关知识和技能，以更好地从事当前和未来的工作。

当今世界各国的相互依赖程度越来越高，管理也随之越来越"跨国化"。今天的许多学生将来有机会在各种不同的文化环境中从事管理工作。在整个职业生涯中，他们将不得不与拥有不同传统、文化、语言、历史之人共事。本书并不试图"概述"西方国家（尤其是美国）之外的管理，但会重点关注价值观和信仰议题、传统和习俗议题、管理与社会之间的关系议题，并尝试把管理的任务、工作、组织、方法与所处的社会文化背景联系起来。

管理是任务，是一门学科，但管理更是人类本身（but management is also people）。管理的每一项成就都是管理者的功劳，每一次失败都是管理者的责任。从事管理的是人，而不是"力量"或"事实"。管理者是否具有远见、奉献精神和诚实正直的品格，决定了现代组织的管理状况。

因此本书围绕着作为人的管理者展开论述，聚焦于人的所作所为和取得的成就。但本书试图把人和任务结合起来。任务是客观的、非人格化的，但负责执行的是"管理者"，而决定需要什么以及必须实现什么成就的是"管理"。

管理是工作。无疑，管理维持着现代组织的顺利运转，是现代组织中的特有工作。现代社会依靠管理才区别于传统社会，因此管理也成为现代社会中的特有工作。管理工作有专门的技能、工具和技术。本书涉及许多这方面的内容，并选择了少数几个进行详细阐述。

然而，管理不同于医生、石匠、律师等其他工作，管理必须始终在组织内部开展。组织是一个人际关系网络，因此管理者往往是组织成员的榜样。虽然他做什么很重要，但同样重要的是他是谁——其重要性要远超医生、石匠甚至律师。唯有教师工作具有同样的双重维度：技能、绩效维度，人性、榜样、诚信维度。因此本书对管理者的任务和品格予以同等重视。

各类现代组织的管理者是社会上最显眼的领导群体。当今社会，几乎每项重大任务都是在管理者的领导下，经由大型组织处理，在其内部完成的。各个组织的宗旨和使命迥然不同。医院的社会职能不同于大学，工商企业的使命不同于政府机构，但所有组织都同样需要管理和管理者。无疑，所有组织中管理的任务都非常接近。在现代社会，各类组织的管理群体是取得效果和绩效的"器官"。管理者的绩效在很大程度上决定了现代社会能否履行承诺，能否为个人提供职业机会和获得成就的机会，进而决定了社会能否顺利运行。

绩效不佳的管理即为管理不善，然而，管理仅致力于绩效是不够的。领导群体还必须具有合法性，必须作为"权利"被社区接受。

"合法性"是一个晦涩且难以定义的词汇，然而合法性至关重要。除非社会认为领导群体具有合法性，否则将不会接受其权威。为有效地执行任务，做出应有的贡献，管理者需要具备崇高的权威。进而，社会的运行则依赖这些任务和贡献。

合法性的传统基础都不适用于管理者。血统、巫术、普选、私有财产权都不是管理者合法性的恰当基础。管理者身在其位是因为自身的绩效，然而绩效本身从来都不是合法性的充分基础。要想被认可为合法权威，管理者需要的是一种道德原则。管理者需要把权威建立在道德原则的基础上，这种道德原则体现了现代组织的宗旨和特性。

只有一种这样的道德原则（也就是现代组织的宗旨）能够作为管理权威的基础：帮助人们扬长避短、追求卓越。组织是工具，每个个人和社区成员都通过组织取得成就，进而为社会做出贡献。

今天我们已经知道，现代组织在19世纪晚期开始出现，在20世纪发展完善。组织是社会的工具，旨在实现社会目标。在人类的历史上，创建现代组织的重要性堪比10 000年前发明劳动分工。现代组织赖以立足的基本原则是"个人优势产生社会效益"，该原则无疑可以作为管理合法性的基础。显然，这是一个管理权威能够立足的道德原则。

保持管理层的自治是社会的本质要求，也是保持社会自由、维持社会运转的根本所在。实际上，真正能够替代统治的唯一选择是绩效卓越且自治的管理。

我们的社会既不愿意失去也不能缺少的服务，只有现代组织才能提供。工商企业提供的商品和服务，中小学、学院、大学提供的系统教育，医院提供的卫生保健，政府机构提供的服务，这一切我们都不愿失去。同时，只有在大型组织中，且经由大型组织，我们才能创造大量机会让人们运用知识来谋生和做贡献，进而取得作为知识工作者的成就。

如果社会上的各类现代组织不能实现负责任的自治，那么我们必将被强行彻底控制，没有任何人被允许自治。我们将面临整体主义⊖统治——因为统治是强大的自治组织的唯一替代选择。统治是用恐惧取代责任，用一个绝对领袖取代互相自由竞争的组织。统治强行将所有组织纳入无所不包的官僚体制，靠对秘密警察的恐惧将其维系在一起，事实上这样做等于摧毁了这些组织。所以，现代组织负责任地、自治地、以崇高的成就履行职责，是现代组织社会保持自由和维护尊严的唯一保障。这就要求管理者绩效卓越，但也要求管理者永远不要忘记自己的权威只能立足于帮助人们扬长避短、追求卓越，承诺帮助人们在组织中取得成就、做出贡献、实现自我。管理使个人的优势产生现代组织所追求的社会效益。因此，管理既是职业又是承诺，既是学科又是领导力。

不言而喻，管理已经成为一个重要的研究领域。今天的年轻人需要基本理解管理和管理技能。但管理也是一种"实践"，是应用而不是知识。纯"概念"和"理论"的管理著作可能会使学生掌握信息，但不能使其成为一位成功的管理者。然而，一本纯"实践"的著作将不会让一个没有或几乎没有管理经验的学生（甚至可能没有作为管理部门雇员的经验）产生学习的兴趣。管理著作必须是一种"著作"，表现为一门"学科"；同时必须是"实践的"，聚焦于实际管理经验。30年来，笔者一直向学院、大学、行政

⊖ 整体主义（totalitarianism），不允许存在个人自由，力图使个人生活的所有方面服从政府权威的思想体系。——译者注

项目、研讨会的各类学生讲授管理。本书及其方法来源于此，并受到了严格检验。在很大程度上，本书的主题是笔者在30余年中作为管理顾问与各层次管理者——大小企业管理者，企业、政府、医院、学校的管理者密切合作的基础上逐步发展起来的。虽然笔者曾经与美国之外（尤其是英国、欧洲大陆国家、日本、拉美国家）的企业和其他组织开展合作，但本书的经验多数源自美国，具体是指美国的企业和公共服务机构。因此，本书试图包含每位管理者需要知道的事情，且即使从未在管理部门担任管理者甚至雇员之人，也非常容易理解。因此本书的使用者（不论是课堂上的教师还是学生）都能够确定两件事情：第一，本书的所有内容都源自管理实践，并且实践证明这些内容非常有效也非常重要；第二，本书的所有内容都经过学生在课堂上的检验，并且检验证明这些内容对学生非常有意义也非常容易理解。

正是这种双重焦点（课堂学习和实践应用并举）构成了本书结构的基础。多数管理著作都是有关管理工作的著作，侧重从组织内部看管理，但现代组织的存在不是为了组织内部的绩效，而是为了履行社会责任，给组织外部的社会和社区做贡献。本书从管理层的第一项主要任务（包括组织的具体任务及其绩效）开始论述，企业的绩效和服务机构的绩效都包括在内（第1~12章）。下面会讨论管理层的第二项主要任务：使工作富有成效并帮助员工取得成就（第13~18章）。接着探讨管理层的第三项主要任务：管理组织造成的社会影响和社会责任（第19~22章）。后面转而讨论管理者，包括其工作、岗位和技能，以问题"为什么需要管理者"为开端（第23章）。由于管理者并非自然存在的，所以需要对其存在做出解释。然后内容转移到管理者的工作和岗位（第24~28章），接着讨论具体的管理技能（第29~33章）。本书最后一部分探讨组织问题，包括创新型组织和最高管理层的岗位、工作和组织结构（第34～39章）。本书的结论部分设想了未来管理者的工作，也就是今天的管理学习者未来必须从事的工作，这项工作将会是他们的机会，作者衷心祝愿他们从中取得成就并获得满足感。

彼得·德鲁克

第1章 | CHAPTER 1

导论：管理和管理者

管理可能是20世纪最重要的创新，也是对高等院校学生产生最直接影响的创新。这些学生未来将成为管理型组织内的"知识工作者"，继而会成为其中的管理者。但什么是管理？为什么需要管理？如何定义"管理者"？管理者的任务、责任是什么？管理研究和管理学科是如何发展至今的？

19世纪末，美国最早的商学院⊖刚创立时甚至没有开设一门管理课程。大约同时期，泰勒⊜最早致力于普及"管理"这个词，用以（更精确地）描述他原先所谓的"工作研究"或"任务研究"。现在我们称之为"工业工程"。但当泰勒谈论我们现在所谓的"管理"和"管理者"时，实际上是指"所有

⊖ 1881年，美国企业家约瑟夫·沃顿（Joseph Wharton）创建的宾夕法尼亚大学沃顿商学院。——译者注
⊜ 泰勒（Frederick W. Taylor），科学管理之父，强调科学管理的本质是一场思想革命，主张以科学取代经验，效率与人性统一，劳资合作共创利润，代表作有《科学管理原理》（The Principles of Scientific Management）。——译者注

者及其代表"。尽管管理学科能够溯源到150年前（参见本章末尾关于管理的起源及历史的阐述），但作为一项职能、一项独特的工作、一个学科和研究领域的管理完完全全是20世纪的产物。多数人直到第二次世界大战后才认识到管理的重要性。

在一位老人一辈子的时间之内，我们的社会转变为了"组织社会"。在20世纪，重大的社会任务逐步转移到组织内处理，并且由组织来完成。这些组织包括大大小小的工商企业、学校、医院、研究实验室、规模不同且类型各异的政府机构等。具体而言，重大的社会任务被委托给了从事"管理"工作的"管理者"。

管理是什么

管理和管理者是所有组织（从规模最小到规模最大）的特定需求，是每个组织特有的"器官"，负责把组织内各部门凝聚在一起，发挥应有的职能。缺少管理者，当今的任何组织都无法运作。管理者从事自己的工作，不是依托"所有者"的授权。对管理的需求并不是因为具体工作太繁重，所有者个人无法独自完成。本质上，管理工商企业或公共服务机构不同于管理自己的财产，也不同于经营一家小诊所或个人律所。

许多结构复杂的大型企业确实从个体商户起步，但在实现第一步的成长之后，就不再仅仅需要扩大规模，甚至在企业成长为"相当大"规模之前很久，量变就已引起质变。此刻，即使当初的小企业主仍然是唯一的所有者，也不再亲自经营"他们自己的"企业。当时他们可能拥有一家工商企业，但如果不能迅速转型为管理者，很快就会要么被取代，不再是"所有者"，要么企业将破产并消失。因为在那时，企业转变为了现代组织，其生存需要不同的结构、原则、行为和工作，需要管理和管理者。

如今在苏联[⊖]等国家，工商企业的合法管理往往仍被视为源自所有者的授权。根据苏联的法律，因为政府取代私人股东成了"所有者"，所以政府管理企业名正言顺。但在多数国家，尽管管理权先于甚至高于所有权的学说仍然仅限于法律层面，但已经决定予以实施，所有者本人必须服从企业对管理和管理者的要求。当然，许多所有者成功地把所有者－投资者与最高管理者的角色糅合在一起。但如果企业没有获得所需的管理，所有权本身也就毫无价值了。并且企业的规模已经非常庞大，成为国民经济的关键部分，以至于其存续和绩效受到全国关注，公众压力会迫使政府行动起来从阻碍管理的所有者手中夺走控制权。例如，20世纪50年代中期，由于休斯飞机公司生产的电子产品对美国的国防至关重要，所以霍华德·休斯[⊜]在美国政府的压力下不得不放弃对该全资公司的控制权。之所以强行引入管理者，是因为霍华德·休斯坚持以"所有者"身份主导公司的经营。无独有偶，60年代，即使克虏伯家族持有全部股份，联邦德国政府仍旧迫使克虏伯公司[⊝]引入了自治的管理层。

企业从作为所有者的企业家在"助手"的帮衬下经营转变为由职业管理层运营，是一种彻底的变革。只有从根本上改变基本观念、基本原则和个人愿景，才能实现这种变革。

可以把两种企业比作两种生物：由坚硬的外壳包裹在一起的昆虫和由骨骼支撑为一个整体的脊椎动物。陆地上由坚硬外壳包裹的昆虫体型不过几英寸大小。要想更大，就必须要有骨骼。然而，昆虫不能从硬壳中进化出骨骼，原因就在于硬壳和骨骼是不同的器官，各自有不同的起源。同样，当企

⊖ 本书英文原书出版于1977年。
⊜ 霍华德·休斯（Howard Hughes），美国企业家、电影导演，1932年组建休斯飞机公司，1953年将全部股份捐给新成立的霍华德·休斯医学研究所，使该公司成为免税的慈善组织。——译者注
⊝ 克虏伯公司（Krupp Company），德国企业，第二次世界大战前是全球主要的武器制造商和钢铁制造商之一。——译者注

业的规模和复杂性达到一定程度时，管理就应运而生了。但是，管理虽然取代了作为所有者的企业家代表的硬壳结构，但并非其继承者，而是其替代者。

企业什么时候能够达到必须从硬壳转变为骨骼的阶段呢？答案是生产线规模在300~1000名雇员的时候，或许更重要的是复杂性的提高。当各类任务必须经过协调、合作、沟通才能推进时，组织就产生了对管理和管理者的需求。例如，20~25名各学科的科学家在一个小规模研究实验室中一起工作，如果缺乏管理，事情就会失控，计划就不能落实为行动。更糟糕的是，计划的各个部分会各自为政，从而导致推进速度不同、时间点不一致、目标存在差异。此时，组织的产品或服务可能非常卓越，成员能力高超、勇于奉献，老板可能是（往往是）一位有效掌握个人权力的强人，但除非企业转变为管理和管理者代表的"骨架"结构，否则必将遭遇挫折、业务停滞，很快就会走向衰落。

"管理"（management）这个词已经有几个世纪的历史了，但只有在美国，该词才被用来指代组织尤其是工商企业的指挥机构，并且美国人心目中"管理"一词的含义，在其他语言中没有严格对应的词。当美国人提及"管理"时，英国人通常说"董事会"（the Board）或"执行机构"（the executive）。管理既指一种职能，又指履行职能的人；既表示一种社会地位和权威，又是一门学科和研究领域。

甚至在美国，"管理"的用法也很复杂。工商企业之外的其他组织往往不提管理或管理者。大学或政府机构称其为行政人员（administrator），医院也一样；军队称其为指挥官（commander）；其他组织则称其为执行人员（executive），诸如此类，不一而足。

然而，所有这些组织在管理职能、管理任务、管理工作方面存在许多共同之处。它们都需要管理，并且管理是所有这些组织内富有成效的、积极能动的"器官"。

没有现代组织，就没有管理。反之，没有管理，也没有现代组织，有的只是一群乌合之众。组织是社会的一个"器官"，并且其存在是为了给社会、经济和个人做出必要的贡献。然而，"器官"从来都不是由所作所为来界定，也不是由开展工作的方式决定，而是由其贡献来界定。正是管理，使得各类组织能够有所贡献。

管理是任务，是一门学科，但管理也是人。管理的每一项成就都是管理者的功劳，每一次失败都是管理者的责任。从事管理的是人，而不是"力量"或"事实"。管理者是否具有远见、奉献精神和诚实正直的品格，决定了组织的管理水平。

管理者的传统定义

当被问到"manager"是什么意思时，多数人的回答是"老板"，但是当看到机场一家擦鞋店的牌子上写着"约翰·史密斯，manager"字样时，每个人（起码在美国）都知道，史密斯先生不是老板，而只是一名拥有低级权力的雇员，工资仅略高于普通擦鞋工人。

在管理的早期历史上，管理者被定义为"对他人的工作负有责任"之人。该定义把管理者的职能与所有者区分开来，明确了管理是一项可以系统分析、深入研究、不断改进的具体工作，并且侧重于为执行社会经济任务而组建的本质上新型的大型常设组织。

然而，该定义完全不能令人满意，实际上也从未令人满意。从组建之日起，企业中往往有些人处于负责的岗位，他们显然属于管理层，但并不从事所谓的"管理"工作，也就是不为他人的工作负责。例如，企业的财务主管负责内部资金的供给和使用，可能配备了若干下级，并且在这个意义上是一名符合定义的"管理者"，但显然财务主管独自从事大部分企业内部的本职工作，同时与企业的经销商、金融界等合作共事。财务主管是一位"独立贡献者"，而不是对他人的工作负有责任的管理者，但他是最高管理层的成员。传统定义注重执行任务的工具，而不是任务本身。企业内负责市场研究之人可能配备了许多下级，因此是一名符合传统定义的管理者，但对其职能和贡献而言，配备下级数量的多少，甚至是否配备下级都没有任何区别。一位没有下级向其汇报工作的独立贡献者，依旧可以做出卓越的市场研究和分析成果。事实上，当不再被迫拿出大把时间监督管理下级及其工作时，该市场研究人员甚至可能做出更多贡献，进而使该企业的市场研究工作更加卓有成效，得到管理层更充分的认可，并且更充分地融入企业的基本经营决策中。

在今天的工商企业中，成长最快的群体就是管理者阶层。他们对企业的成果和贡献负责，但不对他人的工作负责。这些人往往是各类专业的独立贡献者，独自开展工作（可能配备一名助理或秘书），但对企业的财富创造能力、业务发展方向和绩效水平都有重要影响。

虽然这类人作为一个独特的群体首先出现在技术研究部门，但其分布并不限于此。实验室的资深药剂师负有主要责任，拍板重大决策，并且其中许多决策的影响是不可逆的，与那些规划并思考企业的组织结构、设计管理工作岗位之人相同。决定成本的定义和分配的资深成本会计师也属于该行列。会计师通过为管理层确立衡量标准，事实上在很大程度上决定了特定产品是否保留。这类人还包括负责开发和维护企业产品质量标准之人，负责企业产品进入市场的分销体系之人，负责企业的基本促销政策、广告信息、媒体运用、广告效果评估等业务的广告总监等。

管理者的传统定义导致专业的独立贡献者成为组织结构中的难题，也使他们自身面临难题，相关的头衔、薪酬、职能和职业机会都混乱不堪，摩擦不断，导致怨声载道。然而，这类专业人员的数量正在迅速增加。

管理者的新定义

管理者的正确定义是什么？哪些人应被视为管理者？回答该问题的首次尝试是在20世纪50年代初，但仅仅通过承认"专业的独立贡献者"，并要求"平行的机会途径"来补充管理者的传统定义。该定义使得为高级"专业"工作支付适当薪酬成为可能，而不再使更高的薪酬取决于晋升至对他人的工作负责的岗位。

然而，这种定义并没有彻底解决问题。采用该定义的企业声称，专业的独立贡献者的不满情绪只比以前略有下降，但他们仍然认为真正的晋升机会主要存在于行政体系，要想"出人头地"必须成为"老板"。最重要的是，在该定义中，管理者被分为两个群体，导致做自己的工作之人，相比对他人的工作负有责任之人具有明显的劣势，强调的重点仍是权力和权威，而不是责任和贡献。

任何不是从传统定义出发，而是着眼于工作本身的分析，都会得出结论认为，传统上把管理者定义为对他人的工作负有责任之人，强调的是次要的而不是主要的特征。

后来我们发现，有人将管理者的工作划分为计划、组织、整合、评估、人员开发。独自工作的市场研究人员或资深成本会计师等专业人员，也必须根据目标和期望来计划、组织和评估成果。他们的所作所为及工作方式对人们的发展有重要影响，尤其是当他们在组织中扮演"教师"角色时更是如此。专业人员也不得不将自己的工作与组织中其他人的工作密切协调。最重要的是，如果他们想要有所成就，就必须与其他领域或职能之人"横向"整合，这些人同样必须使自己的工作落到实处。

管理者的传统定义强调"向下整合"，也就是整合下级的工作。但对于那些配备下级的管理者来说，与那些非上下级人员的"横向"关系在工作中也同样重要，在决策和获取信息方面甚至更加重要。区域销售人员必须与生产规划师、销售分析师和成本会计师密切协作，反之，这些人也必须与区域销售人员配合。他们必须做出的多数日常决策影响的往往是"平级人员"，而不是下级人员。换言之，整合之所以重要，是因为人们在组织中必须与他人合作共事，而不是因为他们有下级。

流水装配线上的领班或保险公司打孔室女工的监工等，这类工厂或办公室中一线主管岗位的本质就是对人的管理，但他们仅仅是一名最基层的"管理者"，这也是当前此类岗位出现许多"问题"的原因。无论在工厂还是办公室中，一线主管一般不从事计划和组织工作，也不为成果和贡献承担太大的责任，他们被期待着按照别人设定的目标从事工作，在典型的大规模生产工厂中，一线主管能做或应该做的只有这些。

应该强调指出，组织中用以确定哪些人负有管理责任的首要标准，不是能否指挥命令他人，而是对贡献所负的责任。职能而非权力必须成为明确的标准和组织原则。

但应该怎么称呼这些人呢？许多组织尝试使用新概念，或者赋予旧名词以新含义。或许最佳方式不是创造一个新词，而是沿用"管理群体"的习惯用法。在管理群体中，部分人的职能涵盖传统的管理职能，对他人的工作负有责任；另一部分人在具体工作中不承担该责任。还有第三部分人，他们的工作职责有些模糊，介于下述两种人之间：一种是团队领导者或任务小组组长；另一种是把为最高管理层提供咨询的职能与对特定领域人员的监督管理责任结合起来之人。管理者会进入自己不是作为上级的环境中，而专业人员也时常会担任任务小组的组长。

这个解决方案并不巧妙，更谈不上完美。每个组织中总有一些真正的专业人员，尽管绝不是普通雇员，但也从不自视为一名管理者，他们忠诚的对象是自己的专业或技能，而不是所在的组织。例如，人事部门的心理学家更喜欢被视为一名专业人员，也就是某个学术共同体的成员，而不是某家企业的管理者，甚至也不愿意被视为某所大学的教职工。计算机专业人员同样如此。

然而，根据这个定义，我们能够把所有履行管理职能之人称为"管理者"，而不考虑其是否掌握命令他人的权力。

管理者做什么

多数管理者把大部分时间用于非"管理"事务。销售部门经理从事统计分析或处理重要客户事宜；领班修理工具或填写生产报告；制造部门经理设计下一年度的车间布局或测试新材料；企业总裁处理银行贷款事宜，或谈判某项重大合约，还可能花费数小时主持一场晚宴以向老员工致敬。所有这些都从属于特定的职能，都是一些必要的工作，必须妥善处理。

然而，尽管这些管理者履行不同职能、开展不同活动、属于不同层级、占据不同职位，但他们从事的共同工作不同于上述非"管理"事务。我们可以把"科学管理"⊖的系统分析运用到管理者的工作上，能够把管理者从事的工作单独挑出来，也能将工作分解为各个组成部分。每一名管理者都能够改进各部分的绩效，从而提高整体工作绩效。

具体而言，管理者的工作包括五个基本方面，共同把各类资源整合进一个有活力的、不断成长的组织。

第一，管理者设定目标。

管理者设定组织的整体目标和各个领域的目标，进而确定实现这些目标的方式，并通过把目标传达给那些需要实现目标以达成绩效之人，从而把目

⊖ 科学管理（scientific management）兴起于 19 世纪末 20 世纪初的美国，该称呼源自美国最高法院大法官布兰代斯（Brandeis），代表人物有泰勒、甘特等。——译者注

标落到实处。

第二，管理者进行组织。

管理者分析组织所需的各类活动、决策和关系，把工作分类，将其分解为容易管理的业务，并进一步分解为可管理的岗位，再把分解出的岗位整合为组织整体，并挑选人员负责上述岗位，完成相关工作。

第三，管理者从事整合。

管理者激励员工，与员工沟通。管理者采取种种方式，在薪酬、岗位安排和晋升方面的"人员决策"等领域与下级、上级、同级人员相互沟通，密切合作，把负责不同岗位的工作之人整合为一个团队。

第四，管理者开展评估。

管理者确定目标和评估标准，很少有其他因素比这一点对组织和每个成员的绩效更加重要。管理者力求评估标准适用于每位成员，既注重组织的整体绩效，同时兼顾个人的工作。管理者需要分析、评估和解释绩效。该项工作还包括向下级、上级、同级人员解释评估标准的意义以及评估的结果。

第五，管理者既自我开发又开发人员。

上述每个方面都可以进一步细分，甚至每个子类别都可以用专门著作讨论。另外，上述每个方面的工作都需要特定的品质和能力。

例如，设定目标涉及各方面的平衡：成员的业务成果与践行信奉的原则之间的平衡、组织当前的短期需求和未来的长期需求之间的平衡、理想目标和可用方法之间的平衡。可见，管理者从事设定目标的工作需要具备分析和综合能力。

管理者的组织工作要求最充分地使用稀缺资源，所以也需要具备分析能力。除此之外，管理者的工作需要处理人员问题，所以必须坚持正义原则，还应具备诚实正直的品格。人员开发同样需要分析能力和诚实正直的品格，当然，人的感知力和洞察力也不可或缺。

从事激励和沟通工作需要的主要是社交技能，而不是分析、整合或综合能力。正义是首要原则，利益位居其次。诚实正直的品格要比分析能力重要得多。

管理者从事评估工作首先需要具备分析能力，但评估应该用于自我控制，而不应滥用评估手段从上至下对人施加外部控制，即支配他们。该原则时常被违反，这在很大程度上解释了为什么评估是今天管理者工作中最薄弱的方面。例如，评估有时被作为组织内部"秘密警察"的武器，向老板提供针对管理者绩效的审核与关键评估结果，但不告知被评估的管理者本人。只要评估被滥用为一种控制工具，那么就将始终是管理者工作中最薄弱的一面。

设定目标、组织、激励、评估、人员开发都是形式上的分类，唯有管理者的实践经验才能赋予其意义，使之具体化并发挥作用。但因为这些分类是形式上的，所以适用于每一位管理者的每一项具体工作。所有管理者都可以将其用来评估自己的技能和绩效，进而全面地完善自我、提升绩效。

诚然，单靠设定目标不能造就一位管理者，正如能在微小的空间内打结不能成为一位外科医生，但如果缺乏设定目标所需的能力，就不能成为一名合格的管理者，这如同没人能在不打结的情况下做好手术一样。同理，提高打结技巧，可以有机会成为一名更优秀的外科医生；提高上述五个方面的技能和绩效，有助于成为一名更优秀的管理者。

管理者的资源：人

管理者与特殊的资源——人合作共事。人是一种独一无二的资源，任何试图与之共事的人都需要具备独特的品质。

"合作共事"始终意味着人员开发。发展的方向决定了人（既作为个人又作为资源）会提高工作成效，还是停滞并最终完全丧失工作成效。这一点无论如何强调都不过分，不仅适用于被管理的员工，也适用于管理者。管理者是否督促下级人员向正确的方向发展，帮助他们成长为更强大、更富有的人，将直接决定自己能否发展，成长还是退化，富有还是贫穷，进步还是落伍。

个人可以学习管理他人的某些技能，例如主持会议或面试的技巧。管理者可以确定人员开发的具体措施，包括改善管理者和下级的关系结构、完善晋升体系、健全奖惩制度等。但即使这一切都被不折不扣地完成，人员开发仍需要管理者具备一种基本的品质，那就是诚实正直的品格。学习具体的技能或强调任务的重要性，无助于培养这种品格。

如今，合格的管理者承受着巨大的压力去接纳他人，助人为乐、与人为善，然而仅靠这些是远远不够的。在每个成功的组织中都有远离他人、独善其身、我行我素的老板，但这种冷酷、不近人情、要求苛刻的老板往往能够培养出更多优秀人才。他们要求自己和下级都具备精湛的技艺，设定严格的标准，并期望下级人员达到这些标准。他们只考虑正确的是什么，而从不关心正确的是谁。尽管他们通常是才华横溢之人，但从不把才华置于品格之前。不论一个人多么招人喜欢、乐于助人、和蔼可亲、能力出众、才华横溢，只要缺乏诚实正直的品格，就不适合作为管理者，反而是组织潜在的威胁。

管理者的行为可以拿来系统分析，必须具备的能力有办法习得，但有一种东西管理者不能习得，对于完成任务却必不可少，那不是才能而是品格。

管理：实践而非科学

在过去 50 年中，每个发达国家都已经转变成了组织社会。如今，每项重大的社会问题，包括经济发展、卫生保健、教书育人、环境保护、探索新知、国防安全等，都被委托给相关组织进行长远规划，由组织的管理层负责管理。现代社会的形势，甚至社会成员的生存，越来越取决于各类组织的绩效。组织的生存和绩效进而取决于管理的绩效。

管理与管理者的绩效直接关系到几乎每一个人。90%获得高中以上学历的学生将会成为组织雇员，他们作为雇员取得的效果和绩效，获得的满意度、成就和成长，在很大程度上取决于用人单位管理的绩效。这些"知识工作者"中的许多人将成为管理者，其自身的工作能力和成就将取决于掌握的管理知识与管理实践技能。

鉴于此，将管理作为一门"科学"虽有一定道理，但事实上，如果把管理彻底作为一门"科学"，将会导致严重的不良后果。

可以确定的是，管理者的工作可以被系统地分析和归类。换言之，管理具备鲜明的科学性和专业性，管理不仅仅是一种经验、直觉或本能，其构成要素和需要具备的条件能被任何拥有正常智商的人系统地分析、归纳和学习。总而言之，本书赖以立足的一个基本前提是，"直觉型"管理者已经无法满足需要。本书假设管理者通过系统学习相关原理获得系统的知识，进而分析所有工作领域的表现，能够改进所有方面、全部层次的管理绩效——从实习职位到大型跨国公司的首席执行官。没什么比这些更能够提高管理者的技能、效果和绩效了。该假设以下述坚定的信念为基础：管理者对现代社会及其公民具有至关重要的影响，需要高度自律并提供真正符合专业标准的服务。

然而，绩效是对管理的最终检验。管理者有必要取得成就而不是获得知识，而成就既是管理的目标，又是绩效的最佳证明。管理是一种实践。尽管包含科学或专业的相关要素，但管理既不是科学又不是专业。规定具备特定学位的人才能从事管理工作，以提高管理的"专业化"水平，只会对社会和经济造成损害，最终结局将是官僚取代管理者，创新、企业家精神和创造力会被扼杀。

无论如何，我们对管理仍然所知甚少，不能将其置于"科学"的束缚之中，也不能使管理成为需要执照的垄断性专业。因为研究管理的历史并不比管理本身更加悠久，管理研究其实才刚刚起步。

本书将阐明未知和需要探索的领域超出了我们已经拥有确定无误、经过检验和"正确答案"的知识范围。尽管如此，我们也已经知道了大量相关的知识。

首先，我们知道许多事情虽然貌似合理，但在管理实践中行不通。我们还知道管理并不局限于国家和文化的范围。实际上，19世纪现代管理型组织（如横贯北美大陆的铁路公司）刚刚兴起时，作为一种实践和学科的管理被许多国家的人研究。第二次世界大战后，许多观察家似乎认为管理是美国人的发明，西欧国家和日本的快速重建直接证伪了该观点。管理的职能、管理的工作、管理的任务和维度具有普遍性，不因国家的不同而发生变化。但从事管理的具体方式受到国家习俗、传统、历史的强烈影响，甚至由这些因素决定，诸如此类的重要因素还包括政府与企业管理层之间的关系、人事管理的行为准则、最高管理层的结构等。

管理是一种社会职能，根植于传统的价值观、习俗、信仰以及政治和治理体系。管理是（且应该是）受到文化制约的；反之，管理和管理者也塑造着文化和社会。因此，虽然管理是一种组织有序的知识体系，其本身能够适用于任何地方，但管理也是"文化"，不是"价值无涉"⊖的科学。

最重要的是，我们知道管理者实践的是管理，而不是经济、定量或行为科学知识。这些知识都是管理者的工具，如同医生不是致力于血液分析研究，生物学家钻研的不是显微镜知识，律师从事的不是判例分析工作一样。管理者从事的是管理。

⊖ 价值无涉（value-free），一种社会科学研究方法论，源于德国社会学家马克斯·韦伯（Max Weber），主张社会科学家严格以客观中立的态度进行观察和分析，不进行价值判断。——译者注

因此，有一些特定的技能专属于管理，而不是其他任何学科。其中之一就是组织内部的沟通，另一个是在不确定的条件下制定决策，还有一个专门的企业家技能：战略规划。

战略规划作为一门独立学科的管理，有自己的基本问题、特定方法和独特关注点。理解管理的基本原理，但仅掌握最低限度的管理技能和工具之人，仍可能是一名富有成效的管理者，甚至可能成为一流管理者。若仅懂得若干管理技能和工具，而不理解管理的基本原理，那么就不是一名管理者，而仅仅是一名技术员。

管理是实践而不是科学。在这一点上，管理堪与医学、法学、工程学相提并论。管理不是知识，而是绩效。此外，管理不是常识、领导力或金融手段的具体运用。管理实践立足于知识和责任。

管理的起源及历史

近来，大量探讨管理的文章给人留下的印象是，这些文章的作者认为管理是过去30年中（第二次世界大战结束以来）美国的一项发明。的确，第二次世界大战前对管理感兴趣并着手研究管理的人寥寥无几，直到最近这些年，人们才对作为一门学科和研究领域的管理普遍感兴趣，也就是所谓的"管理热潮"。但是，作为一种实践和研究领域的管理，在许多国家都有悠久的历史，往往可以追溯至大约200年前。

亚当·斯密（1723—1790）⊖、卡尔·马克思（1818—1883）等早期经济学家从事著述时管理尚不存在，他们都认为经济是非人格化的，服从客观经

⊖ 亚当·斯密（Adam Smith），英国古典政治经济学家、哲学家，奠定了古典自由市场经济理论的基础，代表作《国富论》（*The Wealth of Nations*）。——译者注

济规律。古典传统的现代代言人、英裔美国经济学家肯尼思·博尔丁㊀指出："经济学研究的是商品行为，而不是人的行为。"或者就像卡尔·马克思一样，认为历史发展受客观规律支配，人只能适应规律。在最佳情况下，人的作用限于优化可能实现的经济目标；在最坏情况下，人会成为经济规律的阻碍，导致资源浪费。最后一位伟大的英国古典经济学家阿尔弗雷德·马歇尔（1842—1924）㊁确实把管理作为一种生产要素（还有土地、劳动力、资本），但这只是一种无奈的理论妥协，管理仍旧不是核心要素。

然而，从最早期开始，始终存在一种不同的理论视角，把管理者置于经济活动的中心位置，强调管理能够提高资源的产出。卓越的法国经济学家萨伊（1767—1832）㊂是亚当·斯密的早期追随者，但在他的作品中，位居核心的不是生产要素，而是企业家（萨伊发明了这个词汇），萨伊认为是企业家把资源从低效领域转向高效领域，由此创造财富。萨伊之后是法国式的"空想社会主义者"，尤其是傅立叶（1772—1837）㊃和圣西门伯爵（1760—1825）㊄。那时没有大型组织和管理者，但傅立叶和圣西门推论出了未来的发展趋势，并且在管理真正出现之前就"发现了"它。圣西门尤其预见到了组织的出现，以及提高资源的产出效率和完善社会结构等管理任务。

在美国，自建国之初管理就被视为关键的生产要素。虽然汉密尔顿

㊀ 肯尼思·博尔丁（Kenneth Boulding），美国经济学家，强调人类的经济行为嵌在一个更大的系统中，代表作《超越经济学》（*Beyond Economics*）。——译者注

㊁ 阿尔弗雷德·马歇尔（Alfred Marshall），英国经济学家，"边际革命"的重要推动者之一，代表作《经济学原理》（*Principles of Economics*）。——译者注

㊂ 萨伊（Jean-Baptiste Say），法国经济学家，提出"萨伊定律"，"企业家"（entrepreneur）最早出现于《政治经济学概论》（*A Treatise on Political Economy*）。——译者注

㊃ 傅立叶（Fourier），法国空想社会主义者，设计了一种叫作"法朗吉"的"和谐制度"，但直至去世也从未真正建立该制度。——译者注

㊄ 圣西门（Saint-Simon），法国空想社会主义者、贵族，认为必须承认和满足工业阶级的需求，承认个人的优点，反对政府加强对经济的干预。——译者注

（1757—1804）㊀著名的"关于制造业的报告"以亚当·斯密的理论为开端，但随后强调管理的建设性、目标性和系统性作用。汉密尔顿把管理而不是客观规律视为经济和社会发展的引擎，把组织作为经济进步的载体。此后，亨利·克莱（1777—1852）㊁提出著名的"美国体系"经济计划，堪称第一份系统化的经济发展蓝图。

其后不久，苏格兰实业家罗伯特·欧文（1771—1858）㊂实际上成为历史上第一位管理者。早在19世纪20年代，欧文就在自己创办的纺织厂中，最早致力于解决生产率与动机的关系、雇员与工作（或企业）的关系、雇员与管理层的关系等问题。直到今天，这仍然是管理者需要解决的关键问题。伴随欧文的实践，历史上首次出现了真正的管理者。但隔了很长时间之后，才有后续的管理者出现。

大型组织的兴起

首先发生的是大型组织的兴起。1870年左右，大型组织同时在两个地区诞生：在美国，横贯北美大陆的铁路成为一个突出的管理难题；在欧洲大陆国家出现的"全能银行"㊃（旨在创新，在民族国家范围内运营且设有多个总部），使得传统的组织结构和观念变得过时。二者都产生了对管

㊀ 亚历山大·汉密尔顿（Alexander Hamilton），美国开国元勋，第一任财政部长，向国会呈交了"关于制造业的报告"，论证发展制造业的重要性，被誉为美国历史上最伟大的财政部长。——译者注
㊁ 亨利·克莱（Henry Clay），美国众议员、参议员、国务卿，倡导"美国体系"经济计划，主张通过高关税保护美国的工业发展。——译者注
㊂ 罗伯特·欧文（Robert Owen），英国乌托邦社会主义者，1800年开始担任新拉纳克纺织工厂的经理，1824年到美国创办"新和谐公社"，但持续两年左右即告失败。——译者注
㊃ 全能银行（universal bank），从事多种金融业务的银行，既是商业银行又是投资银行，还提供保险等其他金融服务。欧洲大陆国家的大型银行往往以全能银行的形式运营，例如德意志银行等。——译者注

理的需求。

最早回应这种需求的是美国的亨利·汤（1844—1924）⊖，他在论文"作为经济学家的工程师"中概述了最早的管理规划，提出了若干基本问题：效果与效率的比较；工作组织与雇员组织的比较；消费者重视的市场价值与技术成就的比较等。从亨利·汤开始，管理任务与管理工作之间的关系受到系统关注。

大致在同一时期，德国的乔治·西门子（1839—1901）⊜在将德意志银行打造为欧洲大陆首屈一指的金融机构的过程中，最早设计了卓有成效的最高管理层结构，最早深入思考了最高管理层的任务，最早致力于解决大型组织中普遍存在的沟通和信息难题。

在日本，出身政界的商业领导人涩泽荣一（1840—1931）⊝在19世纪七八十年代最早提出有关工商企业与国家目标、企业要求与个人道德之间的关系等根本性问题，还全面地处理管理教育问题，最早提出关于职业经理人的构想。日本在20世纪崛起为经济强国在很大程度上立足于涩泽荣一的思想和贡献。

几十年后，19世纪末20世纪初，现代管理的所有主要领域都已成型。同样，这在不同的国家都是独立发展的。

19世纪80年代，自学成才的美国工程师泰勒（1856—1915）开始对工作进行研究。如今，认为泰勒已经过时而轻视其研究的重要性似乎已成为时髦。泰勒不认为工作历来如此，无须改进，而是审慎观察并仔细研究，这方

⊖ 亨利·汤（Henry Towne），美国商人、机械工程师协会主席，认为管理问题与工程技术问题一样重要，推动了科学管理时期的各种效率工资制度研究，大力宣传并推行泰勒制。——译者注

⊜ 乔治·西门子（Georg Siemens），德国银行家、自由派政治家，1870年参与创办德意志银行，并担任董事。——译者注

⊝ 涩泽荣一，日本实业家、管理思想家，1867年随德川幕府使节出席巴黎世界博览会，考察瑞士、荷兰、比利时、意大利、英国等，归国后创建了一系列企业、非营利组织。——译者注

面他当之无愧史上第一人。直到今天，他对工作进行研究的方法仍然是最根本的基础性方法。虽然泰勒采用19世纪的方式对待工人，但其出发点是社会而非工程或利润目标。泰勒始终不渝地进行工作研究的动机，首先是衷心希望把工人从伤害身体和灵魂的沉重劳动中解放出来，其次是希望通过提高生产率使劳动者有机会过上体面的生活。

大约在同一时期的法国，作为当时一家大型煤矿企业领导人的亨利·法约尔（1841—1925）㊀最早全面思考了组织结构问题，并最早设计出企业组织的理性方式：职能制。在德国，早年在大型企业长期接受培训的沃尔特·拉特瑙（1867—1922）㊁思考了下列问题："大型企业在现代社会和现代国家中处于什么地位？大型企业对现代社会和现代国家有什么影响？大型企业的根本性贡献和责任是什么？"当前关于企业社会责任的多数问题，都由拉特瑙在第一次世界大战前首次提出并进行了深入思考。在同时期的德国，施马伦巴赫㊂等人创建了新的Betriebswissenschaft学科，字面意思是企业科学。后来发展起来的管理科学，包括管理会计、运筹学、决策理论等，尽管并非刻意为之，但在很大程度上仍是第一次世界大战前Betriebswissenschaft的扩展。在美国，出生于德国的雨果·芒斯特伯格（1863—1916）㊃最早尝试将社会科学和行为科学，尤其是心理学知识应用于现代组织和管理领域。

㊀ 亨利·法约尔（Henri Fayol），法国工程师、管理学家，长期担任科芒特里-福尚堡矿业公司总经理，最早阐述管理要素和管理原则，开创管理职能学派，代表作《工业管理与一般管理》（*Administration Industrielle Et Générale*）。——译者注

㊁ 沃尔特·拉特瑙（Walter Rathenau），德国实业家、政治家，曾任魏玛德国外交部长，坚持民主立场，主张与西欧各国以及苏联合作，1922年被德国极端民族主义分子刺杀身亡。——译者注

㊂ 施马伦巴赫（Eugen Schmalenbach），德国经济学家、科隆大学教授，创办施马伦巴赫协会。——译者注

㊃ 雨果·芒斯特伯格（Hugo Münsteberg，1863~1916），德裔美国心理学家，奠定了社会心理学和工业心理学的基础，代表作《心理学与工业效率》（*Psychology and Industrial Efficiency*）。——译者注

第一波管理热潮

第一次世界大战结束后，主要得益于当时最受尊敬的两位政治人物（美国人赫伯特·胡佛⊖和捷克人托马斯·马萨里克⊜）的支持，第一波管理热潮得以出现。由于把管理原则应用于历史上首次大规模对外援助行动，身为贵格会⊜信徒的工程师赫伯特·胡佛一跃成为举世瞩目的人物。他精心计划，两次成功地为成千上万的饥饿人口提供食物：第一次是美国参加第一次世界大战前在比利时的救援行动，第二次是第一次世界大战结束后在中东欧各国开展的救援行动。历史学家出身的托马斯·马萨里克在第一次世界大战后成为新生的捷克斯洛伐克共和国首任总统，坚信管理能够恢复被战争破坏的欧洲各国经济。该构想终于在 25 年后成为现实，那就是第二次世界大战结束后的马歇尔计划⑭。胡佛和马萨里克共同掀起了一场国际管理运动，试图把管理作为一种主要的社会力量动员起来。

但在两次世界大战之间，管理并未得到应有的重视。这是一个停滞时期，所有国家的政府和经济（除了美国）所能设想的最高目标是回到过去的状态，整个世界的政治、社会和经济局势日益紧张，人们的意志和愿景迅速崩溃。

⊖ 赫伯特·胡佛（Herbert Hoover），美国第 31 任总统（1929～1932 年）、联邦政府商务部长（1921～1928 年）、食品管理局局长（1917～1918 年），矿业工程师出身，崇尚效率运动，倡导进步主义。——译者注

⊜ 马萨里克（Thomas Masaryk），第一次世界大战结束后，捷克斯洛伐克共和国成立，马萨里克被选为首任总统，后分别于 1920 年、1927 年、1934 年获得连任。——译者注

⊜ 贵格会（Quaker），又称教友派，17 世纪时由乔治·福克斯（George Fox）创立于英国，反对任何形式的战争和暴力，不尊称任何人也不要求别人尊称自己，坚决反对奴隶制。——译者注

⑭ 马歇尔计划（The Marshall Plan），1947 年 6 月 5 日由美国国务卿乔治·马歇尔提出，旨在恢复西欧和南欧国家的经济，对西欧国家的发展和世界政治格局产生了深远影响。——译者注

20 世纪二三十年代的工作

第一波管理热潮最终破灭，其厚望惨遭挫折。然而，表面上停滞状态的背后，工作仍在持续，正是这段停滞时期为第二次世界大战后新一波管理热潮的全面爆发奠定了基础。

20 世纪 20 年代早期，皮埃尔·杜邦（1870—1954）在杜邦公司㊀，随后阿尔弗雷德·斯隆（1875—1966）在通用汽车公司㊁，最早为新型"大企业"制定了组织原则，即联邦分权制。皮埃尔·杜邦和斯隆（尤其是斯隆）还率先开发出制定企业目标、企业战略和战略规划的系统方法。在同时期的美国，西尔斯公司先后在罗森沃尔德（1862—1932）㊂和罗伯特·伍德（1879—1969）㊃的领导下，成为最早依靠市场营销方法站稳脚跟的工商企业。不久之后在欧洲，荷兰和英国企业合并的策划者最终促成了联合利华公司㊄的诞生，并为其设计了一种时至今日仍可能是最先进的跨国公司结构，解决了跨国公司在规划和营销方面遇到的难题。

该时期管理得到进一步发展。在美国，有泰勒的后继者弗兰克·吉尔布

㊀ 杜邦公司（DuPont），始于 1802 年成立的杜邦火药厂，1915 年组建杜邦公司，率先创建联邦分权制结构，董事长皮埃尔·杜邦（Pierre DuPont）1920 年开始兼任通用汽车公司董事长。——译者注

㊁ 通用汽车公司（General Motors Corporation），1908 年由威廉·杜兰特（William Crapo Durant）创立，阿尔弗雷德·斯隆（Alfred Sloan）任通用汽车公司总裁后采用联邦分权制，为日后通用汽车公司的崛起奠定了组织基础。——译者注

㊂ 朱利叶斯·罗森沃尔德（Julius Rosenwald），美国商人、慈善家，曾任西尔斯公司总裁、董事长，关注美国南部农村非裔美国儿童的教育问题，为此 1917 年成立罗森沃尔德基金会。——译者注

㊃ 罗伯特·伍德（Robert E. Wood），1918 年晋升为准将，1928 年任西尔斯公司总裁，1939 年为董事长，1954 年退休后继续担任该公司董事。——译者注

㊄ 联合利华公司（Unilever），1929 年由英国和荷兰企业合并组建，总部位于伦敦与鹿特丹。——译者注

雷思（1868—1924）㊀和莉莲·吉尔布雷思（1878—1972）㊁夫妇、亨利·甘特（1861—1919）㊂等人。在英国，伊恩·汉密尔顿（1853—1947）㊃对自己在第一次世界大战期间担任军事领导人的经历进行深刻反思，意识到需要在组织的正式结构和赋予组织"灵魂"的政策之间保持平衡。两位美国人，玛丽·福列特（1868—1933）㊄和切斯特·巴纳德（1886—1961）㊅最早研究了组织中的决策过程、正式组织与非正式组织的关系、行政部门的角色与职能等问题。西里尔·伯特（1883—1972）㊆在英国、澳大利亚人埃尔顿·梅奥（1880—1949）㊇在哈佛大学各自独立开展了工业心理学和人际关系研究，并分别应用于企业和管理领域。

在两次世界大战之间，作为学科的管理开始登堂入室。哈佛商学院在20世纪30年代最早开始讲授管理类课程，不过仍然主要开设生产管理课程。与此同时，麻省理工学院开始与处于职业生涯中期的年轻管理者合作，

㊀ 弗兰克·吉尔布雷思（Frank B. Gilbreth），美国工程师，与妻子莉莲共同从事时间与动作研究，以提高其工作效率，代表作《疲劳研究》(*Fatigue Study*)。——译者注

㊁ 莉莲·吉尔布雷思（Lillian E. Gilbreth），美国心理学家、工程师，与丈夫弗兰克共同研究提高工作效率的方法，认为成功的管理"在于人而不是工作"，被誉为"管理学第一夫人"。——译者注

㊂ 亨利·甘特（Henry L. Gantt），美国工程师、管理顾问，长期与泰勒密切合作，共同研究科学管理问题，提出奖励工资制，发明甘特图。——译者注

㊃ 伊恩·汉密尔顿（Ian Hamilton），英国将军，加里波利战役英军最高指挥官之一，1915年10月16日因作战失利被召回，1920年出版两卷本《加里波利日记》(*Gallipoli Diary*)。——译者注

㊄ 玛丽·福列特（Mary P. Follett），美国政治学家、管理学家，其思想受德意志哲学家费希特影响较大，被德鲁克誉为"管理学的先知"。——译者注

㊅ 切斯特·巴纳德（Chester Barnard），美国管理学家，提出组织平衡论、权威接受论、协作系统论等开创性观点，代表作《经理人员的职能》(*The Functions of the Executive*)。——译者注

㊆ 西里尔·伯特（Cyril Burt），英国教育心理学家，在心理测试中使用因子分析，研究遗传对智力和行为的影响，代表作《心理因素》(*The Factors of the Mind*)。——译者注

㊇ 埃尔顿·梅奥（Elton Mayo），美国心理学家，生于澳大利亚，1927~1932年主持霍桑实验，开创人际关系管理学派，代表作《工业文明的社会问题》(*The Social Problems of an Industrial Civilization*)。——译者注

致力于提高管理工作的水平。

美国人詹姆斯·麦肯锡（1889—1937）[一]和英国人林德尔·厄威克（1891—）[二]开始从事管理咨询工作，从此咨询不再局限于技术问题，也开始聚焦于经营方针、组织结构等根本性管理问题。厄威克还编辑整理了当时已有的关于组织结构和管理职能问题的著作。[三]

小　　结

现代社会在20世纪已经转变为组织社会。组织依赖管理者，由管理者构建，受管理者指导，团结在管理者周围，执行管理者的决策。一旦组织成长到相当规模，就需要管理者进行职业化管理。这意味着管理立足于学科知识，服从组织及其成员的客观需要，而不是基于所有权或政治任命。每个组织都需要特定人员（管理者）从事管理工作——计划、组织、整合、评估、人员开发，都需要对绩效负责的管理者。管理者的定义是对绩效和贡献负责而不是对他人的工作负责，更不是指挥他人，并且对管理者的基本要求是诚实正直的品格而不是才能。

问　　题

1. 以前有人把管理者定义为对他人的工作负有责任之人，这个定义为什么如今不再有效？

[一] 詹姆斯·麦肯锡（James McKinsey），美国会计师、咨询顾问，1926年创办麦肯锡公司，代表作《预算控制》(*Budgetary Control*)。——译者注
[二] 林德尔·厄威克（Lyndall F. Urwick），英国管理学家、咨询顾问，1933年合伙成立厄威克-奥尔股份公司，1947年推动创立英国管理学会，与古立克合编《管理科学论文集》(*Papers on the Science of Administration*)。——译者注
[三] 厄威克和古立克1937年出版的《管理科学论文集》，一直被人们认为是最权威的古典管理学文献汇编。——译者注

2. 管理者的工作包括的五个基本方面是什么？

3. 为什么管理不应被视为一门科学？

4. 圣西门对现代管理观念的发展有什么贡献？

5. 企业要想可持续发展，为什么必须从基于所有权的结构转变为基于管理的结构？

6. 为什么专业的独立贡献者工作岗位的快速增加给接受管理者的传统定义的组织带来了难题？

7. 管理者要成功地从事人员开发，必须具备哪些基本素质？为什么"招人喜欢"不能完全代替这种素质？

8. 对管理的最终检验是什么？

9. 能否用一个例子来说明一国的文化与该国从事管理工作方式之间的联系？

10. 管理曾经是价值无涉的吗？

11. 为什么管理者的工作可以与律师或医生的工作相提并论？

12. 最早对工作展开研究的美国工程师是谁？

13. 第一波管理热潮发生在什么时候？谁的行为引发了这次热潮？

1

第一部分
工商企业的绩效

AN INTRODUCTORY
VIEW OF MANAGEMENT

我们尚没有真正的企业理论，也缺乏完整的企业管理学，但是我们知道企业是什么，其关键职能是什么。我们明白利润的功能以及对生产率的要求。任何企业都需要彻底思考下列问题：我们的业务是什么以及应该是什么？从使命和宗旨的角度来看，企业必须在许多关键领域设定目标，并且必须在这些目标之间、关键目标与当前的竞争性需求之间、关键目标与未来的竞争性需求之间保持一定的平衡。企业需要把各个目标转化为具体的战略，进而集中资源支持这些战略。最后，企业需要彻底思考自身的战略规划，今日的决策将创造未来的企业。

第2章 | CHAPTER 2

管理的维度

工商企业和公共服务机构都是社会的重要组成部分。除非满足特定的社会目标和社会、社区、个人的特定需求，否则它们就没有存在的必要。企业自身并不是目的，只是工具。关于工商企业和公共服务机构，正确的问题不是"它们是什么"，而是"它们应该做什么？它们的任务是什么"。

进而，管理层是工商企业和公共服务机构的重要"器官"。就其本身而言，它们没有职能，甚至其存在也不是为了自身的目的。脱离了所在组织的管理层，它们就不再是管理层了。

每个组织的管理层都面临着同等重要却本质上不同的三项主要任务。

工商企业、医院、大学等组织都需要彻底思考并定义自身的宗旨和使命。

使工作富有成效，帮助员工取得成就。

管理组织造成的社会影响和社会责任。

这三项主要任务也可以被称为管理的维度。

宗旨和使命

组织的存在是为了贯彻特定的宗旨，实现特定的使命以及履行特定的社会职能。具体而言，工商企业的存在就是为了获得经济绩效。

与其他组织不同，工商企业的首要任务是经济绩效，除此之外，工商企业与其他组织的任务类似，但唯有工商企业把经济绩效作为自身的特殊使命。为实现经济绩效而存在，这正是企业的定义。对于医院、教堂、大学、军队等其他所有组织来说，经济绩效只是一个约束条件，预算决定了这些组织及其管理者的能力范围。对工商企业而言，经济绩效是其存在的基本依据和基本目标。

虽然经济绩效绝不是社会需要完成的唯一任务，却是一项优先任务，因为所有其他社会任务，比如教育、医疗、国防、知识进步都立足于经济盈余。只有经济表现强劲，才能产生所需的利润和其他盈余。我们在其他方面的需求越多，越重视非经济需求，就会越依赖工商企业的经济绩效。

在每项决策和行动中，企业管理层必须把经济绩效放在首位。企业管理层唯有通过产生的经济绩效，才能证明自身的存在和权威的合理性。企业管理层如果不能创造经济绩效，不能以消费者愿意支付的价格供给所需的商品和服务，不能提高（起码是保持）掌握的经济资源的财富创造能力，那么就可以称之为失败。无论一个社会具备什么样的经济结构、政治制度、意识形态，这都意味着对利润率承担责任。

企业管理层的首要定义是，它是一个经济"器官"，是工业社会特有的经济"器官"。企业管理层的每次思考、每项决策、每个行为，都以经济绩效为第一维度。

但是，企业管理与其他组织的管理存在一个关键的相同点，即它们都必须进行管理。管理不仅仅是被动的适应性行为，还意味着主动采取行动实现预期目标。

早期经济学家认为,商人的行为完全是被动适应经济规律,唯有迅速且明智地适应外部形势才能获得商业成功。非人格化的客观力量塑造了整体经济形势,商人的所有行为既不能控制更不能影响这些力量。我们可以把这称为"交易商"观念,商人即使不被视为社会的寄生虫,其贡献也仅仅是做出纯粹机械性的反应:把资源转移到生产率更高的行业。今天,经济学家已经明白,商人实际上非常理性地选择采取的行动。这不再是一种机械性的反应,显然,主动选择对经济有实质性影响。但尽管如此,经济学家心目中的"商人"仍是被动地对经济发展做出反应,这也构成主流"厂商理论"⊖和"利润最大化理论"的基础。虽然商人可以选择不同的适应方式,但其行为仍是被动的、适应性的。这基本上是一种"投资者"或"金融家"观念,而不是管理者观念。

当然,快速、明智、理性地适应经济变化向来都很重要。但是,管理意味着承担塑造经济环境的责任;在该经济环境中计划、启动和推进变革的责任;以及缓解经济环境对企业盈利能力的限制的责任。因此,什么是可能的?也就是经济学家所谓的"经济条件"只是企业管理的一极,经济和企业利益的理想性是另一极。尽管人类永远不可能真正地"征服"环境,总是被紧紧束缚在各种可能性当中,但管理层的独特工作就是先把理想变为可能,进而把可能变为现实。管理不仅仅是经济的创造物,管理本身也是创造者。并且,只有当管理者能够掌控经济环境,且通过有意识的直接行动来改变环境时,他才能真正地进行管理。因此,管理一家企业意味着进行目标管理。

⊖ 厂商理论(theory of the firm),一种微观经济学理论,研究不同市场条件下的厂商均衡条件与价格、产量的决定,经济学家皮埃罗·斯拉法(Piero Sraffa)等奠定了厂商理论的基础。——译者注

有成效的工作与有成就的员工

管理层的第二项主要任务是使工作富有成效，帮助员工取得成就。工商企业和其他任何组织只有一种真正的资源，那就是人。通过提高人力资源的工作成效，达成工作绩效目标，管理层才能完成这项任务。所以，使工作富有成效是一项根本职能。但同时，现代社会中各类组织越来越成为个人谋生，获得社会和社区内的地位，取得个人成就并获得满足感的手段。帮助员工取得成就变得越来越重要，成为评估组织绩效的一项标准，也日益成为管理层的一项任务。

根据工作自身的逻辑加以组织仅仅是第一步。第二步也是更困难的一步是，使工作适合人——人的逻辑与工作自身的逻辑截然不同。帮助员工取得成就意味着把他们作为拥有独特生理和心理特性、能力和局限性的个人，意味着把人力资源视为人而不是物，并且与其他任何资源不同，人力资源拥有个性、公民身份，对自己是否工作，工作多少，表现优劣享有控制权。因此，员工要求承担责任、受到激励、能够参与、获得满足、得到奖励、发挥领导力、享有地位、履行职能。

有且只有管理才能满足上述要求。不论机器操作员还是行政副总裁，所有员工都必须从企业内的工作成就获得满足感，而管理层是企业的能动性"器官"。

根据定义，企业生产的产品必须要比构成企业的原材料资源更多更好。企业必须做到整体大于（起码不同于）各部分之和，也就是输出大于全部输入之和。

因此，企业不是原材料资源的机械性集合。把各类资源按照逻辑顺序排列组合，继而像19世纪的经济学家认为（许多后继的经济学家依然相信）的那样进行资本转换，并不足以创建一家企业。真正的企业需要把各类资源转化为更富有成效的形式，这恰恰需要管理。

显然，唯有人力资源能够不断成长。所有其他资源都服从力学定律，能够得到更加高效的利用或更加低效的使用，但其输入永远不会大于输出之和。所有资源中，只有人力资源能够成长和发展。唯有自由人通过方向清晰、焦点明确、团结一致的努力才能造就一个真正的整体。

当我们谈到成长和发展时，实际上意味着人们的贡献由自己决定。然而，我们习惯性地认为普通员工与管理者不同，他们只是服从指示，对自己从事的工作不承担责任或不参与相关决策。这表明，我们把员工等同于其他物质资源，他们遵循力学定律为企业做出贡献。这是一种严重的错误，但这种错误并不在于对普通工作的定义，而在于没能认识到普通工作潜在的管理性质，即普通员工一旦掌握自主权，就将取得卓越的绩效。

通过有效的管理，人力资源能够获得成长，不断发展，掌握做贡献的能力。我们时常谈到"组织"（企业的正式组织结构），但我们的意思是管理者及发挥管理职能的组织体系，高楼大厦和普通雇员都不是组织体系的构成部分。我们谈到企业的"领导力"和"精神"，但领导力是管理者赋予的，并且主要在管理过程中才有效；而精神则由管理团队内部的观念塑造。我们谈论企业的"目标"及绩效，但目标是为管理者设立的，绩效则是管理层的绩效，并且，如果一家企业绩效不佳，我们往往选择更换总裁而不是普通雇员。

社会影响和社会责任

管理层的第三项主要任务是管理组织造成的社会影响和社会责任。任何组织都不能独立生存，其本身也不是目的所在。每个组织都是社会的一个器官，其存在是为了实现社会目的。工商企业也不例外。"自由企业"⊖要证明自身的合理性，单靠有利于工商业发展还不够，还要有利于整个社会才行。

当今社会的每个组织机构都是为了自身之外的目的，为供给并满足非组织成员的需求而存在。企业是为了给消费者提供商品和服务，为社会提供经济盈余，而不是为了给本企业的管理者和员工提供就业岗位，更不是为了给股东派息。就业和股息是必要的手段，但不是目的。医院不是为了满足医生和护士的需求，而是为了照顾病患，他们有且只有一个要求，那就是痊愈出院，永不返回。学校不是为了教师的利益而存在，而是为了培养学生。对管理者而言，忘记这些就会造成管理不当。

要履行职责，提供产品和服务，企业必然会对人、社区和社会造成影响。企业必然会对人们（例如雇员）拥有一定的权力和权威，这些人自己的目标和宗旨不是由企业或在企业内部决定。企业必然会以邻居、税源、污染源的身份对社区造成影响。此外，在当今多元化的组织社会中，企业必须在满足人们对生活温饱（经济产品和服务）的基本关切之外，满足现代人和现代社区在物质环境、人文环境与社会环境等生活质量方面的更高要求。

在所有组织管理者的工作中，管理层的第三项主要任务是固有的。大学、医院、政府机构同样会造成影响，并负有相应的责任。总的来说，这些组织对自身造成的影响和责任的认知，以及对人、社会、社区承担的责任的关注方面，远远不如企业。在生活质量方面，我们还是越来越指望企业管理层的领导。因此，管理自身的社会影响越来越成为管理层的第三项主要任务，也是第三个维度。

⊖ 自由企业（free enterprise），一种经济制度，私营企业为获取利润相互自由竞争，政府职能仅限于保护公共利益和维持经济正常运行。——译者注

最重要的任务是什么

管理者具体的管理行为往往同时包含上述三项主要任务，不能说哪项任务占主导或需要更多的技能或能力。诚然，经济绩效是首要考虑，是企业的目的和存在的理由，但如果对工作和员工的管理出现严重失误，那么无论首席执行官的管理表现多么出色，企业的经济绩效都会受到影响。即使失误仅仅持续非常短的时间，企业的经济绩效也可能会成为泡影，这实际上是对资本的破坏。这种状况会增加成本进而导致企业丧失竞争力，甚至会制造阶层仇恨和阶层冲突，最终使企业无法继续经营下去。对自身的社会影响管理不当最终将破坏社会对企业的支持，进而损害企业自身。

三项主要任务中的每一项自身都具有首要的重要性。因为企业是经济机构，所以管理企业的宗旨和使命位居首位；但恰恰因为社会不是经济机构，而是指望管理层来实现基本的信念和价值观，所以使工作富有成效，帮助员工取得成就非常重要。因为任何"器官"都不能在其所服务的躯体中单独存活，企业是社会和社区的一个"器官"，所以管理企业的社会影响的重要性也不遑多让。

时间维度

每一个管理难题、每一项决策、每一次行动都始终存在一种复杂性，确切地讲，这不是管理层的第四项主要任务，却构成了管理的另外一个维度：时间。

管理层往往不得不既考虑当前又考虑未来，既追求短期利益又兼顾长远利益。如果危害企业的长期利益，甚至危及未来的生存，那么即使能够获得直接利益，管理面临的难题仍旧得不到解决。如果管理层为了追求宏伟的未来而使企业当前面临灾难，那么此项管理决策就是不负责任的。同样常见的是，掌权时能带来惊人经济效益的大人物，离开后留下的却是一艘千疮百孔的破船，这种管理行为没有平衡当前与未来的需求，是一种典型的不负责任的管理行为。大人物促成的直接经济效益是通过破坏资本实现的，所以实际上是虚幻的绩效。在任何情况下，如果不能同时满足当前和未来的需求，或者未能有效地协调二者（起码实现某种平衡），那么创造财富的资源，即资本就会面临危险，往往遭到破坏甚至被摧毁。

在管理工作中，时间维度极为重要，且非常难以满足其要求，原因有以下两个。

首先，由于经济和技术不断发展，决策的后果显现及证明其正确性所需的时间跨度不断延长。19 世纪 80 年代，爱迪生⊖从开始在实验室中研究某个想法到在测试工厂中进行检验，需要 2 年左右。今天，爱迪生的后继者可能需要 15 年。半个世纪前，一家新工厂预计能在 2 年或 3 年内收回成本。今天，组织在每位员工身上的资本投资额高达 1900 年的 20 倍，回本期通常为 10 年或 12 年。销售团队或管理机构等人群组织可能需要更长的时间才能建立，随之需要更长的时间才能收回成本。

其次，管理层必须兼顾当前和未来。管理层必须保证企业当前的绩效，否则企业在未来将没有能力完成任务；并且管理层必须使企业在未来能够实现绩效，顺利成长和变革，否则就会破坏资本（也就是资源在未来创造财富的能力）。

对于管理者来说，未来是不连续的。然而，无论未来与当前有多么大的

⊖ 爱迪生（Thomas Alva Edison），美国发明家，是人类历史上第一个利用大规模生产原则和电气工程研究实验室从事发明的人，发明了留声机、电灯、活动电影摄影机、直流电系统等。——译者注

不同，都只能始于当前。越深入地探知未来，起飞必须具备的基础就越雄厚。时间维度赋予管理决策若干鲜明的特征。

行政与企业家精神

管理者往往是行政人员，负责管理和改进已有与已知的状况，但管理绩效还有另一个维度，那就是管理者必须是企业家。管理者必须把资源从低效或效益递减的领域转移到高效或效益递增的领域。他们必须抛弃昨天，淘汰已有和已知的业务。换言之，管理者必须创造未来。

在不断发展的市场中，技术、产品、服务都已存在，相关工具和设备也适得其所，资本已经投入且必须得到维护，人员被雇用并已被安置在特定岗位上等。管理者的行政工作就是优化这些资源的收益。

我们常常被告知（尤其是被经济学家），把现有工作做得更好会提高效率。提高效率需要重视成本，但优化工作应该注重效果，努力抓住创造收益、开拓市场、改变现有产品和市场形势的机会。需要思考的不是我们如何把现有工作做得更好，而是哪种产品真正带来或已经产生了非凡的经济效果，哪个市场和/或用途有望产生非凡的经济效果，接着思考为了获得非凡的经济效果而不是提高效率带来的"普通"效果，企业的资源和努力应该如何配置。

效率当然非常重要，即使状态最健康、效果最非凡的企业也有可能因效率低下而失败。然而，如果企业致力于错误的业务，也就是缺乏效果，那么即使效率再高，也难以幸存，更不可能取得成功。例如，马鞭生产商的效率再高，也无法在现代社会生存。

效果是成功的基础，效率是获得成功后得以生存的最低条件。效率致力于正确地做事，效果则是做正确的事。

效率本身涉及在所有业务领域投入的精力和资源，然而效果始于认识到在企业经营过程中，如同在其他社会组织中一样，10%~15%的产品、订单、客户、市场、人才等可能带来80%~90%的收益；其余85%~90%，无论效率多么高，都只会产生成本。成本总是与事务量，也就是忙碌程度成正比。

因此，管理者的第一项行政工作是处理前述10%~15%有望产生重大效果的事务，使其富有成效。与此同时，管理者应抑制（或抛弃）大量普通事务，包括产品业务、员工活动、研究工作、销售事务等，这些事务不论做得多好，都不会带来非凡的高回报。

管理者的第二项行政工作是挖掘现有业务的最大潜力。即使最成功的企业，相比自身的最大潜力，各项工作的效率也很低。潜力是可能获得的经济效益，也就是调动各种资源和努力生产其固有能力所能达到的最大产量。该任务无须创新，实际上是在接受现有业务的前提下，思考其理论上的最优方案是什么，以及什么因素阻碍获得最优方案，换言之，哪些局限和制约因素阻碍了业务改进，使其无法从现有资源和努力中获得最优回报。

与此同时，管理任务的本质是企业家精神，也就是创造未来的企业。换言之，管理任务的本质是创新。

创造未来的企业始于坚信未来将会且一定会不同于当前，但未来的企业始于当前的业务（这是必要的）。创造未来的企业绝不是靠天才的灵光一闪，需要的是对当前的形势进行全面分析，并要艰苦而严谨地工作，这意味着需要从事当前各项业务的人广泛参与该项工作。

有人可能会说，成功不可能永远持续下去。毕竟企业是人的创造，不可能永远持续，即使最古老的企业也是最近几个世纪的产物。但工商企业必须超越个人或一代人的寿命才能为社会和经济做出贡献。企业的持续经营是企业家的一项核心任务——能否实现该目标，是对管理层最具决定性的检验。

小　　结

　　管理层有三项主要任务，也可以称之为维度。第一项主要任务是彻底思考并界定组织的宗旨和使命，工商企业、医院、学校、政府机构概莫能外。第二项主要任务是使工作富有成效，帮助员工取得成就。第三项主要任务是管理组织造成的社会影响和社会责任。关于第二项和第三项主要任务，所有组织都一样。工商企业与医院、学校、政府机构的区别就在于第一项主要任务不同。工商企业独特的宗旨和使命是经济绩效。为了提高经济绩效，企业管理者必须不断地在当前和有风险的、不确定的未来之间，在短期绩效和长期绩效之间保持平衡。企业管理者必须始终为当前业务服务，必须成为一名行政人员；同时还必须要创造未来，成为企业家、冒险家和创新者。一家现代企业只有在超过一代人生命的时期内持续经营，且在一个与现在不同的未来绩效卓越，才能为社会和人们创造出所需的成果。

问　　题

1. 每个组织的管理层面临的三项主要任务是什么？
2. 工商企业和非工商企业的区别表现在哪项任务上？
3. 工商企业的首要任务是什么？
4. 经济学中的"厂商理论"忽视了真实管理的哪部分内容？
5. 使工作富有成效的第一步是根据工作自身的逻辑进行组织，第二步是什么？
6. 管理的三项主要任务中哪一项最重要？
7. 管理者必须考虑的另外一个维度是什么？

8. 效率与效果的区别是什么?

9. 为什么管理者必须超越问题"什么是可能的"? 管理者还应该考虑什么问题?

10. 为什么企业的产出必须大于输入之和?

11. 唯一能够成长并发展的资源是什么?

12. "自由企业"唯一可能的正当理由是什么?

第3章 CHAPTER 3
西尔斯公司①

如今市面上探讨企业的生产、营销、财务、工程、采购、人事、公关等各类职能的管理著作即使没有数千本,也有数百本之多,但是管理一家企业具体是做什么,管理层应该做什么,需要怎么做,很少有著作探讨。

这种忽视并非偶然,反映出当前缺乏有用的企业理论和恰当的管理学科。因此,与其空谈不合适的理论,不如先观察一家企业的管理实践。西尔斯公司无疑是美国最成功的企业之一,能够最充分地说明企业是什么以及管理企业意味着什么。

西尔斯公司的年销售额超过150亿美元,是世界上规模最大的零售商之一。迄今为止,不论以哪种标准衡量,该公司都是世界上最赚钱的零售商之一,当然也是美国最赚钱的企业之一。只有英国玛莎百货公司②的成就能够

---

① 西尔斯公司(Sears Roebuck),美国零售企业,1892年由理查德·西尔斯(Richard Sears)和阿尔瓦·罗巴克(Alvah Roebuck)创办,2018年10月申请破产保护。——译者注

② 玛莎百货公司(Marks & Spencer),英国零售企业,1884年由马科斯(Michael Marks)和斯宾塞(Thomas Spencer)创办。——译者注

与之相提并论（参见第 6 章）。然而，玛莎百货公司不仅规模小得多（仅为西尔斯公司的 1/10），而且其成功（尤其是早期的成功）在很大程度上要归功于模仿西尔斯公司。

尽管西尔斯公司所处的零售业是一个古老且成熟的行业，完全不具备高技术或科学创新的光环，但该公司一直以来都是主要的成长型企业。在美国，包括通用汽车公司在内的任何其他企业，都没有表现出这种长期持续的增长能力。

19 世纪末 20 世纪初，美国的农村是一个孤立、独特的市场。西尔斯公司的创建正是立足于这一点。孤立是因为农村地处偏僻，现有的分销渠道难以将其囊括在内；独特是由于农业者⊖的特殊需求不同于城市消费者。尽管单个农业者的购买力普遍较低，但农业者阶层是一个购买潜力巨大、几乎未被开发的市场。

为了与农业者建立市场联系，企业必须建立新的分销渠道；必须生产满足他们需求和愿望的商品；必须物美价廉，并确保定期供应。农业者必须确保供应商诚实可靠，因为地处偏僻的乡下，他们不可能在发货前检查商品质量，更难以在受骗后得到退款。

创建西尔斯公司需要分析消费者和市场，尤其是分析农业者认为什么是"有价值的"。此外，还需要在许多不同的领域进行重大创新。

第一，需要进行系统的"商品销售规划"，也就是为农业者需要的特定商品寻找和开发货源，并且需要满足他们对数量、质量、价格方面的要求。

第二，需要一个邮购商品清单，以替代农业者难以到大城市进行的采购旅行。因此，清单必须定期出版，而不是偶尔发布特价商品公告。这就必须

⊖ 农业者（farmer）强调的是职业涵义，农民（peasant）强调的是身份涵义，二者的区别在于是否"受外部权势的支配"。为避免混淆，本书一律把 farmer 译为农业者，peasant 译为农民。——译者注

打破邮购的整个传统,学会不用夸张的宣传诱惑农业者购买,而是对提供的商品进行客观描述。目标必须是通过让农业者相信清单及其背后公司的可靠性,来创造一个忠实的消费者群体。因此,邮购商品清单要变成农业者的"愿望清单"。

第三,"买方自负风险"的古老观念必须改变为"卖方承担风险"——这就是西尔斯公司著名的"无条件退款"政策的含义。

第四,必须找到一种低成本且快速地处理大量消费者订单的方法。缺少邮购订单处理厂,该企业的经营就缺乏基本的现实条件。

第五,必须建立由人构成的现代组织——当西尔斯公司建立时,多数必要的相关技能尚未被发明出来。例如,没有懂得大批量购买商品的采购人员,没有熟悉库存控制新要求的会计人员,没有为清单配图的画家,没有处理大量消费者订单的经验丰富的办事员。

理查德·西尔斯(1863—1914)用自己的名字为这家公司命名。他理解并能够出色地即兴发挥满足消费者的需求。但真正把西尔斯公司缔造为一家现代企业的并不是他。实际上,理查德·西尔斯的运作方式很难被视为企业行为。他是一位精明的投机商,不断买进廉价商品,通过邮购广告一批又一批地提供给消费者。他的每一笔交易都是完整的交易,完成后就会清算该业务及其他相关业务。理查德·西尔斯可能赚了大笔钱,但他的运作方式永远不可能缔造一家企业,更不能使其长期存在。事实上,因为公司的发展远远超出了自身管理能力的范围,成功反而导致他差点破产。就在公司即将破产的时候,理查德·西尔斯把公司卖给了一位彻头彻尾的外行人——芝加哥服装商人朱利叶斯·罗森沃尔德。

1895年,罗森沃尔德接管西尔斯公司,1905年,该公司下设的芝加哥邮购工厂开张。10年间,罗森沃尔德缔造了现代工商企业西尔斯公司。他分析市场,开始系统地开发货源,发明定期的、真实的邮购商品清单,并推出"无条件退款"政策。他构建了富有成效的人群组织，赋予管理者最大的权威，并对成果全权负责。后来，他用利润购买公司股份，让每位员工都掌握所有权。罗森沃尔德不仅是西尔斯公司的缔造者，也是分销革命的创始人。在 20 世纪，分销革命是促进经济增长的关键因素，深刻改变了世界经济形势。

在西尔斯公司早期的重大创新中，只有一个不是出自罗森沃尔德，芝加哥的邮购工厂 1903 年由奥托·多林㊀设计。该工厂比福特汽车公司早 5 年时间创立，是第一家现代大规模生产工厂，所有工作都被分解为简单的重复操作，配备了流水装配线、传送带、标准化互换零部件，最重要的是在全厂范围内按计划统一配置资源。

西尔斯公司下一阶段的传奇故事始于 20 世纪 20 年代中期。第一阶段的主导人物是朱利叶斯·罗森沃尔德，第二阶段的主导人物则是罗伯特·伍德将军。伍德加入西尔斯公司时，该公司面临的市场形势正迅速变化。农业者不再被困在乡下，汽车的普及使他们能够轻松地进城购物。农村不再是一个独特的市场，在很大程度上正是由于西尔斯公司的努力，农业者的生活水平和生活方式发生了急剧变化，日益接近城市中产阶级的标准。

早在加入西尔斯公司之前，伍德就已经对此进行了细致分析。在此基础上，该公司决定把业务重点转向零售商店——同时为开车的农业者和城市居民服务。

要使该决策实现预期目标，需要进行一系列创新。商品销售规划不得不增加两项重要的新职能：产品设计和培育能够大批量生产的供应商。起初为高收入消费者设计的产品，例如 20 世纪 20 年代的冰箱，必须重新设计以适应个体购买力有限的大众市场。为生产需要的产品，必须建立供应商体

㊀ 奥托·多林（Otto Doering），西尔斯公司执行官，设计了一个每天能处理 10 万张顾客订单的系统，推进了现代库存管理的发展。——译者注

系——往往靠西尔斯公司提供资金并培训管理层。这就需要另一项重要创新：西尔斯公司与供应商，尤其是大部分业务依赖西尔斯公司采购的供应商之间关系的基本政策。为生产需要的产品，还必须研究发明新的商品销售规划，必须组建数以百计能够为大众市场生产产品的小型供应商。这些要素是西尔斯公司第二阶段大规模分销体系的基础，与第一阶段的邮购和清单一样，这对美国经济的发展做出了独特贡献。

零售业需要雇用大量商店经理。邮购销售并没有为零售商店的管理储备人才。在开展零售业务的前10~15年，甚至直到第二次世界大战时期，西尔斯公司最大的发展瓶颈一直是零售商店经理短缺。最系统化的创新必须出现在管理者开发领域。西尔斯公司在20世纪30年代的政策成为当今所有管理者开发工作的起点。

向零售业扩张也意味着组织结构的彻底变革。邮购销售业务高度集中，但零售商店的运营不能依赖2000英里⊖外的公司总部，而是必须在现场进行管理。整个国家范围内，少数几家邮购工厂就可以提供足够的商品，但现在西尔斯公司已经开设了1000多家零售商店，每家店都在当地有自己的市场。构建并管理一家分散化企业的方法，评估零售商店经理绩效的方法，兼顾企业统一和店铺自主管理的方法，所有这些都是为了促进零售业发展而设计的。此外，必须出台新的薪酬政策以奖励绩效卓越的零售商店经理。

最后，西尔斯公司必须在店铺区位、建筑设计、物品摆放等方面进行创新。传统零售商店并不适合西尔斯公司的市场。显然，这不是把零售商店建在城市郊区，并提供足够多的停车位那么简单。关于零售商店的全部观念都必须改变。事实上，甚至在西尔斯公司也没多少人认识到这种创新已经走了多远，以及对美国人的购物习惯以至城镇外观的影响多深。城市郊区购物中心出现于20世纪50年代，是零售业的根本性创新之一，但只不过是西尔斯

⊖ 1英里=1609.344米。

公司 30 年代创造的方法和观念的逻辑延伸。

1954 年，伍德将军从西尔斯公司退休，其影响力继续保持了 10 年之久。没有出现能够长期占据主导地位的首席执行官取代他。此后，西尔斯公司的运营由一个小型的最高管理团队负责，成员包括董事长、总裁、执行副总裁。无一例外，这些最高管理团队成员任职 5~7 年后就会退休。

后继的最高管理层进行的变革重新界定了该公司的业务。在伍德将军的领导下，西尔斯公司从销售商转变为采购商。在后继者的领导下，公司再次把自己界定为美国家用产品制造商，越来越凸显自身消息灵通、认真负责的制造商形象，致力于设计美国家庭需要和想要的产品。今天，虽然西尔斯公司的零售商店一直在大力扩张，但最多的资本投向了自身拥有或控制的制造工厂。

与美国的人口变化趋势一致，西尔斯公司一次又一次地改变了自身所处的市场。罗森沃尔德领导该公司为新兴大众市场提供商品，伍德则率领公司为大众市场提供先前只有富人才买得到的产品，例如厨房设备。现在西尔斯公司的经营理念是，让美国的中产阶级享受上层阶级的生活水平。因此，公司大大拓宽了产品范围。当然，该公司仍在零售商店中出售各种电器，或许还是最畅销的款式，但西尔斯公司就已经转型为世界上最大的钻石商、美国最大的书商之一，而且还大量买卖原创艺术品，包括素描画、图片、油画等。

早在罗森沃尔德和伍德将军时期，西尔斯公司就已着手控制关键制造商，这是确保公司所需商品的质量、大规模分销体系所需商品的数量、消费者所需商品的低价的唯一途径，也仍旧是当前该公司拥有或控制制造商的基本理由。但是，把当前西尔斯公司与供应商之间的关系定位为采购而非购买，似乎更恰当。公司的重点已经稳步转向长期战略，即预测未来美国家庭的状况和需求，进而设计并开发合适的商品和服务。现在的西尔斯公司可能是美国第一家真正以市场为中心的制造型企业,采用了迄今多数制造型企业仍停留在口号上的全面营销方法。在该战略的指导下,西尔斯公司聚焦于开发货源而不是向消费者出售商品,实现了销售额和利润率的大幅增长。

如今,西尔斯公司再次面临新的挑战,形势要求公司一如既往地不断创新并进行战略思考。

从创立初期,西尔斯公司就非常清楚美国的基本人口发展趋势。伍德将军最常用的管理工具是一个"小黑皮本",里面记载了大量人口统计数据及相关预测。在罗森沃尔德的领导下,公司业务同样立足于人口分析和人口趋势。一直以来,西尔斯公司的方针都是找到主要市场,并努力把它转变为真正的大众市场。

美国市场将要发生转变,西尔斯公司可能尚未进行战略定位。受过高等教育、从事知识工作的年轻家庭现在已经主导了美国市场。即使西尔斯公司能够把与他们父母(大工业城市的蓝领工人)的特殊关系转移到年轻人身上,也没有在他们需求最大、支出增长可能最快的领域制造、购买、销售产品。该公司仍然以物品为中心,主要作为制成品的制造商、采购商和销售商。受过高等教育的年轻家庭对商品的需求强劲,但家庭开支主要的增长可能在信息和教育、医疗保健、旅游休闲、可靠的金融咨询和服务、工作和职业选择顾问等领域。总体而言,西尔斯公司并没有在上述领域树立起负责任的制造商和采购商形象。

如果西尔斯公司想要保持自身的领导地位和增长能力,就必须迎接重大的新挑战,重新界定自身的业务是什么,市场在哪里,需要的创新是什么。

回顾历史,找到正确答案似乎轻而易举,但西尔斯公司的基本经验教训是,未来的正确答案在得到证明之前绝不可能显而易见。1900年前后,"众所周知"承诺"无条件退款"政策会给零售商带来财务灾难;1925年前后,"众所周知"美国市场可以按照收入水平划分为不同部分,人们在不同的市场上购买不同的物品；1950年前后，"众所周知"美国消费者希望在市中心购物等。

更重要的是，西尔斯公司的历史告诉我们，找到正确答案绝不能仅仅依靠才华或"直觉"。理查德·西尔斯两者兼备，但几乎一败涂地。正确的答案源于正确的问题，这进一步需要努力、系统地理解企业是什么，以及"我们"的业务是什么。

小　结

与其他美国大型企业相比，西尔斯公司的成就更加令人瞩目、更加长盛不衰。然而，当没有任何邮购经验的芝加哥服装商人罗森沃尔德1895年进行收购时，该公司已濒临破产。罗森沃尔德深入思考了公司的业务，并询问下列问题：消费者是哪些人？他们需要什么商品，这对他们有什么价值？他们去哪里购买？怎么购买？10年内，西尔斯公司发展成了家喻户晓的行业领导者。罗森沃尔德的继任者伍德将军在20世纪20年代中期也询问了同样的问题。他重新塑造了西尔斯公司，将其打造为一家完全不同的企业。1954年，伍德将军退休后，后继的最高管理层通过询问上述问题重新塑造了西尔斯公司。每次深入思考上述问题，他们都会得到不同的答案。每次思考得到的答案都与当时"众所周知"的情形相悖。同样，每次都是通过努力地系统工作而不是"直觉"才能找到正确答案。

问　题

1. 当理查德·西尔斯掌握公司所有权的时候，他没有成功地分析和解决什么难题？
2. 谁首次解决了西尔斯公司面临的难题？

3. 奥托·多林对早期西尔斯公司的贡献是什么？
4. 罗伯特·伍德进入西尔斯公司管理层后，必须考虑美国农村人口统计哪些方面的变化？
5. 伍德引入的商品销售规划创新有哪些？
6. 西尔斯公司转向零售业初期最大的瓶颈是什么？该问题是如何解决的？
7. 在20世纪40年代末50年代初，西尔斯公司如何改变了零售商店的全部观念？
8. 当前西尔斯公司最多的资本投向了哪里？
9. 如何描述当前西尔斯公司与供应商之间的关系？
10. 西尔斯公司必须准备面对哪些即将到来的市场变化？
11. 西尔斯公司可能会采取什么战略来应对上述变化？
12. 回顾西尔斯公司的历史，我们得到的最重要的经验教训是什么？

CHAPTER 4 | 第 4 章

企业是什么

西尔斯公司的历史表明，工商企业是由人而不是客观力量创建并管理的。客观经济力量为管理层的行动限定了范围，也为他们创造了机会，但其本身并不能决定企业是什么、从事什么业务。最蠢的做法莫过于不断宣称"管理层只能让企业适应经济力量"。实际上，企业管理层不仅必须适应经济力量，还必须创造经济力量。80年前，罗森沃尔德把西尔斯公司打造为一家现代工商企业，30年后，伍德将军再次改变了该企业的基本性质，从而确保了后来的快速发展和巨大成功。如今，新一代管理层必须做出新的决策，这将决定西尔斯公司的兴衰存亡。这种情况适用于每一家企业。

西尔斯公司的另一个经验是，企业不能用利润来界定或解释。询问企业是什么，典型的商人可能回答"营利的组织"，典型的经济学家可能会给出同样的答案。实际上，这个答案不仅错误，而且答非所问。

当前关于工商企业及其行为的主流经济理论是利润最大化理论，这不过是老话"贱买贵卖"的复杂版本。或许该理论能够充分解释理查德·西尔斯的行为，但不能解释西尔斯公司或其他任何现代企业的运营，也无法指导其应该如何经营。实际上，利润最大化理论没有任何实质性意义。

利润和利润率确实至关重要，其对整个社会甚至比对单个企业更为重要。然而，利润绝不是企业的目的，而只是一个限制因素。利润不是企业决策的理由、原因或解释，而是对决策有效性的检验。哪怕坐在董事长位子上的不是一名商人，而是对赚钱没有任何兴趣的人，也依然不得不重视利润和利润率。

任何企业面临的第一道考验都不是利润的最大化，而是能否获得足够利润来应对经济活动的风险，从而避免亏损。

上述认识混乱的根源就在于人们错误地相信，个人动机（即所谓商人的利润动机）是对其行为的解释或行动指南。实际上，利润动机的存在是非常值得怀疑的。古典经济学家⊖发明"利润动机"概念，是为了解释他们的静态平衡假说无法解释的经济现实，从没有任何切实的证据表明存在利润动机。最早的时候，经济学家用利润动机来解释经济变化和经济增长，而我们早已找到了该现象的真正解释。

无论利润动机是否存在，都无助于理解企业的行为、利润和利润率。例如，哪怕吉姆·史密斯做生意的动机是赚钱，也只涉及他本人和"记录天使"⊜，并未让我们了解他做了什么和做的方式。对于一名在内华达州沙漠中寻找铀矿的勘探者，即使有人告诉我们他是为了发财，我们对他的工作内容也依旧一无所知。当我们被告知一位心脏病医生正在拼命赚钱，或者致力于造福全人类时，我们同样对他的工作内容一无所知。利润动机及其衍生的利

⊖ 古典经济学家（classical economist），尊奉古典经济学的经济学家，基本认为市场经济是一种自我调节的系统，主要受自然的生产和交易规律（"看不见的手"）支配，政府不应过度干预经济。——译者注

⊜ 记录天使（Recording Angel），是基督教和犹太教中上帝指派的一个或多个天使，负责记录每个人的事件、行动、祈祷。——译者注

润最大化理论，与企业的职能、企业的宗旨以及管理企业的工作同样无关。

实际上，上述观念不仅无关紧要，而且非常有害，是社会误解利润的本质以及对利润抱有深刻敌意（工业社会最危险的弊病之一）的主要原因。在很大程度上，上述观念需要为公共政策领域最严重的错误负责，这些错误恰恰立足于对企业性质、职能、宗旨的误解。此外，上述观念在很大程度上导致了一种普遍的看法，即利润与企业为社会做贡献的能力之间存在根本性矛盾。事实上，企业只有盈利能力强大，才能为社会做贡献。破产企业不可能是一家好企业，也不可能是社区的好邻居和好成员。

企业的宗旨

要想弄清楚企业是什么，必须从企业的宗旨开始。企业的宗旨必然存在于自身之外。事实上，由于企业是社会的"器官"，所以其宗旨必须着眼于社会。关于企业的宗旨，只有一个有效的定义：创造消费者（客户）。

消费者决定了企业是什么。只有消费者愿意为商品或服务付费，才能把经济资源转化为财富，把物品转化为商品。企业认为应该生产什么产品并不是最重要的，尤其对企业自身的未来和成功无关紧要。关于质量，典型的工程性定义是难以达到、异常复杂、成本高昂的奢侈品，但这并不是真正的质量，而是渎职。消费者对所购商品的看法，以及认为商品的价值如何才是关键，决定了企业是什么、生产什么，以及是否能够繁荣发展。消费者购买并认为有价值的事物从来不是产品，而是效用，也就是产品或服务能为他做什么。什么对消费者有价值？正如我在下一章所述，该问题的答案并非显而易见。

消费者是企业的基础，也是其存续的根本所系。归根到底，消费者提供了就业机会。为满足消费者的需求，社会将创造财富的资源委托给企业。

企业家职能

因为企业的宗旨是创造消费者，所以企业有且只有两项基本职能：营销和创新。营销和创新产生成果，其他的一切都是"成本"。

营销是企业显著而特有的基本职能。企业之所以与其他所有人群组织不同，就是因为企业营销产品和服务。教会、军队、学校、政府都不具备营销职能。任何通过营销产品或服务来实现自身价值的组织都是企业。任何营销缺位或处于附属地位的组织都不是企业，永远不应把它当作企业来管理。

在西方国家，万国联合收割机公司⊖的创始人赛勒斯·麦考密克（1809—1884）最早清醒地认识到，企业的独特且核心职能是营销，管理层的专门工作是创造消费者。历史书只提到他发明了第一台高效率的收割机，实际上他还发明了现代营销的基本工具：市场研究和市场分析、市场地位观念、定价政策、售后服务、配件及服务提供、分期付款信贷等。早在1850年他就已经做到了这一切，但直到50年后才被广泛模仿。

1900年以来，美国经济的重大变迁在一定程度上是一场营销革命。在美国商界，富有创造性、积极进取、开拓创新的营销案例仍不多见。很少有企业能够与1925年前后的西尔斯公司相提并论，更不用说与1970年的西尔斯公司比较了。50年前，美国商人对营销的普遍看法是"生产什么就销售什么"。今天，越来越多的人认为"我们的工作是生产市场需要的产品"。无论是否落到实处，这种观念本身都像任何技术创新一样改变了整体经济形势。

营销是企业的基本职能，不能被视为内部单独的一项技能和工作。当然，营销需要专门的工作和各种特定的活动。但营销是整个企业的中枢维度，而且从最终结果来看，也就是从消费者的观点来看，营销就是整个企

⊖ 万国联合收割机公司（International Harvester Company），1847年赛勒斯·麦考密克（Cyrus H. McCormick）创办麦考密克收割机公司，1902年，在摩根（J.P. Morgan）的主持下与其他4家公司合并为万国联合收割机公司。——译者注

业。企业的所有部门和领域都必须关注营销，承担营销责任。

在美国的制造型企业中，IBM公司很可能是营销方法的卓越实践者，也是证明营销效力的最佳案例。该公司的迅速崛起并不能片面归功于技术创新或产品先进。在计算机行业，IBM公司实际上是一位后来者，技术专长和科学知识都不突出。然而，在计算机行业早期，技术更加先进的通用自动计算机[一]、通用电气公司[二]、美国无线电公司[三]等都是以产品和技术为中心。只有IBM公司的穿孔卡片销售员深入思考了下列问题：消费者是谁？什么对他有价值？他以什么方式购买？他需要的是什么？结果，IBM公司最终占领了市场。

销售到营销

尽管营销和营销方法逐渐受到重视，但在大量企业中仍旧仅仅是一纸空文，"保护消费者利益运动"的兴起就是证明。该运动对企业的要求恰恰在于真正的营销，把企业的目的界定为消费者满意。保护消费者利益能成为一场声势浩大的群众运动，恰恰证明了缺乏营销实践。保护消费者利益运动堪称"营销的耻辱"。

但保护消费者利益运动也是营销面临的机会，可能会迫使企业在行动和口头上转变为以营销为中心。

[一] 通用自动计算机（Univac），最早的商用计算机之一，1951年3月，第一台交付美国人口普查局使用。该计算机在架构上与世界上第一台通用计算机埃尼亚克（ENIAC）不同。——译者注

[二] 通用电气公司（General Electric Company），1892年由爱迪生通用电气公司与其他公司合并组建。20世纪60年代曾与IBM公司、Univac、美国无线电公司等并列为美国八大计算机公司。——译者注

[三] 美国无线电公司（RCA），1919年由通用电气等企业共同组建，1930年从通用电气公司剥离。曾数十年内在通信行业居领导地位，从20世纪70年代中期开始衰落，1986年被通用电气公司再次收购。——译者注

保护消费者利益运动尤其应该消除下述混乱，在很大程度上这些混乱正是缺乏真正营销的原因。当经理谈到营销时，他们通常是指整个销售部门的绩效。这仍旧是销售，仍然从"我们的产品"开始，仍旧在寻找"我们的市场"。真正营销的起点与西尔斯公司相同，是从消费者开始，具体包括人口统计特征、现状、需求和价值观。真正的营销不问"我们想要销售什么产品"，而是问"消费者想要购买什么"，不说"这是我们的产品或服务的用途"，而是说"这些就是消费者想要的效用"。

在理想情况下，营销应该创造准备购买的消费者。到那时，企业需要做的就是提供合适的产品和服务。现在我们距离这种理想状态还很遥远，但保护消费者利益运动清楚地表明，"从销售到营销"越来越应该成为企业管理层的座右铭。

企业：经济增长与发展的"器官"

只有在认为变化是自然而然的、可接受的经济体系中，企业才能存在。并且企业是促进经济增长、扩张、变化的专门"器官"。

因此，企业的第二项基本职能是创新——提供不同的经济满足。对于企业而言，仅仅提供经济产品和服务是不够的，还必须提供更好、更实惠的产品和服务。企业不一定要扩大规模，但有必要持续不断地越变越好。

创新可能会导致价格降低。由于价格是经济学家唯一能够采用量化工具处理的要素，所以一直最受关注。但创新还可能造就新的、更好的产品，提供新的便利，定义新的需求。

最有成效的创新是能满足潜在新需求的新产品或新服务。通常这种不同以往的新产品或新服务成本往往更高，但其整体效应是提高经济生产率。

例如，古代的医生治疗肺炎只能用冷敷法，而使用抗生素的成本远远高于冷敷。计算机的成本远远高于加法机或穿孔卡片分类机，打字机的成本远远高于羽毛笔，施乐㊀复印机的成本远远高于打样机，甚至也高于油印机，并且如果（当）我们能够治愈癌症，其花费一定高于豪华葬礼。

因此，产品价格只是某项创新的价值或总体经济价值的一种衡量手段。我们可以把价格与单位产出联系起来，比较一种药物的价格与其减少的住院天数、增加的工作年限，但即便如此也远远不够，我们确实需要一种衡量价值的手段。创新给消费者带来了什么经济价值？对此，消费者本人是唯一的评判者，只有他清楚自身的经济现状。

创新也可能是为旧产品找到新用途。成功地把冰箱卖给因纽特人以帮助他们避免食物结冰的销售员，就像开发了一种崭新的工艺或发明了一件新产品一样，是一名不折不扣的创新者。向因纽特人出售冷藏食物的冰箱是开拓新市场，出售避免食物过度结冰的冰箱实际上是创造了一种新产品。当然，从技术上看仍旧是老产品，但从经济上看是创新。

最重要的是，创新不是发明。创新是一个经济概念而非技术概念。非技术性创新（如社会或经济创新）起码与技术创新同样重要。（参见第 37 章"创新型组织"。）

与营销一样，创新也不能被视为企业内部单独的一项技能和工作。创新不局限于工程或研究领域，而是涉及企业的所有部门、全部职能和业务，当然也不局限于制造型企业。分销和服务业创新与制造业创新同样重要。对产品和服务方面创新的领导，传统上集中在一个不过问其他事务的职能部门。大型工程企业或化工企业普遍都是这种情况。保险公司也可以设立一个部门专门负责领导新保险的开发，在组织销售、政策管理、理赔处理、资金投资等方面，很可能会设立其他专门负责创新的部门。所有这些都是保险公司的

㊀ 施乐公司（Xerox），1906 年由约瑟夫·威尔逊（Joseph Wilson）等人创建，主营数字文件处理及印刷等业务。——译者注

业务。

但是，目标明确的系统性创新的最佳组织方式是将其作为整个企业的活动，而不是特定职能部门的工作。同时，企业的每一个管理部门都应该对创新负责，树立明确的创新目标，对公司产品和服务的创新做出贡献，此外还应自觉地努力提高本部门各项业务的水平，包括销售、会计、质量控制、人事管理等。

创新可以被定义为任务，旨在赋予人和原材料新的、更强的财富创造能力。创新对发展中国家尤为重要。这些国家往往资源丰富，之所以贫穷是因为缺乏使用这些资源创造财富的能力。发展中国家可以引进技术，但必须进行适合本国国情的社会创新才能使引进的技术发挥作用。

管理者必须把社会需求转化为盈利的商机，这也是创新的定义。今天，当我们明确意识到学校、医保、城市、环境等方面急迫的社会需求时，尤其需要强调这一点。19世纪，企业家把当时的社会需求转化为成长型行业，包括城市报纸、有轨电车、钢构摩天大楼、学校教材、电话、药物等，当今的社会需求与19世纪的在性质上没有太大区别，同样需要转化为创新性业务。

有效利用创造财富的资源

企业必须利用创造财富的资源来达到创造消费者的目的。因此，企业负责有效利用这些资源。这是企业的行政职能，从经济上讲，可以称之为生产率。

生产率意味着平衡所有生产要素，用最小的投入获得最大的产出。这与单个工人或单位工时的生产率有很大不同。传统标准只能大致反映真实的生产率水平，仍旧基于18世纪的观点：体力劳动是唯一的生产性资源。这些标准传达的是错误的观点，即所有人类成就最终都可以用体力劳动来衡量。

在现代经济中，生产率的提高从来不是靠体力劳动实现的，而往往是摆脱体力劳动，用其他事物取代体力劳动者的结果。当然，资本设备，也就是利用机械能的装备，就是其中一种替代品。

尽管直到最近才有人认识到，但起码同样重要的是，用知识工作取代熟练或非熟练的体力劳动确实能够提高生产率，进而促进体力劳动者转变为管理者、技术人员或专业人员。

略微反思就会发现，经济学家非常重视的资本形成率⊖是一个次要因素。在安装使用资本设备之前，必须有人进行计划和设计——一种概念性、理论性和分析性任务。所以经济发展的基本要素必须是"智力形成"率，即国家培养充满想象力和愿景、受过系统教育、具备理论分析能力的人才的速度。

然而，资本设备的计划、设计和安装仅仅是用脑力代替体力以提高生产率的一部分。同样重要的是工作性质的直接改变对提高生产率的贡献。提高生产率的传统方式需要更多熟练或非熟练工人的体力劳动；新方式则需要理论分析和概念规划，甚至无须资本设备投资。

提高生产率最大的潜力当然蕴含在知识工作本身，尤其是管理中。一些关于生产率的商业术语，尤其是会计术语已经过时，容易产生误导。会计术语中所谓的生产性劳动是看护机器的体力劳动，而实际上这是最不具有生产性的劳动。而所谓的非生产性劳动，即所有不看护机器而为生产做的贡献，就是一个大杂烩，包括前工业时代生产率低下的体力劳动，如清洁工作；传统高技术、高生产率的劳动，如工具制造；新型工业社会中高技术的劳动，如电力设备维修；工厂领班、工业工程师、质量控制专家等工业社会需要高深知识的劳动。最后，会计合计为经常费用的项目包含经理、研究人员、计划人员、设计人员、创新人员等最具生产率的资源，但其中也可能包含一些

⊖ 资本形成率（rate of capital formation），一定时期内资本形成总额占国内生产总值的比重。资本形成总额包括两部分，一部分是固定资本形成总额，另一部分是存货增加。——译者注

纯粹寄生性的，甚至破坏性的因素，体现为那些由于组织无序、士气低下、目标混乱，即管理不善导致的高昂人员成本。

我们需要的生产率概念，要能够涵盖所有被投入生产的努力，并且根据其成果进行表述，而不是假设唯一的生产性劳动是体力劳动。但即使有了这样一个概念（尽管已然向前迈出了一大步），如果其对劳动的定义限于会计人员能够衡量的活动，即有形成本和直接成本，也仍旧是不够的。有些要素对生产率的影响即使不是决定性的，也是非常重大的，这些要素永远不会成为可见的成本数据。

首要的是知识。如果使用得当，知识是最富有成效的资源，但也是最贵重的资源。如果使用不当，生产率就会荡然无存。知识工作者必然是高成本的员工，因为知识工作者在学校深造多年，承载了非常高的社会投资。

其次是时间。时间是组织最脆弱的资源。人与机器在全部和部分时间内被利用，会导致其生产率有所不同。最没有成效的安排就是资本设备闲置或高薪能干的人才浪费时间。同样没有成效的行为可能是在一段时间内硬性投入超过容纳标准的过多生产性劳动，例如，在拥挤的工厂或老旧脆弱的设备实行三班倒。

最富有成效（或最缺乏成效）的时间是管理者的时间。然而，在生产率的所有要素中，管理者的时间最不为人知、最少被分析、最缺乏管理。

生产率也是产品组合的函数，是相同资源条件下各种产出之间的平衡。每位管理者都知道，不同产品组合的市场价值差异很少与构成组合投入的努力成比例。一家企业的产品数量、使用的原材料和技术、直接和间接劳动都不变，但产品组合不同，既可能获得财富，也可能破产。显然，这代表着相同资源在生产率上的巨大差异。但这种差异并不表现在成本上，或者说成本分析不能发现这种差异。

还有一个重要因素，我称之为"过程组合"。一家企业购买还是制造零部件，自己组装产品还是把组装业务外包，以自有品牌进行营销还是让独立的批发商用各自的品牌销售，哪种组合的生产率更高？这家企业擅长做什么？对其掌握的专门知识、能力、经验、声誉最有成效的利用是怎样的？

最后，企业的组织结构、内部各种活动之间的平衡对生产率有至关重要的影响。如果由于缺乏清晰的组织结构而导致管理者浪费时间去确定自己应该做什么，而不是投入实际工作中，那么企业最稀缺的资源就被浪费了。如果最高管理层只对工程感兴趣（或许因为他们都出身于工程部门），而企业面临的形势要求高度重视营销，那么就会损害生产率。由此带来的损失要比单位工时产出下降严重得多。

因此，我们不仅需要定义生产率，以便把所有上述影响要素包括在内，还需要设立把所有这些要素考虑在内的目标。我们必须制定相关标准，以评估资本替代劳动、知识替代资本（和劳动）对生产率产生的影响。我们需要一些方法来区分创造性经常费用和寄生性经常费用，评估时间利用、产品组合、过程组合、组织结构、活动平衡对生产率的影响。

不仅单个企业的管理层需要用来衡量生产率的恰当概念和方法，整个经济也需要。缺少恰当的概念和方法是政府经济统计中最大的不足，严重削弱了所有经济政策的效果，使我们在与经济萧条和通货膨胀等现象做斗争中频频受挫。

利润的功能

利润不是原因而是成果——企业在营销、创新、生产率方面的绩效产生的成果。利润是一种必要的成果，服务于企业的基本经济职能。

首先，利润是对绩效的检验——唯一有效的检验。20世纪20年代初，苏联人试图废除利润，结果很快就意识到了这一点。实际上，当工程师谈及反馈或根据自身成果自动调节相应的过程时，利润是说明其意图的绝佳例子。

其次，利润是不确定性风险的溢价。这项功能具有同等重要性。由于经济活动是一种聚焦未来的活动，而关于未来，唯一肯定的就是其不确定性，也就是风险。"风险"（risk）一词源于古代阿拉伯语，原意是"挣钱糊口"。任何企业都是通过承担风险维持运营的。因为企业从事经济活动，所以总是试图带来变革。打个比方，企业总是锯掉自己正坐着的树枝，使现有风险更大或带来新风险。

前文所述西尔斯公司的历史表明，经济活动的成果往往经过很长时间才能显现出来，该公司耗费了15～20年时间才使基本决策落到实处，主要投资获得回报。众所周知，一个世纪以来，"延长经济回收期"是经济进步的先决条件。虽然我们对未来一无所知，但我们知道当所致力的未来很遥远时，风险会以几何级数增加。

再次，有且只有利润能为未来更多、更好的工作岗位提供资本。

最后，利润用来支付社会的经济和服务需求，范围涵盖医保到国防，教育到歌剧等方方面面。这些需求都必须用经济生产的盈余来支付，也就是说，用经济活动创造的价值和其成本之间的差额来支付。

如今，商人常常为赚取利润感到愧疚。为利润辩解是他们从事的沉闷工作的一部分——最重要的是向自己解释。因为只要相信利润动机或利润最大化等谬论，就失去了赚取利润的理论基础和正当理由。

利润是经济和社会的必需，无须为此感到羞愧。恰恰相反，一名商人应该感到羞愧的，或应该为之道歉的，是没有赚到满足经济和社会职能要求的利润，唯有利润才能促进经济社会的发展。

那么，管理一家企业是做什么呢？如同通过营销和创新创造消费者，该问题的答案遵循对企业活动的分析结果，认为管理一家企业必须始终具备企业家精神。当然，行政绩效也不可或缺，但行政工作遵循企业家树立的目标。结构跟随战略。

由此断定，管理一家企业一定是一项创造性而非适应性任务。管理层主动创造或改变的经济条件越多，而不是被动地适应，那么企业的管理就越到位。

但是，对企业性质的分析也表明，虽然唯有绩效才能最终检验管理水平，但管理仍是一种理性活动。具体而言，这意味着企业必须设立目标，以表明什么是需要实现的，而不是尽力适应现实的可能性（如同利润最大化理论所暗示的）。一旦根据合意的事物设定了目标，就可以思考必须做出什么让步的问题了。这要求管理层决定企业从事什么业务，以及应该从事什么业务。

小　结

企业的宗旨不是赚取利润。利润是有必要的，也是一种社会责任。不论社会的经济制度和法律规定如何，企业必须有足够利润来应对当前的经济资源用于不确定的未来的风险；为未来的工作创造资本；支付社会的所有非经济需求，包括国防、司法、学校、医院、博物馆、四健会⊖等。但利润不是企业的宗旨所系。更确切地讲，一家企业因其经济贡献而得以存在并获得报酬。企业的宗旨是创造消费者。因此，企业有且只有两项基本职能：营销和创新。为履行基本职能，企业必须使人、资本、自然资源（包括时间）、管理等创造财富的资源富有成效。

⊖ 四健会（4-H club），10~21岁青少年的社团，主要位于美国和加拿大，1902年创立，在美国受农业部管理，四健（分别对应英文的4个"H"字母）代表健全头脑（head）、健全心胸（heart）、健全双手（hands）、健全身体（health）。——译者注

问　　题

1. 经济学家往往认为企业是以利润为目标的组织，该定义为什么是错误的？
2. 关于企业宗旨的一个有效定义是什么？
3. 企业的两项基本职能是什么？
4. 现代营销的基本工具是谁发明的？
5. 在计算机行业发展初期，作为技术领导者的通用自动计算机、通用电气公司、美国无线电公司与 IBM 公司有什么重大不同？
6. 为什么保护消费者利益运动被视为营销面临的重大机会？
7. 真正的营销应该从什么问题开始？
8. 分别举出一个通过降低价格、创造不同的产品或服务、为现有产品或服务寻找新用途实现创新的例子。
9. 发明与创新的区别是什么？
10. 创新的最佳组织方式是什么？
11. 为什么单位工时生产率的衡量方法是衡量真正生产率的误导性标准？
12. 提高生产率的一种方法是用资本设备代替体力劳动，其他可能的替代品是什么？
13. 提高生产率最大的潜力在哪里？
14. 组织最脆弱的资源是什么？
15. 为什么产品组合对生产率很重要？
16. 利润的一项功能是检验绩效，同样重要的第二项功能是什么？

CHAPTER 5 | 第 5 章

企业的宗旨和使命

从文艺复兴时期佛罗伦萨的美第奇家族㊀、17 世纪末英格兰银行㊁的创建者，直到当今 IBM 公司的托马斯·沃森㊂，我们听说过的所有伟大的企业缔造者都有一套明确的企业理论，贯穿他们的所有决策和行动。真正成功的企业家的特征不是拥有准确的直觉，而是秉持一套清晰、简洁、深刻的企业理论，不仅能够积累巨额财富，还能够缔造一个持续发展的组织。

企业家个人不需要向其他人分析概念和解释自己的企业理论，更无须讲述细节，他们集思考者、分析者和执行者于一身。然而，企业需要彻底思考并公开阐述企业理论，这就首先要求清晰界定企业的宗旨和使命，思考"业务是什么以及应该是什么"。

㊀ 美第奇家族（Medici），15～18 世纪在欧洲拥有巨大声望的名门望族，出了四位教皇、两位法兰西王后、多位佛罗伦萨统治者。——译者注
㊁ 英格兰银行（Bank of England），英国中央银行，1694 年以私营方式成立，1946 年被收归国有，1997 年成为独立的公共机构，为政府全资所有，但拥有独立的货币政策。——译者注
㊂ 托马斯·沃森（Thomas Watson），IBM 公司首席执行官、创始人，任内大力投资于早期计算机开发，奠定了该公司日后腾飞的基础。——译者注

如今，企业理论非常容易过时，而且被淘汰的速度非常快。除非企业赖以建立的基本理论显而易见并得到清晰阐述，否则企业往往会随波逐流。企业若不能理解自己的身份，代表什么，秉持的基本理论、价值观、政策、信念是什么，那么就不能理性地改革。亨利·福特及福特汽车公司的早期历史表明，即使最卓越的企业家理念也会迅速过时。1907年，一个彻底改变经济和社会面貌的企业家理念诞生，20世纪20年代初，持有一种不同的新企业理论的通用汽车公司迅速占领市场，几乎把福特汽车公司赶出市场，亨利·福特的理念迅速被淘汰，这中间仅仅相隔了15年。⊖

企业唯有清晰地认识自身的使命和宗旨，才有可能树立明确且现实的目标。使命和宗旨是企业的首要事务、战略、计划、工作安排的基础，是管理层设计管理岗位的起点，更是设计组织结构的起点。结构跟随战略。战略决定了既定企业的关键活动。战略要求明确"业务是什么以及应该是什么"。

决策出自各级管理者

与以往的组织形成鲜明对比，当今的组织实际上在各个层级上聚集了大量拥有知识、掌握技术的人才。但知识和技术也意味着相关人员能够影响关于工作应该如何开展、实际上如何开展的决策。必要时，管理者需要做出有风险的决策，而使用计算机不会改变这一事实。实际上，计算机导致最高管理层制定决策时更加依赖低层管理者做出的决策，因为后者后会转化为计算机数据。

20世纪50年代初计算机刚刚上市的时候，我们听到大量有关中层管理

⊖ 此处是指亨利·福特秉持的"薄利多销"理念，1908年大批量生产销售便宜的福特T型车，快速占领市场。20世纪20年代初，斯隆领导下的通用汽车公司提出"年度车型""计划性报废"等理念，宣称"为每一个消费者和每一种用途生产一种车"，逐步战胜福特汽车公司。1927年，福特T型车停产。——译者注

者即将被淘汰的言论，但事实恰恰相反，其后20年中，所有发达国家的中层管理者数量均急剧增加，而且与传统的中层管理者不同，新出现的中层管理者在很大程度上是决策者，而不再仅仅是高层决策的执行者。

结果导致，影响整个企业及其绩效的决策，由组织内各个层次的管理者，甚至有可能是非常低层次的管理者做出。做什么与不做什么，继续什么业务与抛弃什么业务，保持还是抛弃什么产品、市场、技术，类似的风险型决策是当今企业时刻面临的现实，往往由大量处于从属地位的人员做出，他们通常并不拥有传统的管理头衔或岗位。研发科学家、设计工程师、产品规划师、税务会计师等，所有这些人的决策都立足于某种企业理论，当然，这些理论并不是非常清晰明确。

整个组织拥有共同的愿景、相互的认可、一致的方向和努力，要求清晰界定"业务是什么以及应该是什么"。

"业务是什么"——并非显而易见

了解一家企业的业务是什么似乎是一件最简单或最明显的事情，钢铁企业炼钢，铁路公司运送旅客和货物，保险公司承保火险，银行从事借贷。实际上，"业务是什么"几乎总是一个难以回答的问题，正确的答案通常不是显而易见的。70年前，西奥多·韦尔[⊖]为美国电话电报公司（即著名的贝尔系统）[⊜]找到了最早也是最成功的答案之一："我们的业务是服务。"一旦把这句话说出来，似乎再明显不过。但首先必须明白，当时的电话系统是一种自

⊖ 西奥多·韦尔（Theodore Vail），美国电话电报公司总裁（1885～1889年、1907～1919年），任内开通第一条横贯北美大陆的电话线，实现大西洋两岸的无线通信。——译者注

⊜ 美国电话电报公司（AT&T），前身为电话发明者贝尔（Alexander Graham Bell）1877年创立的贝尔电话公司，1895年长途电话业务独立出来成立美国电话电报公司，1984年被拆分。——译者注

然垄断行业，面临着被国有化的危险，发达工业国家的电话服务由私人所有仅仅是一种例外情况，需要得到公众的支持才能维系。其次必须认识到，举行宣传活动或给批评者贴上"非美国式"标签，并不能赢得公众的支持。唯有让消费者满意，才能达成所愿，而要实现这一点，需要企业政策的根本性创新；需要不断强调全体雇员对服务的奉献精神；需要重视研发和技术的领先地位；需要企业的财务政策假定，凡是在需要之处，企业必须提供服务，而管理层的工作就是找到必要的资本并从中获得回报。倘若美国电话电报公司没有在1905～1915年认真分析自身的业务，那么新政⊖时期联邦政府很可能会在电话行业推行国有化政策。

直到20世纪60年代末，也就是美国电话电报公司创立至今的2/3时间内，西奥多·韦尔的答案一直指导着公司的经营，堪称"业务是什么"问题最长寿的答案。第一次世界大战之后，美国的铁路公司一直在危机中挣扎，并且几乎完全得不到公众的支持成为其最大的弱点，恐怕主要的原因就在于从未思考过关于自身业务的界定。

寻找"业务是什么"问题的答案，是最高管理层的首要责任。事实上，判断某一职位是否属于最高管理层的可靠方法，就是询问在位者是否关心并回答该问题。唯有最高管理层才能够确保这个问题得到应有的重视，找到有意义的答案，进而使企业得以规划自身的路线并设立相应的目标。

然而，有些管理者回避该问题也不是没有原因。询问该问题会引起争论、分歧和冲突。提出这个问题总会暴露最高管理层内部的分歧和异议。那些共事多年、自以为了解彼此想法的伙伴突然会惊讶地意识到彼此之间竟然存在严重分歧。

⊖ 新政（New Deal），即罗斯福新政，指1933年富兰克林·罗斯福担任美国总统后实行的一系列经济、社会政策，政府从此开始大规模干预经济和社会，其核心被归结为救济、复兴和改革。——译者注

异议的必要性

由于异议会造成分裂和痛苦，所以多数管理者都对此三缄其口。但决定"业务是什么"是一项真正重大的决策。重大决策只有立足于不同的观点，才能有机会成为正确、有效的决策。"业务是什么"问题的答案，往往是在不同的选项之间进行抉择，每种选项都立足于关于企业现实及其环境的不同假设。这种抉择往往是风险型决策，并且时常会导致目标、战略、组织、行为的变化。该决策的基础必须是在备选方案中进行有意识的选择，而不是对不同观点和思想进行压制。

之所以说在最高管理层引入异议非常重要，主要原因是"业务是什么"问题从没有正确答案。该问题的答案也从来都不是从"事实"中逻辑推导出的结论。寻找答案需要判断力和相当大的勇气。答案很少遵循"众所周知"的现实，绝不应建立在貌似合理的基础上，也不应该在短时间内做出决定，而且必然会经历痛苦与纠结。

方法而非意见

管理层回避询问"业务是什么"问题的另一个原因是不愿意听取意见。关于"业务是什么"，人人都有自己的意见，然而管理层非常讨厌没完没了的会议和辩论。

一定有某种方法来界定"业务是什么"。当然，意见也是需要的，并且无论如何是不可避免的。但意见需要聚焦于一个特定的中心议题才能发挥作用。

关于企业的宗旨和使命的定义，仅有一个焦点，也就是起点，这就是消费者。消费者定义了企业的业务。

管理层必然会重视企业的产品或服务，这可以理解，若非如此，就是他们的失职。然而在消费者心目中，任何产品或服务，甚至企业都不会占据多么重要的地位。企业管理者可能一厢情愿地认为消费者会用几个小时来讨论相关产品，但实际上有多少位家庭主妇曾经互相讨论她们洗的衣服有多么干净呢？如果一个品牌的洗衣粉有问题，她们会立刻换成另一个品牌。消费者仅仅想知道产品或服务未来会为他们做什么，所有关注只在于自己的价值和需求。任何试图阐述"业务是什么"的认真尝试，都必须从关于消费者的上述事实开始。

谁是消费者（客户）

"谁是消费者"是界定企业宗旨和使命的首要问题。回答这个问题并不容易，答案绝非显而易见。在很大程度上，如何回答该问题决定了企业的自我定位。

第二次世界大战以来，美国地毯行业的经历表明了"谁是消费者"问题的力量和经过深思熟虑的答案产生的影响。

地毯行业是一个古老的行业，没多少光环，也缺少尖端技术，然而该行业在第二次世界大战后的美国经济中取得了显著的营销成就。直到20世纪50年代早期，地毯行业一直面临着稳步的、长期的、似乎不可逆的衰退趋势。在接下来的几年内，该行业却完全逆转了上述趋势。即使是50年代前建造的"高档"住房，通常在起居室内也只有一块便宜地毯。但今天，即使在低成本住房内（包括多数可移动住宅），几乎所有起居室、厨房、盥洗室都铺设了质量较好的地毯，而且购房者在地毯上的花费占总开支的比例也越来越高。

地板覆盖物是为数不多的改变室内观感和舒适度的方式之一，这尤其适用于廉价的小型住宅。该口号已经被地毯制造商宣传了数十年,但对消费者的实际行为没产生什么实质性的影响。在停止劝说和硬性推销,转而彻底思考"谁是消费者"和"谁应该是我们的消费者"问题之后,地毯业才真正取得了成功。

传统上,地毯制造商把消费者界定为业主,尤其是购买首套住房的家庭。但在那个阶段,年轻人一般没有闲钱购买奢侈品,他们会推迟购买地毯,这往往意味着根本不可能购买。思考"谁是消费者"和"谁应该是我们的消费者"的结果是,相关企业意识到必须成功地让大批量建筑商成为自己的消费者。因此,必须让大批量建筑商在建设新住宅时配备地毯能够有利可图,这要求从销售单块地毯转变为销售满铺地毯。在传统的住房中,建筑商必须铺设昂贵的、完工的地板,而满铺地毯可以铺在更加便宜的未完工地板上,从而使建筑商能够以更低的成本造出更高档的住房。

地毯企业进一步认识到,必须使新业主能够把地板覆盖物的费用作为每月按揭付款的一部分,而不是指望他们在手头紧张的时候再支付一大笔钱。因此,地毯制造商努力让贷款机构,尤其是为房屋抵押贷款提供保险的政府机构(如美国联邦住房管理局⊖)认可地板覆盖物为房屋资本投资的一部分,从而作为抵押价值的一部分。最后,地毯企业重新设计产品,使建筑商能够充当消费者(业主)的知情买家。如今,购房者可以选择各种图案和颜色的地毯,但基本上只有三种质量等级:"良""优""最优"。不同等级的费用差异反映在每月支付的抵押贷款中几乎微不足道,结果多数业主都起码预定了"优"等地毯。

正如地毯行业的故事所示,"谁是消费者(客户)"的正确答案通常是若干客户。

⊖ 美国联邦住房管理局(Federal Housing Administration),美国联邦政府住房与城市发展部的下设机构,1934 年设立,主要职能是为银行和其他私营贷款机构发放的住房抵押贷款提供担保。——译者注

多数企业的消费者起码包括两个群体。地毯行业的消费者包括建筑商和业主。要想销售地毯，消费者必然要么是建筑商要么是业主。品牌消费品制造商通常起码有两类客户：普通消费者和杂货商。如果杂货商没有存货，那么让普通消费者急于购买并不是好事。反之，如果普通消费者不买，那么让杂货商陈列商品并为其留出货架空间同样没多大好处。

西奥多·韦尔对贝尔系统电话业务的定义的最大优点就是认可两种相互独立的客户：电话用户和政府监管机构。双方都需要服务，都必须得到满足。然而，它们彼此的价值观和行为截然不同，需要的物品也不一样。

还有一些企业，在经济上只有一类客户，然而在战略上（购买决策方面）有两类或更多类客户。

IBM公司在计算机行业取得巨大成功的一个原因是，该公司很早就认识到如果想让计算机畅销，那么必须让企业中身居不同岗位的人都要购买。使用计算机的人，主要是指会计人员和财务人员，不得不购买，但最高管理层也必须购买，同样必须购买的还有那些把计算机作为信息工具的人，即运营经理。从一开始，IBM公司就向所有上述人群销售计算机，并仔细思考了每类人寻找的是什么，需要知道的是什么，认为有价值的是什么，以及如何才能与这些人建立业务关系。

思考"消费者（客户）在哪里"也很重要。20世纪20年代，西尔斯公司取得成功的一个秘密就是，发现老客户出现在了不同的地方：农业者的流动性变大，开始到城镇购物。这使得西尔斯公司比多数其他美国零售商早20年认识到，零售商店的区位是一个重要的企业决策，也是回答"业务是什么"问题的重要因素。

下一个问题是："消费者（客户）买的是什么？"

凯迪拉克工厂的员工说，自己制造的是汽车，所在企业的正式名称为通用汽车公司凯迪拉克事业部。但那些花费15 000美元购买一辆崭新凯迪拉克[一]的消费者主要买的是交通工具还是声望？凯迪拉克的竞争对手是雪佛兰、福特、大众吗？20 世纪 30 年代经济大萧条时期[二]接掌凯迪拉克的德裔维修技师尼古拉斯·德雷思塔特[三]回答道："凯迪拉克的竞争对手是钻石和貂皮大衣，其消费者购买的不是'交通工具'，而是'身份'。"这个答案拯救了当时即将被停产的凯迪拉克汽车。大约用了 2 年时间，虽然尚处于经济大萧条时期，但凯迪拉克仍成为通用汽车公司主要的增长型业务。

对消费者（客户）的价值是什么

如果管理层想要理解企业的宗旨和使命，必须思考的最后一个问题是："对消费者（客户）的价值是什么"。或许这是最重要的问题，但也是最容易被忽略的问题。

其中一个原因是，管理者非常确信自己知道该问题的答案——所谓价值就是企业认为的质量，但这几乎从来都是错误的。

例如，对于十几岁的女孩而言，鞋子的价值在于时髦，其款式必须正在流行。价格只是次要因素，耐用性则根本不是价值。几年后，对于同一位女孩而言，时髦将不再是必需的，而是一个约束条件。她不会买非常过时的款式，但已经把关注的重点转移到耐用性、价格、舒适度、适用性等方面。同样一双鞋子，在十几岁的青少年眼中简直完美，但年长的姐姐可能认为没什么价值。

消费者购买的从来都不仅仅是一件商品。按照定义，消费者购买的是需

[一] 本书出版的前一年，即 1976 年，装备众多尖端科技的凯迪拉克赛威（Seville）定价 12 479 美元，创下了凯迪拉克车系价格的新高。——译者注

[二] 经济大萧条时期（Great Depression），特指 1929 年始于美国，蔓延至全世界的经济大危机，此次危机给世界各国的经济、政治、文化等领域带来了深远影响。——译者注

[三] 尼古拉斯·德雷斯塔特（Nicholas Dreystadt），通用汽车公司高管，1932 年临危受命担任凯迪拉克事业部负责人，1948 年因喉癌去世。——译者注

求的满足。换言之，消费者购买的是价值。然而，从定义来看，制造商不能生产价值，只能制造和销售产品。因此，制造商心目中的质量可能是无关紧要的，只不过是浪费和没用的开支。

很少有人思考"对消费者（客户）的价值是什么"的另一个原因是，经济学家认为自己知道答案：价值就是价格。实际上，即使这称不上是错误答案，至少也是一个误导性答案。

价格绝不是一个简单概念，可能还有其他价值观念决定价格的真正含义。在许多情况下价格是次要的，仅仅是一个限制因素而不是价值的本质。

价格对不同客户的意义，详见下文案例。

保险丝盒或断路器等电力设备由业主付费，但由电气承包商选购。对电气承包商而言，所谓价格并不是制造商给设备的定价，而是设备价格加上安装成本的总和。当然，那也是给消费者，也就是业主的价格。电气承包商对价格异常敏感。然而在美国，居于市场领导地位的保险丝盒与断路器设备是高价产品。但是对于承包商而言，由于保险丝盒与断路器设备安装便捷，不需要熟练工人就能应付，所以这类生意可谓价格低廉。

在很大程度上，施乐公司的成功就在于把价格界定为客户为复印件支付的费用，而不是购买复印机支付的费用。因此，该公司根据复印份数为复印机定价。换言之，客户为复印件而不是复印机付费，当然，客户需要的是复印件而不是复印机。

多数产品和服务与特定纯度的铜等无差别商品不同，只有在了解客户心目中的价值所在之后，才能确定该产品和服务的价格。如前述案例所示，价格取决于制造商或供应商设计出的适合消费者的价值概念的价格结构。

但是价格也仅仅是价值的一部分。产品的许多品质不能由价格体现，如耐用性、无故障、品牌、服务等。实际上，高价本身可能就是价值，如时尚香水、高档皮草、豪华礼服等。

再举一个例子。

在欧洲共同市场⊖建立初期，两位年轻工程师用几百美元买了一部电话、一个摆满各制造商出产的电子元器件的架子，成立了一间工作室。10年内，他们缔造了一家利润丰厚的大型企业，该企业的客户是继电器和机床控制类电子设备的工业用户。这两位年轻的工程师并不制造产品，他们提供的部件通常能够以较低的价格直接从制造商手中购得，但他们把客户从寻找合适部件的烦琐工作中解脱出来。他们只需要被告知设备、制造商、型号、有待更换的部件，例如电容器或微型开关，就可以立刻确定需要的特定部件。他们还知道其他制造商生产的哪些部件也可以派上用场，因此他们能够理清客户的真正需求，通常能在客户提出需求的当天内迅速提供服务，而且做到低库存。专业知识和便捷服务对客户是有价值的，客户完全愿意为此支付高额溢价。一位年轻工程师说："我们的业务不是电子零部件，而是信息。"

那么，客户获得的服务的价值概念是什么？例如，今天美国的家庭主妇购买电器设备的主要依据是同一品牌的其他电器在邻里朋友中的口碑。如果出现故障，她获得服务的速度、质量以及相关成本已成为购买决策的主要决定因素。

此处概述的营销方法本身，并不能定义企业的宗旨和使命。对许多企业而言，该方法的意义在于提出问题而不是回答问题。对于化工企业、商业银行等靠共同技术而不是共同市场联结为整体的企业而言，确实如此。与此类似，钢铁企业或炼铝企业等连续生产企业的宗旨和使命需要的也远远不止营销方面的定义。不可避免地，这些企业的产品打入多个市场，服务于无数消费者，并且必须符合各种价值观念，满足多种价值期望。

⊖ 欧洲共同市场（Common Market），1958年由法国、意大利、比利时、荷兰、卢森堡和联邦德国根据《罗马条约》建立，规定商品、服务、人员和资本可以在各缔约国间自由流动。——译者注

但即使这类企业也应该开始试着询问"业务是什么",在这之前需要首先询问"谁是消费者(客户),他们在哪里,他们认为什么有价值"。企业以及任何其他机构都是根据对社会的贡献来定义的,其他一切都是努力而不是成果。消费者支付的款项是企业的收入,其他一切都是成本。源自外部(即市场)的方法仅仅是一个步骤,但这一步先于其他所有步骤,且只有这一步能够促进相互认可,并因此而取代各种不同意见,成为每个企业的管理层迟早要面临的根本性决策的基础。

何时思考"业务是什么"

多数管理者都是在企业陷入困境时才思考"业务是什么"。当然,那个时候必须思考该问题,并且很可能会带来惊人的效果,逆转貌似不可避免的衰退趋势。西奥多·韦尔在美国电话电报公司的所作所为,以及地毯行业成功逆转长期衰退的趋势都是典型案例。

但是,等到企业或行业陷入困境时才思考该问题,犹如玩俄罗斯轮盘赌[一],是一种不负责任的管理。实际上,企业在刚建立时就应该思考该问题,尤其是那些有抱负的企业,更应该仔细思考业务是什么。这种企业最好在初创时就树立一种明确的企业家理念。

典型的成功案例是一家20世纪60年代崛起为美国证券市场领导者的华尔街企业,即由三位刚从哈佛大学商学院毕业的年轻人创建的帝杰公司[二]。当时,除了一个企业家理念之外,他们一无所有。然而,只用了五六年时间,

---

[一] 俄罗斯轮盘赌(Russian roulette),相传源于俄罗斯的一种酷刑游戏,参与者在左轮手枪的六个弹巢中放入一颗子弹,关上之后旋转弹巢,参与者轮流将枪口对着自己的脑袋扣下扳机,直至有人中枪,或不敢按下扳机为止。——译者注

[二] 帝杰公司(Donaldson, Lufkin & Jenrette),1959年由获得哈佛大学MBA学位的杰瑞特(Richard H. Jenrette)等人创建,2000年被瑞士信贷集团(Credit Suisse)收购。——译者注

帝杰公司就已跻身华尔街投行第 7 名的位置。后来该公司成为第一家向公众出售股份的华尔街企业，开启了纽约证券交易所①延误多年的从私人俱乐部向服务机构的转型。30 多年来，有识之士不断呼吁纽约证券交易所扩大资本基础，但该公司是第一家采取行动的企业。帝杰公司的创始人说："我们的业务是为新型'资本家'，即养老基金和共同基金等机构投资者提供金融服务、咨询和管理。"回顾过去，似乎该公司对业务的界定显而易见，正确的答案始终存在。到 1960 年，形势已经非常明显，新型机构投资者正迅速成为美国资本市场上的主导力量，也是个人将储蓄投入资本市场的主要渠道。然而，这个答案却刚好与当时华尔街多数人习以为常的观念背道而驰。

认真思考"业务是什么"问题最重要的时刻就是企业取得成功的时候。西尔斯公司的优势就在于对此一清二楚。英国企业玛莎百货公司取得成功的秘诀也在于此（参见第 6 章）。反之，没有认清这一点，是当前美国的中小学和大学陷入危机的主要原因之一。

成功往往会使导致成功的行为变得过时，继而塑造新的现实，并且最重要的是会带来若干特有的难题。只有在童话故事中才会有"他们从此幸福地生活在一起"的美好结局。

对于一家成功企业的管理层而言，要思考"业务是什么"并不轻松，因为此时企业内部的所有人都觉得答案再明显不过，不值得为此浪费时间。对成功进行反思从来都不受欢迎。

所以，最重要的是当企业达成目标时，管理层应该不断地认真反思"业务是什么"，这就要求管理层高度自律，并负起责任，否则会导致企业衰落。

---

① 纽约证券交易所（New York Stock Exchange），世界上最大的证券和股票交易所之一。——译者注

"业务将是什么"

迟早有一天，即使"业务是什么"问题最成功的答案也会过时。

美国电话电报公司总裁西奥多·韦尔提供的答案，在2/3世纪里都是正确的，但到20世纪60年代末，该答案显然已经不再能满足形势的需要。此时，电话系统不再是韦尔掌权时期的自然垄断行业，各种替代的通信方式正在迅速成为可能。此外，由于利用电话线进行数据传输的业务量迅速增长，传输带有声音的可视图像的可能性越来越大，传统上把电话定义为一种传送语音信息的工具已经变得不恰当。所以，需要重新审视韦尔对贝尔系统电话业务的简洁定义。

关于企业的宗旨和使命的定义很少能延续30年时间，50年更是天方夜谭，通常情况下能维持10年时间相关人士就已经心满意足了。

所以，管理者不仅需要思考"业务是什么"，还需要进一步询问："业务将是什么？外界环境的哪些变化可能会对企业的性质、使命和宗旨产生强烈影响？当前如何才能把这些预期纳入企业的经营理念、目标、战略和工作安排中？"

同样，市场及其潜力和发展趋势只是起点。假定消费者、市场结构、技术态势没有发生根本变化，那么5~10年内我们的业务预期能占据多大市场份额？验证或者反驳这些预期的因素有哪些？

所有趋势中最重要的是人口结构和人口动态的变化，但很少有企业予以关注。追随着经济学家的观点，传统上商人也往往假定人口是一个常量。在历史上，该假设完全合理，因为当时的人口变化非常缓慢，只有战争、饥荒等灾难性事件才会导致人口剧烈变化。然而，这已不再是事实。无论是在发达国家还是发展中国家，当今的人口状况都能够且确实发生着快速的变化。

人口要素的重要性不仅在于人口结构对购买力、消费习惯、劳动力规模与结构的影响，而且人口变化是唯一可能真正用于预测未来的要素。在发达国家，越来越多的人直到十几岁，甚至20多岁才参加工作，而且此前这些年轻人尚未组建家庭，也不能凭自身实力成为主要的消费群体。因此，通过分析人口动态和人口结构已经发生的变化，必然能够预测市场、购买力、消费行为、消费者需求、就业等方面的重大趋势。

任何关于未来的预测，都必须以人口统计分析作为最坚实和最可靠的基础。当然，人口分析也是管理者思考"业务将是什么"的起点。

美国杂志业发生的急剧变迁说明，微小的人口变化也会造成巨大影响。

直到1950年左右，大量发行的杂志依旧是美国最成功的、利润最丰厚的传播媒介，但当时的典型代表，如《科利尔》⊖《星期六晚邮报》⊜《展望》⊜《生活》⊛如今都每况愈下。人们通常将这种局面归咎于电视的兴起，但是杂志在整体上并未受到电视的影响，这就如同之前没有受到收音机的影响一样。相反，电视兴起之后，杂志的总发行量和广告收入都迅速增长，并且这种趋势仍在持续。当前形势的原因在于人口状况发生了变化，而人口状况变化的首要原因是受教育水平的提高，次要原因是年龄结构的变化。彼此同质的大规模受众群体已经不再存在，取而代之的是多个专业性的大众市场，即受众数量可观但仍然有限，受教育水平和购买力高得多，且具有明确的专业兴趣的群体。该群体比上一代人阅读更多种杂志，原因很简单，因为他们的阅读能力更强。对于杂志的广告客户而言，该市场要比以前更好，原因也很简单，因为读者的购买量更大。每一位受过良好教育、衣食无忧的读者，本

⊖ 《科利尔》(*Collier's*)，1888年由彼得·科利尔（Peter Collier）创刊，以当时开风气之先的调查性新闻见长，1957年1月停刊。——译者注

⊜ 《星期六晚邮报》(*The Saturday Evening Post*)，1821年创刊，20世纪20~60年代在中产阶级中畅销，1969~1971年停刊两年。——译者注

⊜ 《展望》(*Look*) 1937年由考尔斯（Gardner "Mike" Cowles Jr.）创刊，内容侧重于照片而非文章，1971年停刊。——译者注

⊛ 《生活》(*Life*)，1883年创刊，1936年被亨利·鲁斯（Henry Luce）收购，注重插图、笑话和社会评论，1972年停刊，1978年以月刊形式复刊。——译者注

身都是大众读者的一员，而且是一名专业性的读者。

读者群体的变化趋势显然在1950年就能够被精准地预测，因为当时人口数据的变化已经开始，大量出版商也已经清楚地看到了这一点。正是基于该认识，在过去的二三十年中，《商业周刊》㊀《现代新娘》㊁《体育画报》㊂《花花公子》㊃《科学美国人》㊄《今日心理学》㊅《电视导报》㊆等美国杂志都取得了非凡的成功，第二次世界大战后，这些杂志都采纳大量发行的杂志最先发展起来的基本编辑、发行和广告理念，同时根据人口统计状况，聚焦于拥有共同兴趣爱好的特定人群。上述每种杂志的发行量都远超50万本，但都聚焦于特定人群，谨慎地避免吸引普通读者。

管理层有必要预测经济变化、时尚品位的改变、竞争形势变化等因素导致的市场结构变迁，而且竞争必须始终根据消费者购买产品或服务的观念来界定，因此必须包括直接竞争和间接竞争。

尚未满足的消费者需求

最后，管理层必须思考当前的产品和服务不能满足的消费者需求有哪

㊀ 《商业周刊》（*Business Week*），1929年创刊，旨在提供商界正在发生的事情的信息和解释。——译者注
㊁ 《现代新娘》（*Modern Bride*），《新娘》杂志的子刊，隶属康泰纳仕集团（Condé Nast Publications Inc），2009年宣布停刊。——译者注
㊂ 《体育画报》（*Sports Illustrated*），1954年由亨利·鲁斯创刊，20世纪60年代首创在新闻杂志上对每周体育赛事进行全彩摄影报道，1983年成为美国第一家全彩色新闻周刊。——译者注
㊃ 《花花公子》（*Playboy*），1953年由休·赫夫纳（Hugh Hefner）创刊，内容除了女性裸照外，还有文章介绍时装、饮食、体育、短篇故事、名人专访、时事评论等。——译者注
㊄ 《科学美国人》（*Scientific American*），1845年由波特（Rufus Porter）创刊，主题包括幽默事件、值得商榷的理论、科学和技术的进步等。——译者注
㊅ 《今日心理学》（*Psychology Today*），1967年由尼古拉斯·切尼（Nicolas Charney）创刊，较少使用心理学专业术语，旨在让大众更容易接触到心理学。——译者注
㊆ 《电视导报》（*TV Guide*），1948年由李·瓦格纳（Lee Wagner）创刊，内容涵盖电视节目列表信息、相关新闻、名人访谈、电影评论、填字游戏等。——译者注

些？思考并正确回答该问题的能力，是区分成长型企业与借助整体经济或行业的上升趋势获得发展企业的重要标准。但那些满足于顺势而起的企业，也必将随大势而衰落。

20世纪50年代中期，当索尼公司⊖首次决定进入美国消费市场时，管理层认真思考了"尚未满足的消费者需求是什么"。该公司成立于第二次世界大战结束后不久，从事磁带录音机制造，并且在日本国内市场取得了一定成功。在美国市场上，该公司的规模虽然小，但凭借为广播室提供高价但可靠的专业录音设备站稳脚跟。然而，真正让索尼公司在美国大众消费市场立足的产品，是此前从未制造过的便携式晶体管收音机。索尼公司的市场分析显示，年轻人在野餐、露营和其他短途旅行中，不得不使用现有的笨重又昂贵的设备，即重达若干磅的留声机或带电池的电子管收音机。显然，人们对一种轻便、便宜、可靠设备的需求尚未得到满足。贝尔实验室⊜已经开发出晶体管收音机，所以索尼公司没有进行重复。当时，贝尔实验室以及其他所有美国电子设备制造商都认为消费者尚没有能力使用晶体管设备，因而把注意力集中在现有设备能够满足的消费者需求，以及消费者对固定在某一位置的设备的需求。索尼公司通过思考"尚未满足的消费者需求是什么"，发现了一个新的增长型市场，并在极短的时间内确立了全球先行者和领导者的地位。

"业务应该是什么"

思考"业务是什么"，旨在修改、扩展、开发正在从事的现有业务，适

⊖ 索尼公司，日本跨国公司，1946年由井深大与盛田昭夫共同创办，以研制电子产品为主，依靠技术创新开拓市场，声称"绝不模仿他人"。——译者注

⊜ 贝尔实验室（Bell Laboratories），1925年创立，开发了大量革命性技术，包括晶体管、激光器、通信卫星等。——译者注

应预期中的变迁。

但管理层也有必要思考:"业务应该是什么?为了实现企业的宗旨和使命,若改变当前的业务,会带来或创造哪些机会?"

例如,IBM公司长期以来把业务定位于数据处理。在1950年之前,这意味着生产制造打孔卡片和分类设备。当计算机出现,并随之兴起该公司并不掌握丝毫专业知识的全新技术时,管理层深入思考了"业务应该是什么",结果他们意识到,未来的数据处理意味着生产制造计算机而不再是打孔卡片。

社会、经济和市场的变化,要求管理层考虑如何回答"业务应该是什么"。此外,本企业和其他企业的创新,也要求管理层回答该问题。

众所周知,创新会带来业务性质的变化,此处无须赘述,仅列举几个案例。所有工程和化工行业的主要企业,基本上都是通过把创新成果转化为新业务逐步发展起来的。美国境外银行的美元存贷款,即欧洲美元,在世界贸易中所占的比例越来越大,但发明者并不是美国的大型商业银行,而是当时苏联的贸易银行。但美国的商业银行立刻意识到这种新的货币单位的重大意义,并成功地将其变为一种国际货币,在很大程度上这就是跨国银行业务迅速增长的原因。

需要有计划地抛弃

开展不同于以往的新业务的决策很重要,但同样重要的是有计划地、系统性地抛弃那些不再适合企业的宗旨和使命以及不再令消费者或客户满意、不再能做出卓越贡献的陈旧业务。

决定业务是什么、将是什么以及应该是什么的关键步骤,是系统地分析全部的现有产品、服务、流程、市场、最终用途以及分销渠道。这些方面都仍然行得通吗？有可能延续下去吗？仍旧能给客户带来价值吗？未来还能做到吗？是否仍旧适合人口、市场、技术、经济的现实呢？如果答案是否定的，那么我们如何才能以最佳的方式抛弃这些业务，或者起码不再继续投入资源和精力？除非上述问题能够被严肃而系统地提出，并且管理层愿意根据这些问题的答案采取行动，否则就不得不投入大量精力为过去的业务辩护，导致没人有足够的时间、资源和意志去把握今天的机会，更不可能创造明天。

界定企业的宗旨和使命往往困难重重，令人痛苦不堪，而且会遭遇重大风险。但只有企业明确了自身的宗旨和使命，才能顺利地设定目标、制定战略、集中资源、投入工作，才能对企业进行管理并取得卓越的绩效。

小　　结

每一家成功的企业，都立足于简洁清晰的企业理论以及据此设定的目标。然而，问题"业务是什么"的答案从来都不是显而易见的，为了找到正确答案，管理层必须从思考"谁是消费者（客户）"起步，并且通常会有多种消费者。管理层还必须思考"业务应该是什么"。最后管理层必须要思考哪种产品、服务、业务不再能够有效地满足客户需求而应该被抛弃。

问　　题

1. 为了确立经营战略，企业管理层首先需要思考的是什么问题？
2. 计算机的出现对企业内进行决策的层级有什么影响？
3. 西奥多·韦尔如何界定美国电话电报公司的业务？
4. 谁有责任回答"业务是什么"？
5. 界定业务的过程中，为什么来自组织内的异议非常重要？

6. 地毯行业如何成功地回答"谁是消费者"?
7. 对消费者而言,价格和价值有什么不同?
8. 为什么成功的企业有必要慎重思考"业务应该是什么"?
9. 回答"业务应该是什么"问题的起点是什么?
10. 举例说明人口变化对企业组织的影响。
11. 索尼公司认识到并满足了消费者的哪些需求?
12. 为什么企业需要有计划地抛弃一些当前成功的产品?

CHAPTER 6 | 第6章

目标的力量与宗旨：玛莎百货公司的案例

在西方国家，如果说有一家企业能够与西尔斯公司相提并论，那就是英国的玛莎百货公司。

与西尔斯公司一样，玛莎百货公司也是一家零售商。1884年，该公司在曼彻斯特开设了首家"1便士店"。大约就在同时期，理查德·西尔斯开始向美国中西部的农业者邮售物美价廉的手表。到1915年，玛莎百货公司开始设立杂货店，自此之后，业务一直快速增长。但最引人注目的增长时期是1963～1972年，恰恰是英国经济史上的"滞胀"⊖（即通货膨胀与经济停滞同时发生）时期。在这段困难时期，玛莎百货公司的销售额增加了不止一倍，从1.84亿英镑增长到4.62亿英镑。利润额也迅速增加，从2200万英镑增加到5400万英镑。该公司的利润率同样引人注目，几乎达到税前销售额的12%，除西尔斯公司之外的其他零售商，利润率能达到该

⊖ 滞胀（stagflation），特指经济停滞（stagnation），失业及通货膨胀（inflation）同时持续增长的经济现象，对第二次世界大战后的主流宏观经济理论形成了挑战。——译者注

数据的一半就心满意足了。

企业的使命：社会革命

到 20 世纪 20 年代中期，西蒙·马克斯[一]、伊斯雷尔·西夫[二]、哈里·萨克[三]、诺曼·拉斯基[四]四位姻亲兄弟已经把 1915 年时的"1 便士店"发展为业绩卓越的大型连锁百货公司。此时他们本可以满足于既得荣誉，享受拥有的巨额财富，但 1924 年，西蒙·马克斯在美国旅行期间对西尔斯公司进行了仔细研究，借此契机，几人共同反思了玛莎百货公司的宗旨和使命，并最终确定该企业的宗旨和使命不是零售，而是社会革命。

玛莎百货公司通过向员工阶层和下层中产阶级提供价格在可承受范围内的上等阶层品质的商品，将企业的宗旨和使命重新界定为颠覆 19 世纪以来英国的阶层结构。

在第一次世界大战结束后的社会剧烈变革时期，玛莎百货公司绝不是唯一一家寻求重大发展机遇的英国企业，但玛莎百货公司独特的成功之道在于，将"业务是什么以及应该是什么"的界定转化为了大量清晰、具体、有效的业务目标。

这首先需要选定业务焦点，也就是确定一个基本的战略目标。

与其他连锁商店一样，玛莎百货一直是多元化的连锁店，提供种类繁多

[一] 西蒙·马克斯（Simon Marks），英国犹太商人，1907 年从父亲手中继承了多家"1 便士店"，1944 年受封爵士，1961 年受封男爵。——译者注
[二] 伊斯雷尔·西夫（Israel Sieff），英国犹太商人，与西蒙·马克斯从小相识，互娶对方的姐妹，1964～1967 年任玛莎百货公司董事长，1966 年受封男爵。——译者注
[三] 哈里·萨克（Harry Sacher），1915 年娶西蒙·马克斯的妹妹为妻，1932 年任玛莎百货公司董事，后来参与起草《贝尔福宣言》(Balfour Declaration)，参与创办希伯来大学。——译者注
[四] 诺曼·拉斯基（Norman Laski），娶西蒙·马克斯的妹妹为妻，1926 年成为玛莎百货公司董事，直到 20 世纪 60 年代退休。——译者注

的商品，除了价格低廉之外没什么共同之处。此时，公司决定把业务聚焦于服装，很快又增加了毛巾、织物等家用纺织品。

这是一个理性的决策。在当时的英国，服装仍旧受到阶层因素的强烈影响，是区分阶层身份的最明显特征。然而，第一次世界大战后所有欧洲国家的人都开始追求时尚。与此同时，在很大程度上由于第一次世界大战期间各国对制服的巨大需求，大批量生产便宜的高品质纺织品和服装的设备已经到位，而且人造丝和醋酸纤维产品等新型纺织纤维已经上市。然而，当时英国还没有为大众提供设计精良、款式新颖、价格低廉的服装的大规模分销体系。

几年时间内，玛莎百货公司就成长为英国领先的服装和纺织品分销商，从此之后始终在该领域牢牢占据一席之地。到1972年，服装类产品的销售额达到3.27亿英镑（约合8亿美元），占该公司总销售额的3/4。

第二次世界大战后，同样的思考被用于另一个新的主要产品类别：食品。第二次世界大战期间，曾经以顽强地抵制任何饮食创新而闻名的英国人学会了接受新食品。在1972年，玛莎百货公司总销售额中其余的1/4即来自食品。

自从20世纪20年代初，玛莎百货公司就始终是一家成功的多元连锁企业。实际上早在30年代初，该公司就已经有意识地转型为一家非常独特的"专业化"营销企业，其规模可能是全世界最大的。

确定业务焦点的决策使玛莎百货公司能够进一步设定具体的营销目标，确定谁是消费者以及谁应该是消费者，需要哪种存货以及储存地点，应遵循哪种定价政策，明确需要瞄准的市场目标是什么。

玛莎百货公司致力的下一个领域是创新目标。当时玛莎百货公司需要的服装和纺织品尚不存在，与其他零售商一样，该公司也一直都在使用质量控制体系，但该公司迅速建立了质量控制实验室，专门负责研究、设计和开发。首先，该公司成功开发了新面料、新染料、新流程、新混纺等技术；其次，成功地进行设计和引领时尚；再次，由于新近崛起的玛莎百货公司试图告诉那些老牌企业如何运营自己的业务，而它们显然都不愿意与傲慢的玛莎百货公司同甘共苦，所以后者不得不主动寻找合适的制造商，并且往往必须帮助它们启动相关业务。并且，第二次世界大战结束后，当玛莎百货公司进军加工食品、烘焙食品和奶制品市场时，将同样的创新方法应用于这些新行业。

玛莎百货公司在营销中设定了创新目标。例如，该公司早在20世纪30年代初就已在消费者研究领域处于领先地位，当时这类工作鲜有企业尝试，玛莎百货公司不得不独自发展所需的技术。

玛莎百货公司为关键资源的供给和开发设定了目标，学习西尔斯公司的招聘、培训、管理者开发项目，并根据自身的情况进行调整；为有系统地开发财务资源和利用这些资源的调控举措设定目标；为实体设施、零售商店的发展设定目标。

该公司设立的生产率目标与上述关键资源领域的目标相辅相成。玛莎百货公司采用的衡量举措与核查机制源自美国，从20世纪20年代到30年代初，该公司开始为持续提高关键资源的生产率设立自己的目标。

结果是玛莎百货公司的资本生产率高得出奇，这也是该公司取得巨大成功的一个关键因素。据我所知，玛莎百货公司的生产率超出了西尔斯公司、凯马特公司⊖等所有其他企业。

直到20年代末，玛莎百货公司一直主要通过开设新店的形式增长。进入30年代后，该公司主要通过提高每家店铺的生产率和单位空间的销售额来实现增长。从门店数量衡量，当时玛莎百货公司只有250家左右，仍是

⊖ 凯马特公司（Kresge's K Marts），美国大型百货连锁企业，1899年由克瑞斯吉（S. S. Kresge）等人创建，2005年收购西尔斯公司，并更名为西尔斯控股公司。——译者注

一家小规模连锁企业，而且即使按照英国的标准，这些商店本身的规模也不大，平均每家店的营业面积只有 20 000 平方英尺㊀，相比之下，大型美国超市的营业面积动辄高达 100 000 平方英尺。然而，这些小规模连锁店的年销售额达 400 万美元，是其他企业业绩突出的零售商店销售额的好几倍，唯一的原因就是每家店的商品、陈列以及人均消费都不断升级。销售空间是零售商的一种有限资源，玛莎百货公司成功地从稀缺的销售空间中获得了更多销售额，这是其实现卓越绩效的关键。

玛莎百货公司主要在员工队伍和供应商等能够产生重大影响的领域设定了社会责任目标。例如，公司的零售商店设置了"女性员工经理"岗位，负责照顾员工，解决其私人问题，并确保员工得到理解和同情。人事管理仍旧是零售商店经理的职责，女性员工经理则被公司树立为"人们的良心"。

玛莎百货公司还设立了与供应商关系的目标。双方的合作越成功，供应商对公司的依赖就越强。保护供应商免受公司的剥削是管理层关注的问题，为此玛莎百货公司着手建立能够使供应商更加富裕、更有保障的制度。

利润目标呢？答案是玛莎百货公司从来没有设立利润目标。玛莎百货公司一直在避免设立利润目标。显然，该公司利润丰厚，具有强烈的利润意识，但并不把利润视为一个目标，而只是作为持续经营的必要条件；不是目标，只是一种需要。玛莎百货公司的管理层认为，利润是正确做事带来的结果，不是经营活动的目标。利润首先取决于实现企业目标的必需因素。利润率是衡量企业为市场和消费者服务水平的标准。最重要的是，利润只是一个约束条件，唯有赚取足以承担风险的利润，否则企业将不能实现设立的各种目标。

从一开始玛莎百货公司就把目标转化为具体的工作安排。企业管理层仔细思考了每个目标领域需要的成果和贡献，并把实现成果的责任落实到个

㊀ 1 平方英尺≈0.093 平方米。

人,进而根据目标的实现情况衡量其绩效和贡献。

玛莎百货公司的经验

玛莎百货公司的历史再次凸显了思考"业务是什么以及应该是什么"问题的极端重要性,但同时也表明仅仅思考该问题尚不够。企业的基本定义及其宗旨和使命必须转化为具体的目标,否则即使管理层有卓越的才能和美好的愿望,也绝不会转化为现实的成就。

该公司的历史展示了对于目标的具体要求。本书第 7 章将详细讨论每一项内容,此处仅将纲要列举如下。

(1)目标必须源自问题"业务是什么,将是什么,以及应该是什么"。目标不是抽象的理念,而是企业履行使命所凭借的行动保证和衡量绩效的标准。换言之,目标是一家企业的根本性战略。

(2)目标必须可操作,必须能够转化为具体任务和工作安排,且必须能够作为开展工作和追求成就的动力和基础。

(3)目标必须精挑细选。目标必须能够把人们的精力和资源集中到一起。管理者必须在企业的各项目标中挑选出基本目标,以便统一配置人、财、物等关键资源。

(4)目标必须是多重的,而不是单一的。当前围绕目标管理展开的讨论往往致力于寻找"一个正确的目标",这不仅注定徒劳无功,而且会造成伤害和误导。经营企业就是要平衡各种需求和目标,这要求目标具有多重性。

(5)企业生存所依赖的所有领域都需要有目标。具体任务和每个领域的目标都依赖于企业的战略。由于所有企业的生存所依赖的因素相同,所以需要设立目标的领域也并无二致。

企业首先必须能够创造消费者(客户),所以企业必须要设立营销目标。

企业必须有能力创新，否则就会被竞争对手淘汰，所以企业必须设立创新目标。所有企业的生存都依赖于三个生产要素——人力资源、资本资源、物力资源，其雇用、供给和开发都需要设立相应的目标。企业要生存，就必须富有成效地利用这些资源，提高生产率，因此有必要设立生产率目标。企业在社会和社区中立足，必须为自身对环境造成的影响负责，所以企业需要设立社会维度的目标。

最后，企业需要利润，否则任何目标都将无法实现。实现目标需要的成本只能出自企业的利润。实现目标的过程中必然会有风险，因此需要利润来抵消潜在损失的风险。实际上，利润不是一个目标，而是一种要求，必须根据企业自身的战略、需求和风险理性、客观地加以确定。

综上，企业必须在八个关键领域设定目标：营销、创新、人力、资本、物力、生产率、社会责任和利润。

上述关键领域的目标可以赋予企业下列能力：①用少数几个一般性陈述来组织和解释全部经营事务；②用实际经验检验这些陈述；③预测行为；④检验仍在制定中的决策的可靠性；⑤帮助各级管理者总结经验，提高他们各自的绩效水平。

工作和安排的基础

目标是各项工作和安排的基础。

目标决定企业的组织结构、必须完成的关键任务，最重要的是决定了不同任务的人员配置。目标既是企业设计组织结构的基础，又是具体部门和管理者设计各项工作的基础。

上述所有八个关键领域向来都需要目标。没有设立目标的领域将被忽视。同时，除非管理者确定某个领域的衡量对象和衡量标准，否则该领域也会被忽视。

当前用于衡量企业关键领域的标准仍然杂乱无章。我们甚至尚未拥有合适的概念，更谈不上衡量标准了。对于利润率这样的核心事务，我们只是拥有一个粗略的衡量标准，根本没有可靠的手段来确定到底需要多高的利润率。至于创新，尤其是生产率方面，我们所知道的仅仅是应该做些什么。而在资本资源和物力资源领域，我们最多只能表达相关意图，同样缺少衡量目标实现程度的标准。

然而，我们在每一个领域已经掌握的知识，起码能够让我们摸清大致的进展情况，清楚每家企业是否根据目标开展工作。

使用目标的方式

此外，我们还知道如何使用目标。

如果目标只是美好的愿望，那么就毫无价值。目标必须融入特定的工作中，而工作总是具体的，总是有（或者应该有）清晰、明确、可衡量的结果，以及期限和明确的问责安排。

但如果目标成为束缚，就会对各个领域造成伤害。目标总是立足于期望，而期望最多只是明智的猜测。一定程度上，目标表达的是对企业外部不受其掌控的因素的判断，而环境总是在不断变化。

企业使用目标的正确方式如同航空公司使用时间表和飞行计划。时间表上有上午9点从洛杉矶起飞，下午5点到达波士顿的航班，但如果当天波士顿遭遇暴风雪，飞机将在匹兹堡降落等待暴风雪结束。飞行计划规定飞机从30 000英尺⊖的高空飞跃丹佛和芝加哥，但如果飞机遭遇强逆风，飞行员会请求控制中心允许继续升高5000英尺，走明尼阿波利斯 – 蒙特利尔航

⊖ 1英尺=0.3048米。

线。所有航班都有时间表和飞行计划，任何变动都会立刻反馈，继而形成新时间表和飞行计划。除非多数航班都根据原定的时间表飞行，或者在非常有限的偏差范围内飞行，否则正常运营的航空公司会另行招募能够做到的运营经理。

目标并非不能更改，而只是一个方向。目标也不是命令，而只是承诺。目标不能决定未来，而只是调动人们的努力和企业的资源创造未来的工具。

小　　结

相比西尔斯公司，玛莎百货公司的规模要小得多，但玛莎百货公司对于英国的意义，犹如西尔斯公司对于美国的意义。玛莎百货公司从1916年的"1便士店"起步，如今已成为世界上规模最大、业务最成功的大众市场专业零售商之一，业务集中于纺织品、服装和食品行业。在20世纪六七十年代英国经济长期停滞甚至衰退时期，该公司的销售额和利润依旧保持强劲增长。玛莎百货公司的成功立足于20年代构建的"企业理论"：企业的使命不是零售，而是颠覆19世纪以来英国的阶层结构，为员工阶层和下层中产阶级提供价格在可承受范围内的上等阶层品质的商品。从界定"业务"开始，玛莎百货公司制定了专注于服装和纺织品的战略，第二次世界大战后又将食品列入其中。这就进一步孕育了具体的营销和创新目标，以及生产率、人力、社会责任方面的目标。玛莎百货公司的发展历史表明，为确保生存和成功，企业需要在八个关键领域精心设立目标，并且每个领域的目标都需要作为具体业务和工作安排的基础。

问 题

1. 20世纪20年代,玛莎百货公司的管理者决定该企业的使命是什么?
2. 20世纪20年代,玛莎百货公司决定专注于哪类商品,为什么?
3. 第二次世界大战后,玛莎百货公司把哪类商品列入重点关注范围,为什么?
4. 直到20世纪20年代末,玛莎百货公司一直通过开设新店的方式实现增长,后来该公司采用了哪种不同的增长战略?
5. 玛莎百货公司的管理层如何看待利润?
6. 对于目标的五项具体要求是什么?
7. 为什么寻找"一个正确的目标"往往对组织有害?
8. 必须树立目标的八个关键领域是什么?
9. 目标的若干重要功能是什么?
10. 应该如何使用目标?
11. 玛莎百货公司的经验教训有哪些?

CHAPTER 7 | 第7章

战略、目标、优先事项、工作安排

营销和创新是设定目标的基本领域。正是在这两个领域中，企业取得经营成果，消费者购买的正是企业这两个领域的绩效和贡献。所有目标都必须是绩效目标，目的在于落实而不是表达美好的愿望。落实其他关键领域的目标，是为了实现营销目标和创新目标。

若仅提及一个营销目标，多多少少会造成一些误导。卓越的营销绩效需要实现多个目标。

- 当前市场上现有产品与服务的目标。
- 淘汰"陈旧的"产品、服务和市场的目标。
- 为现有市场提供新产品和新服务的目标。
- 开拓新市场的目标。
- 构建分销体系的目标。
- 确立服务绩效及其评估标准的目标。
- 信贷标准和信贷绩效的目标，等等。

许多管理学著作已经阐述过上述每一个目标，但几乎没有任何著作指出，这些目标只有在做出两项关键决策之后才能确立：集中经营决策和市场地位决策。

集中经营决策

目标是"战略"，集中经营决策是"政策"。打个比方，集中经营决策决定了在哪个战区开战。没有政策仍然会有战争，但会导致战略模糊，也就是说作战行为失去目标。

差不多在同一时期，玛莎百货公司选择专注于服装和纺织品行业，西尔斯公司也贯彻集中经营决策，将重点聚焦于家电行业。虽然西尔斯公司的决策内容与玛莎百货公司截然不同，但鉴于西尔斯公司奉行完全不同的企业理论和20世纪20年代后期美国市场的普遍状况，这无疑是一个正确决策。西尔斯公司的零售商店中也销售纺织品，但直到第二次世界大战时期，西尔斯公司都不太重视纺织品行业，并没有在服装市场上展开激烈竞争。西尔斯公司的集中经营决策使它与玛莎百货公司走上了不同的发展方向：大型零售商店；极端重视售后服务，最终进入汽车销售行业，并将其作为第二个集中经营的领域；向家电制造商大规模投资。

无论在何处，只要是一家取得非凡业绩的企业，我们都会发现该企业已经仔细权衡了各种选择，制定并贯彻落实了集中经营决策。

在计算机诞生后的头15年内，也就是20世纪60年代中期之前，50家计算机企业中只有2家实现了盈利并获得了较稳固的市场地位：IBM公司和规模小得多的控制资料公司⊖。这两家企业的成功在很大程度上都可以归功于

⊖ 控制资料公司（Control Data Corp.），1957年由诺里斯（William C. Norris）等人创建，主营大型主机和超级计算机，1968年与商业信贷公司（Commercial Credit）合并。——译者注

集中经营决策。在计算机行业发展初期，IBM公司专注于企业市场，本质上把计算机作为一种日常处理工资等大量常规数据的会计机器。几乎在同时期，控制资料公司做出了完全相反的集中经营决策，专注于大规模的科学应用行业。两家公司的绩效都非常卓越，其他试图"覆盖市场"的计算机企业都没有取得卓越的绩效。

可能有人会说，只有大企业才会需要集中经营决策。但上述两家企业在制定集中经营决策时都尚未成长壮大。实际上，小企业要比大企业更加需要集中经营，因为小企业的资源有限，除非集中经营，否则不会产生任何成果。

集中经营决策面临着很高的风险，显然关系重大，会不断受到市场动态、市场发展趋势及市场变化的考验。没有集中经营，营销目标以及创新目标都只不过是承诺和美好的愿望，而不是真正的目标。进一步讲，没有这些目标，企业的资源就不能配置到产生卓越绩效的领域。

市场地位决策

作为营销目标基础的另一个主要决策是关于市场地位的决策。一种常见的方法是说"我们想要成为领导者"，另一种是"只要销量上涨，我们不在乎市场份额占多少"，两种说法听起来貌似都有理，但都是错误的。

显然，并不是每家企业都能成为领导者。管理层必须要决定企业在哪个细分市场，以什么产品和服务，提供什么价值方面成为领导者。如果一家企业的市场份额下降，也就是市场扩张速度远远超过企业的销售增长速度，这种销售额的增长就不是什么好兆头。

市场份额较小的企业往往容易被边缘化，因此非常脆弱。当经济形势发生轻微波动时，客户可能会选择集中采购，专注于占据较大市场份额的供应商。分销商和零售商可能试图通过排除边缘供应商来削减库存。边缘供应商的销售量可能会因此变得太小而无法提供必需的服务，这也是无论边缘设备制造商的产品多好，品牌多有名，通常都无法持续经营的主要原因之一。

所以，无论销售曲线如何，市场地位都至关重要。供应商沦为边缘供应商的标准因行业而异，但无论如何，扮演边缘生产商角色都会承担非常高的风险，百货公司、银行、航空公司、保险公司等也存在这一问题。

此外，市场地位存在一个最大的限度，即使没有反垄断法律，超过该限度在战略上也是不明智的。占据市场主导地位容易让企业领导者丧失斗志，垄断者往往容易陷入志得意满的状态，而不只是遭遇公众抗议。市场主导地位对任何创新都会产生巨大的内部阻力，导致企业极其难以适应新形势。此外，市场主导地位还意味着企业在一个篮子中放入了太多鸡蛋，面对经济波动时显得脆弱不堪。

最后，在一个新市场上独自占据主导地位的供应商的业绩，可能不如与其他一两家供应商瓜分该市场时的业绩。这似乎有点自相矛盾，且多数企业对此都难以接受。但事实上，新市场（尤其是新的主要市场）上存在几家相互竞争的供应商而不是一家独大时，市场的扩张速度会更快。对于一家供应商而言，占据 80% 的市场份额似乎是莫大的荣耀，但如果由于受到一家供应商支配，市场不像多家供应商共存时迅速扩张，那么一家独大的供应商的收益和利润可能要远远低于两家供应商分享迅速扩张的市场时各自的收益和利润。100 的 80% 要远小于 250 的 50%。当新市场上只有一家供应商时，市场规模很可能会在达到 100 时停滞不前，因为市场会受到该供应商想象力的限制，它们总是自以为对产品或服务不能或不应该用于何种目的一清二楚。如果若干供应商共存，那么它们很可能会发现新市场并推动市场发展，且产品或服务的最终用途可能是单个供应商从未想到过的。市场规模可能迅速增长到 250。

杜邦公司似乎深谙此道。在杜邦公司最成功的创新领域，在新产品赚回原始投资之前它一直保持着唯一供应商的地位，但收回原始投资后，它就会向其他企业发放该项创新的许可证，刻意培养竞争对手。结果，大量积极进取的企业致力于开发新市场，寻找产品的新用途。如果没有杜邦公司支持的激烈竞争，尼龙市场的发展必然会慢得多。虽然尼龙市场仍在发展，但如果缺乏竞争，很可能在 20 世纪 50 年代初市场上的其他企业推出合成纤维时，就已经开始走下坡路了。

市场地位决策的目标不是最大化，而是最优化。这要求仔细分析客户、产品或服务、细分市场、分销渠道，制定营销战略以及高风险决策。

创新的目标

企业往往通过创新目标来使"业务应该是什么"的界定落到实处。

每家企业本质上都有三种基本的创新：产品或服务创新；市场地位、消费者行为与价值创新；制造产品和服务以及将其推向市场所需的各种技能创新。上述三种基本创新可以分别称为产品创新、社会创新和管理创新。

创新可能源自市场和消费者的需求，在某种程度上需求可谓创新之母。创新还可能源自技术和知识的进步。

设立创新目标的难题在于难以衡量各种创新的相对影响力和重要性。当"技术"一词被正确地用于艺术、工艺、科学等任何有组织的人类活动时，将技术置于领导地位显然是无可厚非的，但我们如何确定下述两者的相对重要性：对产品包装进行数十上百次微小但能够立即应用的改进，与付出十几年的艰苦努力在化学领域得到一项可能改变整个企业性质的根本性发现。百货公司和制药公司会采取不同的方式回答该问题，甚至两家制药公司也会做出不同的选择。

因此，创新目标永远不会像营销目标那样清晰集中。为了设立创新目标，管理层首先必须根据产品线、现有市场、新市场、服务需求来预测实现营销目标所需要的创新。其次，管理层必须评估企业所有业务领域因技术进步而获得或可能获得的发展。我们建议把相关预测划分为两部分：一是在不久的将来，对利用已有创新获得的相当具体的发展进行规划；二是在遥远的未来，聚焦可能会获得的发展。

在技术变革最不被注意的领域，可能最需要刻意地强调创新。在制药企业或制造合成有机化学品的企业内，任何人都不需要被告知企业的生存取决于每10年用全新产品替代3/4原有产品的能力。但在一家保险公司里，有多少人能够意识到企业的发展甚至是生存取决于开发新形式的保险，修订现有政策，不断寻找新的、更好的、更便宜的推销和理赔手段呢？技术变革在企业中越不明显或不突出，整个组织就会面临越大的僵化危险。因此，强调创新具有双重重要性。

资源：供给、使用及生产率

与企业的资源有关的各个目标，需要能够使资源的供给、使用和生产率方面表现突出。

200多年来，经济学家一直告诉我们所有经济行为都需要三种资源：土地，即自然产品；劳动力，即人力资源；资本，即对未来的投资。企业必须能够汇集上述三种资源，并投入生产。因此，在这三个领域，每家企业都需要设立目标，此外每家企业都需要为这些资源设立一个生产率目标，并且每个领域都需要设立多个目标而不是单一目标。

例如，在人力资源方面，企业极其有必要制定管理者的培养、开发、绩效目标，非管理人员目标，劳资关系目标，此外还需要制定员工态度和员工技能方面的目标。

同样，企业需要物力资源，制造型企业则需要原材料资源。西尔斯公司、玛莎百货公司之类的连锁零售企业需要设立零售商店的发展目标和货架空间的利用率目标，而且还需要为所销售商品的供应商设立发展目标。

资本领域同样至关重要，但很少有企业能够解决该问题。毫无疑问，资本的供给与使用都需要设立相应的目标。

某个行业陷入衰退的第一个信号，是对有能力、有抱负的高素质人才丧失吸引力。以美国铁路业为例，该行业的衰落并非始于第二次世界大战后，只不过第二次世界大战后该行业的衰退趋势日益明朗和不可逆转而已。事实上，美国铁路业的衰退始于第一次世界大战期间。第一次世界大战前，美国工程类高校的优秀毕业生纷纷到铁路企业求职，但无论出于何种原因，第一次世界大战结束后铁路企业对年轻的工程学院毕业生或受过高等教育的年轻人的吸引力急剧衰退。结果，20年后的第二次世界大战期间，当美国铁路业遭遇困境时，管理层中没人有能力解决出现的新问题。

因此，在人力资源和资本供给两个领域需要切实设立营销目标。"我们必须做什么工作才能吸引并留住需要和想要的各类优秀人才？就业市场上有哪些可得的人才供给？我们必须做什么才能吸引这些人才？"同样，"我们必须进行什么业务投资才能吸引并留住所需的资本？以银行贷款、长期债权还是股权的形式？"

多年来，美国电话电报公司一直把营销规划系统地应用于资本供给领域。电话业务属于高度资本密集型产业，依赖于长期巨额投资。实际上，该公司需要未来的整整3年时间才能从客户那里收回投资。西奥多·韦尔最后的贡献之一，也是他最重要的贡献之一，就是彻底思考该问题，认识到第一次世界大战结束时美国的资本市场正在发生变化，贝尔系统不能再指望通过波士顿富豪的资产等传统渠道获得资本，相反，一个新兴的大众资本市场正在形成。根据分析结果，西奥多·韦尔设计了一种前无古人、至今亦无与伦比的崭新证券：一种几乎可以保证股息的美国电话电报公司普通股，这既是一种附带长期资本收益承诺的股权投资，在很大程度上也是一种固定收益投资。因为中产阶级不能承担太高的风险，但在支付了人寿保险和住房抵押贷款之后仍有余力进行投资，所以该证券对中产阶级具有非常强的吸引力。

40年后，也就是20世纪60年代初，美国电话电报公司的最高管理层意识到这种投资工具已经不能满足需要，于是彻底改变了公司普通股的性质，以吸引新的资本家——养老基金、投资信托公司等大型投资机构。

劳资关系或雇员态度方面也需要设立目标。多数管理者会辩称，劳资关系超出了自身的控制范围。短期来看确实如此，政府政策、通货膨胀等超出管理层控制范围的外在因素对工会的态度、要求和势力具有强烈的影响，但这是在劳资关系领域设立长期目标的更加充分的理由。

人们或许会批评通用汽车公司和通用电气公司的劳资关系政策，但它们或许是美国仅有的两家设立劳资关系目标，并以此为基础制定相应政策的大型企业。这两家企业相应的政策虽然在战略和战术上存在重大差异，但都异常"强硬"，都旨在维护企业在劳资关系领域的主动权，以及企业对员工安排和员工生产率的控制权，都绝不在原则问题上妥协，绝不牺牲长远的根本利益以换取工会在薪资问题上的暂时退让，即使出现罢工也在所不惜。结果，这两家企业的政策在维护生产率和竞争地位方面都取得了显著成功。尽管工会猛烈抨击这两家企业，并且从未停止批评其政策，但两者的劳工谈判代表非常难得地赢得了工会的尊重。事实上，与那些依靠短期权宜之计来"改善"劳资关系的企业相比，通用汽车公司和通用电气公司因罢工和怠工而损失的工时更少。

资源目标的设立需要一套双向流程。一个流程的起点是企业的预期需求，然后必须根据土地市场、劳动力市场和资本市场的形势进行规划；另一个流程的起点是这些"市场"本身，然后必须根据企业的结构、方向和计划进行规划。大多数管理者仍然认为，思考"这是我们需要的，需要为此支付多少款项"已经足够，但实际上这已经不能满足需要。管理者还必须思考"这是可以得到的；我们必须成为什么样的企业，必须如何做才能获得最大收益"。

生产率：检验管理能力的首要标准

投入资源并使其发挥作用只是开始。企业的任务是使各类资源富有成效。因此，每一家企业都需要设立关于三个生产要素（土地、劳动力、资本）的生产率目标和总体生产率目标。

要衡量企业内部不同部门的管理层以及不同企业的管理层，生产率是最佳标准。除了企业不能掌控的因素之外，生产率涵盖了企业做出的所有努力，所以生产率是检验管理能力的首要标准。

由于生产率源于多个要素之间的平衡，只有很少要素能够轻易地定义和清晰地衡量，所以不断提高生产率是管理层最重要、最困难的工作之一。

我们并非旨在找到一种完美的生产率衡量方法，而是运用多种衡量方法，起码会有一种方法能够洞察实况。例如，虽然多数国家的政府统计数据基于单位工时产出，但单位工时产出本身几乎毫无意义。单位工时产出甚至不能衡量劳动生产率，唯有表明产出和利润（用单位工时的美元产值或单位产值表示）时单位工时产出才有意义。

劳动力只是三个生产要素中的一个。我们还需要用许多方法衡量其他领域的生产率，以洞察和判断相关实情。如果劳动生产率是通过降低其他要素的生产率实现的，那么实际上就会给总体生产率带来损失。

造纸业是一个典型案例。很少有行业的需求和销售增长如此之快，也很少有其他行业能够比得上造纸业的技术进步速度，如造纸机速度的提高。第二次世界大战以来，造纸业的销售和产出一直欣欣向荣，然而该行业在多数年份只能获得边际利润，远远低于银行储蓄的收益，多数新建造纸厂的盈亏平衡点仅略低于 100% 的生产能力。对这一令人困惑的现象的解释是，该行业的资本生产率长期内趋于下降。尽管纸张价格的上涨速度快于造纸设备价格的提高，但 40 年前建造 1 美元纸张的生产设施需要 80 美分的资本投资，现在需要 2～3 美元的资本投资。造纸业劳动生产率的提高速度比多数其他行业快得多，换句话说，造纸业已经大规模地用资本取代了劳动力，但这种替换在经济上非常不划算。实际上，造纸业是工程技术压倒经济性和常识性的典型。

19 世纪，马克思在资本生产率必然下降的前提下，预言资本主义即将衰落。对马克思而言，资本生产率的下降是"资本主义的基本矛盾"。到目前为止，该观点之所以没有成真，是因为受到创新能力的影响，也就是发展资本生产率更高的新工艺和新产业。但马克思的基本前提是正确的：归根结底，企业或整个经济存续的关键是资本生产率。即使许多人错误地认为利润率本身就能够衡量资本生产率，但实际上资本生产率仍是多数企业给予最少关注的领域。

玛莎百货公司的历史表明，物力资源的生产率同样需要仔细地衡量，并且需要为每一类物力资源的生产率设立目标。由于生产率涵盖所有的三个生产要素，如造纸业的例子所示，不当的替换，即一种生产要素生产率的提高以另一种生产要素更大幅度的生产率下降为代价，显然会造成总体生产率的下降。

贡献价值

当前尚不存在单一的评估标准，但起码具备了能够界定整个企业生产率的基本概念，经济学家称之为"贡献价值"。

贡献价值是企业销售产品和服务获得的总收入与购买外部供应商提供的原材料和服务支付的款项之间的差额。换言之，贡献价值包括了企业付出的所有努力的全部成本及其全部回报，表明了企业自身贡献到最终产品中的全部资源以及市场对企业付出的努力的评价。

只有当成本分配在经济上有意义时，贡献价值才能用于分析生产率。在过去的20年中，会计从财务会计和税务会计逐步转向管理会计，虽然该过程仍处于初级阶段，却是朝着提高企业管理水平迈出的重要一步。

贡献价值衡量的是源自定量因素而非定性因素的生产率，所以是一种纯粹的定量工具。然而，定性因素对生产率也有重要影响。无论在短期内还是长期内，企业的组织结构、知识运用、未来的管理水平都是影响生产率的根本性因素。然而，现有的衡量工具尚不能对其进行有效衡量。

最后，总体而言，贡献价值只能用于制造产品的企业，也就是制造型企业。

在上述有限的范围内，贡献价值有助于合理分析生产率，设立提高生产率的目标，尤其有助于把运筹学工具用于对生产率的系统研究。这类工具的目的在于制订备选的行动计划及得出可预测的结果。生产率问题始终是发现各种资源的可选组合范围，找到能使产出与成本、努力与风险达到最优比例的组合。

生产率是一个难以理解的概念，但也是核心概念。缺少了生产率目标，企业就会丧失方向；不衡量生产率，企业就会失去控制。

社会责任

仅仅几年前，管理学家和经济学家还都一致认为社会责任难以界定，不可能设立相应的目标。我们现在已经明白，难以界定的事物可以转化为具体事物。保护消费者利益运动的教训以及人们对工业造成的环境污染的抨击，是企业未能及时认识到需要彻底思考自身的影响和责任，未能设立此类目标付出的惨痛代价。

社会责任是一个生存的维度。企业在特定的社会和经济体系中生存，而企业内部的人往往假设该组织存在于真空中。管理层难免会从内部审视所在的企业，但企业更是社会和经济体系的产物。社会和经济体系可以导致企业在一夜之间关门大吉。唯有社会和经济体系支持企业从事必要的、有用的、富有成效的工作，企业才能生存。

许多管理者可能会说："这是大型企业的事。"然而，小型企业同样是雇主，同样生存于社区中，同样依赖社区和社会的支持，起码需要被社区和社会接纳。虽然小型企业的社会责任目标与大型企业存在很多差异，但二者对社会责任目标的需要是完全一样的。

这些社会责任目标具体是什么，将在本书第四部分进一步讨论。但此处需要强调的是，企业管理层需要把这些目标融入企业战略中，而不仅仅是作为美好的愿望。之所以需要这些目标，不是因为管理者对社会负有责任，而是因为管理者对企业负有责任。

利润：一种需要和限制条件

只有在前述七个关键领域的目标被仔细考虑并得以确立之后，企业才需要考虑"需要多高的利润率"问题。实现七个关键领域的任何目标都需要承担很大的风险，需要付出努力，并且必然产生成本。显然，企业实现目标所需要的费用源于利润。利润是企业生存的前提条件，是未来所需的成本，也是持续经营的费用。

有足够利润用于实现关键领域目标的企业，是拥有生存手段的企业。反之，若没能获得实现关键领域目标所需的利润，那么该企业就会面临被边缘化甚至被淘汰的危险。

企业实现前文所述七个关键领域目标所需的利润率，也就是为了履行利润的社会和经济职能需要的利润率，用定量语言来表述具体包括：

- 作为"风险的溢价"，以支付持续经营的费用。
- 作为资本来源，为未来的工作岗位提供资金。
- 作为创新和经济增长所需资本的来源。

企业有必要对利润进行相应的计划，但需要计划的是最低利润率，而不是毫无意义的"利润最大化"。实际上，所需的最低利润率可能要远远高于许多企业的利润率目标，更不用说实际的利润结果了。

日本的案例

利润率是一项最低要求，而绝非所谓的"利润最大化"。由于历史的偶然，唯一明白这一点的是日本人。

围绕日本企业的资本成本高于还是低于西方企业这一问题，一直存在激烈的辩论。西方人认为日本企业的资本成本低，而日本人自己的观点截然相反。实际上争论的双方都错了，日本企业的资本成本与西方企业的资本成本基本相同，区别只在于计算方法不同。

日本企业的资金主要来自银行贷款。从法律角度看，这些是短期信贷。从经济角度看，这些则是银行的长期股权投资。形成这种局面的原因在于19世纪的日本没有资本市场，银行主要都是由工业集团创建的，旨在作为资本的提供者。在西方国家，情况恰恰相反，其原因在于工业开始发展之前，英美等国已经存在较完善的资本市场。

典型的日本企业通常债务资本占70%，股权资本占30%。典型的美国企业则刚好相反。我们可以计算两家企业的资本成本。对于70%的债务资本，日本企业起码必须支付10%的利息，也就是要求把总资本的7%作为回报。对于30%的股权资本，预计日本企业的税后利润约为8%，也就是总资本的2.4%。因此日本企业所用总资本的回报率为9.4%。相比之下，美国企业必须为30%的债务资本支付7%的利息（这是第二次世界大战后25年的平均利率），也就是总资本的2.1%作为回报。对于占总资本70%的股权资本，美国企业必须获得10%的税后利润，也就是总资本的7%。因此美国企业所用总资本的回报率为9.1%。

换言之，美日两国企业的总体资本成本相差不大。但是，由于日本企业的贷款利息与西方国家一样被认为是可以扣除的业务支出，所以税负要低得多。相比之下西方企业的税负要高得多，但这究竟应该由企业、消费者还是投资者承担，经济学家莫衷一是。

日本企业需要的利润率，正是银行吸收存款以支付自身的运营费用和承担风险需要的利润率，也是银行的资本成本（可能是6%）与向企业提供资金（实际上是股权投资）的利息收入之间的差额。所以对于一名日本企业的最高管理者而言，性命攸关的核心要求是必须赚到足够利润才能支付企业从银行贷款的利息，维持企业的信用等级。

因此，日本企业的最高管理者从一开始就有一个明确的目标，那就是把企业运营所需的资本额最小化。他把利润视为一种需要，而不是值得追求的美好事物。他知道如果不能创造出获得所需资本要求的最低利润率，企业就会破产。日本企业管理者的利润意识毫不逊色于西方人，但由于历史的偶然原因，他所处的位置使他明白了利润的功能，因此倾向于制订更理性、目的更明确的计划，从而获得企业生存和成长所依赖的利润率。

日本的例子清楚地表明，满足企业需要的最低利润率就是资本成本。最低利润率也是企业获取财务资源（用于实现目标）所需的资本市场利率。

资本成本永远不会高于所需的最低利润率，起码在由资本市场而不是政府配置资金的情况下不会。但是，资本成本很可能低于最低利润率，是利润规划的最佳起点。

无论企业的规模大小、结构简单还是复杂，利润率都应该根据好年景和差年景利润的平均值来计算。我们假定，企业投资资本的税前利润率需要达到20%。如果好年景中获得20%的利润率，那么就不太可能在整个投资期内达到这一利润率。企业可能需要在好年景中得到40%的利润率，这样12年的平均利润率才可能达到20%。总之，企业要达到期望的平均利润率，管理者需要计算出实际需要的数值。

如何衡量利润率

如何衡量利润率是一个众说纷纭的话题。任何单一的方法都不能达成所愿。单独的销售获利（销售利润率）显然不能满足需要，因为利润是销售获利乘以资本周转率所得。只有当能够指出提高利润的机会所在，销售获利才是一个有意义的数据。投资资本的回报率貌似合理，但实际上这是一种最糟糕的衡量手段，犹如弹性无限的橡皮筋。什么是"投资资本"？1950年的1美元投资和1970年的一样吗？"资本"被会计师界定为原始现金，是否受到后续折旧的影响？还是像经济学家那样界定为未来的财富生产能力，按资本市场利率折算为当期现金价值？寻找衡量利润率的完美手段很可能会遭遇挫折且最终徒劳无功，更加明智的办法是同时采用多种衡量手段，试试这些手段能得出什么信息。

有关通货膨胀的说明

关于利润率，另一个应该提到的是通货膨胀对利润的影响。传统上，人们往往认为生产性资产可以抵消通货膨胀的影响。从某种意义上看确实如此。即使在通货已经贬值甚至崩溃的情况下，钢铁厂只要能够维持生产，就仍能屹立不倒。此时该工厂的原始成本将变得微不足道甚至接近零，所以更大比例的收益将归股东所有。然而该观点过于简单，实际上，通货膨胀也会破坏资产，创造虚假利润，这种利润实际上代表着对资产的破坏。在通货膨胀形势下，即使在许多南美国家年通货膨胀率高达 40%～60% 的急剧通货膨胀时期，账面上的资产价值也不会进行调整。事实上，多数国家禁止调整。因此，折旧率根据过去的货币价值计算，而且随着货币的贬值，折旧率迅速变得不适宜。资产迟早会被置换，随后以贬值货币计算的成本将比账面价值高出许多倍。如果认识不到这种损失（很少有管理层会意识到），那么就会显示企业获得了利润，而实际上不过是折旧率过低，派息则是在瓜分资本。对于美国公司在海外的投资，美国证券交易委员会[1]早就认识到了这一点，所以要求此类投资的资产价值（例如在巴西的一家子公司）每年进行相应的调整，以反映暗含的损失。自相矛盾的是，美国的税务部门拒绝接受这种调整，规定企业就证券交易委员会要求在公开账目中列为亏损的利润缴税。

当前多数国家都面临着通货膨胀的形势，此时应把通货膨胀视为一种真正的损失。起码为了本国自身的利益，有充分理由采用"定值美元"[2]"定值日元""定值马克"的会计方法。至少这会迫使管理层认识到，企业当前突出的利润表现来自通货膨胀而不是实际的绩效。

---

[1] 证券交易委员会（SEC），美国联邦政府的独立机构，1934 年罗斯福总统根据《证券交易法》（*Securities Exchange Act*）设立，负责执行相关法律，规范证券业以及美国股票和期权交易活动等。——译者注

[2] 定值美元（constant dollars），一种调整后的货币价值，因为存在通货膨胀，所以要比较不同年份的美元价值就需要将名义美元转换为定值美元。——译者注

如果在20世纪60年代末使用定值美元进行核算，那么多数美国企业都会意识到自己并没有获得任何实际利润，更不可能获得通货膨胀时期上报的"创纪录利润"。很少有企业的税后利润超过资产的8%，而当时美国的年度通货膨胀率为8%。如果企业的管理层明白这一点，就不会对1969～1970年成长型企业的股价暴跌感到吃惊了。

利润率：一个限制条件

利润率不仅仅是一种需要，也是一个限制条件。企业的目标绝不能超过其能够预期的利润率。最低利润率绝不能高到管理层慎重考虑后仍旧达不到的水平。因此，所需的利润率必须反映在目标中。如果利润率不足以支撑目标的实现，那么就必须降低目标。企业不应该眼高手低。

在关键领域设立目标时，几乎所有企业都会提出需要付出更多努力和承担更大风险才能实现的目标，这很有可能会超出利润率能够支持的范围。所以，企业必须在各种目标之间取得平衡。

目标的平衡

一般而言，设立目标时需要考虑三种平衡。目标必须与能够实现的利润率平衡，必须与当前和遥远未来的需要平衡，必须与其他目标平衡，也就是不同领域必须达到的绩效之间保持平衡。

管理层在设立目标时必须始终保持短期利益和长期利益之间的平衡。如果管理层不为短期未来做好准备，那么企业也不会有长远的前途。如果企业牺牲长远利益，忽视"业务将是什么"和"业务应该是什么"的问题，只考虑短期利益，那么企业很快就将难以维系。

设立目标时往往需要决定在何处冒险，决定为了长远利益应该牺牲多少短期利益，或为了短期利益应该牺牲多少长远利益。这些决策没有一成不变的公式，必然充满风险和不确定性，但也存在创新的机会，无论如何，管理者都必须拍板抉择。

20世纪五六十年代的成长型企业曾经立下豪言壮语，销售额和利润都将不断增长。这一点就足以让它们被怀疑。每位有经验的管理者都应该很清楚，这两个目标通常难以兼得。销售额增长往往意味着牺牲当前的利润。利润提高则往往意味着牺牲长期的销售额。几乎在每一个案例中，这种不合理的豪言壮语以及由此导致的拒绝做出决策以保持销售额和利润目标的平衡，是成长型企业在60年代末70年代初普遍出现巨额亏损和市值缩水的直接原因。

评判组织的管理层胜任与否，很少有方法比平衡各种目标方面的表现更为适用。做这项工作也没有固定的公式，每家企业都有自身的平衡点，并且不同时期需要的平衡也不同。平衡不是简单的机械性工作，而是一项有风险的决策。（关于这类战略决策的进一步讨论，参见第8章。）

预算的作用

设立和平衡各种目标，确实也需要一定程度的机械性表达方法。预算，尤其是用于管理和资本支出的预算，就是这样一种方法。

预算通常被认为是一种财务流程，但只有数字符号具有财务特征，预算决策则具有企业家特征。现在，企业的研发费用或广告费用等所谓的管理支出以及新工厂等资本支出，通常被认为是彼此完全独立的，但这种区分仅仅是会计（和税收）上的虚构，容易造成误导。实际上，两种支出都是把稀缺资源投入不确定的未来，从经济上看都是对未来进行投资的资本支出。如果企业要取得成功，这些支出必须体现围绕生存目标的共同基本决策。当前我们对预算的关注主要放在工资等所谓的可变支出上，而不是管理支出，从历史上看，可变支出的数额最大，但无论数额大小，围绕管理支出的决策决定了企业的未来。

那些与内部部门或生产部门直接相关，且以某种方式固定下来的费用，是会计中所谓的可变支出，管理层对此几乎无法控制，只能缓慢地加以调整。管理层能够改变的是生产数量和人工成本之间的关系。具有讽刺意味的是，尽管人工成本中的大部分都是固定的附加福利，但我们仍旧将其视为可变支出。实际上在任何一段时期内，这些支出都不能轻易变动。当然，与过去的决策有关的支出，即固定支出，情况更是如此。无论是过去的资本投资成本、地方税费还是保护资产所需的保险费用，管理层都无法取消。这些都超出了管理层的控制范围。

管理层能够掌控的是用于未来的支出。资本支出和管理支出体现了管理层的风险决策，具体来说，这些支出涵盖设施设备、研究和销售规划、产品开发和人员开发、管理和组织、客服、广告等方面。资本支出预算和管理支出预算是企业对其目标做出真正决策的领域。

确定优先事项

有关未来的两种预算——资本支出预算和管理支出预算，也体现了管理层确定的优先事项。

任何企业都不能四面出击。即使企业有充足的资金，也绝不可能有用之不竭的人才，所以必须确定优先事项。最糟糕的情况是什么业务企业都想尝试，这种行为必将一事无成，甚至确定错误的优先事项也好过没有。

确定优先事项是有风险的。因为任何未能列入其中的业务，实际上都被划入抛弃之列。同样，该决策没有确定的公式，但又不能回避。做这类决策的机制就是资本支出预算和管理支出预算。

从目标到行动

最后一步是把目标转化为行动。思考"业务是什么，将是什么以及应该是什么"问题，以及彻底思考目标是什么，目的都是采取行动而不是获得知识，以及把组织的注意力和资源集中在正确的成果领域。因此，业务分析的最终结果是带有具体目标、截止日期和问责对象的工作计划以及具体工作任务。除非目标转化为行动，否则就不是目标，而是幻想。

小　结

设立目标必须从营销和创新两个成果领域开始。这两个领域可能都需要设立多个目标，而不仅仅是一个目标数字。在设立营销和创新目标之前，需要做出具有高风险的决策：集中经营决策和市场地位决策。随后需要设立有关人力、资本、设施、关键物力资源等全部资源的供给、使用及生产率目标。此外，企业需要设立关于社会影响与社会责任的目标。在所有上述领域，小型企业与大型企业同样都需要设立目标。利润与利润率位于最后，它们是企业的生存所需，因此也需要设立目标，所需的利润率也限定了所有其他目标的范围。目标必须要得到平衡，不仅不同的目标之间需要保持平衡，目标还需要与短期和长期需求保持平衡，并与可用资源保持平衡。最后，必须确定行动的优先事项。

问　　题

1. 必须设立营销绩效目标的领域有哪些？
2. 西尔斯公司制定的集中经营决策是什么？玛莎百货公司的呢？这种重要决策的结果是什么？
3. 为什么集中经营决策对大型企业和小型企业同样重要？
4. 为什么采纳增加销售的目标是对营销目标的误导性决策？
5. 为什么占有过高的市场份额对企业的长期成功有害？杜邦公司如何解决其创新产品占据最大市场份额的问题？
6. 三种基本的创新是哪些？
7. 为什么难以设立创新的目标？
8. 为什么强调非技术领域的创新特别重要？
9. 所有经济活动需要的三种基本资源是什么？
10. 美国电话电报公司如何把营销规划应用于资本供给？
11. 为什么不断提高生产率是管理层最困难的工作之一？
12. 为什么寻找一种衡量生产率的完美方法会造成误导？
13. 为什么资源的平衡利用对生产率非常重要？
14. 什么是贡献价值？如何用它来界定整个企业的生产率？
15. 为什么当今的企业需要设立社会责任目标？
16. 利润的功能是什么？
17. 美国企业和日本企业的资本成本核算方法有什么不同？
18. 如何确定最低利润率？
19. 为什么不仅应该把利润率作为一种需要，还应作为一个限制条件？
20. 为什么长期和短期目标的平衡非常重要？

第8章 | CHAPTER 8

战略规划：企业家技能

　　实践中，每个基本的管理决策都是一种长期决策。如今，10年已经算是相当短的时间跨度了。无论是研发还是新建工厂，设计新营销组织还是新产品，每项重大管理决策的后果都需要经过多年时间才能显现出来。在此后数年里决策必须富有成效才能收回人员和资金方面的投入。因此，管理者需要立足于系统性的基础，善于做出长期决策。

　　管理层别无选择，必须预测未来，进而平衡短期和长期目标，尝试塑造未来。上述任何一件事都不是能轻易做好的，管理层必须确保这些难以履行的责任不被无视或忽略。

　　长期计划的思想及其大部分实践建立在大量误解之上。实际上，短期与长期一样，都需要战略决策。长期的状况在很大程度上由短期决策塑造。除非长期计划融入和基于短期计划与决策，否则精心制订的长期计划也将会徒劳无功。反之，除非短期计划，也就是此时此地的决策被整合进统一的长期行动计划，否则就会沦为权宜之计和无端猜测，必然造成误导。

"短期"和"长期"并非根据任何固定的时间跨度确定。一项只需要几个月时间就能够落实的决策，不一定是短期决策。衡量的标准是决策在多长的时间跨度内有效。如果在20世纪70年代初决定1985年要做某事，这不是长期决策，甚至连决策都算不上，充其量只是无聊的消遣，与8岁的男孩梦想长大后当一名消防队员没什么区别。

长期计划背后的理念是"业务应该是什么"，该理念能够且应该自主发挥作用，指导决策，独立于对"业务是什么"和"业务将是什么"的思考。这是非常有道理的。在进行战略规划时，有必要分别从下述三个问题着手：业务是什么？业务将是什么？业务应该是什么？这些是且应该是相互独立的概念性方法。关于"业务应该是什么"，第一个假设必须是业务会与当前有所不同。

长期计划应该避免管理层把当前趋势不加批判地外推至未来，避免假定当前的产品、服务、市场、技术将一成不变，并且最重要的是不要把精力和企业的资源用于为昨天辩护。

关于业务是什么、业务将是什么和业务应该是什么的计划必须整合在一起。进而，一项计划属于长期还是短期，取决于有效性的时间跨度和前瞻性。每件"已计划的"事情都应成为当下的工作和职责。

我们需要的技能，不是做长期计划，而是做战略决策，或者称之为做战略规划。

通用电气公司将其称之为"战略经营规划"，其最终目标是确定企业应该在长期内努力创造的不同于以往的新业务、新技术和新市场，但这项工作始于问题"当前的业务是什么"。事实上，具体始于下列问题："应当抛弃当前的哪项业务？应当削减哪项业务？应当大力推进并慷慨提供资源的是哪项业务？"

战略规划不是什么

对于管理者而言,明白战略规划不是什么非常重要。

(1)战略规划不是锦囊妙计,也不是工具箱。相反,战略规划是分析性思考和支持相关行动的资源承诺。

在战略规划过程中,可能会使用许多技术性工具,但也可能一个都不需要。战略规划可能用得着计算机,但"业务是什么以及应该是什么"等最重要的问题不能用计算机解决,也无法被量化。建模或仿真技术可能有用,但其本身并不是战略规划,只不过是实现特定目的的工具,在某些情形下可能有用,也可能没用。

量化并不是规划。诚然,管理者应该尽可能使用逻辑严密的方法,哪怕只是为了不误导自己都值得这么做,但是战略规划中若干最重要的事项只能用"更大""更小""更早""更迟"等词汇来形容,这些词汇难以被量化,而且政治氛围、社会责任、人力(包括管理)资源等若干同等重要的领域根本无法量化,只能作为约束条件或者范围边界,而不能作为方程式本身的要素。

市面上有一本研究规划的知名教科书,将战略规划定义为"把科学方法用于企业决策",该定义显然是错误的。实际上,战略规划是对分析思考、想象力、判断力的运用,是责任而非技术。

(2)战略规划不是预测。战略规划不能策划未来,任何这类企图都愚不可及。未来无法准确预测,试图预测未来只会败坏自己的声誉。

如果有人产生错觉,认为人类能够预测较远的未来,那么就让他看一下昨天报纸的头条,问他大约十年前谁能够预测到。例如,在艾森豪威尔⊖政

⊖ 德怀特·艾森豪威尔(Dwight Eisenhower),美国总统(1953~1961年),美国陆军五星上将,第二次世界大战期间任盟军欧洲最高统帅,组织过诺曼底登陆,战后任美国驻德国军队总司令。——译者注

府末期的1960年，是否有人准确预测到美国黑人中产阶级家庭的数量将爆炸性增长？1970年美国有2/3的黑人家庭生活的水平已经超出贫困线，并且美国黑人家庭的平均收入远高于英国富裕家庭的平均收入。是否有人进一步预测到，在这一史无前例的成就背后，是其余1/3美国黑人家庭的贫困问题变得更加突出和棘手？

我们必须以下列前提为起点，即预测不是一件受人尊敬的活动而且超出最短时间范围的预测不值得做。恰恰因为我们不能准确预测，战略规划才成为必要。

战略规划不是预测的另一个更有说服力的理由是，预测试图找到事件最可能的发展过程，或最好能够确定事件的概率范围，但企业家创新是独特事件，不能以概率的眼光看待，换言之，创新不属于物理领域，而属于社会领域。实际上，企业家本身就能够带来经济回报，但其核心贡献在于引发能够改变经济、社会、政治形势的独特事件或创新。

这是20世纪50年代施乐公司开发并销售复印机的所作所为；是60年代，当房车成为人们长期固定的新家并几乎占领美国整个低成本住房市场时，移动房屋业企业家的所作所为；是50年代卡森①出版畅销书《寂静的春天》的所作所为，作为一个独特事件改变了整个文明世界对环境的态度；也是在社会和政治舞台上，60年代民权运动领袖的所作所为，以及70年代初女权运动领袖的所作所为。

由于企业家推翻了预测所立足的概率，所以预测不能服务于力图指导组织迎接未来的规划者的目的。当然，对于那些致力于创新并改变普通人工作和生活方式的规划者来说，预测更是几乎毫无用处。

（3）战略规划不关注未来的决策。相反，战略规划关注的是当前决策的

---

① 卡森（Rachel Carson），美国海洋生态学家，1962年出版《寂静的春天》（*Silent Spring*），引发了全球范围的环保运动。——译者注

前瞻性。决策只存在于当前。战略规划者面临的问题不是组织在未来应该做什么，而是"当前必须做什么才能准备好迎接不确定的未来"；不是未来会发生什么，而是"当前的思考和行动必须具有什么样的前瞻性？必须考虑的时间跨度是多长？现在如何利用这些信息做出理性决策"。

决策类似于一台时间机器，将许多不同的时间跨度同步到一个单一的时间轴——现在。如今我们刚刚明白这一点。我们的方法仍旧倾向于为将来决定要做的事情制订计划，虽然这可能会很有趣，但毫无用处。我们只能在当前做决策，但决策不能只图眼前。只图眼前的决策（更不用说根本不做决策）是最权宜之计、最投机取巧的决策，会使我们长时间甚至永久性承担不可挽回的后果。

（4）战略规划不试图规避风险。战略规划甚至不力争使风险最小化。规避风险的企图反而会造成非理性和无限的风险，带来某种灾难。

根据定义，经济活动就是把现有资源用于未来，也就是用于高度不确定的预期。风险是经济活动的本质。一条重要的经济学原理（庞巴维克⊖定律）证明，只有冒更大的风险，也就是更大的不确定性，现有生产要素才能产生更大的经济效益。

尽管试图消除风险必然徒劳无功，试图最小化风险的效果也往往值得怀疑，但关键在于承担的风险必须是正确的风险。成功的战略规划的最终成果一定是增强承受风险的能力，这是提高企业家绩效的唯一方式。为了提高风险承受能力，管理者必须了解承担的风险，必须能够在风险重重的行动过程中做出合理选择，而不是全凭直觉、传闻或经验（无论经过多么仔细的量化核算）而陷自己于不确定的境况中。

⊖ 欧根·庞巴维克（Eugen Böhm-Bawerk），奥地利经济学家，发展了利率理论和资本周转理论，奠定了奥地利经济学派资本理论的基础，代表作有《资本与利息》（*Capital and Interest*）。——译者注

战略规划是什么

现在我们可以试着给战略规划下定义了。战略规划是一个持续不断的过程，系统地制定当前存在风险的决策，并最大限度地了解其前瞻性；战略规划把需要付出的努力系统地组织起来以贯彻落实上述决策；战略规划有组织地、系统地收集反馈信息，把决策的实际成果和预期成果进行比较。

抛弃过去

战略规划的起点是企业的目标。在每一个目标领域都需要思考的问题是"当前必须做什么才能实现未来的目标"。要想赢得未来，首先需要抛弃过去。多数规划本身只关注必须处理的不同于以往的新业务，包括新产品、新流程、新市场等，但是处理未来的新业务的关键是抛弃不再富有成效的、陈旧过时的业务。

战略规划的第一步是对企业的所有业务、产品、流程、市场提出下列问题："假设我们现在没有从事该业务，我们会选择进入吗？"如果答案是否定的，那么就要进一步思考："如何才能尽快抛弃？"

系统性地抛弃过去本身就是一项战略规划，并且许多企业单凭这一点就足够了。抛弃过去将迫使管理者思考并采取行动，将为新业务提供所需的人力资源和财力资源，激发人们心甘情愿地行动。

相反，若战略规划仅仅致力于不同于以往的新业务，不抛弃过时的旧业务，那么就不可能取得成果，而只能停留在纸面上，永远不会成为现实。抛弃过去是多数企业的长期计划从未解决的问题（政府更加严重），或许是它们往往白费功夫的主要原因。

必须从事什么新业务？何时着手

战略规划的第二步是思考"必须从事什么新业务？何时着手"。

在每一项战略规划中，都有一些领域需要（或似乎需要）做更多已经在做的事情，然而明智的做法是假定已经在做的事情永远不能满足未来的需要。但"我们需要从事什么新业务"仅仅是问题的一半，同样重要的是"何时着手"，因为该问题确定了开始着手新业务的时间。

每项决策确实都有"短期"和"长期"两个方面。从做出行动方针的承诺（建一座钢铁厂）到最早可能取得成果（得到成品钢铁）的5年时间间隔，是决策的短期方面。连本带利收回钢铁厂的投资，需要20年甚至更久，这是决策的长期方面。决策的长期方面是起初正确的初始决策必须保持合理有效（涉及市场、流程、技术、区位等）的时间跨度。

但是，谈论短期计划和长期计划是没有意义的。导致当前行动的计划是真正的计划和战略决策。也有些计划仅限于谈论未来的行动，即使这不是不思考、无计划、不行动的借口，也不过是梦想罢了。规划的本质是运用具有前瞻性的知识制定当前的决策。正是前瞻性决定了战略规划的时间跨度，而不是相反。

唯有尽早着手才能及时获得需要长时间酝酿才能产生的成果，因此长期计划需要具有前瞻性的知识："如果想要在未来占有一席之地，现在必须要做什么？如果我们当前不投入资源，什么事情将根本无法完成？"

有一个经常提到的例子。如果我们知道在美国西北地区种植的花旗松需要99年时间才能用来制浆，那么现在种树就是99年后能够供应纸浆的唯一方式。尽管有人可能会研制出能够加快生长速度的激素，但如果我们从事造纸业，就会明白不能对此抱太大希望。在这些树木成材之前的很长时间里，我们仍将主要使用木材作为化学物质的来源，这是可以想象的，也是非常有可能的。30年后，纸张供给可能会依赖于比树木更便宜且结构更简单的纤维素来源。但树木是植物界最高级的化学工厂，这意味着未来30年中的某个时候，森林可能会把小企业主推入化学产业，所以相关人士现在最好学习一些化学知识。总之，如果造纸厂仍旧依赖花旗松，那么战略规划就不能局限于20年，而必须放眼未来的99年。

对于其他决策而言，甚至5年时间也显得太久。如果我们的业务是尽量收购降价商品并在拍卖会上出售，那么下周的清仓大甩卖就是该项决策的长期方面，超出该时限的任何事务基本都与我们无关。因此，业务性质和决策性质也决定了战略规划的时间跨度。

时间跨度既不是固定不变的，也不是"给定的"。在战略规划过程中，时间决策本身就是一项风险决策，在很大程度上决定了资源和精力的分配，也决定了面临的风险。需要不厌其烦地强调的是，推迟决策本身就是冒险，而且往往无可挽回。时间决策在很大程度上决定了企业的特征和性质。

总而言之，战略规划的关键是：

第一，围绕目标从事系统的、目的明确的工作。

第二，规划始于抛弃过去，这种抛弃是为实现未来的目标做出的系统性努力的一部分。

第三，寻找不同于以往的新方法实现目标，而不能满足于做更多熟悉的事情。

第四，思考时间维度并询问："为获得成果，我们必须何时着手？我们什么时候需要这些成果？"

一切都要具体化为工作

除非战略规划能够转化为具体的工作安排,否则再好的规划也不过是美好的愿望。关键人物对特定任务的承诺,是使一项规划产生成果的因素。管理层是否切实地把资源投入到未来会产生成果的行动中,是对规划落实情况的检验。除非得到承诺,否则战略规划就仅仅是愿望和意图,而不是计划。

向管理者询问"目前你安排了哪些最优秀的人才从事这项工作"也可以作为对规划的检验。多数管理者往往先沉吟一阵,然后说:"我现在尚不能抽调出最优秀的人才,他们必须先完成手头的工作,然后我才能派他们去从事为将来做准备的工作。"这等于管理者承认了自己没有进行相应的规划。但这位管理者的话也表明了需要进行规划的原因——指明稀缺资源应该被投向何处。当然,最稀缺的资源是优秀人才。

具体化为工作不仅意味着有人应该投身其中,还意味着问责、期限和对最终结果的评估,也就是对工作成果和规划过程本身成果的反馈。

在战略规划中,评估提出了非常现实的问题,尤其是观念问题。然而正因为评估对象和评估方式决定了什么被认为是重要的,进而不仅决定了我们关注什么,还决定了我们及其他人做什么,所以评估在战略规划过程中至关重要。最重要的是,除非我们以特定方式把预期融入规划决策中,以便早早发现预期是否能够实现,包括准确理解时间和规模上的重大偏差,否则我们就不能有效地规划。另外,如果我们缺少反馈信息,就无法在诸多事件中自我控制以回到规划的正轨。

制定非常有前瞻性的风险决策定义了管理者的角色,管理者没有其他选择。管理者权力范围内能做的是,决定自己是否负责任地制定上述决策,是充分利用取得效果和成功的合理机会还是盲目地孤注一掷。决策过程本质上是一个理性过程,并且企业家决策的效果取决于他人的认可和自愿努力。决策如果是理性的、组织有序的、基于知识而不是猜测，就会更加负责任，更有可能取得效果。然而，决策的最终成果不是知识而是战略，战略规划的真正目的是立刻行动。

战略规划并非以事实取代判断，更不是以科学替代管理者。战略规划不会降低管理能力、勇气、经验、直觉甚至预感的重要性和影响，这就像科学的生物学和系统的医学不会降低医生拥有这些素质的重要性一样。相反，战略规划工作的系统化组织和为规划工作提供相关知识，增强了管理者的判断力、领导力和远见。

小　结

战略规划帮助做好当前的业务以迎接未来。战略规划需要思考业务应该是什么，当前必须做什么才能赢得未来。战略规划需要进行风险决策，需要有组织地抛弃过去的业务，要求清晰界定和明确安排为实现理想的未来而开展的工作。战略规划的真正目的是立刻行动。

问　题

1. 战略规划的"长期方面"和"短期方面"是什么关系？
2. 用来描述关于业务将是什么和应该是什么的决策，比"长期计划"更好的术语是什么？
3. 为什么战略规划不是量化？
4. 为什么把战略规划作为预测是一个错误？
5. 战略规划能用来规避风险吗？
6. 为了实现未来的目标，首先需要做什么？
7. 短期和长期战略规划的真正区别是什么？

8. 促进规划产生成果的因素是什么？
9. 由于最优秀的人才忙于手头的工作，所以管理者往往没有安排他们从事具有前瞻性的新项目。为什么这是一个错误决定？
10. 战略规划的真正目的是什么？
11. 评估战略规划是否成功面临什么难题？

2

第二部分
服务机构的绩效

AN INTRODUCTORY
VIEW OF MANAGEMENT

在 20 世纪，政府机构、医院、学校、军队、专业协会等公共服务机构的成长速度，一直远远快于工商企业。服务机构是现代社会的成长领域。即使在工商企业内部，服务部门的成长速度也要快于运营部门。然而，服务机构的绩效却没能与其重要性和成长速度齐头并进。服务机构绩效滞后的原因是什么？为提高绩效水平，该如何管理服务机构？

第9章 | CHAPTER 9

多机构社会

工商企业只是现代社会的一种机构，企业管理者也绝不是唯一的管理者类型。服务机构同样是现代组织，同样需要管理。政府机构、军队、学校、研究实验室、医院及其他医疗保健机构、工会、大型律所、专业协会、行业协会等机构都是服务机构的典型代表。这些机构配有专人负责管理，这些人被称为行政人员、指挥官、董事、执行官而不是经理。

我们处在一个多机构社会，而不是企业社会，并且公共服务机构（被赋予的属名⊖）是现代社会真正的成长领域。

企业中的服务部门

企业内部的成长领域也包括"服务部门"。在每一家大型企业中（也包

⊖ 属名（generic name），生物分类学概念，高于种，低于科。例如，东北虎属于虎种、豹属、猫科，此处德鲁克借用属的概念来说明公共服务机构的称谓在组织分类中的地位。——译者注

括相当多的小型企业），服务人员和服务职能都一直在高速成长。研究部门、规划团体、协调人员、管理信息系统等都是服务部门而不是运营部门。这些部门虽然在经济机构内部运作，但其自身并不产生经济成果或经济绩效，与企业的成果和绩效没有直接关系。

所有服务机构都有赖于经济活动产生的经济盈余的支持，其开支都属于经常费用——要么是社会经常费用，要么是企业经常费用。20世纪服务机构的成长是企业成功地完成了经济任务，创造了经济盈余的最佳证明。

然而，不同于19世纪早期的大学，服务机构既非奢侈性组织又非装饰性组织，而是现代社会的本质要素。社会和企业要想顺利运作，服务机构必须具备卓越的绩效。现代社会的开支主要用于服务机构，具体占美国国民生产总值[1]的一半，占其他发达国家国民生产总值的多半。发达工业国家城市化社会中每位公民的生存，都有赖于服务机构的绩效。服务机构也是发达社会价值观的具体体现。现代社会经济能力和生产率的不断提高，不仅带来了更多的食物、服装、住宅，还有更高水平的教育、医疗、知识和流动。

企业中的服务部门也应该是整个组织的支柱。不仅服务部门不断增长的支出要求其提高管理水平，取得良好绩效，做出更大贡献，而且整个企业的成败也取决于服务人员、计划人员、研究人员、信息专家、分析人员和会计人员的绩效。

但证据表明服务机构的绩效表现平平，根本谈不上卓越。学校和医院的规模甚至已经超出了上一代人的想象，预算额以更快的速度增长。然而，每个领域的服务机构似乎都深陷危机难以自拔。一两代人之前，人们理所当然地认为服务机构的绩效良好。但今天，各类服务机构由于绩效不佳而正遭受

---

[1] 国民生产总值（GNP），是指一定时期（通常为一年）内一个国家的国民在国内外所生产的最终产品（含货物和服务）价值的总和。不同于国内生产总值（GDP），国民生产总值按照国民原则核算。——译者注

各方的抨击。那些在19世纪似乎不用费劲就能够成功管理的服务机构，例如邮政服务、铁路服务等，如今普遍深陷赤字，需要巨额补贴，提供的服务也比一个世纪前差。为提高效率，美国联邦和地方政府机构进行了多轮重组。然而，每个国家的公民都在大声抱怨政府中的官僚作风日益猖獗。人们的意思是，政府机构运作的目的扭曲为给政府雇员提供服务，而不是绩效和贡献。总而言之，政府机构管理不善。

最强烈地批判政府机构和公共服务机构中官僚作风的人往往是企业高管，但是企业内部的服务部门是否比公共服务机构的绩效水平高，官僚作风轻微呢？这是无论如何都不能确定的。

在过去的20年中，所有大型公司（包括许多小型公司）的计划部门、协调部门、管理信息系统等服务部门都像滚雪球般急剧膨胀。从这些部门争取预算资金的能力来衡量，它们取得了巨大成功。许多企业服务部门人员的能力非常强，专业知识非常扎实，并且相关著作的数量也迅速增加，但他们都做出应有的贡献了吗？更加糟糕的是，谁能衡量他们的绩效或评估他们的成果？衡量或评估的标准又是什么？无法评估服务部门的贡献，是企业越来越对其不抱幻想的一个原因。

企业中的研究部门与服务部门一样，也增长迅速。大学和独立研究机构中政府资助的研究亦复如此。人们同样对研究部门不再抱有幻想。太多企业花费了大量研究资金，得到的成果却只有几栋豪华的大厦。很少有研究部门能够回答"你们的贡献是什么"这一问题，自问该问题的研究部门也不多见。

服务机构得到有效管理了吗

服务机构自身也已经开始产生"管理意识"，越来越多地向企业学习管理。管理人员开发、目标管理以及许多其他企业管理的概念和工具，在所有服务机构中日益得到普及。

这是一个好兆头，但并不意味着服务机构理解自身在管理方面存在的问题，只是表明服务机构认识到了当前没有得到有效管理。

服务机构可管理吗

关于服务机构遭遇的绩效危机，还有另一种截然不同的反应。越来越多评论人士得出结论认为，服务机构本质上是不可管理的，无法表现出卓越的绩效，甚至有些人因此提议拆散服务机构。但没有丝毫证据表明，当今社会愿意放弃服务机构做出的贡献。猛烈抨击医院的弊端之人，需要的是更多更好的医疗保健服务。鼓吹"非学校化"社会之人，想要的是更好，而非更少的教育。对政府官僚作风最为不满的选民，投票支持上马更多政府项目。同样，如果缺少服务部门和研究部门主动提供的知识、专业技术与系统思维，企业将无法维持。

要提高服务机构的绩效水平，除了学习管理之外，别无选择。

另外，通过加强管理，服务机构能够提高绩效水平。

例外的重要性

无论是公共服务机构还是企业中的服务部门，绩效表现优异者是例外而非普遍现象，但例外恰恰证明了服务机构的绩效水平可以提高。

本书第 11 章 "若干例外及经验教训" 中会讨论几个高绩效服务机构的例子，此处仅仅简要概述一下。在过去的 40 年中，有两个政府机构的绩效表现极为突出：负责美国东南部大型区域电力和灌溉项目的田纳西河流域管理局㊀和20世纪60年代负责管理美国太空项目的国家航空航天局㊁。在尝试推行高等教育大众化的大学中，几所新英格兰地区的大学取得了显著成效。尽管位于市中心黑人聚居区的许多（或许是大多数）学校应该受到严厉的批评，但即使在最糟糕的贫民区中，也有一些学校展现出卓越的能力，有效地向境遇最差的儿童教授基本的识字技能。

那么，是什么因素阻碍了多数服务机构取得优异的绩效呢？少数服务机构做了什么（或避免做什么）使其表现出卓越的绩效呢？这些都是需要思考的问题，也都属于管理问题。

提高服务机构的绩效

除了各自的使命外，服务机构和企业并没有太多差异。这两类机构在提高工作成效和员工成就上面临着类似的挑战，在社会责任方面也没有重大差异。最近的事态发展已经表明，二者在与环境、社会的关系方面也面临着同样的问题。毕竟当今最严重的污染，责任出在政府，即那些未能建设足够多污水处理厂的地方政府。本书第四部分围绕社会影响和社会责任的讨论，几乎不用修改就完全适用于所有公私机构。

但服务机构在"业务"方面与企业存在根本性差异，二者有不同的宗旨、不同的价值观，需要设立不同的目标，并且对社会做出不同的贡献。此外，服务机构的绩效和成果与企业的差别也很大。绩效管理是服务机构与企业存在重大差别的一个领域。

我们尚未发展出包括服务机构在内的所有机构及其管理的统一理论。在

㊀ 田纳西河流域管理局（Tennessee Valley Authority），1933年由美国国会创立，旨在为田纳西河谷地新政的重要成就之一。——译者注
㊁ 国家航空航天局（NASA），美国联邦政府的独立机构，1958年由艾森豪威尔总统下令成立，负责制订、实施美国的民用太空计划，开展航空科学和空间科学研究。——译者注

过去的70年中，相比企业管理领域开展的工作，服务机构在管理方面进展缓慢。迄今为止，我们能够尝试的仅仅是一个初步的设想。我们知道服务机构难以表现出卓越绩效的原因，并且为了克服提高服务机构绩效和成果的内在障碍，我们能够概述管理者需要做些什么。

服务机构的绩效管理将越来越被视为发达社会面临的核心管理挑战，也是发达社会最重大的管理需求。

小　结

我们的社会已经成为多机构社会。在20世纪，政府机构、军队、学校、医院、专业协会、行业协会等公共服务机构的成长速度快于企业。总体而言，这类公共服务机构相关的开支数额约占美国国民收入的50%。并且研究实验室、人事部门、规划部门、管理信息系统等企业内部服务部门的成长速度也快于企业整体。每一个服务机构和服务部门都需要加以管理。我们的社会及每位公民都越来越依赖服务机构的绩效。虽然这些服务机构越来越具备"管理意识"，但实际开展绩效管理的服务机构微乎其微。许多评论人士甚至认为，服务机构本质上是不可管理的，总体而言无法表现出卓越的绩效。但是有足够的证据表明，通过加强管理，服务机构能够提高绩效水平。

问　题

1. 当今企业内部的哪些部门成长速度最快？
2. 为什么服务机构的成长表明企业成功地完成了自身的经济任务？
3. 有证据表明服务机构本质上不可管理吗？
4. 在服务机构普遍绩效低下的总体状况中，哪个政府机构能够被视为例外？你能想出这些机构被视为例外的原因是什么吗？

5. 服务机构和企业在造成的社会影响方面面临着同样的问题吗？

6. 请举一个企业内部服务部门运作的例子。

7. 当今许多服务机构的运作，更多的是为了给内部雇员提供服务，而不是为了做出贡献和提高绩效，你能想出原因是什么吗？

CHAPTER 10 | 第10章

服务机构绩效不佳的原因

围绕服务机构普遍存在的绩效不佳问题,通常存在以下三种解释。

- 服务机构没有开展企业化管理。
- 服务机构缺乏优秀人才。
- 服务机构的目标和成果难以衡量。

实际上,所有这三条都是托词,而不是解释。

企业化管理

有人不厌其烦地宣称,只要服务机构开展企业化管理,就能够提高绩效水平。

服务机构之所以绩效不佳,恰恰因为它们不是企业。企业的特征是绩效控制,在服务机构中,"企业化"意味着控制成本,这是衡量效率的方法,但服务机构欠缺的是效果而不是效率。企业化行为往往能够实现更高的效率，而效果不能通过企业化行为来获得。

诚然，所有机构都需要效率。因为服务机构所处的领域通常没有竞争，所以它们不会像处于竞争性市场中的企业那样受到外部强加成本的控制，但服务机构面临的基本问题不是成本过高，而是效果欠缺。部分服务机构的效率很高，但它们往往没有做正确的事。

优秀的人才

呼吁服务机构引进优秀的人才，要比相信企业化管理会拯救服务机构更加古老。实际上，数千年前阐述政府职能的古老汉语文献中就已出现这种观点。从美国内战⊖后的亨利·亚当斯⊜到今天的拉尔夫·纳德⊜，所有美国的改革者一直在为此奔走呼号。这些人士坚信，政府机构缺少的只是优秀的人才。

服务机构与企业一样，不能依赖超人或驯狮人填补管理岗位和行政职位。现实中太多组织机构的优秀人才不够用。指望世界上每家医院的行政人员都是天才或伟人，显然荒谬透顶。如果服务机构不能由具备普通能力的行政人员运营和管理，那么它们就确实不可管理。换言之，如果我们不能把管理服务机构的任务组织起来，使普通人只要努力工作就能够胜任，那么就根本无法管理服务机构。

与企业中的管理者相比，没有任何理由使我们相信服务机构的管理者和

⊖ 美国内战（Civil War），1861～1865年，林肯总统领导的美国联邦政府与南方各州围绕奴隶制问题爆发的内战，深刻影响了美国的历史进程。——译者注

⊜ 亨利·亚当斯（Henry Adams），美国历史学家，约翰·昆西·亚当斯（John Quincy Adams）之孙，代表作《民主：一部关于美国的小说》(*Democracy：An American Novel*)。——译者注

⊜ 拉尔夫·纳德（Ralph Nader），美国政治活动家、作家，因主张消费者保护、环保、政府改革事业而闻名，多次以独立候选人身份竞选美国总统。——译者注

专业人员不合格、没能力、不诚信、不努力工作。当然，也没有理由让我们相信，掌管企业内部服务部门的经理会比官僚的表现好。事实上，我们知道经理也会迅速转变为"官僚"。

第二次世界大战期间，大量在企业中绩效卓越的高管纷纷进入政府机构任职，其中许多人迅速转变为官僚。他们个人并没有改变，尽管有能力在企业中取得突出的成果和绩效，但一旦进入政府，他们就发现自己主要是在制定大量规章制度，撰写官样文章。对此他们深感挫败。

目标明确化

对于服务机构的绩效不佳，貌似最合理，也最复杂的解释是：服务机构的目标通常过于抽象，所以难以衡量成果。这种解释最多说对了一半。

服务机构与企业一样，关于"业务是什么"的界定总是很抽象。西尔斯公司"要成为美国家庭消息灵通的买家"，就是一个抽象定义。西奥多·韦尔把美国电话电报公司的业务界定为"为客户服务"，听起来更像是一个公关口号。乍一看，这些说法似乎无法转变为操作性术语，更难以进行量化。索尼公司声称"我们的业务是电子信息"，IBM公司把业务界定为数据处理，都是高度抽象的。然而，正如上述企业所证明的，抽象的界定转变为可衡量的目标并非不可能。

服务机构的抽象目标同样可以转变为具体的可衡量目标。

教会的目标"拯救灵魂"无疑是抽象的。账簿不适用于信仰的世界，但礼拜活动的到场人数是可以衡量的，"召唤年轻人回到教堂"同样可以衡量。

学校的目标"人的全面发展"无疑是抽象的，但"教孩子在三年级结束时学会阅读"却非常容易精确地衡量。

无论企业还是服务机构，只有具体的、有限的、界定清晰的目标才能够实现。只有在目标定下来之后，才能进一步配置需要的资源，确定优先事项，设立最后期限，指定专人对成果负责。但卓有成效工作的起点是界定组织的宗旨和使命，而它们通常都是抽象的。

无论是企业还是服务机构，"业务是什么"都是一个模棱两可、充满争议的抽象问题。在找到一个可行的答案前，必然会存在异议和分歧。服务机构有许多利益攸关方。学校不仅对于学生和家长至关重要，对教师、纳税人、整个社区也影响巨大。同样，医院必须让患者满意，但也要让医生、护士、技术人员、患者家属满意，此外，还需满足纳税人，以及像在美国那样满足雇主和工会的要求，因为他们通过缴纳保险费为多数医院提供了宝贵支持。

被预算误导

服务机构与企业的一个基本区别在于各自的收入来源不同。

除垄断企业外，绝大多数企业靠满足消费者的需求获得收入。企业只有制造出消费者想要的或愿意用购买力交换的产品时，才能够赚到收入，所以消费者满意是确保企业绩效和成果的根本。

相比之下，服务机构的经费通常来自预算拨款，也就是不基于纳税人和消费者认为的绩效和成果。具体而言，服务机构的经费来自总税收，取决于特定税种而不是开展什么业务。

对于公立学校之类的服务机构和企业内部的服务部门，该论述同样适用。典型的服务部门不是根据成果获得经费，甚至往往不是根据该部门对客户（即经理）的用处大小来获取经费。服务部门的经费来自分配的经常费用，也就是预算。企业内部的服务部门往往与公共领域的服务机构表现出同样的特征，沉溺于同样的行为，这表明造成区别的关键不在于是不是实行企业化管理，而在于获得经费（收入）的方式。

典型的服务机构以及企业内部的多数服务部门，都掌握垄断性权力。意向中的受益人不能选择。相比之下，多数服务机构掌握的垄断性权力甚至超过最具垄断性的企业。

如果某人对当地电力公司或电话公司的服务不满，他可能无法选择其他公司提供电力服务或电话服务。但如果他选择不用电力或电话，就无须继续缴费。然而，对服务机构不满的消费者没有这种选择，无论消费者是否想要使用相关服务，都必须缴费。

不论家中是否有学龄儿童，任何美国家庭都要缴纳学校税⊖。即使家长对公立学校不满意，或认为公立学校不适合自己的孩子，甚至决定不把孩子送入公立学校，而是就读私立学校或教区学校⊜，他们仍然必须为公立学校纳税。站在学校或任何一个政府服务机构背后的是国家的警察队伍，而警察机构索取费用不是基于提供的服务，而是基于政治机构的支持。

企业内部的多数服务部门也掌握类似的垄断权。运营经理知道，对自己的评判在一定程度上取决于与服务部门的合作状况。几乎没有运营经理能到本企业外寻求服务领域的建议或专业性帮助。

从预算拨款而不是成果中获得经费，改变了绩效的含义。对依靠预算的机构来说，"成果"取决于预算规模，"绩效"是维持或增加预算的能力，通常意义上的成果（对实现目标的贡献或市场成就等）反而沦落至次要地位。对依靠预算的机构的首要检验，也是其生存的首要需求是获得预算。从定义上看，预算与其说立足于贡献，不如说基于美好的愿望。

⊖ 学校税（school taxes），美国税种，是为创建、维修中小学而征收的税。——译者注
⊜ 教区学校（parochial school），附属于宗教组织的私立中小学，课程除科学、数学、语言、艺术等世俗科目外，还包括一般的宗教课程，美国多数教区学校都是天主教学校和新教学校。——译者注

效率是罪过

在依靠预算的机构中，不管人们如何鼓吹效率和成本控制，它们都不被视为真正的优点。本质上，此类机构的重要性通过预算规模和人员数量来衡量。因此，用更少的预算或更少的人员取得成绩，不算绩效卓越，反而可能对该机构造成损害。不花光全部预算只会让预算编制者（无论是国会还是企业的预算委员会）认为，可以毫无顾忌地削减该机构下一财政年度分配的预算。

三四十年前，苏联的管理者会在计划期结束前花光分配到手的全部资金，这被视为该国各类计划的特点，且显然会导致严重浪费。如今，随着依靠预算的机构在世界各国普遍发展壮大，此类计划的弊端也已成为通病。在美国的国防行业，依靠预算的机构的管理者年终面临的压力是造成大量浪费的重要原因。依靠预算的机构还采用了一种"大宗买入"的做法，也就是故意大大低估项目的总成本，以换取项目顺利被批准。

当预算规模成为评估绩效的决定性标准时，效率就无从谈起了。这种评估标准巧妙地阻止了管理者试图低成本且高效率地开展工作，甚至对试图降低成本、提高效率的管理者进行惩罚。

目标的混乱

然而，依赖预算拨款对效果造成的损害超过对效率的损害，导致提出"本机构的业务应该是什么"会面临风险。"业务应该是什么"的答案往往存在争议，争议可能会疏远支持者，因此依靠预算的机构往往回避争议。对这类机构而言，最好的情况就是通过自欺欺人达成效果。

例如，美国农业部从来没有动力主动思考自身的目标应该是提高农业生产率还是支持小型家庭农场。数十年来，人们已经明白，这两个目标并不像当初设想的那样完全一致。事实上，二者正变得越来越难以兼容，然而农业部官员如果承认该现实，就会引发争论，有可能危及该部的预算。结果导致，在所谓的公关活动方面，也就是表明对小型家庭农场的支持上，美国的农业政策长期以来积少成多浪费了大量人力和财力。农业部从事的有效事务（确实一直非常有效）旨在消除小型家庭农场，代之以更加富有成效的"农业综合企业"。这些大规模的资本密集型机械化农场被当作企业而不是"生活方式"来经营。尽管支持发展农业综合企业或许是正确的，但这不是农业部设立的初衷，也不符合掌握该部预算的国会议员的期望。

美国的社区医院不属于政府，是私营的非营利组织，然而与所有其他地方的医院一样，其目标和使命也混乱不堪，导致其表现和绩效受到影响。社区医院应该像多数老派美国医生主张的那样作为医生的设备基地吗？应该作为一个社区医疗保健中心吗？应该集中关注社区的主要医疗需求还是想方设法追随每项医学进步，而不考虑设备成本多高、使用频率多低吗？应该重点关注预防医学和社区的健康教育吗？还是应该致力于对已造成的伤害进行康复治疗？

上述关于社区医院使命的每一项界定都能得到某种程度的支持，每一项都值得认真对待。卓有成效的医院是一个目标多元的机构，需要在各个不同的目标之间保持平衡，然而多数医院的所作所为是假装没有面临需要做出抉择的根本性问题。可以预见，视若无睹的后果就是混淆和损害医院履行职能与贯彻使命的能力。

企业内部的服务部门表现出了同样的趋势，力图回避关于职能、使命、目标的争论。例如，人事部门的首要职能是什么？是为了最有效地利用企业的人力资源吗？还是作为福利部门，扮演保姆角色呢？人事部门的宗旨是使雇员接受企业的政策、规则和规章吗？或者宗旨是帮助构建对雇员有意义，帮助雇员发展并取得成就的组织结构和工作结构吗？所有这些都是关于人事工作的合理定义，每一个都能够作为真正卓有成效的人事部门的基础。但因为这些问题会引起争论，所以现实中我所了解的人事部门没有一个会正视上述问题，结果导致人事部门对不同的支持者说不同的话，最终很可能会以徒劳和受挫告终。

依靠预算拨款导致相关机构无法确定优先事项和集中资源，而若不把稀缺资源集中用于少数几个重点事项，这些机构就会一事无成。

占据工作鞋市场 22% 份额的制鞋厂可能是一家有利可图的企业。若该企业成功地把市场份额提高到 30%，尤其是如果工作鞋市场本身也日益扩张，那么该企业的绩效堪称卓越。此时，该企业不需要太关注其余 70% 购买其他品牌工作鞋的消费者。至于女士时尚鞋的消费者，该企业基本上无须关注。

把这家企业与一家依靠预算的机构进行对比。为了得到预算，该机构需要获得几乎所有可能的潜在支持者的批准，起码是默许。对于一家企业而言，占有 22% 的市场份额已经完全可以心满意足。对于一家依靠预算的机构而言，78% 的人反对，哪怕是小得多比例的人反对，也足以致命，该机构显然会自认为面临严重危机。但若缺少了 22% 的铁杆支持者，该机构或许依然能够生存。这意味着服务机构不能集中经营，反而必须尽力兼顾方方面面，不能冒犯任何一方。

最后，依靠预算致使机构的管理者更难以抛弃错误的、陈旧的、过时的业务。结果导致服务机构比企业更容易陷入无效业务的泥潭难以自拔。任何机构都不愿意抛弃自己熟悉的业务，企业也不例外，然而资金源于绩效和成果的机构要接受绩效的考验，没有成效的、过时的业务迟早会被消费者抛弃。在依靠预算的机构中，缺乏类似的强制性机制。正相反，服务机构所做的一切往往都被误认为是有益的，因此符合公共利益。

所以，付出更多努力以应对成果不佳的诱惑非常强烈。恰恰因为绩效平平，所以大力增加预算的诱惑对服务机构的管理者具有强烈吸引力。最重要的是，这种诱惑将服务机构管理者的无能或守旧性抵制归咎于外部世界，认为缺乏成果反而证明了自身的正义立场，成为继续致力于所谓伟大事业的恰当理由。

继续从事无效果业务的趋势不仅存在于公共服务机构中，大型企业的服务部门中也很常见。企业内部的规划人员、计算机专家、运筹学家都倾向于认为，经理的抵制恰恰是需要他们提供的服务的证据，也是他们需要加倍努力"传教"的理由。当然，这种观点有时候是正确的，但更常见的情况是，这导致他们无法集中精力从事能够获得重要成果的业务。

固守过往，或调配最优秀的人才捍卫不再有意义的业务或目标，这种倾向威胁着所有服务机构。政府机构尤其容易出现这种倾向，误认为当前的政策将永远有效。相比之下，更好的情况是服务机构认识到现实条件和需求会改变，每个项目都应该时常接受审查。

赚取与应得

金钱、地位、勋章、老板的亲笔签名照、轻轻拍一下后背等各种奖赏，都会对人的行为产生影响，这是行为心理学家教给我们的一课。当消费者不满意或不感兴趣就无须付款购买时，企业或机构就必须努力赚取收入。而由预算提供资金，或占据消费者无法摆脱的垄断地位的机构，得到的报酬是应得的，而非努力赚取的。这类机构的经费源于美好的愿望和"项目"，而不是争取任何单一群体的满意，因此不能疏远任何重要的支持者。把绩效界定为赢得预算的要素而非做出贡献的要素，这种获得报酬的方式对服务机构造成了误导。

这是依靠预算的机构的固有特征。令人惊讶的是，这一点竟然没有引起经济学家的注意，或许因为很少有经济学家意识到下述事实：当前超过一半的国民生产总值没有进入企业，即因绩效或成果获得报酬的机构，而是进入了服务机构，即因承诺，或者充其量是因付出努力而获得报酬的机构。

立足于预算并不一定是坏事，甚至也并非不可取。15 世纪的军队等自筹自养的武装力量，必须不断进行征战，勒索本国国民，到处劫掠才能得到补给。创立由税收提供经费的文职政府控制军队制度○和国防预算制度，正是为了防止自由企业被卷入战争。

无独有偶，企业内部的多数服务部门也应该由预算拨款提供资金。例如，为使研究实验室的经费与成果挂钩，许多企业尝试采取销售新产品、使用新工艺需支付特许使用费的形式为研究实验室提供经费，几乎可以确定，这会比依靠预算拨款提供经费对研究实验室造成的误导更大，有可能会把资源从真正的研究转移给小配件开发。但毫无疑问的是，依靠预算拨款获得资金容易导致研发主管增加研发人员数量，提出不切实际的项目，顽固地支持那些不可能带来优秀成果的研究。

小　　结

服务机构的绩效不佳通常有三个解释：没有进行企业化管理；缺乏优秀的人才；目标模糊，成果难以衡量。三者都是无效的，并且几乎都是纯粹的托词。服务机构的根本性问题是：因承诺而非绩效或成果获得经费，换言之，资金出自预算而非成果。

○ 文职政府控制军队制度（civilian control），一种政治学说，起源于古罗马，主张文职官员而不是军事官员负责国家的战略决策，"使有能力的、专业的军队恰当地服从文职政府制定的政策目标"。——译者注

问　　题

1. 为什么把服务机构绩效不佳归咎于效率低下会造成误导？
2. 许多人相信，服务机构绩效不佳是因为雇员的素质和能力不如企业员工。这种评论有道理吗？
3. 对于设立了抽象目标的机构而言，如何才能提高绩效水平？
4. 服务机构与企业获取资金的方式有什么基本不同？
5. 为什么典型的服务机构与垄断组织类似？
6. 为什么从预算拨款而不是成果中获取资金，改变了绩效的含义？
7. 为什么对于依靠预算的机构而言，成本控制几乎不算是优点？
8. 为什么服务机构界定宗旨和使命时会遇到特殊的困难？
9. 为什么依靠预算的机构尤其难以抛弃过时的业务？
10. "赚得"收入与"应得"收入的区别是什么？

第11章 | CHAPTER 11

若干例外及经验教训

卓有成效的服务机构属于非常少见的例外，其重要性毫不逊色于那些只会造就烦琐程序的多数服务机构。例外的服务机构提供了经验教训，表明取得良好的效果虽然并非轻而易举，但仍旧可以实现；展现了服务机构能做之事与需做之事；显示了服务机构的局限性和不足；还表明只要服务机构的管理者敢于承担风险，决定机构的业务是什么、将是什么、应该是什么，那么就能够推进一些不受欢迎且充满争议的事情。

美国电话电报公司

美国电话电报公司是最典型或许也是最简单的案例。电话业是一种自然垄断行业，公共电话服务的任何用户都需要有权拨打其他所有用户的电话，这意味着在既定区域内，电话服务供应商必须拥有专有权。当一个国家或洲实际上成为一个电话系统时，这种垄断的范围就会越来越大。

在现代社会，虽然一个人没有电话会非常不方便，但仍旧能生存下去，但是一名专业人员、店主，或一个办公室、企业，则万万不能离开电话。住宅电话服务可能仍旧是可选择的，但商业电话服务则不可或缺。

西奥多·韦尔在20世纪初看清了这一点，认识到美国的电话企业与其他所有发达工业国家的电话系统一样，很有可能会被政府接管。为了避免这种情况发生，西奥多·韦尔彻底思考了该公司的业务是什么以及应该是什么，提出了著名的界定："我们的业务是服务。"

该界定使西奥多·韦尔能够为美国电话电报公司设立具体的各类目标，继而根据业务的定义开发有关绩效和成果的评估标准。实际上，西奥多·韦尔提出的"顾客满意标准"和"服务满意标准"在各地区电话经理之间创造了一场全国性的竞争，这两项成为评判和奖励经理的标准。结果，虽然美国电话电报公司的垄断性质如故，但其经理人员能够做到根据绩效和成果的要求开展业务。

西奥多·韦尔还做了在当时看来更加超前的事情，甚至在今天看来总体上也不过时。他辨认出美国电话电报公司的支持者是监管机构，即各州的公用事业管理委员会⊖。在竞争不能有效发挥作用的自然垄断条件下，监管机构应该使私营企业促进公共利益的实现。大体而言，监管机构有三种职能：尽可能地维持服务行业的竞争局面；通过实施价格控制并制定服务标准，保护公众免受自然垄断企业的剥削；把自然垄断行业的收益限制在其投资的"公平回报"水平上。在西奥多·韦尔所处的时代，几乎任何头脑正常的商人都把监管机构视为"敌人"。然而，西奥多·韦尔断定公众才是合法的支持者，因此，帮助监管机构履行职责是美国电话电报公司的任务。他深入思考了企

⊖ 公用事业管理委员会（public utility commissions），美国特定司法管辖区的一种治理机构，监管电力、天然气、电信、供水、轨道交通等行业，处理费率和服务、消费者保护、竞争性市场等事务，又被称为"公共服务委员会"（Public Services Commission）、"公用事业监管委员会"（Utility Regulatory Commission）。——译者注

业的目标是什么以及应该是什么。如果美国公众不认为监管机构能够始终很好地履行职责，只是偶尔才会出现失误，那么美国电话电报公司无疑早就被国有化了。西奥多·韦尔对作为独特支持者的监管机构的认可，也帮助公用事业管理委员会得以更深刻地理解自身的工作，更有效地履行职能。

美国的现代大学

从1860年到第一次世界大战，现代美国大学的创建也展现了服务机构取得卓越绩效的方式。该时期，初创美国现代大学的任务主要落在少数几位教育家身上，具体包括1868～1885年担任康奈尔大学校长的安德鲁·怀特㊀、1869～1909年担任哈佛大学校长的查尔斯·艾略特㊁、1876～1901年担任约翰斯·霍普金斯大学校长的丹尼尔·吉尔曼㊂、1891～1913年担任斯坦福大学校长的戴维·乔丹㊃、1892～1904年担任芝加哥大学校长的威廉·哈珀㊄、1902～1945年担任哥伦比亚大学校长的尼古拉斯·巴特勒㊅。

上述教育家普遍持有一个基本的共同观点，即本质上由18世纪培训牧师的神学院转变而来的传统大学已经完全过时、丧失价值、没有成效，很快就会被淘汰。19世纪60年代，美国大学生的数量要少于19世纪20年代，

㊀ 安德鲁·怀特（Andrew White），美国教育家、历史学家，康奈尔大学的创始人之一，1897～1902年任美国驻德国大使。——译者注
㊁ 查尔斯·艾略特（Charles Eliot），美国教育家，主张科学和人文学科在博雅教育中各占一席之地，为克服哈佛大学课程僵化，取消必修课。——译者注
㊂ 丹尼尔·吉尔曼（Daniel Gilman），美国教育家，先后担任加利福尼亚州大学伯克利分校校长、约翰斯·霍普金斯大学首任校长、卡耐基学院首任院长。——译者注
㊃ 戴维·乔丹（David Jordan），美国教育家、博物学家、鱼类专家，先后任印第安纳大学校长、斯坦福大学首任校长。——译者注
㊄ 威廉·哈珀（William Harper），美国教育家、希伯来语研究者，芝加哥大学首任校长（1891～1906年，原文有误）。——译者注
㊅ 尼古拉斯·巴特勒（Nicholas Butler），美国教育家，哥伦比亚大学校长，1931年获诺贝尔和平奖，晚年致力于捍卫教育中人文主义的"伟大传统"。——译者注

而总人口却大幅增长。这些创建新型大学的有识之士树立了相同的目标：打造一种新型机构——真正的大学。他们都认识到，虽然欧洲国家的大学可以提供许多借鉴，但新型大学必须是美国式机构。

然而，除上述共同观点之外，围绕现代大学应该是什么，现代大学的宗旨和使命是什么等问题，他们彼此之间存在尖锐的分歧。

哈佛大学校长查尔斯·艾略特认为，大学的目的在于培养具有鲜明风格的未来领导群体。建校伊始，哈佛大学为"正统的波士顿人"而建，在艾略特的领导下，该校逐渐发展为一所全国性机构，而不再是"正统波士顿人"的领地。但其功能旨在恢复新英格兰地区道德精英的领导地位，如同美国建国初期联邦党⊖领导人所处的位置。但是哥伦比亚大学校长尼古拉斯·巴特勒认为，大学的功能是教育学生系统地运用理性，思考现代社会面临的基本难题，包括教育、经济、政府、外交等。芝加哥大学校长威廉·哈珀持有同样的观点，但较为缓和。约翰斯·霍普金斯大学校长丹尼尔·吉尔曼认为，大学是高级知识文化的创造者，建立之初该校秉持这一理念聚焦于高级研究，不开设本科教育。康奈尔大学校长安德鲁·怀特则认为大学旨在培养受过高等教育的公众。

这些教育家都明白自己必须适度妥协，必须满足对大学看法各异的大量支持者和公众的要求。例如，查尔斯·艾略特和尼古拉斯·巴特勒建设新型的大学必须立足于传统根基，不能疏远现有的校友和教职员工，而其他几位校长有机会从零开始。但他们所有人都极为清楚必须大力吸引和保持资金支持。

查尔斯·艾略特校长虽然孜孜以求"道德领导力"，但他设立了最早的就业办公室，为哈佛大学毕业生寻找高薪工作，尤其是企业中的高薪职位。

⊖ 联邦党（Federalist），最早是指1787年《联邦宪法》的支持者，后来发展为美国建国初的全国性政党，主张建立强大的联邦政府。——译者注

尼古拉斯·巴特勒校长意识到哥伦比亚大学是一名后来者，在当时的百万富翁慈善家已被其他大学挖走的情况下，他创建了当时所有大学中最早的公共关系办公室。该办公室的目标非常明确，就是接触富人，力争说服他们捐款，最终取得了巨大成功。

上述各位校长都优先考虑大学的宗旨和使命，但他们给出的答案并没有比自己的生命更加持久。例如，在查尔斯·艾略特和尼古拉斯·巴特勒的有生之年，各自的大学已经日益失控，开始分散目标，混淆优先事项。在20世纪，上述所有大学，以及加州大学和其他主要的州立大学都逐渐转向一种共同的大学类型。

如今，不同的"综合大学"已变得难以区分，然而创始人的印记仍未完全抹去，罗斯福新政的高级顾问和政策制定者主要来自哥伦比亚大学和芝加哥大学，这绝非偶然。新政与这两所大学一样，都努力运用理性思考并分析公共政策和社会问题。30年后，对精英"风格"持有根深蒂固信念的约翰·肯尼迪总统㊀上台后，美国联邦政府自然而然地转向从哈佛大学招揽人才。这些大学最初关于宗旨和使命的明确承诺，推动它们走向卓越，且至今仍旧清晰可见，尽管在各自的教职员工和毕业生身上已经表现得不是很明显。

田纳西河流域管理局

一个非常不同但同样具有启示意义的案例是田纳西河流域管理局——位于美国中南部的大型公用事业及公共工程综合机构。田纳西河流域管理局在新政时期组建，如今已不再具有争议。当今的管理局相当于一家大型电力

㊀ 约翰·肯尼迪（John Kennedy），美国第35任总统（1961~1963年），肯尼迪政府的财政部长、国防部长、司法部长、邮政部长、劳工部长都是哈佛大学毕业生。——译者注

企业，与其他电力企业的不同仅在于所有者是政府而不是私人投资者。但在 40 年前田纳西河流域管理局建立之初，它堪称一面旗帜、一个战斗口号、一个象征。许多人，其中既有朋友也有敌人，都把美国联邦政府对田纳西河流域管理局的所有权视为电力产业国有化的开端。另一些人则视其为田纳西河谷的福音，可以为一个以农业为主的地区提供廉价的电力和免费的肥料。还有一些人主要是对防洪和航运感兴趣。不同的人对田纳西河流域管理局的定位彼此严重冲突，以至于第一任主席阿瑟·摩根①完全陷入无所适从的境地。由于未能彻底思考田纳西河流域管理局的业务应该是什么以及如何平衡各个不同的目标，导致他任内的绩效平平。最终，富兰克林·罗斯福总统起用了当时几乎没有任何名气，也没有任何行政管理经验的年轻律师戴维·利连索尔②。

利连索尔直面界定田纳西河流域管理局业务的需要，他的结论是，首要目标在于建设真正高效的发电厂，为能源匮乏地区提供充足的廉价电力，至于其他所有目标，他认为都应依赖首要目标。如今，田纳西河流域管理局也已实现了许多其他目标，包括防洪、航运、化肥，甚至促进了社区的均衡发展。正是利连索尔坚持清晰界定田纳西河流域管理局的首要目标，确定优先事项，才使该机构被广为接受（包括 40 年前的反对者在内）。

市场方法与"社会主义竞争"

前面的案例首先表明，服务机构能够开展绩效管理，而且任何传统方法都不能完成该任务。无论是"发挥市场的作用"还是"公众利益为主，把金

---

① 阿瑟·摩根（Arthur Morgan），美国工程师、行政官员、教育家，1933～1938 年任田纳西河流域管理局首任主席，亲身参与多个促进农村社区生活的项目。——译者注

② 戴维·利连索尔（David Lilienthal），美国律师、行政专家，1941～1946 年任田纳西河流域管理局主席。——译者注

融家赶出去"都不适用于依靠预算的服务机构。

市场方法往往被贴上"资本主义"的标签，但这是一种误解。市场方法同样可以被"社会主义"采用。所有权是否掌握在资本家手中已不再是首要问题，首要问题是管理层的自治和问责，以及资源配置是否立足于成果、用于产生成果的领域。

人们普遍认为美国经济的所有权掌握在私人手中，所以是资本主义经济，但这是一种误解。虽然美国的大型企业不归政府所有，但也基本上实现了社会化。换言之，美国大型企业的所有权掌握在公众手中，也就是掌握在作为中产阶级和员工阶层代理机构的养老基金与共同基金手中。美国的企业基本享有自治，资源根据成果进行配置，所以美国依旧是市场经济国家。

根据产业所有权给日本经济贴上社会主义或资本主义的标签，显然更具误导性。如果问日本大型企业的所有者是谁，答案是该企业的员工，尤其是管理者。由于日本企业的员工不能被解雇，享有终身雇用保障，所以尽管他们没有合法的所有权，但确实是法律上的受益所有人。

在过去的 50 年中，关于市场经济最透彻的讨论在自由企业国家之外展开，此次大讨论的主题是社会主义竞争，即私人资本家不掌握生产资料的经济体系中的竞争。曾经在芝加哥大学任教多年的波兰社会主义者奥斯卡·兰格㊀在第一次世界大战后开启了这场大讨论。奥斯卡·兰格认为，社会主义竞争作为一种替代选择，能够避免政府垄断的失效，约束私营垄断企业的剥削倾向。奥斯卡·兰格的模式主张生产资料公有制，因此消灭了资本家。该模式也为个体企业创造了条件，允许它们自治管理，参与市场竞争，根据成

㊀ 奥斯卡·兰格（Oskar Lange），波兰经济学家，认为国有经济可能比市场经济更有效率，在社会主义经济核算的大讨论中与米塞斯分别作为论战双方的代表人物，代表作《社会主义经济理论》(*On the Economic Theory of Socialism*)。——译者注

果获得报酬。换言之，奥斯卡·兰格的意思是社会主义信念要求所有权的社会化，但一个经济体要想合理配置资源并能够提高绩效，资源配置就必须根据绩效和成果进行，也就是经过市场检验。

奥斯卡·兰格主张的社会主义竞争是苏联阵营内部所有自由化观点的基础，并且在20世纪60年代末的南斯拉夫㊀成为现实，大企业虽然名义上是国有，但实行自治管理，必须在竞争激烈的市场中证明自身的实力。南斯拉夫企业的资金主要根据投资的预期回报进行分配，也就是基于"资本主义"和盈利情况。

苏联采取绩效核算的全部尝试，本质上都是为了引入奥斯卡·兰格主张的社会主义竞争，也就是在市场绩效和营销成果基础上的自治管理和问责。改革者的论点已经得到普遍认可，社会主义竞争将产生突出的经济效益，但阻力来自可能面临丧失政治控制的风险。

围绕私有产权谋利的道德争论，在很大程度上已经变得无关紧要。关于企业根据绩效和成果赚取收入的体制与各机构依靠预算拨款获取经费的体制的争论，应该围绕绩效能力的比较展开。有一点是毫无异议的，凡是市场检验能够真正实现之处，就一定能够产生卓越的绩效和成果。这不是因为自由企业或自治的管理者拥有更崇高的"美德"，而是因为这些机构因绩效和成果获得收入，自然而然地会指引其朝这个方向努力。

市场方法的局限性

同样显而易见的是，市场不能作为所有机构的组织方法。

服务机构种类繁多，既包括经济领域的自然垄断机构，如电话服务机

㊀ 南斯拉夫（Yugoslav），巴尔干半岛上的国家，1945年成立南斯拉夫联邦人民共和国，实行不同于苏联的社会主义制度，1992年后逐渐分裂，2003年塞尔维亚和黑山宣告成立，南斯拉夫不复存在。——译者注

构、特定地区的电力供应机构,又包括显然不是也不应该作为经济机构的司法行政机构和国防行政机构。所有服务机构唯一的共同之处是,不能经由竞争激烈的市场检验而组织起来。

公共政策方法的局限性

资本家和社会主义者一致认为,在市场失灵之处,"公共政策"可以提供指导并进行控制。我们对于依靠预算的影响的讨论表明,这远远不够。诚然,包括企业内部的服务部门在内的所有服务机构,都必须接受公共政策的指导和控制,但这些机构需要的不仅仅是有预算担保的项目、承诺、美好的愿望和努力工作,在任何可能的情况下,它们都需要指导自身提高绩效的体制和结构。

服务机构也需要制定按计划抛弃过时业务的政策和规定。在我们选取的每个案例中,组织取得的效果只能维持一段时间,绝不可能永远延续。西奥多·韦尔的方案已经成功了半个世纪,未来绝不可能一如既往地成功。美国大学的成长已经远远超越了一个世纪前创始人构建的结构框架,现在需要重新思索自身的使命和宗旨、优先事项和衡量标准,并据此评估取得的成果。田纳西河流域管理局取得的非凡成就反而使自身变得不再至关重要,40年前该机构的首要目标如今已成普遍现实,任何人都不再指望依靠电气化来拯救自己。然而,这些非永久性的、不完美的方案,每一个都做了力所能及的贡献,并且表现卓越。

小　　结

例外的服务机构不仅表明服务机构实现卓越绩效不是天方夜谭,而且指明了实现的方法。这一课,是美国电话电报公司给"自然垄断行业"上的；是19世纪后期处于创建阶段的美国现代大学给学校或医院类机构上的；是20世纪30年代的田纳西河流域管理局给政府机构上的。

问　　题

1. 西奥多·韦尔把美国电话电报公司的支持者定义为哪个群体？
2. 比较19世纪下半叶关于美国大学的宗旨和使命的三种观点，每种观点对各自大学的长期影响是什么？
3. 利连索尔把田纳西河流域管理局的首要目标界定为什么？
4. 服务机构普遍存在绩效不佳的状况，本章中提到的例外机构教给我们什么经验？
5. 美国的制度体系真的能够界定为资本主义经济吗？能被界定为市场经济吗？
6. 描述一下社会主义竞争的模式，这种经济模式在哪里付诸实践了？
7. 用市场方法检验服务机构的绩效有什么局限性？
8. 公共政策作为一种服务机构提高绩效水平的方法有什么局限性？

第12章 | CHAPTER 12

服务机构的绩效管理

不同类型的服务机构需要不同的组织结构,但所有服务机构都首先需要借鉴第11章中案例机构的管理者遵循的要求。

(1)服务机构需要界定"业务是什么以及应该是什么"。管理者需要把不同的界定公之于众并慎重考察所有观点,甚至可能需要像美国现代大学初创时期的校长一样,在彼此不同且相互冲突的界定之间保持某种平衡。

(2)服务机构必须把有关宗旨和使命的阐述转化为清晰明确的目标。

(3)服务机构接着需要设定优先事项,确定目标,制定评估成果和绩效的标准,也就是界定可接受的最差成果,设置截止期限,责成专人对成果负责。

(4)服务机构必须确定绩效的评估方法,如电话企业的消费者满意标准,或更容易评估的供电家庭数量标准。

(5)服务机构必须运用这些标准评估自身的工作,并及时反馈结果。也就是说,服务机构必须建立基于成果的自我控制机制。

（6）最后，服务机构需要有组织地审查自身的成果和目标，抛弃那些不再为组织的使命服务或已被证明难以企及的目标。服务机构还需要确认哪些绩效令人不满意，哪些业务超期或没有成效，进而需要建立一种淘汰这类业务的机制，而不是把大量金钱和精力浪费在没有成果的领域。

第6点要求可能是最重要的。缺少了市场的考验，服务机构就缺少了那种迫使企业抛弃过时的业务否则就可能破产的强制性要求。不论是企业内的服务部门还是企业外的服务机构，评估并抛弃绩效不佳的业务往往是最令人痛苦的事，但也是最有益的变革。

正如案例所示，没有"永远的"成功，然而抛弃过往的成功业务要比检讨失败业务更加困难。一个曾经成功的项目会获得一种成功的感觉，这种感觉要比项目本身的实际用处更加持久，并且会掩盖项目的缺陷。

尤其在服务机构中，曾经的成功即使算不上神圣经典，也会成为"政策""美德"或"信念"。服务机构必须把彻底思考自身的使命、目标、优先事项，构建围绕成果和绩效（政策、优先事项、行动等方面）的反馈控制机制作为强制性要求。否则，服务机构的绩效将越来越差。当今美国之所以处于一种"福利混乱"状态，在很大程度上正是因为20世纪30年代福利项目的巨大成功。我们无法抛弃这些曾经成功的项目，反而错误地将其用于解决五六十年代城市黑人移民面临的完全不同的问题。

现在已经很清楚，要提高服务机构的绩效，需要的不是伟大的领导者，而是完善的体制。该体制的内在要素与企业绩效的要素没有太大区别，但其具体应用会有很大的不同。服务机构不是企业，绩效对二者的意义也截然不同。

对于不同的服务机构而言，要素的具体应用差别很大。前文的案例表明，至少有三种不同类型的服务机构，它们的经费都来自项目和努力，而非成果和绩效。

三种服务机构

（1）首先是自然垄断机构。这类机构生产经济产品和服务，或起码应该如此。然而恰恰由于自然垄断性质，这类机构的收入不是来自成果和绩效。

经济学家把在特定区域享有专有权的业务定义为自然垄断行业，例如电话服务或电力服务等。化工企业内部的研究实验室也算是一种自然垄断。

（2）其次是需要从预算拨款获取经费的服务机构。尽管这类机构具有一定的共性，但各自的目标和实现目标的具体方式并不一致，优先事项也多种多样。事实上也确实应该如此。

前文所述的美国现代大学就是典型例子。六位大学校长中的每一位都关心高等教育；每一位都梦想着在破败的18世纪神学院的废墟上建立现代大学；都看到了不同于以往的使命和职责；都试图在"业务是什么以及应该是什么"的不同回答中强调不同的侧重点，据此构建自己的大学；都设定了不同的优先事项。他们有意无意地建立起了具有相似结构且相互竞争的组织，其中包括受托人、行政部门、教职员、学生、相似的课程、同样的学位等。

（3）最后是那些手段和目的同样重要的服务机构，它们需要统一地构建和运作。这类机构包括司法行政机构和国防行政机构。

机构的特定需求

每种服务机构的特定需求是什么？

自然垄断机构在结构方面的需求最低。即使该机构的经费不是直接源自成果，但也非常接近，所需的只是从事任何企业无论如何都应该做的事情，只需更加系统地做。

顺便说一下，这是支持在自然垄断行业实行政府监管而非国有化政策的有力证据。不受监管的自然垄断企业除了必定没有效果且效率低下之外，还会造成剥削。国有垄断企业可能不会出现剥削，但消费者面对效率低下、服务不佳、收费高昂、漠视其真正需要等弊病没有任何补救办法。在政府监管之下，自治管理的垄断企业可能比不受监管的私营垄断企业或国有垄断企业更加积极地回应消费者的不满和需求。监管机构是受监管但进行自治管理的垄断企业与其绩效之间的联系纽带。通过控制费率和利润，监管机构起码在理论上表达了公众对垄断企业绩效的意见。

20 世纪 60 年代末，美国若干地区电话企业的运营效率下降，其中纽约市最为严重，服务或维修的等待时间从几天增加到数周或数月。消费者能够且确实采取了有效的行动，断然拒绝了电话企业提高费率的要求——难以想象还有比这更有效的手段来约束垄断企业。然而，在所有发达国家中，法国的电话服务水平无疑最差，但消费者除了抱怨什么都做不了，因为法国的电话行业由国有企业垄断，消费者几乎没有任何影响力。

此外，政府监管机构能够为构建垄断企业的自我约束机制提供帮助，以便系统性地提高绩效水平。美国联邦通信委员会[一]研究美国电话电报公司的长途电话业务时，以及美国联邦电力委员会[二]研究纽约附近各州的电力供应情况时，已经开始要求相关企业采取上述自我约束措施。

至于企业内部以研究实验室为代表的垄断性服务部门，最高管理层能够且应该要求其彻底思考目标、设立目标和优先事项、评估绩效以及抛弃没有成效的业务。这是提高研究实验室的成效，并使其回应企业需求的唯一方式。

[一] 美国联邦通信委员会（Federal Communications Commission），美国联邦政府的独立机构，1934 年罗斯福政府根据《通信法案》（*Communications Act*）组建，负责监管州际通信等。——译者注

[二] 美国联邦电力委员会（Federal Power Commission），美国联邦政府的独立机构，1930 年正式组建，由总统任命的五名委员组成，负责监管州际电力企业和天然气行业，1977 年被解散。——译者注

有一位卓有成效的研究经理，其本人同时是世界闻名的科学家，在工作过程中经常会询问"在过去的三五年中，你在这个研究实验室中对企业的愿景、知识和成果做出了什么贡献"，接着会问"接下来的五年中，你期望对企业的愿景、知识和成果做出什么贡献"。他告诉我，第一次问该问题时没有得到任何答案，但在坚持询问该问题几年后，他开始得到一些答复，再过几年，他甚至得到了若干意想不到的研究成果。

服务机构的"社会主义竞争"

第二种服务机构以中小学、大学和医院为典型代表。企业内部的多数服务部门也属于这类机构。

这类服务机构是发达社会的典型特征。垄断组织（第一种）和政府机构（第三种）支配着不发达社会，但随着经济和社会的发展，第二种服务机构逐渐占据了社会的中心位置，其绩效成为现代发达社会生死存亡的关键。此外，在发达社会或现代企业中，最密切地与公民或经理的日常生活相关的，就是这种服务机构或服务部门。

第二种服务机构的客户并不是真正的消费者，而更接近纳税人。不论是否愿意，客户都必须以税收、强制性保险或经常费用分担等形式为这些机构提供经费。这些机构的产品并不满足客户的欲望，而是满足客户的需求。学校、医院以及企业中典型的服务部门提供的产品或服务有益于每个人或社会，所以人们应该拥有，甚至必须拥有。

我们常说"每个孩子都有受教育的权利"和"每位公民都有享受良好的医疗保健服务的权利"，如今我们已经实现了义务教育，并且正在向强制性医疗保健的方向前进。例如，在许多企业中，经理必须每年进行一次体检，否则就会被扣发工资或削减假期。人人都有义务接种疫苗，并且当焦点转移到面向大众的预防医学时（这可能很快就会发生），社会将要求每个人充分利用医疗保健制度。换言之，社会将建立强制性医疗保健制度。

在许多企业中，使用服务部门的产品也是硬性要求。例如，在一家分权化企业中，营销经理通常不会被询问是否想要参加总部营销部门举办的研讨会，而是往往被要求必须参加。

第二种服务机构需要一种奥斯卡·兰格式社会主义竞争制度。这类服务机构的目标（总体使命）必须是普遍性的，必须设定绩效和成果的最低标准。为了提高绩效水平，这类机构的管理层非常有必要获得自治权。政府有权对其进行监督或规制，但不能直接干涉其运营。在实现基本使命的方式、优先事项和方法等方面，客户应该有大量选择。为保持绩效水平，不同的服务机构彼此之间应该有足够的竞争。

如今很多人讨论美国中小学的代金券制度。按照该制度的规定，只要孩子选择在一所学校就学，政府就将支付费用，其数额相当于在公立学校中一个孩子的教育费用。无论在这种代金券制度下学校的自由度多么大，毫无疑问，除非学校承诺教授阅读、写作、算术等基本技能，否则绝不可能被视作合格。学校可以自主决定采用何种教学方法，选择传统课堂还是开放课堂，抑或二者搭配使用，但需要且应该坚持根本性目标和最低标准。至于适龄儿童是否上学，这是强制性要求，而不管其本人或父母是否愿意。作为消费者的孩子及其父母，其选择权仅限于进入哪所学校就读。

同样的方法已经在大型企业的服务部门中推广。例如，一家主要生产和销售品牌消费品的大型跨国公司，把自身的业务界定为"营销"。据此定义，人们可能以为公司内部会有大量人员为营销提供服务，但实际上服务人员的数量非常少。营销服务部门的预算费用也不多，主要用于培训营销人员、营销领域的研究以及采购相关图书资料等，而不用于为企业的业务提供营销服务。该企业的分公司散布在45～50个国家，每家分公司都根据自身情况实行分权管理和自治经营，对自身的营销业绩和成果负责。为帮助各分公司提高绩效，总部规定各分公司总经理可以使用总部营销部门提供的服务，但并不强求。分公司总经理有权自主选择外部顾问，或者另行聘请营销顾问。只有经理使用了总部提供的营销服务，其所在部门才会支付相关费用。然而，总部的营销部门会评估每家分公司的营销标准和营销绩效。最近听说，该企业有18～20名部门和区域经理使用了总部提供的营销服务，另有11～12名经理聘请了外部顾问，其余的10来名经理干脆没有使用任何营销服务。经理的营销成果与他们采用的服务来源似乎没有明显的相关性。绩效水平最高和最差的分公司中，都既有使用本企业营销服务的，也有聘请外部顾问的和完全不聘请任何顾问的。总体来看，这家企业中即使绩效相对不佳的分公司经理，也遵循较高的标准，实现了不错的营销成果。并且该企业的营销服务人员也是我所知的最优秀的人员之一，在效果、绩效、精神风貌、工作热情方面都属上乘。

治理机构

第三种服务机构基本上从事传统的政府事务，即司法行政、国防行政以及所有与制定政策相关的活动。这些机构不提供经济学家所谓的公共产品，而是负责治理。

这种机构的管理层不可能拥有自治权。这种机构即使有可能存在竞争，在所有机构中也是最不需要竞争的。这种机构必须由政府直接控制和直接运作，然而从事的事务也需要目标约束、确定优先事项以及评估成果的标准。

因此，这种组织的承诺、依据的基本假设以及绩效需要进行有组织的、独立的审计。因为这种机构没法建立围绕成果的反馈机制，所以能够采取的唯一约束手段就是进行审计和分析。

因为服务机构已成为现代社会的核心，发挥着重要作用且成本高昂，所以需要设立一个专门负责目标和绩效的审计长职位。我们需要强迫自己去审视政府提议的政策、法案和项目，也要审视各类服务部门提议的政策、项目和业务，并思考"这些目标现实吗？能够实现吗？仅仅是些口号吗？这些目标如何与机构要满足的需求相关联？已经设立了正确的目标吗？优先顺序有没有考虑清楚？取得的成果是否符合先前的承诺和期望"。

进而我们需要接受一个基本前提，即假定每个政府机构和立法机关的每项事务都是暂时性的。新业务、新机构、新项目应该仅存在于特定时间段内，唯有取得的成果证明了所选目标和方法的可靠性之后，才予以延长存在期限。政府之外的其他服务机构，如那些应该自治的学校、医院等公共机构，也都应该将此作为常规做法。当代社会正变得极其依赖服务机构的绩效和成果，所以绝不能容忍过时业务的长期存在。

未能及时抛弃绩效不佳的项目是造成当今许多最严重问题的原因，具体而言，是美国和欧洲共同市场国家农业规划失败的根源，是有可能会摧毁当今城市的"福利混乱"的原因，还是美国的国际发展规划受挫的根源，有可能导致贫穷的非白人国家对富裕的白人国家发动世界性的种族斗争。

缺乏围绕成果的反馈机制，我们保护环境的努力不可能取得成功。我们迫切需要成果，但迄今为止我们既没有彻底想清楚追求的是什么，也没有确立优先事项，更没有围绕环境运动的方向、优先事项及付出的努力构建关于成果的反馈机制。所以，不可避免地，这只能导致成果欠缺，很快就会归于失败。

服务机构需要更加接近医院、大学或政府等组织，换言之，需要彻底思考自身的独特功能、宗旨和使命。

服务机构需要的也不是优秀的人才，而是需要系统性地从事管理工作以及将自己的精力聚焦于绩效和成果的人。服务机构确实需要提高效率，也就是控制成本，但最亟须的是获得效果，也就是致力于取得正确的成果。

如今很少有服务机构因行政人员不足而出问题，反而多数都饱受过度管理之苦：繁文缛节堆积如山，组织结构图令人眼花缭乱，管理技术层出不穷等。我们必须学习的是如何提高服务机构的绩效，或许这是20世纪管理者最重要的任务。

小　结

要提高服务机构和服务部门的绩效水平，需要的不是天才，相反，首先需要的是清晰的目标和任务，其次是把资源集中用于优先事项，再次需要明确的成果衡量标准，最后需要系统性地抛弃过时的目标和任务。对于社会上的服务机构和企业内的服务部门而言，上述四项要求具有同等的重要性。

问　题

1. 列举管理者为提高服务机构的绩效水平而必须遵循的要求？
2. 20世纪30年代，美国福利计划取得巨大成功的长期后果是什么？
3. 有哪三种服务机构？分别举例说明。
4. 哪种服务机构在结构方面的需求最低？原因是什么？
5. 为什么医院最好根据奥斯卡·兰格式"社会主义竞争"模式管理？
6. 最高管理层如何才能构建一家人事部门（企业内部的服务部门）达到绩效和成果标准的企业？
7. 应该对治理机构采取什么样的硬性要求？
8. 为什么有必要假定每一个政府机构都是暂时性的？
9. 增加管理者的数量能提高多数服务机构的绩效水平吗？

3

第三部分
有成效的工作和有成就的员工

AN INTRODUCTORY
VIEW OF MANAGEMENT

管理层的第二项主要任务是使工作富有成效,帮助员工取得成就。我们对这方面的了解尚不够,民间传说与老生常谈比比皆是,但可靠的、经过检验的真知灼见少之又少。我们现在确实注意到,工作和员工正在经历两个世纪前工业革命爆发以来最剧烈的变革。我们还确实知道,起码在发达国家,下述三个方面都需要采用全新的方法:生产和工作的分析、综合与控制;工作结构、工作关系、经济报酬结构与权力关系;使员工负起责任。因此,我们知道必须从作为"成本中心"和"问题"的"人事管理"转变为对人的领导。

第13章 | CHAPTER 13

新现实

在人类的语言中,很少有词汇像"工作"这样既矛盾又充满感情色彩。通常"工作与休闲"配对,"休闲"显然处于正面。但"退休"是否比"工作"更好,却值得进一步商榷。并且"工作"绝对比"懒惰"更加可取。"失去工作"绝非好事,甚至堪称一场灾难。

比较"工作和娱乐",显然"娱乐"更加受人欢迎,但"外科医生工作时娱乐"绝对会受谴责。工作可以代表高度的成就,就像"一名艺术家毕生的工作"表达的含义,也可以指代纯粹的苦差事、累人的行当以及无聊透顶的机械性操作。

有"工作"也有"做工",二者相辅相成。除非有人做工,否则工作就不能完成;并且没有工作的地方,也就没人做工。

然而,工作和做工截然不同。工作是非人格的、客观的"事物"。不是所有工作都能被衡量。即使最无形的工作也位于员工的外部,与员工相互独立存在。

工作和娱乐的区别是一个从未得到满意回答的老问题。工作和娱乐可能是非常类似的活动，甚至在最微小的细节上都没有差别。例如，木工加工活动由家具厂的工人从事时就是工作；由周末爱好者从事时就是娱乐。但是二者在心理层面和社会层面是完全不同的，区别很可能在于工作不同于娱乐，是一种非人格化的客观活动。娱乐的目的取决于玩家，而工作的目的取决于产品的最终使用者。凡是最终产品不取决于玩家而取决于其他人的活动，我们就不能称之为娱乐，而应视为工作。

做工是由人（也就是员工）来完成的。做工是一种独特的人类活动，因此做工涉及人的生理和心理、社会和社区、个性、经济、权力等多个因素。正如有关人际关系的一句老话所讲："你雇用的不只是一双手，而是完整的人。"

因此，工作和做工遵循不同的规范。工作属于客观领域，遵循自身的非人格逻辑。但做工属于人类领域，有自身的动力机制。管理者往往必须既管理工作又管理做工，必须使工作富有成效且帮助员工取得成就，还必须将工作和做工整合在一起。

剧变的工作和员工

当前，工作和员工都处于一个快速变化的时期。此次变化将主导20世纪余下的时间，甚至可能主导21世纪的大部分时间，这是200多年前工业革命以来发生的最彻底的变革。

在过去的两个世纪中，工作已经从家庭转移到组织中，由雇员各自单独做工转变为相互合作做工，社会已经成为雇员构成的社会。同时，劳动力的重心正在从体力劳动者转变为知识工作者。在所有发达国家，越来越多的劳动力不是用手做工，而是用思想、观念和理论来做工。知识工作者的产出不是有形的物质产品，而是无形的知识和信息。半个世纪前，仅有独立的个体专业人员或规模非常小的团体中的专业人员从事知识工作，当时大多数劳动力都是体力劳动者。

知识工作需要的不一定是多高的技能和教育水平，毕竟文件归档工作既不需要很高的智力，也不需要多高的学历，但档案管理员使用的不是锤子和镰刀等有形工具，而是字母表、抽象概念或符号等无形工具，个人学习字母表不是依靠经验，而是依靠正规教育。

体力劳动者的危机

正在发生的变化已经给体力劳动者及其特有的组织——工会，带来了危机。

200多年来，工业革命造就的产业工人一直在努力争取工业社会中的经济安全、身份地位和政治权力。在过去的50年中，也就是第一次世界大战至今，产业工人取得了举世瞩目的成功。如今已经获得了非常全面的经济保障，收入水平甚至高于过去的上层中产阶级，政治地位也水涨船高。

随着知识工作者的崛起，体力劳动者的地位再次受到威胁。尽管体力劳动者的经济保障未受触动，相反可能变得更加稳固，但他们的社会地位和身份会迅速下降。发达国家的产业工人认为自己受到严重剥夺，他们甚至还没有以新的身份站稳脚跟，就已经失败，占据的地位旋即丧失。这种局面并非源自管理行为，而是社会发展及其带来的压力导致的结果。

在所有发达社会中，越来越多有能力、有智慧、有抱负、出身工人阶级的年轻人选择在学校里待到超出自己够格从事体力工作的年龄。来自社会、家庭、邻里、社区和学校的压力，迫使年轻人接受更多学校教育。过去的年轻人通常在15岁左右离开学校加入体力劳动者大军，今天仍在这个年龄离开学校的人则往往是辍学者、失败者、被拒绝者。

今天发达国家的体力劳动者普遍不受尊重，这必然让他们深感痛苦，对组织和管理层产生怀疑和不信任，进而变得愤世嫉俗。他们不可能像父母或祖父母那样成为革命者，因为革命显然不能改变基本的社会现实。随着社会的重心越来越转移到知识工作和知识工作者，体力劳动者可能越来越激进化。

各工人党和工人运动的辞令仍局限于谈论邪恶的资本家、抨击利润机制，但真正的阶级斗争越来越可能在持保守立场的戴安全帽的体力劳动者和持自由立场的中产阶级知识工作者之间爆发。在20世纪的大部分时间里，无论是在美国的罗斯福新政还是欧洲国家的社会民主党和工党执政期间，一直都是体力劳动者和知识工作者组成的联盟主导发达国家的政治。

工会面临的危机

体力劳动者的身份地位发生了变化，社会的重心已经转向知识工作和知识工作者，知识工作者不仅成为一个新的阶层，而且导致体力劳动者的专属组织——工会，遭遇严重困境。

最明显的表现就在于工会领导群体的素质急剧下降，在很大程度上这是教育爆炸带来的变化。以往，有些年轻人因为贫困不得不中途辍学，但只要有能力、有抱负，就有机会进入工会领导群体，而现在发达国家几乎所有有能力、有抱负的年轻人都不会辍学，并最终成为专业人员和管理阶层的一员，他们可能仍对劳工保持同情，但失去了对劳工阶层的领导力。正逐渐步入劳工的领导群体之人，很可能充满怨恨而非胸怀壮志，他们能力较差且最重要的是缺乏自信。换言之，他们是弱势的领导者，而对于一个产业来讲，最糟糕的情况莫过于面对弱势的工会领导层。

与此同时，年轻的体力劳动者往往是"失败者"，对于上台的工会领导层通常心怀怨恨，并极力抵制其政策。一旦工人获得了工会领导层的重要职位，就会自动变成"建制派"。工会领导者的交往对象是政府或企业的高层人士，他们行使权力，占据权力的象征——巨大的办公室、助手、副官、秘书、办公桌上四部电话等。为了取得工作成效，工会领导者必须成为"他们"的一员，而不再是"我们"的一员。在过去，工人认为工会代表他们，并以工会领导者成为权势人物与有荣焉。现在的年轻工人强烈地认为自己是失败者和被拒绝者，反抗工会领导者的权威甚过于反抗老板，结果导致工会领导者越来越难以掌控工会成员，甚至遭到成员的否定、抵制和批判。这进一步加剧了工会的衰落。如果工会不能约束成员的投票和行为，不能确保协议得到履行，就不能指望成员支持领导者的立场和行动，工会也就变得可有可无了。

毫无疑问，无论是西欧国家和日本那样的单个企业与工会之间的集体谈判，还是整个行业与工会之间的集体谈判，都将陷入困境。甚至，20世纪初期的一项重大成就、工业社会文明的斗争形式——集体谈判，能否继续存在都将成为问题。如果不能存续，目前没有迹象表明可能的有效替代方案是什么。如果我们要避免全面的工业社会斗争，或走出人工成本和通货膨胀螺旋上升的恶性循环，有效的替代方案就是一个本质性要求。

工会与知识工作者

无论是员工还是社会整体，都需要一个机构代表员工群体与管理层交涉。管理是而且必须是一种权力。任何权力都需要被约束和控制，否则就会堕落为统治。工会几乎是一种前所未有的约束管理权的独特机构。用政治学术语来讲，工会是永不会成为执政党的反对党。在特定范围内，工会在工业社会中发挥着至关重要的功能。不幸的是，如今的工会越来越无力承担该功能。

未来将比以往任何时候都更加需要工会扮演反对党角色。体力劳动者开始正确地认识到，他们不能再完全依赖一个政党及其对过半数选民的吸引力。这是劳工阶层与自由主义者⊖之间组成的新政联盟逐步瓦解带来的结果。而且，需要受到约束的权力不再是老板或资本家的权力，而越来越多的是新中产阶级的权力，这些人由受过系统教育、从事管理的知识工作者构成。新中产阶级不执着于利润，但对权力非常关注。最激烈的权力冲突将不在私营企业或工商界爆发，而存在于校工与校董会、医院护理人员与医院行政部门、教学助理人员与学校研究生部之间，或者如同瑞典的钢铁业，爆发于国有行业立场坚定的老板和工人之间。这实质上是工人与公共利益（起码在自由主义者看来是如此）之间的冲突。在这类冲突中，旨在吸引多数选民并赢得群众支持的政党几乎必然会站在老板一边，其中一个原因是任何花言巧语都掩盖不了一个事实，即和解的代价不是出自利润，而是出自物价和税收。

公共服务机构面临的工业关系难题可能要比企业的更加难以处理，而且这类机构的准备工作也更加不足。医院、学校、政府等机构中有越来越多雇员加入工会。这类机构中的体力劳动者以及低级文员，相比从事制造业或服务业的体力劳动者，"被剥夺感"更加强烈，且更加被束缚于二等公民的地位。

工会未能深入思考自身在未来扮演的角色，未能找到一种新方法来完善自身的结构，发挥应有的功能，一个原因可能是接替那些已去世或退休的开

⊖ 自由主义者（liberal），美国的自由主义者，往往是欧洲国家的民主社会主义者。——译者注

拓者的新领导者往往是一些能力不足、不够老练的人。同样重要的原因是，新领导者唯有通过反对一切，才能维持对工会成员的微弱控制。新领导者甚至不敢思考重要问题，遑论提出答案；不敢带领工会前进，必须努力挣扎才能保持现状。

我们需要新的工业关系政策。在所有发达国家和发展中国家，企业和公共服务机构的管理者必须彻底思考未来工会在社会上与机构内部扮演的角色、发挥的功能以及所处的地位。这是管理层面临的一项重大社会责任，也是一项企业责任。我们能否解决工会日益加深的危机，以及解决的方式，将对未来的企业、经济和社会产生重大影响。

彻底思考工会的角色和功能，也是管理层自身的利益所系。认为工会力量弱化意味着管理层力量强化，纯粹是自欺欺人。在所有发达资本主义国家，工会化都是一个无法改变的事实。缺少确定的角色、功能、权威，没有强力的、安全的、有效的领导，这样的弱势工会意味着冲突、不负责任的要求以及日益增加的痛苦和紧张不安。所以，弱势工会不意味着强势管理，反而意味着管理受挫。

管理知识工作者

管理知识工作和知识工作者本质上是一项新任务。相比对体力劳动者的管理（或管理不善），我们对这项新任务的了解更是少得可怜，因此这是一项更加艰巨的任务。因其为新，所以没有背负长期相互怀疑和痛苦的包袱，也没有过时的桎梏和陈规旧制，因此管理知识工作和知识工作者能够聚焦于制定正确的政策并予以推行，能够专注未来而不是过去，注重机会而不是"难题"。

管理知识工作和知识工作者需要卓越的想象力、勇气以及高水平的领导力。相比迄今为止对体力劳动者的管理，在一定程度上这项任务更加艰巨。作为武器的恐惧，包括对经济灾难的恐惧、对工作保障的恐惧、身体上对企业保安或政府警察权的恐惧，长期以来替代了对体力工作和体力劳动者的管理，但恐惧对知识工作和知识工作者完全无效。除了最低层次的知识工作者，绝大多数知识工作者都不在恐惧的驱使下工作，唯有自我激励和自我指导才能富有成效。要让知识工作者高效地工作，必须他们本人有此意愿才能实现。

发达社会的生产率越来越依赖于使知识工作富有成效并帮助知识工作者取得成就。这也是新型知识社会面临的一个核心难题。对知识工作的管理没有先例可循。传统上，知识工作都是由单个人或小团体完成，如今，知识工作都在规模庞大、结构复杂的管理型组织中开展。知识工作者算不上以往"博学的专家"的后继者，他们是以往熟练工人的后继者，因此每一名知识工作者在组织中的地位、身份、职能、贡献仍然必须加以界定。

糟糕的是，我们无法真正界定，更难以衡量多数知识工作的生产率。我们能够界定和衡量档案管理员与杂货铺售货员的工作，但对于制造型企业的现场销售员而言，生产率已成为一个模糊术语。现场销售员的生产率是销售总额吗？每位销售员的产品组合往往彼此差异巨大，生产率是销售总额贡献的利润吗？销售额（或对利润的贡献）是否与销售区的潜力相关？也许一名销售员维系老客户的能力应该被视为其生产率的关键，又或许其生产率的关键是开发新客户的能力。这些难题要比界定和衡量高技能体力劳动者的生产率复杂得多。人们总能够想方设法利用产出的数量界定和衡量体力劳动者的生产率，例如，只需要满足最低质量标准，每小时、每天、每周生产的鞋子数量。

知识工作者的成就更难界定。除了知识工作者本人之外，没人能真正理解他们工作中的要素，包括岗位绩效、社会身份、自豪感等。这些要素构成了个人的满足感，使知识工作者能够认识到自己的贡献和业绩，无愧于秉持的价值观，最终得以实现自我。

细分劳动力的类别

体力劳动者和知识工作者并非全部劳动力类别。例如，文员作为生产性员工而非机器操作者，是一个独特的重要类别。同样重要的是，在所有发达国家中，劳动力都可以根据性别加以区分。

以前，女性雇员本质上要么是临时工，从毕业到结婚前间歇性做工，要么明显属于下层阶级，"体面"工人的妻子不外出做工。那些工作的上层女性往往是独立的专业人员，比如医生、律师、大学教授等。其余的职业女性大多是中小学教师和医院护士，她们只在结婚前从事工作，结婚后必然辞职。

在所有发达国家（迄今为止，日本是唯一的例外）中，这种情况正在发生彻底改变。多数女性公民以雇员的身份参加工作，很可能会成为一个发达国家的标志。已婚的中产阶级妇女逐渐成为典型的女性雇员。随着家庭规模的缩小和家务活的大幅减少，越来越多中上阶层的女性正加入劳动力大军，并且该趋势可能会一直持续下去。其驱动力来自经济、社会、心理等各个方面。

职业女性可能需要一种适合自身现实和条件的新型工作结构。在岗位、经济报酬、工厂社区中的社会地位等方面，她们可能需要与男性不同的待遇。例如，带孩子的女性往往需要工作时间灵活的岗位；而对于已婚女性来说，相比更高的现金收入，退休金几乎没有吸引力。

不同类别的劳动力需要不同的福利待遇。对于工作的现金薪水，所有人的价值标准都差不多，但当涉及退休待遇、教育补贴、住房、医疗及其他福利时，人们的需求和期望因各自的性别、年龄、家庭责任、人生阶段与家庭阶段等而不同。

传统上，无论是企业还是其他任何机构，所有雇主都执行统一的人事政策。未来，需要的人事政策可能会与劳动力的类别一样多。围绕着使工作富有成效这一任务，尤其是帮助员工取得成就这一任务，越来越多的劳动力类别要求雇主"对症下药"，采取适合各类别劳动力的政策。

总之，管理工作和管理做工面临的三项主要挑战是：

（1）雇员社会的来临。

（2）体力劳动者心理和社会地位的变化：虽然受教育水平提高，薪水大幅上涨，但仍认为自己从昔日受人尊重的工人阶级降为了二等公民。

（3）逐步涌现的知识工作和知识工作者，日益成为现在人们所谓"后工业社会"的经济和社会核心。

新一代员工的影响

正是上述变化，解释了新一代员工的出现。年轻人，尤其是受过良好教育的年轻人，正日益对传统的经济和权力关系形成挑战。

人们往往把这种对古老智慧的挑战归因于富裕，如我们被告知，是崇尚工作价值的传统新教伦理⊖日益崩溃的结果。这种解释过于简单化。诚然，富裕是一种新现象，纵观整个人类历史，绝大多数人始终挣扎在饥饿边缘，吃了上顿饭后从不知道下顿饭从何而来。如今，发达国家的绝大多数人至少享有传统意义上的经济保障，但没有迹象表明绝大多数人（或极少数人之外的任何人）已经对物质或非物质的经济回报丧失了兴趣。相反，绝大多

⊖ 新教伦理（Protestant ethic），根据马克斯·韦伯在《新教伦理与资本主义精神》中的概括，新教伦理信奉者主张节制消费，强调自愿劳动的重要性，认为工作是"天职"。——译者注

数人已经享受到了生产率提高带来的好处，并且显然渴望获得更多回报，远超目前的经济体系能够生产的限度，甚至可能超出地球上有限的资源所能提供的。

变化中的工作结构和性质创造了一种要求，即工作带来的不只是纯粹的经济回报。工作不再仅仅是为了生存，更是为了生活。这意味着使工作富有成效将比以往任何时候都更加重要。与此同时，无论是内心严重缺乏安全感的体力劳动者，还是新出现但身份地位仍模糊不清的知识工作者，都希望工作能够提供非物质层面的心理和社会满足。他们不一定期望愉快地工作，但确实期待有所成就。

小　　结

管理工作和管理做工面临的主要挑战是：雇员社会的来临；体力劳动者心理和社会地位的变化；逐步涌现的知识工作日益成为部分人所谓"后工业社会"的经济和社会核心。工作正在发生变化，劳动力亦不例外，尤其是发达国家的所有阶层中越来越多的已婚女性正在加入劳动力大军。

问　　题

1. 列举出"工作"与"做工"的若干不同点？
2. 在过去的两个世纪中，工作发生了什么变化？
3. 在未来的50年中，工作可能会发生什么变化？
4. 体力劳动者的社会地位和身份为什么会迅速下降？
5. 体力劳动者地位的变化给工会带来了哪些难题？
6. 为什么相比过去，未来更加需要强大的工会势力？
7. 为什么公共服务机构可能比企业面临更加严峻的工业关系难题？

8. 为什么知识工作者的生产率难以衡量?
9. 当前的趋势似乎是劳动力细分为更多类别,你能列举出该趋势的若干例子吗?
10. 当前管理工作和管理做工面临的三项主要挑战是什么?
11. 有人说,工作的目的不再仅仅是生存,当前劳动者努力工作还有什么其他目的?

第14章 | CHAPTER 14

工作、做工与员工

长期以来，工作始终处于人类思想意识的中心位置。智人⊖并不能完全被定义为工具制造者，但作为一种系统性的、目的明确的、组织化的工作方法，制造工具是独特的人类活动。因此，数千年以来，工作一直受到人类的普遍关注。

长期备受关注的工作，也是工业革命的核心问题。在过去的两个世纪中，经济和社会理论围绕着工作问题展开论述。该论断不仅适用于卡尔·马克思开创的理论，也适用于过去两个世纪中诞生的多数其他经济学和社会学理论。

然而，虽然长期以来工作一直是人类生存的中心问题，但直到19世纪的最后10年，对工作进行有组织的研究才开始起步。泰勒是有史以来系统研究和描述工作的第一人。他开创的"科学管理"是75年来人类财

⊖ 智人（Homo sapiens），包含所有现代人类的物种，是人属下的唯一现存物种，1758年，由现代生物分类学之父卡尔·林奈（Carolus Linnaeus）提出。——译者注

富激增的关键因素。这一非凡的变化大大提高了发达国家劳动群众的生活水平，远超有史以来任何时期劳工阶层的生活水平，甚至高于之前的富裕阶层。泰勒虽然是对工作开展科学研究的奠基人，但他只是奠定了初步的基础。遗憾的是，从泰勒1915年去世至今，业界对工作的研究并没有太多进展。

相比工作，员工受到的关注更少，迄今为止，知识工作者甚至没有受到任何关注。认真且系统的研究一直局限于做工的少数几个方面。

这段时间诞生了一门工业生理学，研究灯光、工具、机器转速、工作场所的设计等因素与作为员工的人之间的关系问题。例如，20世纪初，哈佛大学心理学家雨果·芒斯特伯格从事的视觉与疲劳研究成为该领域的奠基性工作。另外，英国人西里尔·伯特可谓工业心理学之父，早在第一次世界大战期间就已着手研究资质问题，也就是特定体力工作的要求与个别工人的身体技能、动作协调、反应能力之间的关系。最后，20世纪初期，出生于澳大利亚的哈佛大学教授埃尔顿·梅奥开创了人际关系理论，即研究在一起工作之人的相互关系。需要指出的是，在人际关系研究过程中，有待完成的任务几乎没有得到关注。

管理者不会等待科学家和学者的研究工作完成之后才去实践，员工同样如此。今天的管理者必须进行管理，尽管我们已知的一点知识远远不敷所用，但仍必须付诸实践，必须努力使工作富有成效，帮助员工取得成就。所以，把我们关于工作和做工的已知知识诉诸文字是合适的做法。

我们已知的最重要一点是工作和做工在本质上有所不同。使工作富有成效和帮助员工取得成就，二者需要做的事情截然不同，因此对员工进行管理必须从工作的逻辑和做工的动力机制出发。缺少富有成效的工作，员工的个人需求无法实现；妨碍员工取得成就，工作也不可能富有成效。缺少了对方的支持，两者都不能单独维持很长时间。

分析、综合与控制

正如本书第13章所言,工作是非人格化的客观活动,是一项任务,可作为一件"事物",拥有自身的逻辑,需要对其进行分析、综合与控制。

与物质世界的任何现象别无二致,理解工作的第一步是对其进行分析。正如泰勒在一个世纪以前就已认识到的,这意味着识别工作的基本操作,分析每一项操作,然后根据逻辑、平衡与合理次序重新进行排列组合。

泰勒本人分析的是体力工作的各项操作,但其分析方法也非常适用于脑力工作和完全无形的工作。初出茅庐的作家被告诫在开始写作前需要先列出"大纲",这实际上就是科学管理。最高级也最完美的科学管理案例,并非由过去一个世纪中的工业工程师创造,而是古老的字母表,它使一种语言中的所有词汇都能用少数几个简单符号来书写。

但泰勒当年没有认识到,在对各项操作进行分析之后,必须将它们重新综合为完整的工作。换言之,工作必须被重新组合为一个过程。这不仅适用于个别的工作,还适用于一系列工作,即一个工作过程。所以,我们需要若干生产原则,使我们能够知道如何把个别操作综合为一项工作,进而把各项工作综合为"生产"。

因为工作是一个过程,而不是一项单独的操作,所以工作需要进行内部控制,需要一种反馈机制来感知过程中需要校正的意外偏差,并将过程保持在获得理想结果的水平上。

分析、把各项操作综合为生产过程、反馈控制,这三项要素在知识工作中尤为重要。从定义来看,知识工作不生产产品,而是为他人贡献知识。知识工作者的产出通常是他人的投入。生产鞋这样的工作,无论有无成果都无须证明,但知识工作并不是不证自明的,其结果唯有从所需的成果向回追溯才能看清。同时，无形的知识工作也无法从其自身的过程进行控制。从泰勒的开创性工作至今，我们已经知道研究体力操作顺序的方法，但不能据此了解知识工作的次序，因此，知识工作需要更好地设计，恰恰由于知识工作不能由他人为员工设计，唯有依靠员工本人进行设计。

做工的五个维度

做工是员工的活动，也是一种人类活动和人性的基本组成部分。做工本身没有逻辑，但有动力机制和维度。

做工起码有五个维度。为了使工作富有成效，员工必须在每一个维度上都取得成就。

机械设计、人性化设计与生理维度

首先是生理维度。人不是机器，也不像机器那样工作。

如果重复性地只做一件尽可能简单的任务，那么机器的工作状态最佳。最好的情况是，把复杂任务分解为循序渐进的一系列简单任务，从一台机器依次转移到下一台机器逐步完成。要做到这一点，可以像在装配线上那样物理性地移动工作本身，也可以像现代计算机控制的机床那样，通过把预先安排好顺序的机器和工具依次投入工作，随着流程的改变而随时更换工具。如果以恒定的速度和节奏运转，并使移动的部件最小化，那么机器就容易达到最佳工作状态。

人的身体构造与此大不相同。对于任何一项任务或一项操作，人类都不是天生适合。人的力量微弱、毅力不足、容易疲劳。总之，打个比方来讲，人是一台设计得非常拙劣的机床。但是人擅长协调，能够把感觉与行动联系起来。如果整个人的肌肉、感官、思维全部投入工作，那么人容易达到最佳工作状态。

如果只从事单独的操作或动作，人很容易疲劳。疲劳不仅仅是心理上的厌倦，也确确实实是生理上的劳累。乳酸在肌肉中积聚，视力下降，反应速度变慢且不可靠。

人类擅长的是一系列操作而不是单独某项操作。同样地，甚至更重要的是，人类以恒定速度和标准节奏工作的能力也非常差。如果能够频繁地变换速度和节奏，那么人容易达到最佳工作状态。

对人而言，没有一个"正确的"速度和"正确的"节奏。不同的人在速度、节奏、注意力的范围等方面差异很大。为使工作富有成效，个人必须精确控制自己做工的速度、节奏和注意力的范围。

尽管工作的布局最好具有一致性，但做工的组织方式最好具有相当程度的多样性。做工经常需要自由地改变速度、节奏和注意力的范围，还需要相当频繁地改变操作常规。因此，对工作而言一种良好的工业工程，对员工而言却往往是非常拙劣的人体工程。

作为诅咒或祝福的工作：心理维度

做工的第二个维度是心理维度。我们知道，工作既是一种负担，又是一种需要；既是一种诅咒，又是一种祝福。我们不知道做工是天生的还是后天习得的，实际上这个问题无关紧要。当一个人达到四五岁的年龄时，往往已经习惯做工了。诚然，童工在多数国家都属于非法行为，但学习做人的基本要素，尤其是学习说话，就是一种工作，能使人养成工作的习惯。我们早就知道失业会造成严重的心理问题，这不是由于丧失了经济收入，而是由于失业破坏了人的自尊。工作是人格的延伸，是人的成就，也是个人界定自我、衡量自我价值以及人性的方式之一。

对工作加以赞美既不是新事物又不是西方特色。西方职业伦理的独特之处在于把"职业"神圣化，宣扬所有工作都是服务和奉献，都同样值得尊重。

十八九世纪的商业革命㊀和工业革命，导致农业者、产业工人、商人、机器操作员等类似人群的工作时间大幅度延长。

在很大程度上，这反映了人类生活条件和营养水平的巨大改善极大地增强了人们工作所需的体力。无论19世纪工业城镇中贫民窟的生活条件多么糟糕，或当今拉美各国城市周边贫民窟的生活条件多么恶劣，都比（尤其是在饮食方面）以前丧失土地的劳动者或家庭手工业中纺织工和纺纱工的生活条件好。任何对此持怀疑态度的人，只需要注意到下述事实就够了：当时帆船上的水手要想活下去并开展工作，就不得不食用定量配给的仅能维持饿不死的虫蛀面包。理查德·达纳㊁的《两年水手生涯》、赫尔曼·梅尔维尔㊂的《泰皮》和《白鲸》中有大量相关情节。但尽管如此，从所有资料都可以发现，由于水手的工作很辛苦，体力消耗非常大，而且随时有可能会发生暴乱，所以当时水手的饮食在工人当中还是最好的。

最近几个世纪工作的大量增加也代表了价值观念的转变。或许主要由于经济上的满足变得更加容易实现，经济回报随之变得更有意义。由于18世纪英国利物浦或曼彻斯特贫民窟中的工人缺乏购买力，所以不能购买多少商

㊀ 商业革命（commercial revolutions），始于中世纪晚期的欧洲各国商业大发展，期间海外贸易激增，特许公司出现，重商主义原则被采纳，货币经济建立，经济专业化提高，为工业革命奠定了基础。——译者注

㊁ 理查德·达纳（Richard Dana），美国律师、作家，大力捍卫水手、逃亡奴隶等群体的利益，为被捕的黑人提供免费法律援助，代表作《两年水手生涯》(*Two Years Before the Mast*)。——译者注

㊂ 赫尔曼·梅尔维尔（Herman Melville），美国作家，从事过水手、教师等职业，1846年在伦敦出版《泰皮》(*Typee*)，1851年出版《白鲸记》(*Moby Dick*)。——译者注

品，但即便有购买力，他们也无法帮助老家中丧失土地的祖父，因为那时市面上根本没有可购买的商品。

因此，假如在报纸头条之外，现实中真的存在抛弃职业伦理的现象，那也不代表纯粹的享乐主义流行。在某种程度上，这代表了对长期过度工作的逆反，以及对工作与休闲之间失衡的一种矫正。然而，在更大程度上这可能代表着对早期精英主义工作理念的回归，把特定类型的工作与人的高低贵贱相联系。支持该假设的证据是，被视为抛弃职业伦理的受过系统教育的年轻人却高度推崇教师和艺术家的工作，然而教书和艺术创作显然要比操作机器或销售肥皂对人的要求高得多。

未来主义者描绘的乌托邦式无工作社会确实可能成为现实，然而，一旦真的成为现实，反而会使多数人遭遇严重的人格危机。值得庆幸的是，迄今为止没有任何迹象表明不久的将来工作会终结。当今的任务仍旧是使工作为员工的心理需求服务。

社会联系和社区纽带：社会维度

工作是一种社会联系和社区纽带。在雇员社会中，工作成为个人踏入社会融入社区的主要途径，在很大程度上决定了个人的身份地位。"我是一名医生"或"我是一名管子工"，这句话不仅表明了说话人的身份，也道出了说话人的社会地位以及在社区中的角色。

或许更重要的是，自古以来，工作都是满足人们融入群体，以及与他人建立有意义关系需求的方式。亚里士多德⊖认为人是一种社会动物，实际上是指人需要以工作来满足自己融入社区的需求。

⊖ 亚里士多德（Aristotle），古希腊哲学家，柏拉图的学生，其著作涉及物理学、文学、艺术、生物学、经济学、逻辑学、政治学、伦理学等多个学科。——译者注

对于多数人来说，工作是其家庭之外的唯一纽带，而且尤其是对于未婚的年轻人和孩子已经长大成人的中老年人来说，工作通常是比家庭更重要的联系纽带。那些雇用中老年妇女从事兼职工作的企业充分地证明了这一点。这些人往往是最忠诚的雇员，工作场所成为她们的社区，甚至成为帮助她们避免孤独的社交俱乐部。

每家对退休雇员进行调查的企业都收到同样的答复："我们怀念的不是工作，而是同事和朋友。我们想知道的不是企业的状况，而是曾经与我们一起工作的人如今在哪里、过得怎么样。"一家大型企业的高级副总裁曾经坦率地说："请不要再给我发年报，我对销售不再感兴趣。不妨告诉我一些家长里短的琐事，我甚至有点想念曾经无法忍受的那些人。"

最后一句话指明了工作纽带的最大长处，以及与所有其他纽带相比的独特优势。工作纽带不是立足于个人喜好，即使彼此没有感情也一样能够发挥功能。一名妇女能够与一个从未见过的人在工作中配合默契，她对此人感觉到的既不是友情，也不是温暖或喜欢。甚至只要她尊重别人的工作技艺，就能够很好地与自己不喜欢的人共事。但同事也可以成为密友，彼此相约一起打网球或高尔夫球，一起度假，一起度过傍晚时光，甚至互相陪伴度过一生中的大部分时间。工作关系有一个客观的、外部的焦点，那就是工作本身，但它能够使紧密的社会联系和社区纽带成为可能，这种联系纽带随个人的意愿可以是个人化的，也可以是非人格化的。

工资基金和资本基金：经济维度

工作是一种"生计"。当一个社会采用了最初步的劳动分工时，工作就包含了一种经济要素。当人们不再自给自足，而是开始交换劳动成果时，工作就既创造了经济联系，又导致了经济冲突。

这种经济冲突无法彻底消除，个人不得不与之共存。

工作是员工的生计，为他们的经济生活奠定基础。除此之外工作也为经济创造资本和自我延续的工具，为承受经济活动面临的风险、创造未来的就业岗位和为未来员工的生计提供资源。任何经济都需要工资基金和资本基金。

但资本基金与员工此时此地维持生计的需求存在直接冲突，任何转为资本的剩余都不能支付给员工。实际上，资本基金是一种客观需要，并非立足于社会或权力结构。一些国家如今把资本基金置于其经济计划的中心。换言之，这些国家的统治者都已经认识到，利润不是权力的结果，更非源自剥削，而是一种实实在在的经济需要。

然而，古典经济学家主张，对资本基金（也就是盈余）的需求与对工资基金的需求之间不存在冲突，这种观点同样无助于对相关问题的理解。古典经济学家普遍认为，长远来看资本基金和工资基金能够相互协调。工人对资本基金的需求完全不亚于对工资基金的需求。工人需要保护自己免遭不测之险，需要未来的就业岗位。美国工人的工资和生活水平迅速提高，在很大程度上就是资本投资（即资本基金）稳步增长的结果。

但"工人"是一个抽象概念。资本基金的受益人与贡献人几乎不可能是同一名工人。一个行业的资本积累，例如19世纪90年代的美国纺织业，可能流向一个新行业，例如化学工业，而不是创造新的纺织业就业岗位。此外，资本基金创造的就业岗位和收入在未来才可能实现，而相应的贡献却需要在当前做出。

换句话说，工资基金与资本基金确实没有根本性冲突，但这对个人来讲是没有意义的。某位工人亲身体会到的，无疑是二者之间真实且难以调和的冲突。

作为生计的工资和作为成本的工资

作为生计的工资和作为成本的工资之间存在更加根本性的冲突。作为"生计",工资需要可预测,且能够持续获得,足够家庭开支,符合家庭的期望及其在社会和社区中的地位。从相反的角度来看,作为"成本",工资需要与既定就业岗位或行业的生产率相匹配;需要具有灵活性,能够随着市场供求的微小变化随时调整;需要使产品或服务具有竞争力,所以工资最终由消费者决定,而不考虑员工的需求或期望。同样,这种冲突也无法轻易解决,充其量只能予以缓解。

长期以来,员工所有制被视为资本主义(资本家掌握所有权)和国有化(政府掌握所有权)的替代选择。员工拥有企业的股份这种方案或许具有一定的可取性。但一个多世纪以来,我们不断尝试采用员工所有制,但无论在哪里尝试,都是只有企业发展顺利才能够取得成功,并且只能在利润丰厚的企业中起作用。利润和生产率奖金计划等所有不同类型的员工分享利润计划,同样如此。一旦企业的利润下滑,作为生计的工资和作为成本的工资(或者资本基金和工资基金)之间的冲突就会再次凸显。

相比就业岗位,员工持有的企业股份始终位于次要位置。即使在最繁荣的企业,利润(也就是对资本基金的贡献)也向来不过是工资的一小部分。在制造业中,工资成本通常占总销售额的40%左右。税后利润很少超过总销售额的6%,也就是相当于工资成本的1/8。在整体经济中,工资和薪金支出达到国民生产总值的65%~75%,利润率为0~7%,税后利润最多相当于工资成本的1/10。国民生产总值中其余的大部分是小企业主、农业者、店主、专业人员的收入,这实际上是另一种形式的劳动报酬,而非利润。

员工所有权是否符合员工自身的经济利益,仍存在争议。由于从没有企业会永远盈利，因此如果像典型的员工所有制计划一样，员工依赖退休福利，也就是对其所在企业的投资，那么他们的经济利益将非常容易受到损害。员工应该像其他任何投资者一样，不把所有鸡蛋放在一个篮子中。在这方面，美国在过去25年中采用了一种广泛投资的养老基金制度，该基金通常不会投资于会雇用未来受益人的企业。这种养老基金方案在经济上要比企业的员工所有制更可靠，更符合员工自身的经济利益。

从理论的观点来看，过去二三十年中美国的发展态势似乎是缓和上述冲突的最佳方法。养老基金和共同基金已经成为美国经济中占主导地位的投资者，美国企业的员工通过它们逐步成为真正的"所有者"。迄今为止，这些代表雇员及其储蓄的机构投资者已经掌握了美国大型上市公司的控制权。换言之，美国在没有国有化的情况下实现了企业所有权的社会化。然而，工资基金和资本基金之间的冲突，或者说作为生计的工资和作为成本的工资之间的冲突没有得到解决，甚至没有缓解。

组织的固有维度：做工的权力维度

在团队中做工，尤其是在组织中做工，往往隐含着一种权力关系。

给员工的生活强行注入时间观念，要求员工按规定的时间上班似乎是一种微不足道的权力行使方式，且这对所有人的影响都是平等的。但是，对于前工业时代的人而言，这无疑是一种巨大的冲击。无论是发展中国家的农民、工业革命初期英国磨坊里的早期工匠，还是当今美国城市贫民窟里的底层黑人民众，都无一例外体会到了这种冲击。组织内的工作必须被设计，有序地组织起来，进而分配给不同员工，而且工作必须按照预定的时间和先后次序逐一完成。一位员工可能被提拔也可能不被提拔。简而言之，组织中必须有人行使权威。

无政府主义者①的断言是正确的——"组织代表着异化②"。无政府主义者的意思是，工作越被有序地组织起来，员工就越失去对工作的控制。现代社会是一个雇员社会，且未来仍将如此。这意味着权力关系会直接影响我们所有人，并且影响人们作为员工的能力。权力是工作的一个本质维度，与生产资料所有权、职场民主、董事会中的员工代表权，或任何其他构建"体制"的方式等都没什么关系，是组织本身固有的。

第六个维度：经济权力

在所有现代组织中，做工都存在所谓的"第六个维度"：分配经济份额的权力。

在企业、政府机构、大学、医院等现代组织中，权力与经济存在密切关系。把经济利益分配给各成员单位，需要有一个掌握决策权的中央权威机构。之所以如此，原因并不在于资本主义或其他任何"主义"。当前的基本事实在于，各类现代组织是社会的器官，其存在是为了满足自身之外的社会需求。因此，现代组织的收入都来自外部，包括购买产品或服务的消费者，以预算形式拨付的纳税人，缴纳预先规定费用的医院病人或大学生等。与此同时，各类机构中个人的贡献不能与其收入精确地对应。甚至无法粗略地说明，企业中上至首席执行官下至清洁工，任何一位雇员对销售额的贡献有多么大。医院或大学同样如此。膝下有6名弟子的中国古代伟大学者，与为150名新生讲授英语写作的研究生助教相比，两人的贡献孰大孰小？系主任的贡献怎么评判？我们能说的只是，虽然并非每个人的贡献都能够体现在

---

① 无政府主义者是信奉无政府主义的人，这是近代欧洲的一股政治思潮，其源头、观点纷繁复杂，一般持较极端的反政府、反权威立场。——译者注

② 异化，原本自然互属或和谐的两物彼此分离，甚至互相对立，近代自黑格尔以来，形成了各种异化理论，如商品异化理论、劳动异化理论、人的本质异化理论等。——译者注

某个产品或绩效中,也不是人人的贡献在重要性、技能、难度等方面完全相同,但在理论上,每个人的贡献都是不可或缺的。

因此,需要一种权力在各成员间分配可用收入。企业、医院等各类机构本身必然是一种再分配制度,有权在成员之间对收入进行再分配。

在各类贡献相对简单,彼此类似且成员较少的领域,再分配有可能做到完全平等。例如以色列的基布兹⊖,所有人都在农场工作,仅生产少数几种产品,且大部分拿来自用。但是,就像许多类似的情况一样,基布兹开始从事工业生产的那一刻,就必须放弃自身赖以建立的、人人所得完全相同的原则,与此同时转化为雇主。在以色列,工会联合会掌握多数产业,是该国的主要雇主。实际上,以色列的大部分行业已经被"社会化",但这丝毫没有改变"雇主"的权力地位,也没有彻底消除劳资关系难题。

现代机构的成果总是外在于其自身,因此,成员的经济回报往往来自外部,且并不取决于机构内部,这一简单的事实不可避免地导致权力和权威,塑造了两种权力关系。第一种是管理层与劳工阶层之间的权力关系,第二种是劳工阶层内部各团体之间的权力关系。虽然这些团体在面对管理层时处于相同的权力地位,但彼此围绕着对可用来分配的总"产品"所占的相对份额,存在着尖锐而又激烈的竞争。

过去 100 年的历史教会我们,每个机构都面临着分配问题。分配问题并不是某种形式的所有权的特征,也不能被控制并彻底摆脱。机构必须做出关于该问题的明确决策,在内部成员之间分配来自外部的可得收入。当企业、医院或其他机构不再只是生产少数几种简单商品用于内部消费时,个人投入

⊖ 基布兹(kibbutz),以色列人的集体定居地,最早成立于 1909 年,全体成员亦工亦农,共同拥有财富,共同就餐,成年人有私人住所,但儿童一般由集体看护,如今基布兹的总人口超过 10 万。——译者注

与机构产出之间的关系就不再取决于"非人格化"或"科学"的因素了。同时,完全平等地分配经济收益也不再可能。

于是,就必须有再分配以及做出再分配决策的权威。然而,再分配实际上是一种政治决策而非经济决策,受到供求关系、社会习俗、文化传统等许多因素的影响和制约。但归根结底,权威部门的决策、基于权力结构和权力关系的决策,必须由某人以某种方式做出,而且任何现代机构(尤其是企业)都无法避免该类决策。

主导维度的谬误

生理维度、心理维度、社会维度、经济维度、权力维度,做工的所有这些维度都是彼此分离的。每一个维度确实能够也应该单独进行分析,但在员工的处境及其与工作、岗位、同事、管理层的关系中,五个维度往往同时存在,所以需要同时管理五个维度。然而,五个维度各自有不同的侧重点,某个维度的要求往往截然不同于另一个维度的需要。

我们研究做工的传统方法的基本错误在于,一直声称某一个维度就是主导维度。

多数经济学家认为经济维度主导着所有其他维度,只要改变经济关系,就不会再有异化。由于所有权从"剥削者"转移到工人显然并没有以任何方式改变其他维度,所以没能从根本上改变工人的处境,甚至没有切实解决经济难题,因此他们的理论未能解决问题。

另一个完全不同的例子是埃尔顿·梅奥,他认为主导维度是工作群体内部的人际关系,即前文的心理和社会维度。然而,确实"你雇用的不只是一双手,而是完整的人",这的确很重要,并且会影响团队关系。梅奥和他的同事既没有关注经济维度,也没有注意权力维度。

已故的人本主义心理学行为观的创始人亚伯拉罕·马斯洛⊖认为，人的需要可以划分为不同层次。随着低层次需要日益得到满足，其变得越来越不重要，同时更高层次的需要变得越来越急迫。马斯洛认为经济需要位于最低层次，自我实现需要位于最高层次。但比具体的顺序更重要的是，认识到需要不是绝对的，当人的某种需要越是得到满足，就变得越不重要。

但马斯洛没有认识到，在被满足的过程中，需要本身会发生变化。随着经济需要日益得到满足，也就是说人们不再需要为得到下一顿饭而放弃其他人性需要和人类价值观，获得更多经济回报给人的满足感就会越来越少。但经济回报本身的重要性依旧没有变化，相反，虽然经济回报作为正向激励的效果减弱，但人们一旦感到失望，其导致不满的能力却迅速增强。此时，经济回报不再是"激励"，而转化为"福利"。如果人们得不到适当照顾，也就是如果人们对经济回报感到不满，那么经济回报反而会成为障碍。

我们现在已经知道，马斯洛提出的每个层次的需要都具有这种特性：当一种需要得到满足之后，其作为奖励和激励的能力会迅速减弱，但其成为障碍、制造不满，以及作为阻碍因素的能力却迅速增强。

同一家企业的两名副总裁，其工资可能仅仅相差数百美元，可以说两人在经济上是平等的，因为在他们的收入层次上，个人所得税税率非常高，数百美元的差距经过征税后会变得微不足道。然而，工资较低的副总裁却可能陷入嫉妒和挫折的情绪中难以自拔。不论他的收入多么高，这数百美元的差距都是眼中钉。这同样适用于整个组织范围。每位工会领导者都知道，如今面临的最大难题不是绝对工资水平，而是工会内不同种类工人之间的工资差异。如果熟练工比半熟练工的收入高 20%，那么双方都不会开心，都会感到不满。如果工资差异变小，那么熟练工会产生被剥夺感。如果差异拉大，那

⊖ 亚伯拉罕·马斯洛（Abraham Maslow），美国人本主义心理学家，提出需要层次论，包括生理、安全、社交、尊重和自我实现，代表作《动机与人格》(*Motivation and Personality*)。——译者注

么半熟练工又会产生被剥夺感。

但同时,与马斯洛的观点似乎相反,人类做工的不同维度在近乎得到满足时改变了自身的特性。正如刚才所分析的,工资成为社会维度或心理维度的一部分,而不再单单属于经济维度。

相反的情况也可能出现,权力维度和社会维度也会成为经济维度的基础。

关于做工的维度及其相互关系,我们需要了解的要远远多于现在已经知道的。我们正在面对的,似乎可能是难以理顺的各要素的大杂烩。然而,如今管理者必须进行管理;必须找到能够使工作富有成效,帮助员工取得成就的解决方案,或起码找到折中办法;必须对需求心知肚明;不能指望墨守过去200年的成规而取得成功;必须找到新途径、确立新原则、运用新方法——而且要快!

小　　结

虽然工作的历史与人类一样久远,但对工作展开系统研究不过是近百年之内的事,并且"做工",也就是人从事工作,迄今为止仍很少受到系统关注。然而我们知道,工作和做工不同,工作是客观的"事物",其本身外在于人,需要进行系统的分析和综合;做工是一项人类活动,其本身被赋予个性,以及独特的生理维度、心理维度、社会维度的需要和特征,而且做工还具有经济维度和权力维度。然而,工作和做工必须齐头并进,且必须共同受到管理。

问　　题

1. 工业生理学研究什么内容?
2. 工业心理学研究什么内容?

3. 人际关系理论研究什么内容？
4. 理解工作的第一步是什么？第二步呢？
5. 为什么工作过程需要反馈机制？
6. 做工的五个维度是什么？
7. 为什么做工的组织方式具有相当程度的多样性？
8. 在十八九世纪，伴随做工时间的大幅延长，价值观发生了什么变化？
9. 为什么工作既造成人们之间的经济冲突，又使人们产生经济联系？
10. 在资本基金的需求和工资基金的需求之间是否存在真正的冲突？
11. 作为生计的工资和作为成本的工资之间的冲突具有什么性质？
12. 为什么有人认为"组织代表着异化"？
13. 组织以什么方式扮演拥有经济权力的再分配制度的角色？
14. 做工的维度中，哪一个是主导性的？
15. 马斯洛认为人的需要分为不同层次的理由是什么？该理论如何应用于对工作和做工的管理？

CHAPTER 15 | 第15章

使工作富有成效：工作和过程

我们常说非技术工作、技术工作和知识工作，但这种说法本身具有一定的误导性。掌握技术以及知识的不是工作，而是员工。技术和知识是做工的两个方面。无论是否需要技术，需要高技术还是低技术，大量知识还是少量知识，工作本身没什么变化。

在古代，制作一双鞋需要员工掌握"高技术"，但在过去一个世纪里，我们已经能够使制鞋几乎不再需要员工掌握技术。把制鞋工作完全自动化以便不需要任何体力劳动，可能经济上不划算，但也算不上有多大困难。然而，鞋本身几乎没有发生任何变化。制作过程也没有变化，需要同样的步骤，从准备皮革，到切割、成型、缝合、加工，每一步都按照相同的次序，遵循同样的要求和标准，因此产出的是几乎相同的成品。纵然制鞋工具和技术要求已经发生了巨大变化，但制鞋工作依旧如故。只有专家才能辨别一双鞋完全出自精湛的手艺还是完全出自自动化生产。

这么说似乎有些含糊其辞。简而言之，意识到技术和知识存在于做工过程中，而不是工作中，是实现工作富有成效的关键。当然，就体力工作或任何其他生产性工作而言，工作的属性意味着即使不能被科学地完成，也能够被系统地完成。

迄今为止，人们对工作的研究尚局限在体力工作，原因很简单，因为直到最近，体力工作仍是主要的工作类型。因此，在阐述使工作富有成效的已知事项时，本书只能聚焦于体力工作。但同样的原则和方法也适用于任何其他生产性工作，如多数服务性工作，还可以用于信息处理工作，即多数文书工作，甚至适用于多数知识工作，只不过具体的应用和工具有所不同。正因为工作具有普遍性，所以最终产品是一件实物的工作、最终产品是信息的工作和最终产品是知识的工作彼此之间没有本质性区别。

四点要求

要使工作富有成效，需要从事四项相互独立的活动，其中每项活动都具有自身的特征和要求。

第一，要使工作富有成效，需要进行分析。我们必须知道工作所需的特定操作及其顺序、要求。

第二，需要进行综合。单个的操作必须能够重新综合为整个生产过程。

第三，需要对生产过程的方向、质量、数量、标准及意外情况进行控制。

第四，必须提供合适的工具。

还有一个基本要点需要提出。由于工作是非人格化的客观"事物"（即使无形的信息工作或知识工作也概莫能外），所以要使工作富有成效，必须从最终产品，即工作的产出出发，而不能始于工艺技能或正规知识等工作的投入。技能、信息、知识都是工具。什么时候、为了什么目的而使用什么工具必须始终取决于期望的最终产品。最终产品决定了需要什么工作，决定了生产过程的综合，合适的核查机制的设计以及所需工具的具体标准等。

工作分析

被冠以工作研究、科学管理、工业工程等名号的工作分析，至今已有一个世纪的历史。如前文所述，工作分析始于泰勒在19世纪80年代对单项手工操作的研究，例如著名的钢铁厂铲沙实验。到第一次世界大战期间，泰勒去世，工作分析就以当前的形式在本质上完成了。在战争年代和随后一段时间，泰勒最有成就的两位追随者弗兰克·吉尔布雷思和亨利·甘特为科学管理丰富了从事工作分析的"词汇和语法"。

弗兰克·吉尔布雷思对体力工作的所有基本动作，如"举起""移动""放下"等进行了研究、识别和分类。他提出的"塞布里格"⊖（即把自己的姓氏Gilbreth倒过来写成Therblig），列出了手动操作的全部基本动作，并详细说明如何能够最好地完成一个塞布里格，需要什么动作、多长时间等。塞布里格并不像有些人所说的那样，是一种字母表，它具有更多汉语书面语的特征，也就是说，"塞布里格"是一种基本动作符号，其本身包含了它们所代表的活动所需的全部信息。

同时期，亨利·甘特专注研究工作中的操作规程，他发明的甘特图从期望的最终产品起步，继而概述所需的每一步骤，以及该步骤在整体序列中的位置及所需的时间，实际上是对工作步骤进行系统安排。

不只是工作分析的原理已经伴随我们很长时间，而且工作分析实践也已经非常普遍。在生产、物流甚至越来越多的文书工作领域，工业工程是所有生产性工作的共同特征。工业工程学已经是一门公认的学科，有大量相关文

⊖ 塞布里格（Therblig），吉尔布雷思把各种各样劳动中手的动作分解为18种基本动作，每个基本动作称为一个"塞布里格"。——译者注

献,并且一直拥有极为重大的影响力。

因此,经理往往误认为自己已经掌握了所需的全部工业工程学知识。他们会告诉询问者工作分析基本包括以下步骤。

(1)识别生产已知最终产品和完成已知任务的全部必要操作。

(2)合理组织操作次序,使之成为最简单、最流畅、最经济的工作流程。

(3)分析每项单独的操作,并重新设计,尽可能提高其效率——包括在恰当的时间和地点提供合适的工具、信息和原材料。

(4)将上述所有操作整合为一项工作。

简而言之,上述内容即为工业工程学著作包含的内容,也是这门专业课程传授的知识。然而,工作分析要有效果,仅有上述四个步骤远远不够。

首先,上述标准答案忽略了工作分析的第一个关键步骤。工作分析不是始于识别操作,而是始于界定所需的最终产品。正如亨利·甘特在60年前已经指出的(在那之后很少有人认识到这一点),工作分析必须始于问题:"我们想要生产什么?工作本身是什么?如何设计最终产品才能使工作最简单、最富有成效、最有效果?"

如果工作分析始于任务而不是最终产品,那么可能会造就一些完美的工作设计,但这些工作压根儿就不应该做。我们不能像泰勒那样假定最终产品一定是合理的、系统的、符合要求的。在多数生产过程中,最终产品往往只体现了极少数未经检验的假设、大量历史、传统、习俗甚至人类的错误。那些始于分析最终产品和工作本身的人,很快将发现自己会思考"我们为什么这么做?为什么那么做"。通常除了"我们向来如此"没有别的答案。没人知道效率低下(也就是生产率的损失)有多大比例可以归因于毫无异议地接受最终产品,但我听说,经验丰富的工业工程师通常认为损失高达总成本和全部努力的30%。

因此，管理者应该认识到，工作分析人员必须参与产品和流程的设计。显然，最终产品的设计不能主要着眼于使制作过程更简便，其基本要求取决于使用者而不是生产者的需求和价值。但在基本要求的范围内，通常有相当大的空间来设计一种产品和服务，这在一定程度上能够影响生产是高效率的还是低效率的，是简单易操作还是具有不必要的复杂性，是经济的还是浪费的。

第二个更加广为人知的缺点是，上述标准答案包含了若干不属于工作分析的内容。多数管理者，起码是西方国家的多数工业工程师对工业工程的定义包含了第四步，但该步骤并不是工作分析的一部分。岗位安排不再是工作分析。更确切地讲，该步骤需要的分析不再是工作分析，而是做工分析。尽管工业工程师在该过程中发挥一定作用，但这与其在工作分析中的作用完全不同（本书第 18 章将对此进行详细阐述）。

工作分析中包含岗位安排，在很大程度上这是工人向来抗拒工业工程的原因，知识分子对现代技术、现代组织、现代产业的敌意在很大程度上也可以归咎于此，同样，后来装配线的不良设计、致命的无聊以及许多工作岗位的非人性化都被错误地归咎于工作分析。

管理者需要知道，工作分析的逻辑和岗位安排的逻辑不同，其中一个是工作的逻辑，另一个是做工的逻辑。

对工业工程的最后也是最重要误解是认为工作分析就是全部工作。事实上，工作分析仅仅是使工作富有成效的第一步。工作分析识别单独的具体操作及其顺序、相互关系，处理的是局部的零碎问题，不关注生产过程的整体问题，包括生产过程的结构、经济性、绩效等。

生产原则

生产不是把工具应用于原材料，而是将逻辑用于工作。正确的逻辑运用得越清楚越合理，生产碰到的限制就越少，机会就越多。

这意味着生产必须遵循一定的原则，必然存在若干基本模型，每一个模型都有自身的规则、要求和特征。进而生产过程的设计越接近某一种生产原则，生产过程就将越流畅、越有效果、越富有成效。

每种生产原则都对所有领域、所有层次的管理者提出了独特的要求。每种生产原则要求不同的能力、技能和绩效。一套"要求"不一定比另一套"更高级"，但彼此不同。除非管理层清楚采用的生产原则的要求，否则工作就不能真正实现卓有成效。

迄今为止，我们已知的生产原则共有四种。每种原则都是为了工业生产而设计的，也就是说在很大程度上是为传统的体力劳动而设计的。但每种原则都既适用于生产工作也适用于处理信息工作，也就是多数文书工作，此外还适用于知识工作，起码适用于学习并运用可学习的现有知识的知识工作。

对应的四种生产系统分别是：①独特产品生产系统；②刚性大规模生产系统；③弹性大规模生产系统；④连续生产或"流水"生产系统。每种系统都有自身的具体规范，都对管理层提出了具体要求。

要提高生产绩效并克服缺陷，有两条通用规则：①越不折不扣地落实采用的生产原则，就能越快越彻底地克服存在的缺陷；②生产系统本身具有不同程度的复杂性，其中独特产品生产系统的复杂性最低，连续生产系统的复杂性最高。不同的生产系统代表了控制物质限制条件的不同阶段，但这并不意味着，在任何情况下从独特产品生产系统转变到连续生产系统都是进步。每个系统都有独特的应用范围、要求和缺陷。但是，通过根据更复杂的生产原则组织生产，同时学习如何在同一生产过程中协调不同的生产系统，我们就能够改进整个生产过程。

每种生产系统对管理能力的要求，也有两条普遍性规则。

（1）系统之间的差异不仅仅体现在相关要求的难度上，更体现在所需的技能种类及执行的次序。从一种生产系统转变到另一种生产系统，管理层必须学会如何从事新业务，而不是把原先的业务做得更好。

（2）越是成功地始终采用某种生产系统，管理层就越能够轻松地满足该系统的要求。管理层必须根据产品和流程的性质，满足应采用的生产系统的要求，而不是实际采用的生产系统的要求。如果未能采用最合适的生产系统，只会导致绩效不佳，这不会降低对管理层的要求，但必然会增加管理企业的难度。

付出了一个复杂生产系统所需的全部成本，却没有获得相应优势的一个行业是碱性炼钢业。虽然碱性炼钢业满足连续生产系统的全部要求，却是根据独特产品生产原则组织起来的。下文讨论所有四种生产系统的特点时将会指明该行业这么做的原因，结果导致碱性炼钢业虽然对连续生产系统进行了大量投资，却只获得了相对较低的独特产品生产系统的收益。

即使企业采用了不合适的生产系统，也必须满足适当的、更复杂的生产系统对管理层的全部要求，然而企业缺乏满足这些要求需要的资金，因为企业只有采用了更复杂的生产系统，具备更高的生产能力之后才能赚得足够收入。

综上所述，在管理企业过程中，重要的事情包括下列几个方面。

（1）知道企业采用的生产系统。

（2）尽可能贯彻该生产系统的原则。

（3）找出哪部分生产能够在更复杂的生产系统中加以组织，并予以落实。

（4）知道每种生产系统对管理层的要求。

所有四种生产原则都是使工作富有成效、帮助员工取得成就的基础，都与做工的动力机制不矛盾，或者说能够彼此协调。若无法做到协调一致，责任不在于生产原则本身，而在于应用不当。

坦率地讲，不能帮助员工取得成就的大规模生产系统本质上是拙劣的工程设计，要么没有理解机械化的真意（参见第 16 章），要么没有搞懂工作与做工的区别。

独特产品生产系统

四种生产系统及其原则各有什么内涵呢？

首先，在独特产品生产系统中，每件产品都有自己的特色。当然，严格来讲，生产制造独一无二的产品是不可能的，唯有艺术家能够创作出独一无二的作品。但建造一艘战舰、一台大型涡轮机，或一栋摩天大楼，都类似于生产独特的产品。一次只建造一栋房屋的传统方法以及多数加工车间中的批量制造，都属于独特产品生产系统。

独特产品生产系统中有特色的是产品。实际上，独特产品的生产过程总是围绕着标准化的工具加以组织，而且通常使用标准化的原材料。

生产独特产品的组织工作，基本上根据相同的阶段来划分。在建造传统的单户住宅（独特产品生产最古老的例子）时，我们可以划分出四个不同阶段。第一阶段，打地基、基础墙及地下室地面混凝土浇筑；第二阶段，安装构架和屋顶；第三阶段，在墙体上安装管道和布线；第四阶段，室内装修。建造每户住宅的每个阶段都会有所不同，但不会有太多麻烦或需要太多调整，也不会影响到下一阶段的工作。根据产品，也就是住宅的内在逻辑来看，每个阶段本身都是一个整体。

根据相同的阶段加以组织的独特产品生产系统与工艺组织完全不同。在工艺组织中，木匠负责所有木工活儿，管子工负责所有管道活儿等。独特产品生产的合适组织方式，不是围绕工艺，而是根据每个阶段所需的技能。

第二次世界大战期间，美国以惊人的速度建造战舰就是一个典型的独特产品生产案例。新造舰船以前所未有的速度下水的原因，不是大规模生产，而是把工作划分为同质性的各个阶段；根据每个阶段的特定需要，系统地组织工作团队；系统培训大量人员，使其能够承担每个阶段所需的全部工作。这反过来又使工作流程的渐进调整成为可能，这是节省时间的最主要因素。

大规模生产系统

多数人一听到"大规模生产"这个词，立刻就会想到流水装配线，但这是一种误解，只有很少大规模生产工作是流水装配线上的工作。甚至在最严格的大规模生产中，流水装配线只是罕见的例外情况。

收音机、电视机、电话机等家电设备的装配是大规模生产的典型案例，但这些工作并未采用流水装配线，而是安排一名工人从头到尾完成整个操作。不同操作确实按照顺序进行。从这个意义上讲，存在一条线贯穿于从安装第一颗铆钉到焊接所有线路，再到最后的检查。但从传统流水装配线的观点来看，这条线并不存在，因为工作本身从未移动，而是停留在固定的工作场所。

总之，流水装配线在现实中非常少见。在1970年的美国，50名工人中大约只有1名在流水装配线上工作。即使在制造业中，流水装配线岗位也不多见，只有不到6%的美国制造业工人从事流水装配线上的工作。甚至在汽车行业，流水装配线工作也属于例外情况。例如，通用汽车公司的55万名员工中，只有1/3从事流水装配线工作。

此外，流水装配线的传统形象仅仅表现的是刚性大规模生产，而现实中，"弹性"大规模生产原则正越来越得到广泛应用。

刚性和弹性大规模生产的共同点在于，最终产品都是由标准零部件组装而成。在独特产品生产中，只有工具和原材料实现了标准化。在大规模生产中，零部件也实现了标准化，并且这些零部件进一步由标准化的更小零部件组装而成。换言之，大规模生产是组装而不是制造。

现代大规模生产可以追溯至美国在 1812 年战争㊀期间的步枪制造。到 19 世纪 80 年代，也就是远远早于亨利·福特发明汽车流水装配线，大规模生产方式实际上已经广泛应用于美国的各行各业，以及德国蔡司公司㊁的光学工厂和瑞典爱立信公司㊂的电话工厂。

可能由于大规模生产起源于步枪制造，因此长久以来，"刚性"大规模生产被认为是唯一可行的大规模生产技术。为士兵制造枪支时，非常重要的一点就是实现最终产品的完全一致。每支步枪都必须与其他步枪完全相同，使用同样的弹药，要求同样的清洗，并且能够把一支步枪上的零部件轻易安装到另一支上面。

因此，刚性大规模生产的最终产品，以及工具、原材料、零部件等，都是标准的和统一的。与此不同，弹性大规模生产是使用标准化的零部件组装尽可能多样化的最终产品。

从历史上看，弹性大规模生产的出现要比刚性大规模生产早几百年，其发展远远早于工业化时期。虽然欧洲和近东㊃地区大量古希腊与罗马庙宇很可能遵循弹性大规模生产原则建造，但我们对古人的建筑方法所知甚少，不了解他们采用什么生产过程。但大量证据清楚地显示，公元 1100~1300 年

㊀ 1812 年战争，又称美国第二次独立战争，战争双方为英国与美国，初期英国处于守势，后期英国占领了美国的缅因州、首都华盛顿等地，1814 年 12 月 24 日，双方签署停战协定。——译者注

㊁ 蔡司公司（Zeiss），德国企业，1846 年由卡尔·蔡司（Carl Zeiss）等人创办，主营光学设备、工业测量仪器和医疗设备等。——译者注

㊂ 爱立信公司（Ericsson），瑞典企业，1876 年由拉什·爱立信（Lars Ericsson）创办于斯德哥尔摩，如今业务遍及世界上 180 多个国家和地区。——译者注

㊃ 近东，近代西方地理学者指邻近欧洲的"东方"，包括非洲东北部和亚洲西南部，有时还包括巴尔干半岛，第二次世界大战后，该称呼逐渐被"中东"取代。——译者注

建造的哥特式①主教座堂②和成千上万哥特式教堂③都是弹性大规模生产的杰作。建造这些教堂所用的基本部件、砌块、屋面等，全部实现了标准化，但具体的组装方式随着建筑师的计划而调整。只有门窗、饰品等让一座教堂显得与众不同的部分，是遵循独特产品生产原则生产的，但至关重要的是，所有这些不过是添加在了几乎完工的整体建筑上，尽管可能组建出风格迥异的完工建筑，但这些建筑的基本生产过程本身是标准化的。

当大规模生产原则在 19 世纪被重新捡起时，统一的标准化最终产品被认为是理所当然的。亨利·福特是这方面的典型代表。"顾客可以选择任何颜色的汽车，只要它是黑色的。"福特的这句名言并不仅仅是说笑，而是意在说明大规模生产的本质特征：大批量制造相同的产品。当然，福特知道很容易就能够做到让消费者有机会选择不同颜色的汽车，只需要给流水装配线末端的油漆工三四支喷枪而不是原先的一只就可以了。但福特也正确地认识到，一旦他同意消费者的第一个"选择"，产品的一致性很快就将消失殆尽。对福特来说，产品的一致性是大规模生产的关键。

与此形成鲜明对照的是，20 世纪三四十年代，南加利福尼亚州的一位农业设备制造商人设计并制造了一台在灌溉地上进行大规模耕作的独特机具。他的每项设计都独一无二。例如，他制造的一个机具带有各种附件，能够从事大规模黄瓜种植所需的全部操作，从春天整理耕地，一直到适当季节的收获，甚至能够高效地完成腌制工作。这位商人一次仅制造一台机具。然而，他制造的 700 多台机具中的每一台，都是完全由大规模生产的、统一的、标准化的零部件组装而成的，并且美国商家能够成千上万地大批量制造这些零部件。他最主要的工作不在于设计一台能够识别适合腌制的成熟黄瓜的机

---

① 哥特式建筑，源于 12 世纪的法国，持续至 16 世纪，整体风格为高耸削瘦，以卓越的建筑技艺表现神秘、哀婉、崇高的强烈情感，影响深远，常见于欧洲的主教座堂、修道院等。——译者注
② 主教座堂（cathedral），原意为"主教的座位"，是一个教区里主教或者领衔主教的座堂。——译者注
③ 教堂（church），广义所称的"教堂"可以指从事所有宗教活动的场所。——译者注

具，而是找到一种大规模生产的部件，虽然与其初始设计的目的完全不同，但能够帮助黄瓜种植者完成所需的工作。他的机具是大规模生产的，但其遵循的是"弹性大规模生产原则"，类似于建造哥特式主教座堂的过程。

弹性大规模生产原则的运用方式是对产品进行系统分析，以找出外表多样性背后的共同底样，然后对这种底样加以组织，以达到用最少数量的标准化零部件组装出尽可能多的产品。换言之，实现多样性的任务已经由制造转移到了组装上。

通用汽车公司经常宣传自己生产的汽车有很多选择，包括颜色、款式、座椅面料、配饰等，实际上，消费者能够在数百万种不同的最终产品中进行选择。通用汽车公司很少宣传的一点显然更为重要，那就是该公司所有品牌的汽车（包括雪佛兰、庞蒂克、奥兹莫比尔、别克、凯迪拉克）都使用相同的零部件组装。虽然汽车品牌五花八门，但都是把几乎相同的车体安装在统一的车架上，甚至发动机、制动和照明装置也别无二致。然而，最终组装出来的汽车外观各异、性能有别，代表了多种基本标准化元素的组合。除凯迪拉克外，其他品牌的汽车都是在相同的流水装配线上组装，实际上，这些汽车都是刚性大规模生产的产品，其生产过程自亨利·福特早期发明以来几乎没有变过。

然而，要使刚性大规模生产的产品具有多样化的外观，需要大量生产每一种需要装配的零部件。除汽车业外，很少有其他行业能有如此巨大的销量。除非每个款式最终产品的销量都极为庞大，否则就只能像亨利·福特意识到的那样，刚性大规模生产系统只限于制造一种标准化产品。

例如，美国汽车公司[⊖]之所以处于非常不利的竞争地位，正因为它必须

⊖ 美国汽车公司（American Motors），1954 年合并组建，试图充分挖掘美国三大汽车巨头没有注意到的细分市场，但获得短暂成功后很快陷入衰退，1987 年被克莱斯勒汽车公司收购。——译者注

在缺少通用汽车公司巨大销量的条件下,生产出多样化的最终产品(起码在外观和风格上实现多样化)。该公司的年产量为 300 000~400 000 辆,除了以美国汽车业的标准来看,按任何其他标准衡量这都是一个非常庞大的数字。

多数大规模生产过程应该优先选择弹性大规模生产系统。然而,直到最近,机械化与弹性大规模生产结合的难度仍旧很大,适用于大规模生产的工具天生缺乏弹性。

计算机正在迅速改变这种状况。计算机(尤其是小型过程控制计算机)实际上是机器或机床的一部分,克服了弹性大规模生产面临的主要障碍,即工具缺乏弹性的问题。在传统的大规模生产条件下,生产或流程的任何变动都需要整个生产过程停工。变动需要改变机器的设置、清理工具、工作和原材料的位置、变换速度等。只要这些需要手工操作,就会耗费太多时间。更糟糕的是,一种工具的变动需要停下整个生产过程。计算机控制挽回了上述时间损失。计算机能够根据预设指令快速完成变动,只需要几秒或几分钟就能够完成,而不是几个小时甚至更长时间。

这不是自动化(关于机械化和自动化的论述参见第 16 章),而是机械化的大幅度改善。日本和瑞典造船业是这方面的典型例子。20 世纪 60 年代,日本和瑞典两国的造船业在世界上占据了主导地位,几乎把德国、苏格兰历史悠久且经验丰富的造船企业挤出市场。究其原因,并不在于日本和瑞典的工资低。如果说这方面存在差异的话,那也是瑞典企业工人的工资高于德国和苏格兰工人。日本和瑞典造船业崛起的真正原因是应用计算机控制,把传统造船业的独特产品生产系统转变为了弹性大规模生产系统。结果,虽然日本和瑞典的造船企业使用标准化零部件建造船舶,但最终产品在外观、尺寸、结构、速度等方面,都各不相同。与传统的独特产品生产过程一样,建造舰船的工作仍旧按照阶段进行组织,但每一个生产阶段内部都采用大规模生产系统，零部件实现了标准化，而不同零部件的组合几乎具有无限大的弹性。采用弹性大规模生产不止大幅降低了成本，大大提高了建造速度，最重要的是几乎可以准确预测生产周期，并且在造船业历史上首次实现了严格控制调度，做到成品的可靠交货日期可以提前很久确定下来。

计算机控制要求重新设计生产过程，实现这一点的难度非常大且成本高昂，并且需要费时费力对产品和生产过程进行分析。但无论在哪个行业，只要利用计算机把刚性大规模生产转变为弹性大规模生产，就会大大削减成本（有时候削减的幅度达到50%～60%），大幅度提高生产速度，调度也会达到与刚性大规模生产同样的可靠程度，同时使真正的营销成为可能。

弹性大规模生产系统能够生产大量独具特色的产品，但其生产过程是完全标准化的。因此我们可以预测，未来弹性大规模生产会越来越成为主要的大规模生产系统，而刚性大规模生产则越来越局限于生产少量最终产品，消费者对这类产品的根本要求和具体规格具有基本的一致性。

连续生产系统

第四种是连续生产系统，在该系统中生产过程和产品实现了统一。

炼油业是采用连续生产系统的典型案例。炼油厂从原油中提炼出的最终产品取决于使用的工艺，只能生产建厂时预先计划的石油馏分油，且不同油品只能按照固定的比例生产。如果要生产新的馏分油或大幅改变不同馏分油的比例，就必须重建炼油厂。连续生产是化学工业的规则，与牛奶加工或平板玻璃工厂采用的基本生产系统没什么差别。

连续生产是一个整合的系统，其中没有明确划分的阶段，没有零部件，只有一个过程。通常连续生产始于一种基本的原材料，但由于这种原材料（如原油）的特殊性质，能够生产出具有明显差异的最终产品。连续生产系统具有高度的刚性，甚至超过刚性大规模生产。连续生产系统最终产品的多样性往往远超独特产品生产系统。连续生产需要持续不断的高产量。化学工业或平板玻璃制造业典型的连续生产工厂只能在接近峰值产能的情况下运营，否则就不得不关停。

因为连续生产是一个整合的系统，在适合的行业拥有巨大的经济性和极高的生产率，但如果误用连续生产系统，或者没有构建为货真价实的连续生产系统（如前文提到的碱性炼钢业），其巨大的刚性成本和高额的资本成本往往会超过收益。

历史上，许多行业一直根据独特产品生产原则或刚性大规模生产原则加以组织，实际上，连续生产原则才是其中许多行业应该采用的。运行良好的电话系统和多数邮局进行比较，二者在绩效方面的基本差别是，前者遵循连续生产原则，并作为一个真正的系统加以组织，而各地的邮局最多遵循大规模生产原则进行组织，实际上许多邮局仍采用独特产品生产系统，生产过程划分为不同"阶段"，并且不同"产品"（即信件、包裹）采用完全不同的流程。诚然，移动电子脉冲要比移动纸张和沉重的包裹容易得多，但是，只要把采用的生产系统转变为连续生产系统，邮政服务的绩效就会获得大幅度提高。

邮政、货运、客运等所有运输行业，都应该根据连续生产原则加以组织。运输方式往往必须作为一个系统，具有高度的刚性，需要严格调度且彼此相互整合在一起。但毫无疑问，每一封信、每一个包裹，甚至每位乘客，都有不同的目的地，因此"最终产品"几乎具有无限的多样性。这一切只能通过一个系统来组织和交付，从本质上看该系统就是连续生产系统。

每种生产原则的要求和特点

上述四种生产原则各有不同的特点和要求，具备不同的优势和劣势，需要支付不同的成本。

独特产品生产系统往往用于劳动密集型产业。与劳动力成本相比，即使这些产业中实现了高度机械化（且不适合自动化）的行业，资本投资额也相对较低。独特产品生产系统具备很高的灵活性，单个产品的成本很高，但盈亏平衡点很低。独特产品生产系统能够在产量较低或产出波动较大的情况下运行，对技能的要求很高，但对判断力的要求很低，甚至没有要求。

刚性大规模生产系统往往也适用于劳动密集型而不是资本密集型产业，但该系统要求高产量，而且是非常高的产量，即使产出方面的微小变动也会降低该系统的经济性；要求具备高超的生产流程设计和维护技术，只需要很少甚至不需要实际操作技能；要求在设计方面具备高度的判断力，但实际上不需要操作方面的判断力。

弹性大规模生产系统正变得越来越资本密集化，需要大量的初始投资。然而，弹性大规模生产系统也需要大量劳动力；要求很高的总产出，但在产出的构成、产品组合方面具有高度的灵活性；要求在设计并维护系统方面具备高超技能。通常情况下，该系统的实际操作只需要很少的技能，但需要极强的判断力。

连续生产系统要求巨额资本投资。连续生产系统是唯一适合巨额资本投资行业的系统，因此，该系统不适合劳动密集型产业。

任何一个资本密集型同时也是劳动密集型的产业，都可能采用错误的生产原则，它们没有学会如何采用连续生产系统。

典型案例是碱性炼钢业。碱性炼钢业在批量生产过程中主要采用独特产品生产系统，或许没有哪个行业在完善独特产品生产系统方面付出了更多努力、取得了更大的进展。然而碱性炼钢企业的管理层面临着连续生产的难题，因为碱性炼钢要求很高的固定资本投资和连续生产。总体来看，这些要求意味着很高的盈亏平衡点，需要非常高而且连续的业务量，这需要提前很长时间做出基本投资决策。结果导致，碱性炼钢业呈现出资本密集型连续生产系统的成本结构，但同时，该行业几乎没有获得连续生产系统的经济收益。换言之，碱性炼钢业持续受到连续生产系统的成本结构和独特产品生产系统的效益两方面挤压。在高速成长、需求旺盛的时期，也就是通常所说的工业化初期阶段，该行业能够连续数十年获得高利润，但在其他任何一段较长时间内，炼钢业的利润率往往很低，不足以满足行业自身的需求——直到碱性炼钢生产过程从机械性独特产品生产转变为实际上的化学性连续生产。

航空公司和医院也是这方面的例子。这些行业或服务集中了两种系统中最糟糕的特性，如高盈亏平衡点和产品组合刚性，所以其本身非常脆弱。我们往往不清楚如何使这些行业采用真正的连续生产系统，但这些行业在其部分业务中越接近真正的连续生产系统，质量和经济方面的绩效就越好。

连续生产系统的产品组合具有高度的多样性，但弹性较低或没有弹性。连续生产只能生产系统预先设计好的产品；需要极其高超的设计技能；可能像调度员、飞行员以及航空公司的维护人员那样需要很高的操作技能，也可能像典型的炼油业那样几乎不需要操作技能；但连续生产系统需要每位员工具备极强的实际判断力。

可以说，既然产品和生产过程整合为了统一的连续生产系统，那么就算现有市场对新产品没有现实需求，生产过程的调整仍会创造出新产品。化学工业经常出现这种情况，改变一下发生化学反应的温度，可能会生产出全新的最终产品。航空业也经常出现这种情况，当一种新型号、更大的飞机下线时，航空公司就必须创造出新的市场。连续生产系统的特点是产量不能逐步提高。无论是一座新化工厂还是制造新的大型喷气式飞机，其生产的最低数量都异常巨大，所以需要生产及随之而来的市场方面的量子跃迁式[⊖]增长。

遵循独特产品生产原则的企业，管理层的首要工作是获取订单。遵循两种大规模生产原则的企业，管理层的首要工作是构建一种有效的分销手段，培训客户，使其需求与现有的产品种类相匹配。遵循连续生产原则的企业，管理层的首要工作是创造、维护、拓展市场，并开发新市场。

遵循独特产品生产原则的企业，决策的时间跨度很短。遵循两种大规模生产原则的企业，决策的时间跨度会更长，例如构建一个分销体系，可能需要花费10年时间。但是遵循连续生产原则的企业，决策甚至是为了更加长远的未来。连续生产系统的相关设施一旦建成，就相对缺乏弹性，要进行调整就需要付出高昂代价，而且很可能总投资额巨大，市场开发需要长期时间。大型石油公司的营销体系是这方面的典型案例。

每种系统对管理的要求

每种生产系统都需要不同的管理技能和组织方式。独特产品生产系统需要管理者擅长技术。刚性和弹性大规模生产系统需要管理者受过分析思维、调度和计划方面的培训。弹性大规模生产系统和连续生产系统需要管理者接受过把企业作为一个整体、综合性观念以及决策三个方面的培训。

关于员工及其管理，不同生产系统的要求也存在重大区别。独特产品生产系统通常能够随经济波动调整人员，经济不景气时期只保留领班和技术最高超的核心人才。通常，遵循独特产品生产原则的企业能够在人才市场找到掌握其他技能的人才。由于大规模生产行业的工人技能有限，所以他们越来

⊖ 量子跃迁（quantum jump），指在原子或人工原子中，电子在几纳秒或更短时间内从一个能级到另一个能级的不连续变化，此处用来形容连续生产系统中产量和市场的不连续剧增。——译者注

越要求企业保持就业稳定。然而，连续生产系统中的员工代表着企业在判断力方面的投资，所以企业必须努力维持就业稳定。石油公司代表的典型连续生产企业，即使在经济萧条时期也必须努力保持就业稳定，这既不是偶然，更不是慈善。

四种生产原则都是"纯粹"类型。许多企业以及医院等非企业性机构的不同部门最好按照不同的生产原则组织起来。那么，不同的原则应该怎样互相匹配呢？

例如，医院需要遵循独特产品生产原则。即使所有医院的绝大多数患者都患有少数几个高度可预测且重复的病症，如心脏病、分娩等，患者护理仍旧只能遵循独特产品生产原则。与此同时，X光透视、医学检验、物理治疗等医疗服务，必须在本质上遵循弹性大规模生产原则。该原则同样适用于"住院"服务，包括为病人提供饮食、打扫房间等。医院的其他服务则需要遵循真正的连续生产原则。然而，所有这些不同的生产原则都要整合到一家医院、一个管理层、一个流程中，并且必须及时将服务送达每一位患者的病床边。

尽管在一个组织中采用多种生产原则非常困难，但这么做的规则很简单。不同的生产系统能够在同一个组织中很好地发挥作用，但不能在生产过程的同一个阶段内混合使用。

因此，管理者需要了解，他们必须管理的生产过程的不同阶段真正适合采用哪种生产原则，必须分析生产过程每个阶段的内在逻辑，并且如果发现需要遵循不同的原则来组织各阶段的生产，那么就必须尽可能把各生产阶段分离，以免相互干扰。另外，不同的组织不能相互模仿。这要求管理层仔细分析本组织的工作和生产过程，并且了解基本的生产原则及其特征、局限性和要求。

小　结

不同员工在技术熟练程度、知识掌握程度方面有所不同，但所有工作本质上都是相同的，为了实现富有成效，需要遵循同样的步骤，划分为同样的阶段，受到同样的对待，需要分析、综合、控制以及相应的工具。所有工作都必须组织成一个生产过程。生产不是把工具应用于原材料，而是将逻辑应用于工作。有四种"逻辑"，也就是生产原则：独特产品生产原则、刚性大规模生产原则、弹性大规模生产原则、连续（或流水）生产原则。每种生产原则都有不同的应用、不同的要求、不同的成本、不同的缺陷，进而需要不同的管理措施。

问　题

1. 使工作富有成效的四点要求是什么？
2. 工业工程学著作往往认为工作分析始于识别操作，那么工作分析真正关键的第一步是什么？
3. 为什么把岗位安排作为工作分析的一个步骤会给管理者带来难题？
4. 四种不同的生产系统分别是什么？总结一下各自的优缺点？
5. 提高生产绩效的两条通用规则是什么？
6. 什么生产系统适合制造远洋邮轮、赛艇、尺寸为 12 英尺的玻璃纤维帆船？
7. 有多大比例的美国工人在流水装配线上工作？
8. 大规模生产系统中，生产过程的哪些部分实现了标准化？这与独特产品生产系统的标准化有什么不同？

9. 当亨利·福特说"顾客可以选择任何颜色的汽车,只要它是黑色的",说明了大规模生产的什么特征?
10. 相比美国三大汽车巨头对刚性大规模生产系统的运用,美国汽车公司为什么处于劣势?
11. 计算机在弹性大规模生产中有什么作用?

第16章 | CHAPTER 16

使工作富有成效：核查与工具

工作是一个过程，而任何过程都需要加以控制。因此，要使工作富有成效，需要在工作过程中构建合适的核查机制。

具体而言，生产过程中需要的内部核查涉及下列方面。

- 生产过程的方向。
- 产品的质量。
- 在特定时间和工作投入条件下生产的产品数量。
- 机器维护或生产安全等方面的标准。
- 经济性，也就是资源的使用效率。

每个工作过程都需要构建自身的核查机制。没有所谓"标准的"核查机制，但所有核查机制必须满足一些基本要求以及若干相同的总体规范。

首先需要搞清楚的是，对工作过程进行核查意味着对工作的控制，而不是对员工的控制。控制是员工的工具，而绝不是员工的主人，也绝不能成为做工的障碍。

有关核查成为做工障碍的最极端案例并非出现在制造型企业，而是出现在零售企业和医院。这两个行业有无穷无尽的文书形式的核查，核查自身已经转化为一种目的，甚至已经达到严重干扰并拖慢工作节奏的程度。

在医院里，方方面面都需要进行核查，包括医疗记录、开票、医保索赔处理、患者私人医生的要求等。多数医院通常安排护士处理这些堆积如山的文书，导致护士整天伏案工作，没时间照料病患。显然，这种核查机制存在严重的问题。矫正措施也很简单：医院安排一名专门从事行政工作的年轻管理培训生担任楼层文员，负责相关信息的处理工作，包括为从事护理工作的护士提供所需信息。由于管理培训生的工资要远远低于护理人员，所以从经济上看该措施非常划算，而且最重要的是恰当使用了珍贵的专业护理技能。

管理者应当牢记，控制要遵循经济原则，而不是道德原则。控制的目的是使生产过程顺利、合理且符合高标准。对控制系统要问的第一个问题就是，能否以最低的成本将生产过程控制在允许的偏差范围内。花费1美元去保护99美分不是控制，而是浪费。需要询问的正确问题是："维持生产过程所需的最低控制水平是什么？"

西尔斯公司的创始人早在70年前就已经清楚地认识到了这一点。在早期的邮购行业，消费者使用金属货币支付，这些货币不需要一一计数，直接被称重。西尔斯公司做了大量检测，清楚地知道金钱总额与重量之间的对应关系，这种程度的控制已经足够了。

其次需要搞清楚的是核查的基本特性。核查机制必须预先设置，必须提前做出关于期望的绩效和可接受的偏差的决策。需要控制的事项本质上必须是"例外"，只有显著的偏差才能触发核查机制。只要生产过程在预先设置的标准范围内运行，就表明一切正常，无须采取任何行动。

再次需要搞清楚的是，控制必须通过所从事的工作的反馈来实现，工作本身必须能够提供反馈信息。如果必须不断地对工作进行检查，那就没有控制可言了。

这意味着非常重要的一点是，检查不是控制。当然，产品和服务需要进行检查，尤其需要最终检查，但如果把检查用作控制，很快就会变得过于烦琐和成本高昂，拖累生产过程。最重要的是，即使每件产品都经过检查和分析，那也不是真正的控制，最终产品仍可能质量低劣、缺陷过多、故障重重。

故障可能出现的位置必须进行控制，所以控制行动可以由机器自身来执行，这如同现代住房中中央供热系统的恒温器一样。

或者也可以提醒员工采取适当的矫正措施，这也是反馈控制。重要的不是谁采取行动，而是采取什么行动。同样重要的是，需要采取的行动是工作过程本身的结果，且处在适当的位置，也就是说，处在矫正生产过程或改变生产过程方向之处（如关闭或打开供热系统）。

这意味着控制系统必须指明需要进行核查的关键位置。这不是一个技术决策，而是一个管理决策。系统中的哪个位置具备足够信息使我们知道是否需要采取控制措施？系统中的哪个位置具备采取有效行动的空间？在其他位置进行控制是不可取的。同样不可取的是，如果采取控制措施的时间太晚就会无法避免损失。生产过程的哪个部分需要持续控制？哪个部分只需要在特定阶段进行控制？哪里需要预防性控制，或最好在生产过程的初期阶段进行控制？本质上属于补救性举措的控制应位于何处？在设计控制系统时，人们很少思考上述问题。然而，除非思考并回答这些问题，否则难以设计出真正满足工作过程需求的控制系统。

常规与例外

控制系统能控制的只是正常生产过程。控制系统必须能识别真正的例外情况，但不能采取处理措施。控制系统只能确保例外情况不会阻碍生产过程。

例外情况永远无法预防，但能够将其从正常工作过程中隔离，继而被作为异常现象单独处理。要求控制系统关注例外情况，会对工作过程和控制系统本身造成误导和破坏。试图识别进而处理例外情况的控制系统将破坏工作过程，会为了尚不为人所知的3%而牺牲掉已知的97%。

最能说明这一点的案例是人寿保险公司的信息处理业务。每家人寿保险公司每天都要处理大量死亡索赔业务，而且每家人寿保险公司都知道必须快速处理死亡索赔业务，否则很快就会丧失市场地位。因此，在很早以前，每家人寿保险公司就都已做出了下述规定：常规死亡索赔业务必须在24小时内结清。

绝大多数（远高于90%）死亡索赔都是常规业务，只需要简单核对一下所需的表格是否齐全，所需资料是否已备好，几秒钟之内就可以确定相关情况，如果答案是肯定的，就允许发放款项。

只有在少数情况下所需资料才会不完整，有时死亡证明不见了，或者缺少医生的签字，还有可能没说清死亡原因。其他偶尔可能出现的情况是死亡证明上的姓名与保单上的姓名不一致，或者年龄存在显著差异，以及其他类似的文件方面的不足。

人寿保险公司在收到死亡索赔申请后，会根据字母顺序（有时按照地区顺序）排序，然后交给索赔办事员处理。直到最近，多数美国公司都还是要求索赔办事员处理各自负责区域内的全部索赔申请。这通常意味着，该办事员在处理了一打申请后会遇到一个无法按照常规流程处理的索赔申请，接下来办事员会着手处理该申请。有时候办事员能够在几秒钟内解决掉，也许可以把适当的表格寄回给当地的代理人，要求提供缺乏的某项资料。但有时候办事员必须花费半个小时甚至一个小时来处理一个索赔申请，结果导致后面的常规死亡索赔申请被耽搁，到中午 12 点时，该办事员的工作进度通常会远远落后，本应已批准付款的常规死亡索赔申请不能及时办妥。

典型的英国人寿保险公司对此采取了不同的处理方式。这些公司的理赔办事员会首先检查每一笔理赔申请是否符合常规，并把所有不能简单处理并迅速付款的索赔申请立刻交给特定的"专家"小组。该小组通常由年纪较大、经验非常丰富的办事员构成，他们会接手处理这类索赔申请。与此同时，常规的索赔处理流程并未中断。

然而，欧洲大陆国家和日本的若干人寿保险公司发明了处理该类申请的另一种方式：办事员把不能够立即结清的索赔申请单独放在一个桌子上，同一个理赔部门的其他三四名办事员同样如此。当常规索赔即将处理完毕，非常规索赔逐渐累积之后，也就是在上午 10 点半到 11 点左右，办事员会根据当时各人的工作量情况分摊有待处理的非常规索赔申请。

美国人寿保险公司惯用的制度是对控制的误用，导致常规情况服从例外情况。英国人寿保险公司的制度能够实现有效的控制，排除了正在进行的工作流程中出现的例外情况，但该系统会使员工感受不到自身的价值，对机械生产过程而言是一个完善的控制系统，但对人类工作而言并非如此。欧洲大陆国家和日本人寿保险公司的制度既能够满足工作的需求，又能够满足做工的需要。

常规的模式

常规情况有三种模式。第一种是输入和输出都高度标准化的模式。刚性大规模生产和弹性大规模生产都属于该模式。

寿险理赔也属于该模式。由投保人的死亡事件而提出的索赔申请，其输入完全是标准化的，其输出为索赔支票，同样完全是标准化的，区别仅在于不同支票的金额差别,当然,支付的金额由保单本身预先决定了。寿险理赔的处理是刚性大规模生产系统的完美案例,甚至要比汽车流水装配线更能代表刚性大规模生产系统。在这种常规模式下,控制就在于组织人手推进常规流程,筛选并单独处理例外情况。

第二种模式是表面上显现出多种情况,但实质上代表一系列高度常规化的子模式,相关例子是火险、盗窃险、海上损失险等灾害保险。此处风险和索赔的种类似乎使人眼花缭乱,但实际上只有不到六种子模式。

当一个生产过程看起来无法预测时,实际上最可能的情况就是假定该过程包含若干非常标准化的子模式。之所以显得不可预测,只是因为各种子模式相互干扰。医院就是这方面的案例。每位住院的患者看起来都是独一无二的,没有任何模式可言,然而除了极少数患者之外,其他所有患者都属于12种左右标准类别。此时,设计控制系统的关键在于识别这些子模式。接下来,每种子模式都能够实现常规化并设置标准,从而构建控制系统,以确保工作过程在预先设定的可接受偏差范围内运行。

第三种模式是独特事件占主导的模式。这种模式在制造业中很少见,甚至独特产品生产系统往往也包括少数几种高度可预测的、重复的子模式,但一些服务性工作中会非常频繁地出现独特事件。

职工赔偿保险为员工因工受伤及其收入损失提供保险,还为遭受事故及因职业病产生的医疗费用和康复费用提供保险。职工赔偿保险在很大程度上就是一种独特的工作过程。没有两例这类索赔申请是真正相同的,每一项索赔申请都必须作为一项单独的申请加以处理,不仅涉及应付的款项,还牵涉所需的医药、外科手术、康复治疗等。每一项索赔申请都要求不断地改变工作方法和使用的工具,以便消除或减少未来可能发生的风险。职工赔偿保险公司的理赔办事员必须拥有处理索赔的全权。绝大多数索赔都要求迅速得到处理,并成功地用于治疗和康复,以使雇主和受伤的员工都感到满意。职工赔偿计划的医疗绩效要优于多数其他医疗实践。

处理这种独特事件占主导的模式，需要彻底思考并明确界定相关标准。每一项单独的工作，例如已解决的职工索赔申请，在索赔调查、所需的医药或外科手术的管理工作、处理申请所需的时间等方面必须满足的最低标准是什么？换言之，理赔办事员衡量并指导自己工作的标准是什么？可以确定，即便是在这种独特事件占主导的模式中，也存在一些子模式，只不过子模式的数量过多，且每一种都只占全部现象的一小部分，因此无法为每种子模式设计一种控制系统。唯一且非常有效的控制是确定各种标准，这些标准能够帮助员工界定各自工作范围内的常规情况，并开发相应的控制措施。

由于最后一种模式是教学、医疗实践以及其他所有专业工作等知识工作的典型模式，所以显得尤其重要。专业人员往往独自开展工作，从定义上讲，专业人员处理的独特事件至少在个别专业人员接触的小圈子里是独一无二的，因此相应的控制也必须根据其自身的标准进行。当今时代，无论教师、律师还是医生，都普遍对专业工作怨声载道，这在很大程度上就是由于缺乏这类控制标准，也就是说，缺乏适用于独特事件占主导的模式的控制系统。

工作和工具

使工作富有成效的最后一步是为工作配备恰当的工具，这些工具可能是锤头、镰刀等实体工具，也可能是会计报告等概念工具。

不同种类的工作需要不同的工具。工具的种类千千万万，既有非常简单的又有非常复杂的，既有非常大的又有非常小的，甚至有些工具即使最厚的书也无法详尽地加以分析和描述，并且工具设计、工具组织和工具应用是技术议题而非管理议题。

然而，工业生产、信息处理、知识工作等领域的管理者，都需要理解工具应用对管理层的基本要求。

第一条简单规则是工具并不是越大越好。需要员工付出最少的努力和最小的能耗，并以最简单的方式完成相关工作的工具，就是最好的工具。

与普遍看法相反，多数流水装配线上的工作虽然是彻底机械化的，但往往是用小型手工工具完成的，这些工具往往被改造得适用于需要完成的特定工作，但依然是锤子、螺丝刀、锥子、钳子等。完善的流水装配线机床能够在合适的时间和地点为员工提供完成既定工作所需的最简单工具。

对于管理者来说，正确的问题不是"有更大的工具来完成这项工作吗"，相反，正确的问题始终都是"完成这项工作所需的最简单、最小型、最轻便、最容易的工具是什么"。

第二条简单规则是工具必须服务于工作。工作不是为了工具而存在，而是为了工作而存在。今天的计算机用户时常违反这条规则。他们往往沉迷于新一代计算机的容量、速度、内存和计算能力，结果导致新计算机上市时，人们疯狂地为计算机寻找能做之事。最终，计算机被用来制造无穷无尽没人想要、没人需要、没人能用的垃圾信息。简而言之，工具反客为主，变成了目的。

使工作服务于工具而非工具服务于工作的论据通常是，"资本投资非常庞大，工具唯有始终处在运转状态才能证明其存在的合理性"。诚然，大量资本投资被闲置是一种严重浪费，且无论工具发挥作用与否，资本成本都在持续付出，然而承受这些成本仍然要比使用昂贵工具制造垃圾划算得多。相比什么都不生产，使用计算机制造昂贵的垃圾造成的浪费要多得多。

机械化和自动化

关于工具和工作方面，管理者最重要的是知道工具是工作和做工之间的桥梁。工具既服务于工作，又服务于员工，因此工具的设计建造必须既能使工作富有成效，又能帮助员工取得成就。这就要求管理者理解机械化是什么以及恰当的机械化由哪些因素构成。

机械化是最近这些年出现的新词汇。多数人往往认为机械化只涉及现代工具，也就是采用先进技术的工具，但实际上所有工具都属于"机械化"。在过去的数千年中，人类使用的主要能源从人和动物的生物能转变为风能和水能，后来又转变为化石能源和核能，但工具的变化并不大。所有工具要么是人类自身的延伸，像锤头一样扩展人的身体，或者像乘法表、计算机一样扩展人的思维；要么提供人类身体不具备的能力，如车轮或斧头。但所有工具都从属于人，并因此而必须为人的两种需求服务：使工作富有成效、帮助员工取得成就。

对技术成为人类的主人，反过来奴役人类的担忧完全是杞人忧天，实际上这种论调多出自一些对技术一窍不通，更谈不上理解之人。然而，机械化确实存在被滥用的危险。机械化要得到正确应用，就必须不断拓展人的能力范围，必须不断提高人取得成就的能力。如果机械化不能做到这一点，那么其设计就是糟糕甚至失败的，甚至不会使工作更加富有成效，实际上反而会降低产出。

具体而言，存在两种需要密切关注的危险。

第一种危险是把人当成机器的一部分。人类非常不适合被当成机器的零部件，如果不恰当地把人类努力设计为生产系统的一部分，使之从事机器的工作，那么该系统的成效会非常差。

第二种危险是把工具滥用为导致工作团队成员彼此产生冲突的因素，进而使通过做工建立社区纽带的基本需求遭受挫折。

亨利·福特建立的汽车流水装配线显然存在上述两种危险。汽车流水装配线上的工人实际上就是机器的一部分。对于那些本应由机器来从事的工作，由工人从事则必然效果非常差、速度非常缓慢、态度非常草率。这是人以相同速度和节奏一遍又一遍地做重复性动作导致的必然结果。更糟糕的是，汽车流水装配线上的每位工人都是其他工人的威胁，而不是资源。如果流水装配线上的某人做得快了一些，就会对旁边的工人造成威胁。若某人以最富有成效的方式做工，也就是变换速度和节奏，那么就会威胁到所有其他工人。而且，某位工人不能通过更好地做工来帮助身边的工友，人人都被束缚在自己的操作岗位上。

当机械化成为做工的障碍，或者说，当最有利于使工作富有成效的工具反而可能会损害做工和员工时，该怎么办？在多数情况下，可行的做法就是对机械化重新进行设计；另一个做法则是超越机械化，发展自动化。

自动化也是新近出现的一个词语，由福特汽车公司的一位高管在20世纪40年代末提出。然而，自动化的观念却古老得多。

说明自动化含义的最佳案例要比该词语的出现早数十年，当然也要比该现象引起公众关注早得多，这个案例就是电话系统。如果"不经人手"，电话系统就无法运作，其运行也离不开人工操作。用户拨打想要接通的电话号码时，就是对电话系统进行编程，这就是"人工操作"，但有了这些指令，系统就会自动运行，切换到合适的频道，并返回一个信号告诉拨号人电话是否已接通，并在通话结束时断开连接。该系统还能够从事其他簿记工作，如记录通话账单等，如果有需要，还可以轻易执行向维修中心发送线路故障的信号等额外杂务。

电话系统体现了自动化的四项原则。

第一，整个过程被视为一个系统，可以说，既没有起点也没有终点，一切都彼此紧密协调。

第二，自动化系统的基础是假定自然领域的现象可靠且可预测。

第三，自动化系统通过反馈实现自我控制。

第四，员工实际上不进行操作。

员工负责编程，根据系统预设处理的模式范围内的判断来做出决策。他们要么可能完全不懂技术，如同电话用户一样；要么具有极其高超的技术，如同那些在完全由自动化设备生产出来的计算机等自动化设备上设计芯片的人一样。但无论是否掌握技术，员工都具备辨别力，他们的工具是判断力而不是体力技能，甚至概念技能。

无论何时，只要机械化发展到员工能够被设计为机器的一部分，我们就能够发展自动化了，我们可以设计一台机器来从事机械性工作。在既定条件下，这可能不值得或不划算，我们甚至可能没有相应的技术来实现这一点，但这总是有可能的，而且最佳选择不一定是重新设计机械化，使之既服务于做工又服务于工作，这是一种值得认真对待的选项。

自动化不是机器的排列，也不是机械化的终点，而是一种完全不同的观念，能够在没有任何机器的情况下完美地发挥作用。算盘实际上就是一种完全与电子计算机同样复杂和先进的自动化数据处理工具。算盘运算不需要机器和先进技术，但体现了自动化的基本理念。

任何工作都需要合适的工具，所以任何工作都需要实现机械化。"巧匠的手艺取决于良器"，但同样正确的是良器只有在巧匠手中才能发挥作用。所以为工作设计工具时，管理者必须同时考虑两个维度：工作维度和做工维度。

超越体力工作

工作分析、生产原则、核查、工具等，首先是为了解决体力工作遭遇的难题。问题在于，同样的方法、观念和原则能否应用于非体力工作？

毫无疑问，同样的方法和原则能够应用于那些从事非技术性生产的体力工作，也就是那些不属于农业、采矿业、制造业的"服务性"体力工作。此外，同样的途径、方法、原则能够无须改变就用来处理信息，也就是大多数文书工作。

提供保单、处理订单、开票、键控穿孔以及多数会计工作，本质上都是生产性工作。实际上，多数文书工作都遵循大规模生产原则（要么是刚性，要么是弹性），遵循同样的工业工程原理，也就是与体力工作相同的工作分析、生产过程和控制。

从工作的原理来看，多数真正的服务工作与生产产品的工作没有根本性区别。零售商店的销售工作基本上属于弹性大规模生产工作。个别的销售彼此差异很大，但销售的过程几乎没什么不同，并且各部分能够以标准化方式组织起来，最好的组织方式是给销售员一份预先设计的常规流程，配备适当的工具，并且留出较大的自由裁量范围。然而，除非常规流程设计得当、工具称手，否则即使经验丰富的销售员做出最佳判断也不会转变为实际销售额。

然而，可能会让多数人感到吃惊的是，我们知道同样的途径、方法和原则也适用于应用和学习已知知识的工作。

几千年来，人们不断谈论改善教学工作，但始终效果不明显，直到20世纪初，一位教育家询问"最终产品是什么"，显然，答案不是教学，而是学习。后来，另一位教育家，同时也是医生和教师的意大利人玛利亚·蒙台梭利（1870—1952）⊖最早系统分析教学工作，并将各部分系统地整合为一个过程，当然，她并没有意识到自己在从事工作分析和综合。蒙台梭利自己的

⊖ 玛利亚·蒙台梭利（Maria Montessori），意大利医生、教育家，创立了一套针对儿童教育的蒙台梭利教育法，目前仍在世界各地的许多公立和私立学校中使用。——译者注

系统当然不是"最终答案",但她的方法为所有后续工作奠定了基础。例如,瑞士心理学家皮亚杰[一]对儿童学习方式的研究,美国的行为主义研究者把学习视为有自身的逻辑与控制系统的动态持续工作过程。这些人的研究成果已经通过英国的"开放课堂"体现在现实的学习环境中。这可能是教育领域的第一次重大变革,也是第一次系统化的学习工作,其方法是对工作进行具体的分析,接着整合为一个过程(介于弹性大规模生产和真正的连续生产之间),继而设计合适的控制系统,并提供恰当的工具。

上述案例表明,应用知识和学习知识之类的工作,与任何其他工作在本质上没有区别。当然,彼此的产品、原材料和工具都完全不同,但生产过程基本一致。在知识的应用过程中,蕴含着使工作富有成效的最大管理机会之一。

在工商界,我们需要把现有知识的应用和获取组织为一项系统性工作。工商界最引人注目的领域或许就是各个产业的开发工作,也就是把新知识转化为有市场竞争力的产品或服务的工作。这些知识是研究或发明产生的结果。现在需要的是应用我们已知的知识,总体来看,这一点尚未系统地实现,然而根据工作的方法来组织开发工作的行业(同样主要遵循弹性大规模生产原则),例如一些制药企业,成果一直异常显著,工作进展迅速、富有成效、开发的产品或服务很可能会取得经济上的成功。

上述系统方法论的适用性尚未得到证明的一个领域是新知识、发明或研究的创造。然而,我们有足够理由相信,同样的方法论起码应该适用于大量这类工作。

19世纪最富有成效的发明家或许是爱迪生,他运用系统方法使发明工作富有成效。通常在开始阶段,爱迪生会对想要的产品有一个清晰界定,继

[一] 皮亚杰(Jean Piaget),瑞士心理学家,提出认知发展理论,是20世纪发展心理学领域的权威理论。——译者注

而把生产过程分解为各个组成部分，并确定各部分之间的关系和先后顺序。他会在关键点设置核查机制，并制定相关标准等。可以肯定的是，爱迪生的方法并没有消除"创造力火花"，他尝试且成功地为创造力奠定了系统基础和方法基础。爱迪生的途径可能是正确的，原因是他的许多显然缺乏卓越创造力的助手也凭借自己的努力成了著名发明家。其中一位是弗兰克·斯普拉格（1857—1934）[1]，据说他天赋平平但特别勤奋，促成了有轨电车的发明。

迄今为止，我们仅有几个孤例能够表明系统方法论在发明领域的应用潜力，却不足以证明其一定会产生上述显著的成果。显然，方法论必然存在适用的范围——艺术家的构想超出了该范围，而他的工作并未超出。但是研究工作，也就是有组织地探索新科学知识或产业知识，很可能属于该方法论的界限范围内。

小　结

我们需要控制生产的方向、质量、数量、标准及经济性。控制是员工的工具，而不能反客为主成为做工的障碍。控制遵循经济原则而不是道德原则。控制不能处理例外情况，只能确保例外情况不会成为常规过程的障碍。控制必须符合常规的模式，而仅有三种常规模式。工作也需要合适的工具，从钳子到计算机不一而足。工具是工作和做工的桥梁，必须与二者相匹配。工具可用于机械化或自动化，二者各有其应用范围和要求。分析、把各项操作综合为生产过程、控制、工具代表的系统性工作管理虽然发展自体力工作领域，但能够应用于所有工作，包括文书工作、服务工作、信息处理工作、运用和学习已知知识的工作等。

---

[1] 弗兰克·斯普拉格（Frank Sprague），美国发明家，1883 年担任爱迪生的助手，其发明主要集中在电机、电梯、电气化铁路等领域。——译者注

问　　题

1. 控制系统的目的何在？
2. 为什么记住控制遵循经济原则而不是道德原则非常重要？
3. 控制系统必须如何处理例外情况？
4. 检查和控制的区别何在？
5. 比较美国、日本、英国处理人寿保险索赔的不同方法。
6. 常规情况的三种模式是什么？分别举例说明。
7. 工具是工作和做工之间的桥梁，这句话怎么理解？
8. 自动化的四项原则是什么？
9. 系统方法论在哪个领域的适用性尚未得到证明？

CHAPTER 17 | 第17章
做工与员工：理论和实践

第二次世界大战前后，人际关系学派的著作首次受到管理者的关注。从那时以来，有关动机和成就、工业心理学和工业社会学、工作中的人际关系和工人满意度的著作、论文、研究报告就如雨后春笋般纷纷涌现。事实上，关于如何管理员工和做工的文献起码在数量上要超过管理的任何其他领域。

X 理论和 Y 理论

这方面最畅销、最经常被引用的著作是道格拉斯·麦格雷戈的《企业的人性面》，该书认为管理员工面临两个基础性选择：X 理论和 Y 理论。麦格雷戈的 X 理论大致是管理员工和做工的传统方法，假定人是懒惰的，讨厌并逃避工作，必须受到驱使才会动起来，既需要胡萝卜也需要大棒，换言之，既需要奖励也需要威胁。该理论假定多数人不能为自身的行为负责，必须被照料。与此对照，Y 理论假定工作是人的一种心理需求，人们渴望取得成就，愿意承担责任。X 理论假定人是不成熟的，Y 理论假定人想要成为成熟的人。

麦格雷戈提出的这两种理论可以互相替代，他表面上对二者一视同仁，但没有读者会怀疑或者有意怀疑麦格雷戈本人发自内心地相信 Y 理论。

有大量相当有说服力的证据支持 Y 理论。多数员工，甚至包括那些对老板和组织抱有敌意的人，都希望喜欢自己的工作并想要有所成就。在多数工作岗位上，即使最没有归属感的员工也能设法找到让自己满意的事情。

这一点最早在 20 世纪 40 年代末被揭示出来。当时通用汽车公司组织了一场大型征文比赛，主题为"我的工作及喜欢它的原因"。大约 19 万名工人参与比赛并讨论自己从事的工作——这是迄今为止我们得到的有关工人态度的最大样本。内容显示，许多人对自己的工作怨声载道，但更多人有理由喜欢自己的工作，以及工作过程中遭遇的种种挑战、实现的成就、得到的满足以及若干真正的激励因素。

然而，事情远没有麦格雷戈的追随者试图让我们相信的那么简单。首先我们已经了解到，单靠 Y 理论本身是不够的，通过让员工负责并追求成就来管理员工和做工，对员工和管理者都提出了非常高的要求，这一事实麦格雷戈后来才注意到。

马斯洛的批判

已故的亚伯拉罕·马斯洛是 Y 理论的狂热拥趸，他指出 Y 理论的要求实际上确实非常高。马斯洛花费了 1 年时间与南加利福尼亚州一家尝试践行 Y 理论的小企业㊀密切合作。在马斯洛总结此次经历的著作（《优心态管理》）

㊀ 指非线性系统公司（Non Linear Systems），1952 年由马斯洛的崇拜者安迪·凯创办，1962 年 6 月，马斯洛应邀到该公司参观访谈，并撰写了一系列管理笔记，1965 年以《优心态管理》(*Eupsychian Management*) 为名出版。——译者注

中，他指出让员工负责任并取得成就的要求，可能只有非常强势且健康之人才能达到，进而尖锐地批评Y理论对那些不能承担责任、难以自律、弱势、不完全健康群体的"非人性化"。马斯洛得出结论认为，即使那些非常强势且健康之人也需要秩序和方向带来的安全感，并且弱势群体需要保护以免承受责任的重担，这个世界并不是全部由成熟之人构成，其中相当比例的人永远都不会成熟。

然而，马斯洛并没有因此得出结论认为，家长式管制是唯一的管理方式和对工人仁慈的唯一方式。他的结论重要得多，也有效得多。直到几年后去世时，马斯洛始终是Y理论的忠实拥趸，但他认为仅仅解除对工人的束缚是不够的，管理者必须用另一种不同的安全感与确定性结构来取代X理论带来的安全感与确定性结构。遵循X理论的命令和惩罚必须由遵循Y理论的其他方式做出。换句话说，Y理论必须远远超越X理论，而不能简单地替代后者。

这是一个重要的洞见。我们对Y理论的所有经验都清楚地证明了这一点。

从马斯洛的上述著作中得出的一个结论是，Y理论并不像许多拥护者认为的那么宽容。遵循Y理论的管理并不是不受约束的自由，对员工不是纵容，更不是溺爱。遵循Y理论的管理者是一位严厉的监工，他在某些方面甚至比被其替代的遵循X理论的监工更加严厉。遵循Y理论的管理必须能够取得遵循X理论的管理取得的成就，并且要更多——否则就证明Y理论的要求太高、负担太重，人类无法满足。

现在已经很清楚了，X理论和Y理论并不是像麦格雷戈坚决主张的那样是关于人性的理论。毫无疑问人人都知道，既有懒惰、精力不济之人，又有勤快、精力充沛之人。更重要的是，日常生活经验告诉我们，同样的人对不同环境的反应区别很大。人们有可能懒惰，甚至会抵制工作，以至于有时候故意破坏工作，他们可能有实现其他目标的动机，显然并不仅仅是人性或人格结构的问题。或者至少人性彼此不同，在不同条件下的行为表现也不同。

现代美国俚语往往说人被任务、工作、老师或老板"打开"（turned on）或"关闭"（turned off）。有人批评这种用法泯灭人性，有人说，这些俚语似乎把人当作电器一样。但日常经验表明，这恰恰是许多人的行为方式表现出的特征。有些人只是被动反应而不是主动行动，激励、动力、冲动都来自外部。

但这些与 X 理论和 Y 理论都不兼容，意味着决定人们如何行动以及适合什么管理方式的不是人性，而是岗位结构和工作结构。

我们现在也知道，个人能够学会取得成就所需的好习惯，但也有可能习得招致失败的恶习。这一点同样与关于人性的 X 理论和 Y 理论不兼容。

当前的新现实

因此，围绕 X 理论还是 Y 理论更具科学有效性的争论在很大程度上是没有意义的。管理者需要问的不是"哪种人性理论是正确的"；而是"当前面对的现实是什么，以及在当前形势下，如何才能更好地完成管理员工和做工的任务"。

遵循 X 理论的传统管理方式，也就是胡萝卜加大棒式管理不再有效，这虽然令部分管理者不快，但仍旧是不可避免的基本现实。在发达国家，胡萝卜加大棒式的管理甚至已经不再适用于体力劳动者，更不用说知识工作者了。现如今，管理者手中的大棒越来越不称手，胡萝卜也越来越没有激励效果。

所谓管理员工和做工的大棒，就是饥饿和恐惧。在每一个传统社会，除了极少数人之外，其他所有人都很难维持生计，往往在饥饿的边缘挣扎。如今，即使中等富裕国家的经济发展水平也已远远超过维持生计的水平，甚至非常贫穷的国家也已达到这一水平。今天,每个发达国家的工人都知道,如果自己失业了,家人也不会饿肚子,虽然他可能买不起许多自己想要的物品,但活下去显然没有问题。

即使在那些仍然存在恐惧之处,恐惧也往往不再具有推动作用。不仅如此,恐惧日益成为一种负向激励因素。造成这种状况的一个原因是教育的普及,另一个原因是组织社会的出现。更高的教育水平提高了人们的就业能力,也赋予他们更广阔的视野。当今社会,即使受教育水平很低的人也知道抓住机会。在组织社会中,人们有可能找到一份不同于以往的新工作。失业虽然不是一件好事,但也绝不再是一场灾难。

现代行为心理学已经证明,巨大的恐惧会驱使人们行动,但残存的恐惧(例如当今多数美国工人内心感受到的恐惧)只会招致怨恨和反抗。在所有发达国家,人们内心残存的恐惧已经丧失了强制力,不再具有推动作用。恰恰因为残存的恐惧缺乏全部力量和完整信度,所以会破坏人们的工作积极性。

大棒与小棍子

在人们真正相信的地方,巨大的恐惧仍发挥着推动作用。一种"治疗"酗酒的新方法取得了令人完全意想不到的成功,证明了这种观点。据说人人都知道真正的"酒鬼"无法戒酒,直到穷困潦倒为止,但许多雇主现在发现,如果告诉酗酒的工人若不戒酒将被解雇,并把相关情况通报给他潜在的新雇主,使其不可能找到新工作,那么很大比例的酗酒工人确实能够戒酒,而且是永久戒酒。

但除了这种特殊情况,曾经有效的大棒——巨大的恐惧,在今天发达国家的管理者手中已经不再能够推动工人富有成效地工作。试图使用小棍子,也就是残存的恐惧,是极其愚蠢的。当然,任何组织都需要纪律手段,但其作用和目的在于处理小摩擦，而不能产生推动作用。如果纪律被误用于推动工人工作，就只会造成怨恨和反抗，反而会产生负向激励作用。

胡萝卜的滥用

作为胡萝卜的物质回报，并没有像令人恐惧的大棒一样丧失作用。相反，胡萝卜方式已经变得过度有效，以至于必须谨慎使用。换言之，该方式已经变得过于强大而变为一种不可靠的工具。

现在几乎每家报纸的周日版都会刊登一篇博学的社会学家或哲学家撰写的关于人们正在超越物质层面的满足的文章，而同一份报纸的工作日版或周日版的头版，总会报道各种员工群体（教师、电工、记者、消防员、售货员、码头工人等）正提出有史以来最大幅度的涨薪要求或已经获得最大幅度的涨薪。

实际上没有丝毫证据表明上述群体已经超越了物质层面的满足，相反，富裕意味着人人都相信物质回报是而且应该是唾手可得的。美国劳联的主要创始人、直到去世前一直担任主席的塞缪尔·龚帕斯（1850—1929）㊀曾经用一个词概括工会的目标——"更多"。如果换作今天，他肯定会把工会的目标改为"多得多"。无论人们如何歌颂反物质主义㊁，它始终只是个神话。起码迄今为止，现实是无可争议的，人们对更多商品和服务的期望日益增长。

这种日益增长的需求最终必然受到地球资源总量和环保需要的限制。起

㊀ 塞缪尔·龚帕斯（Samuel Gompers，1850—1924），1886 年成立美国劳联（American Federation of Labor）并长期任主席，把美国工会运动的目标从社会问题转向工资、福利、工时、工作条件等"面包和黄油"问题。本书原书中龚帕斯的卒年有误。——译者注

㊁ 反物质主义（Antimaterialism），反对消费主义的社会政治意识形态，与反全球化、环保、动物权利运动存在重叠。——译者注

码在可预见的未来，这将意味着给人们带来满足的因素将以更快的速度从商品转变为服务，随之而来的是从物质密集型的需求和购买转向劳动密集型，尤其是"知识劳动密集型"的需求和购买。而日益增长的原材料价格和生态成本，将对人们比以往更多甚至多得多的金钱需求产生火上浇油的作用。

正是人们对物质的期望日益增长，使作为物质回报的胡萝卜越来越成为一种效果平平的推动力和管理工具。

要想推动员工热情投入工作，所需的加薪幅度必须更大才行。随着人们的所得越来越多，他们甚至不会满足于小幅增长，更别提降低了，他们期待的是大幅增长。如今，几乎每个发达国家都饱受无情的通货膨胀压力困扰，这当然是主要原因之一。数年前，5%的年工资增长率会让人们产生极大的满足感，而今，卡车司机、教师、医生等纷纷要求40%的年工资增长率，预计实际会达到20%的年增长率。

这可能是马斯洛需要层次理论的一种表现形式，即一种需要越接近被满足，要获得同等的满足感需要的所得就越多。但是，人们对获得物质满足的要求越来越多，同时伴之以价值观的改变，这根本不符合马斯洛的设想。经济激励正日益成为权利，而不再是回报。加薪以往都是对卓越表现的回报，但很快就成了一种权利。管理者拒绝给员工加薪或只允许给少部分人加薪变成了一种惩罚。

无论如何解释，日益增长的物质奖励需求破坏了其作为激励因素和管理工具的作用。管理者必须尽量淡化物质奖励的作用，而不是将其作为胡萝卜。只要大幅（而且是不断地大幅）加薪被作为一种激励因素，使用物质奖励就会弄巧成拙。预期的激励效果有可能会实现，但成本将高出收益，会消耗掉提高的生产率。在管理人员的优先认股权及额外薪酬计划、其他层级员工的加薪和奖金等方面，这在很大程度上已经不幸地成为现实。

毒副作用显现

这也意味着胡萝卜的社会副作用已达到有毒的程度。有效的药物总有副作用，而且剂量越大副作用越强。物质报酬和奖励的确是良药，因此必然有副作用，随着达到药效所需剂量的增大，副作用也更加凸显，危险性也更大。特别是（如本书第14章指出的）总收入越高，对薪酬差异的不满就会越强烈。从20世纪40年代末通用汽车公司以"我的工作及喜欢它的原因"为主题的征文比赛至今，全部研究都表明，与同事的收入进行比较产生的不满是破坏工作积极性、阻碍激励措施发挥作用的最主要因素。一旦人们的收入超出维持生计的水平，那么对相对收入的不满就会远比对绝对收入的不满更加强烈。正如美国法律哲学家埃德蒙·卡恩[一]令人信服地指出的那样，"不公平感"在人类内心根深蒂固。没有什么比对组织内部经济回报的不满更能触动人们的不公平感。组织是一种经济收入的再分配制度（参见第14章），因此，相对经济回报是反映个人或群体价值的权力决策或地位决策。

因此，依赖将胡萝卜作为经济回报的组织可能要冒疏远接受者和所有其他人的风险，且有可能因此陷入分裂，各个分裂群体内部会团结一致对抗用人单位及其管理层。

显然，对经济回报的重视程度不可能降低。管理人员面临的巨大挑战是，找到一些方法，把人们日益看重的"大幅加薪"与经济现实（也就是生产率和利润率）联系起来。经济回报过于有效，只能带来越来越大的通货膨胀压力以及越来越强的不满，以至于不能作为主要的积极激励因素。

胡萝卜加大棒式管理的局限性，在两类工作群体的身上表现得尤其明显：新一代体力劳动者和知识工作者。

[一] 埃德蒙·卡恩（Edmond Cahn），美国法律哲学家，着重研究正义、民主社会中集体和个人的责任等问题，代表作为《不公平感》(The Sense of Injustice)。——译者注

发达国家的管理者必须面对的体力劳动者，越来越从一开始就被视为"失败者"，他们深感被拒绝，已经被击败。这些人一直被他人驱使，从未取得成就。但失败者往往能够完美地学会一件事，那就是抵制被驱使。他们可能不会取得成就，但清楚地知道如何搞破坏。

驱使新一代体力劳动者是行不通的。饥饿和恐惧不再能像支配他们的祖父母那样支配他们，而且过往的失败经历使他们对压力无动于衷。

如果遵循 X 理论管理知识工作者，同样不会有效果，这是因为知识工作者必须自我指导且必须承担责任。

恐惧与知识工作完全不兼容，它有可能带来焦虑并迫使员工付出努力，但不会产生成果。现代行为心理学的一个基本发现是，恐惧会抑制学习，奖励会促进学习。在任何与知识有关的事务中，恐惧都只会造成障碍。

管理者或主人

X 理论假定存在一位"主人"，但在组织社会中，没有主人存在，管理者不是主人，而是上级，与雇员是同事关系。人类历史上首次出现没有主人的社会。管理者不是主人，既缺乏主人的权威，也不掌握主人的权力。主人的权力独立于从仆人或周围社会中得到的支持。人们能够杀死主人，但不能驱逐他。20 世纪 60 年代无数大学校长的例子充分表明，正因为组织的首席执行官只是一名同事，行使的权威不是自己与生俱来的，所以可以被驱逐。

用古代的主仆法律来衡量，即使规模最大公司的首席执行官，也与其他同事一样都是仆人。其他人的地位可能较低，但彼此在法律上平等，他们不是首席执行官的仆人，而是他的同事。

这远远不是文字游戏，而是意味着无论胡萝卜和大棒在过去的主人手中多么管用，在管理者手中都不会奏效。

开明心理专制

我们能用适合新管理现实的新胡萝卜和新大棒代替物质奖励的胡萝卜和恐惧的大棒吗？

不只管理者在思考这个问题，工会可能更渴望保留遵循 X 理论的组织结构，毕竟工会可谓与 X 理论的主仆关系利害攸关。如果没有了主人，那么工会的角色是什么？劳工领袖的使命就是反对 X 理论。他们明白 X 理论的花言巧语，知道如何针对 X 理论采取行动。

当通用汽车公司若干下设工厂的年轻工人开始讨论如何使流水装配线变得人性化时，最大的阻力并不是来自企业管理层，而是来自全美汽车工人联合会的领导层，后者坚持优先考虑收入、养老金、休息时间等问题。换言之，与该工会的成员相反，全美汽车工人联合会的领导层坚持维护甚至强化企业的 X 理论式管理。

寻找一系列新的激励因素来取代旧的胡萝卜和大棒，似乎不仅合理而且非常诱人。事实上，相关替代举措正以"开明心理专制"，也就是一种现代专制的形式提供给管理者。

近期多数工业心理学家都声称自己奉行 Y 理论，频频使用"自我实现""创造力""完整的人"等术语，但其真实意图是采用心理操纵手法进行控制。实际上，工业心理学家的基本假设必然导致采用心理操纵措施管理员工。这些基本假设基于 X 理论，具体包括人是弱势的、不健全的，无法自我照顾；人的内心充满了恐惧、焦虑、压抑，且精神不正常；人本质上不想取得成就，反而希望失败，因此他们想要被控制；事实上，即便是为了员工自身的利益，他们也需要被控制。这种控制不是通过对饥饿的恐惧和物质奖励的激励来实现，而是通过对心理异化的恐惧和"心理安全感"的激励来实现。

我知道此处的论述有过于简单之嫌，也知道自己把好几个不同的方法堆积到同一个标题下进行讨论，但这些方法都立足于相同的基本假设，即 X 理论的基本假设，并且都得出了相同的结论。由上级或管理者进行心理控制可能成为现实，并且这种心理控制可能是"无私的"，符合员工本人的利益。然而，通过把员工变为心理上的仆人，管理者就能够保住作为他们的"老板"才享有的控制权。

与传统的胡萝卜加大棒式管理相比，这可能是"开明的"，但仍旧是专制。按照这种新的心理方法，说服取代了命令。那些无法被说服的人会被视为病态的、不成熟的，或者需要心理治疗来适应。心理操纵取代了物质奖励的胡萝卜，个人的紧张、焦虑和人格需求取代了惩罚或失业的大棒。

心理专制，无论开明与否，都是对心理学知识的粗暴滥用。心理学的主要目的是洞察自我以及自我控制。我们现在所说的行为科学，起初被称为道德科学⊖，主要的训诫是"认识你自己"⊜。利用心理学知识控制、支配和操纵他人，是对知识的自我毁灭式滥用，也是一种特别令人厌恶的统治形式，即便是古代的主人，也仅仅满足于控制奴隶的身体。

然而，此处我们关心的既不是心理学知识的恰当运用，也不是道德问题，而是遵循 X 理论的组织结构能够通过心理专制来维持吗？心理控制能奏效吗？

心理专制迎合管理者的欲求，向他们承诺无须改变自己的行为，只是需要接受若干新词汇。按说心理专制应该对管理者有巨大的吸引力。然而，虽然管理者急切地阅读心理学著作，参加心理研讨会，却避免实践这种新型心理学 X 理论。

⊖ 道德科学（moral science），近代欧洲启蒙运动时期的综合学术名称，包括心理学、伦理学、政治学、经济学，如今已全部被"哲学"一词替换。——译者注

⊜ "认识你自己"（know thyself），古希腊格言，刻在阿波罗神庙的门廊上，苏格拉底解释为：浑浑噩噩的生活不值得过。——译者注

管理者的怀疑体现出他们具有敏锐的直觉。200年前，开明专制○不能在政治领域奏效，由于同样的原因，今天的心理专制也不会有效果。开明专制需要的统治者是全能天才，如果实行心理专制，管理者必须能够洞察形形色色的人，必须掌握各种心理技术，必须懂得无穷多的个体人格结构、个人心理需求以及个人心理问题。换句话说，心理专制要求管理者无所不知。但多数管理者都知道，做到完全搞懂热处理、成本核算、调度等所有自己专业领域需要掌握的知识就已经够难了。

管理者确实应该更加深入地了解人，起码应该知道人们像人一样行动意味着什么。最重要的是，如同我们大多数人一样，管理者也需要更加深入地了解自我。然而，无论参加多少心理研讨会，任何试图实行心理专制的管理者都会迅速成为首当其冲的受害者，直接后果就是损害绩效。

工作关系必须建立在相互尊重的基础上。心理专制从根本上说是对他人的鄙视，其程度要远远超过传统的 X 理论。心理专制并不假设人们懒惰、抵制工作，而是假设管理者处于强势地位，而其他人处于弱势地位；管理者世事洞明，而其他人愚昧无知；管理者正确无误，而其他人错漏百出。这些都是愚蠢、傲慢的假设。

最重要的是，管理心理学家将因此削弱自己的权威。诚然，我们需要心理方面的洞察力、心理援助及建议，需要精神的疗愈者和苦难的慰藉者，但疗愈者和病患之间的关系不同于上下级之间的关系，两种关系无法共存。每一方都需要具有诚实、正直的品格。疗愈者的诚实、正直服从于病人的健康，管理者的诚实、正直服从于共同任务的要求。两种关系都需要权威，但各自权威的基础不同。如果一位管理者假装下级的个人需求（例如情感需

○ 开明专制（enlightened despotism），18世纪欧洲启蒙运动思想家大力倡导的一种君主专制形式，否定君权神授，主张人民应服从君主的命令或法律而非君主本人，伏尔泰是该学说的积极倡导者。——译者注

求),而不是相关任务的客观需求,决定了应该做什么,那么他不仅是一名糟糕的管理者,而且没人会(或应该)相信他。他的所作所为损害了同事关系中应有的诚实、正直品格,破坏了人们对他个人及其职能的尊重。

开明心理专制要求为管理职位提供无限多的全能天才,混淆了疗愈者和管理者的权威与角色,不可能兑现自己的承诺:维持 X 理论的同时假装替换 X 理论。

那么,能奏效的是什么呢?

能奏效的不仅仅是麦格雷戈提出的 Y 理论。管理者必须根据 Y 理论来假设,起码部分员工想要有所成就,否则就没希望了。幸运的是,现有证据能有力地证明这一点。管理者必须进一步把帮助员工取得成就、做工取得成果作为自己的工作,所以管理者必须愿意接受对自我及其认真态度和工作能力的高要求。但是管理者不能像 Y 理论那样假设——只要人们有机会,就会努力工作以做出成就,而且需要做更多(多得多)的事情,以让更强大、更健康的人担起责任。如今需要的组织结构不能再驱使员工工作,胡萝卜和大棒都不再奏效了。遵循 X 理论的管理方式通过发布命令、将员工安排到固定位置、照顾员工而给员工带来了安全感,新组织结构必须提供相应的替代物。

小　　结

两种受到广泛讨论的关于人们在工作中行为的理论,即 X 理论和 Y 理论,不管二者是否有效,管理者都不能再依赖 X 理论,即恐惧的大棒和物质激励的胡萝卜。尤其是,如果应用于新一代年轻的体力劳动者或知识工作者,二者都不会奏效。需要指出的是,Y 理论也存在严重的缺陷和不足。那么我们如何才能替代旧的 X 理论式管理呢?心理操纵,也就是把 X 理论式举措伪装成 Y 理论式举措是行不通的。那么，什么行得通呢？

问　　题

1. 比较麦格雷戈提出的 X 理论和 Y 理论。
2. 马斯洛对麦格雷戈的理论有什么见解？
3. 为什么对管理者而言，围绕 X 理论和 Y 理论的争论是没有意义的？
4. 为什么恐惧丧失了推动员工行动的力量？
5. 对物质奖励日益增长的要求如何影响其对管理者的用途？
6. 当今的体力劳动者与以前的体力劳动者存在什么动机差异？
7. 许多管理者试图用"心理安全感"取代饥饿和恐惧作为激励因素，这种尝试存在什么错误？
8. 何谓"心理专制"？

CHAPTER 18 | 第18章

从人事管理到对人的领导

　　熟练工人、非熟练工人、体力劳动者、文员、知识工作者等，需要能够承担什么责任？需要什么工具？奖励有哪些？需要什么安全感？要让各类员工承担责任并让他们对该要求有所回应，管理者和企业必须做什么？

　　关注焦点必须集中于工作岗位，工作岗位必须使员工有可能取得成就，工作岗位不是全部，但位居首位。如果做工的其他方面不能令人满意，就会破坏最能取得成就的工作岗位——如同劣质的调料会破坏上等食材，但如果工作岗位本身有问题，那么其他任何方面都不能帮助员工取得成就。

　　员工要取得成就，首先需要能够为自己的工作负责，这就要求：①工作富有成效；②及时获得反馈信息；③持续学习。

　　如果工作岗位没有被仔细研究分析，没有被综合为一个过程，没有彻底思考相关标准和核查机制，没有预设提供物理信息⊖的工具，那么指望工作

⊖ 物理信息（physical information），指物理系统的信息，用于解决实体属性的不确定性，指明实体的存在、性质等。——译者注

富有成效就是愚蠢的，也反映了管理层的无能。

创造力的谬论

关于个人创造力，有一句流传了数个世纪且多次流行的口号："让人们摆脱束缚，他们将比专家想出好得多、先进得多、富有成效得多的答案。"但遗憾的是，没有证据支持这个口号。我们掌握的所有知识都表明，只有具备基本的工具，创造力才能被释放出来，并且，任何适当的工作结构都不是直观上一目了然的。

有史以来，人类一直在从事铲沙工作，我们可以假设，多数时间内没人告诉工人应该怎么铲沙。如果依赖人们的创造力能够使工作富有成效，那么人类无疑在文明之初就已经找到了最佳的铲沙方式。但是当泰勒在1885年第一次关注这项工作时，他发现一切都是错的：铁锹的大小和形状都不适合铲沙；铁锹把儿的长度不对；工人每次铲起的量也不恰当，往往采用最容易使自己疲劳、最容易伤害身体的量；盛沙容器的形状、大小、位置等都有问题。总之，人类的直觉和创造力塑造的铲沙操作既累人又低效。泰勒对铲沙的各个动作进行分析后，将其重新综合为整体的铲沙作业，结果铲沙量提高了几个数量级。1840年前后，医生首次系统分析了医疗诊断过程，发现2000多年来立足于人类"创造力"的工作过程与铲沙工作一样，其设计完全是错误的。

掌握反馈信息

员工为自己的工作负责的第二个先决条件是及时获得关于自身绩效的反馈信息。对工作负责要求自我控制，而自我控制需要持续获得与既定标准相对照的绩效信息。

近来，人们对"行为矫正"在工作中的应用产生了极大兴趣。航空货运代理行业的领导者埃默里空运公司⊖发现，各级员工只要能够及时获悉自己的实际绩效水平，就能够有效管理自己的绩效，人们对该发现尤其感兴趣。实际上，我们多年前早已知道这一点。

员工所需的信息必须满足有效反馈信息的若干要求：及时、紧要、可操作、聚焦于特定工作岗位。最重要的是，这些信息必须作为员工的工具。反馈信息的目的必须是实现自我控制而不是外部控制，更不是他人的操纵。

反馈信息的真正优势和主要作用显然是帮助员工进行自我评估并自我指导。反馈信息让员工能够及时了解自己的绩效，而不需要通过他人的赞扬或责备才知道自己的工作绩效如何。

持续学习

员工取得成就，且为自己的工作负责的第三个先决条件是持续学习。

持续学习不能取代新技能的培训，二者各有不同的目标，需要满足不同的需求。最重要的是，持续学习能够满足员工的需求，即把自己的所学用于提高自己和同事的绩效水平，提出一种更好、更有效果、更合理的做工方式。

持续学习也可用于解决两个基本问题：员工对创新的抵制和员工"被淘汰"的风险。

持续学习不需要组织成一种正式会议的形式，但总需要有一定的组织，需要不断对员工进行质询："你学到什么知识有助于你自己和我们所有人的

⊖ 埃默里空运公司（Emery Air Freight），美国企业，1946 年由约翰·埃默里（John Emery）创办，20 世纪 80 年代前长期为航空货运代理行业的领导者，1989 年被收购。——译者注

工作更富有成效，取得更好的绩效以及更大的成就？你需要什么知识、工具和信息？我们如何才能为新需求、新方法和新绩效能力做好充分准备？"

计划与执行

上述三个先决条件——工作富有成效、反馈信息、持续学习，可以作为员工对工作岗位、工作团队、工作产出承担责任的计划。因此，它们也就成了管理层的责任和任务，但这并非只有管理层能做或管理层单方的"特权"。管理层确实必须从事分析工作，并制定决策，但所有这些领域从一开始就应该把员工作为承担责任的伙伴纳入制订计划的过程。从一开始他们就应该参与对工作及其过程、工具及信息的反思，他们的知识、经验、需求都是制订计划所需的资源，所以员工都有必要参与制订计划的过程。企业应该尽一切努力确保员工获得必要的知识，虽然他们不需要成为工业工程师或流程设计师，但几乎人人都应熟练掌握工业工程的基本原理及其在自己工作岗位中的应用。

在奠定工作富有成效、反馈信息、持续学习三方面的基础之前，别指望员工会对工作、工作团队和产出负责，更别提如此要求他们了。从一开始员工就应该参与设计这些基础性工作。

创造力是无方向、无结构、未经训练且未加控制的猜测，不可能产生成果。一个体制如果不能利用那些必须与之共存之人的知识、经验和想象力，并使之发挥作用，也就同样不可能取得成果。

如同阅读和写作，计划与执行是彼此独立的活动，各有不同的途径和方法。但如同读者和作家，计划者和执行者这两种角色也可以由同一个人扮演。两种角色不能完全分离，否则计划将无法取得成果，反而会成为绩效的威胁。

计划者需要给执行者提供方向以及评估、分析和综合的工具、方法论、相关标准，还需要确保不同工作团队的各个计划彼此协调一致。反过来，执行者可以作为计划者的资源，提供用于控制的反馈信息。除非计划者知道执行者的所作所为及需求，否则即使理论上完美的计划也不可能取得实际成果。反之，除非执行者理解计划者的意图，否则就不会执行或试图抵制那些看起来不合理、武断和愚蠢的绩效指标。

但是，员工承担责任的基础仍旧是计划，因而是管理层的责任。

权威明确化

要想使各层级的员工对工作负责任，还需要有一个明确的权威结构作为保障。员工必须知道什么领域和决策超出了自己的权限，因此需要由不同的人员或上级领导决定。他们必须知道决策出自哪里，必须知道要听从谁的决策，而谁的命令不管多么强硬也必须忽视，因为该命令的发出者"未经授权"，也就是无权对这个或那个领域的员工下命令。

而且，每个组织都遭受着"常见风险"的威胁，总会出现事先未预料到的、没有解决建议的紧急情况。常见风险可能是现实层面的，具体到企业则往往是经济层面的。无论风险的性质如何，在这种情况下必须有人迅速做出决定，否则每个人都将面临危险。必须事先知道谁有权决策，否则就会陷入混乱。这位决策人必须能宣布："需要做这个，你去做，采取这种方式做。"此时组织的生存取决于决策人无可置疑的权威。如果缺乏权威，组织中任何人都不会有安全感。

对岗位和工作团队的责任

安排各个岗位以开展工作并满足相关标准，是员工和工作团队的责任。

团队的设计、结构和关系同样如此。在团队中，岗位被整合为一个社区共同体。员工在这些方面可能需要专业性帮助，可能需要监工的知识、经验和指导，还可能需要工业工程师或许多其他专业技术人员的服务和建议。管理层必须保留否决权且在必要时行使该权力。岗位设计和工作团队设计的责任属于为产出和绩效负责的人，也就是员工和工作团队。

由于员工从事的工作种类、掌握的技能和知识水平、文化和传统各不相同，所以他们对岗位和团队承担的责任也不同。比如，从事研究的科学家和市中心贫民窟的核心失业人群，他们承担的责任当然天差地别。

但原则是相同的：员工和工作团队对他们自己的岗位和各个岗位之间的关系负责；对彻底思考该工作如何开展负责；对实现绩效目标，达到质量和数量标准负责；对改善工作、岗位、工具、过程及自己的技能负责。

工作团队的"正确"结构不可能由外部规定。即使工作团队的构成要素（包括员工及各自的工作岗位）非常少，其结构也非常复杂，犹如一个万花筒，轻微的改变就会导致整个结构模式彻底变化。

在这种情况下，找到最合适方案的唯一方法就是尝试。例如，工业工程师等外部人员可以提供帮助，但他们无法通过分析得到答案。然而，员工和团队自身往往不用克服多少困难就能够迅速找到最合适的方案。团队能够自己解决问题。

流水装配线与工作丰富化

在过去几十年中，随着"新一代人"加入劳动大军，作为常用推动因素的饥饿和恐惧迅速丧失作用，改革管理员工和做工的传统方式的呼声日益高涨，传统制造业的流水装配线承受的改革压力最大。习以为常的观点往往认为，流水装配线本质上不能以自上而下的命令方式之外的任何其他方式运行。

美国在第二次世界大战期间的国防生产经验早已证伪了该观点。在要求员工承担责任方面,当今提出的任何建议都不如第二次世界大战期间美国的若干兵工厂走得远。工作团队在这些兵工厂中组装了高度复杂的飞机发动机。每个团队分派的工作不同,但都超过了预期标准。在这些兵工厂中,由于工业工程师、管理者、监工人数不足,所以员工不得不承担责任。

最严格的高度工程化生产过程(即汽车流水装配线)现在重新挖掘了该案例的经验。

在美国,克莱斯勒汽车公司⊖正在试验让部分员工承担控制流水装配线的责任。实际上,在底特律的克莱斯勒工厂中,员工被要求负责重新评估整个生产运作过程。根据员工的建议,整个工厂进行了重组,结果产量提高了,同样的工作所需的员工数量却减少了。

两家瑞典汽车制造商——萨博汽车公司⊜和沃尔沃汽车公司⊜,由于面临严重的劳动力短缺压力,最系统地实施了员工负责流水装配线运作的举措。

在一家瑞典工厂中,整辆汽车的流水装配线完全由一个工作团队负责。产量标准,也就是每小时组装的汽车数量以及质量标准由工厂制定。生产过程也由厂方决定,但工作岗位的结构、职责范围、相互关系、工作团队的组织,都由员工、监工、工业工程师共同确定。

除了流水装配线类工作,其他领域也越来越要求实行"工作丰富化"。实施工作丰富化时,由工业工程师等各类专家确定工作的"模块"——必须执行的各个操作以及相关标准,并分析员工所需的信息,但接下来由员工设

⊖ 克莱斯勒汽车公司(Chrysler),美国汽车制造商,1925年由沃尔特·克莱斯勒(Walter P. Chrysler)创立,旗下拥有克莱斯勒、道奇、吉普等品牌。——译者注
⊜ 萨博汽车公司(Saab),瑞典汽车制造商,1945年由瑞典航空企业萨博集团(Saab AB)成立,以绿色技术、安全和涡轮增压等技术见长。——译者注
⊜ 沃尔沃汽车公司(Volvo),瑞典汽车制造商,1927年由拉森(Gustaf Larson)和盖布列森(Assar Gabrilsson)创立,以汽车安全技术见长。——译者注

计自己的工作岗位，也就是构成"我的"工作的模块数量、次序、速度和节奏，结果使产出增长、质量提高，员工流动率大幅度下降。

数十年来，IBM公司和大量日本企业一直在践行工作丰富化，并且这么多年来许多西欧国家和日本的保险公司（参见第16章）一直严格根据工作丰富化的理念完善理赔方式。实际上我们早就知道该做什么，如今这被宣称为一项新发现，多少有些讽刺意味，但只要朝这个方向发展就没有害处。

与之相对，有害的观点是认为工作丰富化是解决办法，它仅仅是第一步。IBM公司和日本企业发挥了工作团队的力量。工作丰富化往往把员工的责任限于他们自己的工作岗位，但他们应该进一步被期望为团队、团队在工作过程中和通过工作过程产生的关系、团队结构和凝聚力承担责任。

新一代员工

对当今组织中的各类员工而言，他们对工作岗位和工作团队的责任很重要。对于一个3/4工作人口都是组织雇员的文明社会来说，该责任更是必不可少。

承担责任对三个员工群体而言尤为重要，但其原因各不相同。

第一个群体是新一代年轻的体力劳动者。这些人开始工作时就已经是失败者，是被教育机构拒绝之人。然而，尽管他们被教育系统拒绝，但仍接受过多年学校教育，并且按照任何历史上的标准衡量都算是拥有很高的受教育水平。他们不是1850年住在工业贫民窟里的文盲。他们的正式知识可能有限，但即便只是电视的普及也足以使他们的视野变得开阔。总体而言，胡萝卜和大棒对他们都没有激励效果。在许多情况下，他们有充分理由心生怨愤。在他们看来，导致自己沦为社会下层的学业失败并不是一个真正令人信服的有效标准。与此同时，他们对自己的绩效能力、取得成就的能力和自尊都心生疑虑。所以，这些人需要一定的成就来改变之前导致失败的习惯，否则他们将永远处于一种郁积着怨恨和反抗的状态。这些人需要承担责任来克服自卑感，需要一个能够取得成功的挑战机会。他们疑虑重重，先前与掌权者的每次接触逐渐使他们习惯于多疑，所以他们比劳动大军中的任何群体都更加需要自信和安全感。

最重要的是，这是 20 世纪 60 年代通用汽车公司在俄亥俄州洛兹敦⊖的新组装厂员工广为人知的大规模抗议带来的教训。该厂的年轻员工对通用汽车公司流水装配线上强加的死板规定感到不满并不令人感到惊讶，更不是什么新鲜事。在过去 30 年中，员工对通用汽车公司每家新建大型组装厂的最初反应都遵循同样的模式。报纸对通用汽车公司洛兹敦组装厂的报道读起来几乎与 40 年代末对该公司新英格兰地区大型组装厂工人的采访和报道完全一致。⊜

两个时代的员工真正重要的区别是，洛兹敦的年轻白人和黑人员工几乎都认为，在设计自己的岗位和流水装配线方面，他们能够比通用汽车公司的工业工程师做得更好。洛兹敦事件与附近另一家组装厂的经历形成了鲜明对比。该厂的员工和领班参与了岗位的计划和设计，承担相应的责任，并最终帮助该厂超越了通用汽车公司洛兹敦组装厂的成效标准。

前工业群体

第二个群体是大量从前工业社会迁入现代城市和现代组织的新移民，与第一个群体相比，虽然二者表面上非常接近，实质上却完全不同。该群体包

⊖ 洛兹敦（Lordstown），美国俄亥俄州特朗布尔县的一个小镇，通用汽车公司设在该镇的组装厂于 1966 年开始投产。——译者注
⊜ 参见查尔斯·沃克（Charles R. Walker）和罗伯特·格斯特（Robert H. Guest），《流水装配线上的工人》，哈佛大学出版社，1952 年。

括在德国工作的土耳其劳工和来自其他国家的劳工、在意大利都灵工作的西西里人、美国各地的黑人劳工、在巴西东北部圣保罗市工作的来自干旱糖料种植园的佃农、在墨西哥城工作的普韦布洛印第安人⊖等。

在许多方面，这些劳工需要一定程度的家长制，需要被照料。他们不熟悉现代社会，身处其中战战兢兢、容易迷失。但同时，他们需要融入现代社会，这不仅有利于他们自己，也有利于迁入的现代社会，否则这些人将成为令人担忧的不稳定因素，所以我们同样需要培养这些劳工承担责任的习惯且让他们体会到成就感。

意大利的菲亚特公司⊜有时会被绝望、愤怒和好斗的新移民搞瘫痪，但位于伊夫雷亚⊜的好利获得公司®雇用了大量西西里新移民，却显然很少遭遇类似的麻烦。为什么会出现这种差异？在创始人去世后，好利获得公司曾在20世纪60年代遭遇过一段困难时期，生存似乎都成为问题。同时期，菲亚特公司却正经历一段繁荣时期，工资稳步增长，就业保障得以实现。两家公司的管理都具有浓厚的家长制色彩。来自西西里的劳工在两家公司的融入程度表现出差异的原因是，好利获得公司在员工为岗位和团队承担责任方面具有悠久的传统。

知识工作者

第三个群体是知识工作者，尤其是掌握高深知识的员工群体。他们必须

⊖ 普韦布洛印第安人（Pueblo Indians），美洲原住民的一支，分布在美国西南部和墨西哥西北部，以居住在被称作普韦布洛的紧凑定居点闻名。——译者注
⊜ 菲亚特公司（Fiat company），意大利企业，1899年由乔瓦尼·阿涅利（Giovanni Agnelli）等人创建于都灵，曾是欧洲最大的汽车制造商。——译者注
⊜ 伊夫雷亚（Ivrea），意大利都灵市的小镇，20世纪作为好利获得公司的运营基地声名远扬，2018年被联合国教科文组织列为世界文化遗产。——译者注
㉔ 好利获得公司（Olivetti），意大利企业，1908年由卡米洛·奥利维蒂（Camillo Olivetti）创建，主营电脑、手机、打字机、传真机等。——译者注

被作为"掌握高深知识的专业人员",意味着没人能激励他们,他们必须依靠自我激励;没人能指导他们,他们必须进行自我指导;最重要的是没人能监督他们,他们是自己的标准、绩效和目标的捍卫者。知识工作者唯有自己对岗位负责,才能富有成效。

监工变助理

要恢复监工群体的职能和状态,最好且唯一的方式就是让员工对自己的岗位和团队的工作负责。

半个多世纪以来,监工(尤其是从事制造或文员工作的一线主管)的身份地位、重要性、受尊重程度都在不断衰落。在仅仅半个世纪前,监工在员工面前还是"管理层"身份,如今他们在很大程度上已成为管理层、工会、员工之间的调解人。与所有调解人一样,监工的主要职能已变为承受抨击。

事实上,现代工厂中的监工正日益成为员工的"敌人"。监工与员工之间已经竖起了一道由敌意、怀疑和怨恨筑起的高墙。同时,监工由于缺乏技术和管理知识被排挤出管理层。知识工作者的监工也处于进退维谷的尴尬位置。一方面,下级视其为自己的代言人,指望他们保护自己及自己的专业领域免受管理层的要求和无知的干扰。另一方面,管理层则指望监工把员工的知识和专长,与组织的使命、宗旨和目标整合起来。监工越来越发现自己被上述双方否定,下级认为他们不再是真正的科学家或专家,已经向管理层"出卖"了自己;而管理层则认为他们眼光狭隘、片面,只着眼于部门利益。

如果监督不能发挥作用,那么任何组织都不能有效地履行职能。打个比方,监工就是一个机构内部的结缔组织⊖,缺少了结缔组织,机构内部的各个

⊖ 结缔组织(connective tissues),脊椎动物的基本组织之一,由细胞和大量细胞外基质组成,在生物体内起连接、支持、供给营养、运输和保护等作用。——译者注

部门就不能作为一个整体发挥功能。监工的工作岗位恰恰发挥着承上启下的作用，因此监工必须既对上面的管理层又对下面的工作团队承担责任发挥功能，并得到双方的共同尊重。

监工的恰当角色不是警察，而是工作团队和管理层的"助理"（这是IBM公司对监工的称呼），旨在提供知识、信息、安排、培训、教学、标准设定和指导。助理不是一个轻松的角色，发挥着举足轻重的作用。助理不再面临夹在工作团队和管理层之间的监工曾经遭遇的忠诚冲突。作为帮助员工和工作团队取得成就的资源，扮演助理角色的监工能够再次与他们打成一片，既能够为企业要取得绩效的组织需求服务，又能够为员工要取得成就的个人需求服务。

由员工负责工作社区

工厂和办公室不仅仅是一个地理位置，也是一个社区共同体。此处我们讨论的是工厂或办公室的普遍氛围，并研究其"文化"。我们还会谈到"正式"或"非正式"的组织"模式"，以及流行的组织"价值观"和"职业生涯阶梯"。虽然最具家长制色彩的工厂和办公室，与最具非人格化色彩的工厂和办公室截然不同，但它们都应履行社区共同体的职能。换言之，工厂和办公室都是工作社区。

要让员工取得成就，就必须让他们切实负责治理工作社区。许多与工作社区有关的决策与整个组织的宗旨或绩效无关，这类决策不是业务决策，而是社会决策，牵涉到的是工作社区事务。这类决策应该分权化，需要在工作社区中做出，如同许多业务决策应该分权化，需要由它们所适用的经营管理部门制定一样。

仅做必要的决策是一条治理规律。任何治理机构越是拒绝制定不必要的决策，就越容易取得效果，力量就会越强。如果管理层制定工作社区的决策，那么就等于把对其来说微不足道的琐事担在肩上，当然，这些决策对工作社区本身而言非常重要，具体包括自助食堂、假期安排、娱乐活动、安全、福利计划等。在典型的企业中，管理人员处理这类事务的能力通常很差，而且总是付出很高代价。

员工需要领导机会

与此同时，这些领域为领导、承担责任、获得赞誉以及学习提供了重要的机会。在工作社区中，领导上述事务的员工是重要人物。这些领域的决策制定者也需要学习管理，了解管理层的责任，还要学会不得不进行的选择和确定优先事项，必须把无限美好的可能性与现实中可用的资源结合起来。

如果没有工作社区中的上述领导机会，员工的才能、精力、抱负可能会用来反对管理层和工作社区，将成为消极的、破坏性的、煽动性的力量。员工领袖将成为给老板制造最多麻烦的人，而不是为工厂社区带来最佳绩效的人。承担责任本身并不能够确保绩效，但责任欠缺必然会孕育煽动者。

工作保障与收入稳定

生活在对失业和丧失收入的恐惧中，与对工作、工作团队、产出、绩效负责任无法兼容。恐惧正在变得越来越轻微，甚至不再具备有效的推动作用，反而在其仍作为一个因素之处变得更加具有破坏性。恐惧与发达社会中多数员工已经拥有的生活水平和保障标准形成了异常鲜明的对比。

为了能够承担责任，无论熟练工人还是非熟练工人、体力劳动者还是知识工作者，都需要相当完善的举措来保障收入和工作稳定。然而，员工也需要一定的流动性。

在通用汽车公司的洛兹敦工厂中，各层级的员工之所以都反对提高生产率的举措和创新举措，并不单单是因为他们害怕失去自己的工作，同样重要的是，他们害怕自己有所成就会让其他员工失业，结果导致团队给想要有所成就的员工施压，以免其行为威胁到其他员工的工作稳定。

抵制变革和抵制创新并非人类固有的本性，只要组织能够提供真正的工作和收入保障，对变革和创新的抵制就会自动消失。

在西方国家，工作和收入的正式保障是一种例外情况，而不是普遍现象。当然，例外情况要比多数人（实际上是所有的工会领导者）认为的要多得多。但在西方国家，工作和收入保障制度往往采取修修补补的方式建立，越来越碎片化。

建立该制度的第一步是失业补助。此外，个别企业和个别产业，无论有没有与工会签订合同，都制定了若干其他规定，包括补充性失业补助、遣散费、裁员时为年老员工提供有效工作保障的资历规则等，结果导致西方国家的人工成本变得越来越僵化。

真实流动性

有一种观点认为，美国的员工，尤其是知识工作者，都在频繁更换工作，但即使对于最具流动性的专业管理人员来说，这在很大程度上也只是一种传言。

在美国的大企业和多数小企业中，专业管理人员的实际流动率非常低。在员工就业后最初3～5年从事的工作岗位上，以及最高管理岗位中，流动率比较高。然而在二者之间的层级上任职的员工，也就是中低层管理人员和专业技术性知识工作者中的年长员工，更换工作是例外情况，而非普遍现象。在美国的每一家大型企业中，绝大多数中层人员最多只跳槽过一次，并且跳槽时间都是在大学毕业后的职业生涯初期。他们在仍旧非常年轻时的第一次跳槽，往往也是最后一次，其后他们可能从企业的一个地方调动到另一个地方，但很少再更换雇主。

在美国，多数蓝领工人的工作往往非常固定，跳槽是例外现象。美国产业界的私营企业养老金计划几乎覆盖了全部大中型企业，甚至可能也涵盖了多数小型企业，很好地表明了这一点。因为"只有70%的雇员真正拿到了养老金"，所以几年前这些私营企业养老金计划受到猛烈抨击。之所以出现这种情况，是因为在1974年以前，美国多数养老金计划的领取资格都以为同一个雇主工作25~30年为前提，在很大程度上各个州政府和城市政府的养老金计划也存在类似前提条件。但从1974年开始，私营企业的养老金计划改为必须为受雇10年左右的雇员提供有保障的养老金。但即便只有70%的雇员真正拿到养老金，也意味着同比例的雇员在同一家企业工作了25~30年，实际上享有终身雇用制，长期未曾跳槽。

需求：有组织地安置

每家企业，甚至整个经济的人工成本都需要保持一定的弹性。要兼顾工作保障、就业稳定与人工成本的弹性，需要有组织地进行安置。安置成本几乎是微不足道的，但缺少了有组织地安置，人工成本就会"僵化"，企业可能无法裁员，或者如果裁员，遣散费和其他福利成本可能会消耗掉全部节约下来的人工成本。除非雇主主动以某种方式承担责任，妥善安置不得不裁掉的员工，否则员工仍会心怀恐惧和不安全感。只要雇主承诺为被裁的员工寻找新工作，就会带给员工心理安全感。

在严重的经济萧条时期，安置被裁的员工或许很困难，甚至几乎不可能。但工作和收入保障方面面临的基本难题并不是普遍的灾难。普遍的灾难是导致企业或行业的工艺过时的微小技术进步；降低劳动力需求的生产率提高；交通运输、产品线、生产过程中经济需求的微小变动等方面对个人造成的影响。从统计学上看，这些都是边缘事件。对个人而言，这些事件发生的概率以及后果如同被闪电击中一样。

给员工安全感的关键不在于金钱，企业为实现工作保障和收入稳定已经支出了大量金钱，现在需要的是，首先理清现有的保障措施；其次为满足整个经济、企业、员工三方的需求，有组织地安置员工。换言之，需要的仅是一点点智慧和稍微辛苦地工作。

利润、生产率与福利

关于做工的经济维度，员工首先关注的是作为生计的工作岗位。但在工资基金与资本基金之间，也就是员工在工资和薪金方面的经济利益，与整个经济或企业（最终也会涉及员工）对利润和生产率的需求之间，存在明显的冲突。

起码在美国，这种冲突如今应该已经成为历史，这是因为美国的员工越来越同时受益于工资基金和资本基金。

越来越多美国产业，起码是大中型公司的所有权掌握在致力于改善雇员的福利、作为雇员受托人的养老基金手中。到1990年，或者最迟到2000年，养老基金和共同基金（共同基金的多数股东是中低收入的雇员）将掌握美国2/3以上大中型企业的所有权。现如今（也就是20世纪70年代后期），这些雇员阶层的受托人已经成为美国经济中最大的单一股东和所有者群体。换言之，它们才是世上唯一货真价实的"资本家"。

然而，与股东正逐步合二为一的事实，似乎很少影响员工对利润的敌意态度，甚至根本没有影响。似乎即便是完全的员工所有制，消除全部外部所有者也不会使这种敌意发生多大改变。

作为所有者的员工纵然抵制利润，拒绝资本基金的需求，但并不是完全的非理性。事实上，与工资和薪金相比，利润对作为所有者的员工可有可无，不足以使他们的态度发生变化（参见第15章）。

关于持续的敌意的第二个但并非次要的解释是，分配利润份额或生产率提高的份额作为收入的计划，往往在一切顺利时才会产生效果，只要利润和生产率提高就会运作良好，但是当利润和生产率不再提高而是下降时，怨恨和挫折感就会随之而生。

把利润作为收入是一种根本性错误。利润是资本基金，也就是储蓄。唯有利用利润为员工建立资本基金，利润才有意义，也唯有这样利润的功能才能被理解。

在福利与利润率挂钩之处，员工的利益与利润率才可能保持一致。其中一项福利是退休金。如果退休金在足够多的年份和足够广泛的人群中进行分摊，那么个人每年支付很少费用就能够获得足够的退休收入。另一项福利是医疗保健。医疗给个人带来的经济风险可能富人都无法承受，但根据统计数据，在单独的一年内，需要支付大笔医疗费用的人毕竟是少数，所以集体医疗保险需要缴的费用会非常低。最后还有工作和收入保障，这对个人来讲也是一种灾难性风险，但如果从集体中的概率来看，风险就非常低了。

上述福利待遇都出自变动不居的利润，任何一年利润对退休基金、医疗计划、工作与收入保障基金的缴款都可能发生变动。重要的是，3～5年内平均缴款额会达到一个合适的水平。也就是说，若某年的缴款额偏低，就需要在利润率较高的年份缴纳更多款项，以补足之前的差额。

合理的福利

几乎世界各国的福利计划都没有经过仔细计划、审慎设计和深思熟虑，实际上，所有福利计划都在漫无目的地增长。美国人仍然把福利称作"小恩小惠"，然而，福利支出已经超过美国企业全部人工成本的 1/3，而且在很大程度上由于养老金计划的作用，该比例正在迅速逼近 40%，所以福利显然已不再是"小恩小惠"。在西欧国家和日本，福利支出占全部人工成本的比例甚至更高。

在多数企业中，福利是仅次于工资和原材料的第三大成本。然而，尽管退休计划、医疗保健计划等个别福利项目管理有序，但整个福利体系总体来看管理混乱。放任如此庞大的成本中心处于混乱状态，是典型的管理不善。这对福利造成的危害远甚于成本。现在是管理层对福利制度切实承担管理责任的时候了。

现在，我们已经能够说明福利应该是什么以及应该做什么。

（1）福利体系的构建应旨在给受益人，也就是员工最多的金钱收益。

在美国使用最广泛，尤其受工会欢迎的医疗保险计划——非营利的蓝十字[⊖]计划，是一个说明福利不应该做什么的恰当案例。蓝十字医疗保险的保费变得越来越高，然而直到近期，该计划一直未给最亟须医疗保险的员工（也就是失业时期的员工）支付医疗和医院账单。该计划保费高的主要原因是，当一个家庭的顶梁柱被雇用时，蓝十字计划会全额支付全家的轻微疾病费用。然而，美国在职员工的薪资足以负担家庭中非工作成员的轻微疾病费用，而且只需要针对非工作受抚养人的医疗支出设定 100 美元的"免赔额"，医疗计划就能够拿出资金为失业者支付长达两年时间的高额医疗费用。

⊖ 蓝十字（Blue Cross），美国医疗保险计划协会，1929 年由金博尔（Justin F. Kimball）创立，1960 年改名为蓝十字协会，1982 年与蓝盾协会合并为蓝十字和蓝盾协会。——译者注

（2）福利的最低额度应该固定，但福利经费应该随着利润率和生产率的变化而上下浮动。更高的福利水平，尤其是退休福利，应该立足于大幅度提高的利润率和生产率。

雇主必须为福利计划缴纳最低额度的款项，福利基金的任何欠额必须定期补足。但雇主享有的弹性越大，企业为福利计划做出的贡献就越多。与此同时，福利与企业利润之间的关系越密切越明显，福利就越有助于缓解工资基金和资本基金之间的冲突。

（3）与其零敲碎打地制订多个福利计划和项目，且每个都注重不同侧面，不如事先决定福利待遇的总体规模，然后为每个群体制订出最能满足其需求的福利组合方案。

在若干福利计划中，雇员可以选择削减现金工资收入来增加自身的福利待遇，例如自愿向养老基金额外缴款。这类计划得到了大量年轻员工，以及各年龄段知识工作者的热烈回应。美国若干企业的股票购买计划和储蓄计划是典型代表。非营利机构的雇员（如大学教授）受到美国国家税务局的鼓励采用这类计划，他们的薪资可以扣除一大部分，转而投资于自己的退休养老基金，这部分收入只有实际拿到手时（即退休后）才需要缴税，并且税率可能要低得多。大量符合条件的员工已经选择了该类计划，这证明对许多员工而言，把现金收入和福利作为统一的收入来源加以管理是行得通的。

（4）关于福利的行政管理应该尽可能由工作社区负责。

投资养老基金需要专业技能，经营为雇员提供住房抵押贷款的银行同样如此，但哪怕仅仅是为了让员工学习，工作社区也需要员工的参与。工作社区应该在为不同的员工群体设计福利项目和可选方案方面承担主要责任。没有任何其他人或组织知道员工的真正需求是什么。也没有任何其他人或组织能够使员工相信必须做出抉择，并且现有方案代表了各种选择的最佳平衡。

福利可能会长期是员工的主要需求和要求，因此在现代经济中，福利在人工成本中的占比将越来越高，而不是相反。与此同时，福利也越来越成为补充资本基金的渠道。为雇员的福利承担责任是管理层的义务。福利不再是西方国家管理层心目中的"小恩小惠"，也不再是日本管理层心目中的一种善行。

对人的领导

在工作社区中培育责任感和成就感需要做的远远不止破除提高生产率的障碍。尽管合理的工作保障和福利对培育负责任的员工是必要的，但仅靠这些尚不够，要对人员进行管理并使其达到最高的生产率，需要管理层在态度和实践上做出积极的改变。

对人员进行管理存在三种传统方法。

第一种是福利方法，把人员视为需要获得帮助的问题所在。

第二种是人事管理方法，视其为大量人员聚集在一起开展工作时，管理者需要从事的活动和杂务。

第三种方法则把人员视为一种成本和威胁，而且把对人员进行管理的工作视为控制成本和应对"危机"。

人员的确是多种"问题"所在，也确实需要帮助。福利方法能够收到很好的效果，尤其是在管理真正无助的人员方面效果显著。

在西方国家，这方面最典型的例子是克虏伯家族。在19世纪中叶创建这家德意志钢铁企业的阿尔弗雷德·克虏伯⊖并不是一位杰出的工程师，克虏伯公司的崛起也不是依靠产品或工艺的重大创新，而是完全依赖企业员

⊖ 阿尔弗雷德·克虏伯（Alfred Krupp），德意志企业家，1826年继承了父亲留下的小车间，1847年前后开始制造军火，以开发和销售铸钢大炮及其他武器闻名世界，被誉为"大炮之王"。——译者注

工的全力支持。阿尔弗雷德·克虏伯或许是 19 世纪中期欧洲各国唯一一位在极度贫困中长大的大型企业缔造者。当时，随着科学农业的发展，大批缺乏技术、没有文化、求告无门的农民被从自家简陋的窝棚中赶走，阿尔弗雷德·克虏伯感同身受。悲惨的农民仓皇流落到新兴工业重镇鲁尔山谷^㊀。早在赚得巨额利润之前很久，克虏伯公司就已经为工人提供住房、教育、医疗保健、培训、小额低息贷款等福利。事实上，位于埃森^㊁的克虏伯公司或许可被称为世界上最早的"福利国家"，该公司的工人自称为"克虏伯人"，从未忘记创始人的恩情，对克虏伯家族和公司的忠诚保持了整整一个世纪。

但克虏伯公司的例子也表明了福利家长制可能遭遇的风险，即迟早会自我毁灭，因为福利方法会创造期望，而从长远来看，任何工商企业甚至任何组织机构都无法满足这种期望。

克虏伯家族最终崩溃，或许其家长制作风是一个重要原因。第二次世界大战后，克虏伯公司的过度扩张在很大程度上正是为了履行承诺，即每位克虏伯人都将永远拥有一份工作。这进一步意味着，克虏伯公司关注的第二次世界大战后增长潜力最小的经济领域必须得到最大限度的扩张。这最终把企业带到了崩溃边缘。克虏伯家族被驱逐出企业管理层，这是德国政府和银行拯救该公司的条件。当时德国的钢铁和煤炭行业陷入严重衰退，由于缺少其他合适的工作机会，公司不得不辞退大批忠诚的老克虏伯人。

即使在最成功的时期，福利方法也不是一种对人员进行管理的方法，而是一种帮助人们的方法。福利方法从人的弱点出发看待他们，没有尝试找到并发挥人的优势，所以福利方法应仅仅作为对人进行管理的补充措施，而不是实质所在。

㊀ 鲁尔山谷（Ruhr Valley），德国西部的主要工业区，因重要的区位和丰富的煤矿资源迅速发展，成为德国工业的心脏地带，也是法德两国数次战争的必争之地。——译者注

㊁ 埃森（Essen），德国鲁尔区的第二大城市，克虏伯公司总部所在地。——译者注

福利方法是一种权宜之计，只是一根拐杖，因此该方法可能会非常有效果，甚至可能确实性命攸关，但若将福利方法作为永久性举措，视其为最终答案，则只会削弱管理层、员工、企业、经济和整个社会。

人事管理

对人员进行管理的第二种传统方法是人事管理，该方法兴起于第一次世界大战期间及战后时期，是一种有组织的、系统的管理职能。

人事管理就是运用科学方法，有系统地完成雇用人员，尤其是雇用大批人员所需的全部工作，包括人员的选拔和雇用，培训，医疗服务、自助食堂与安全事务，工资、薪水与福利管理，以及其他相关事务。

人事管理必不可少，否则组织机构会出现严重的功能障碍，但人事管理与对人员进行管理的关系，就如同打扫客厅、清理厨房与婚姻幸福、孩子成长的关系一样。如果家里过度邋遢，婚姻就可能陷入危机，但一尘不染的房间本身并不能给婚姻带来多少幸福感，也不能增进与孩子的感情和亲情。这些都是保健因素，如果忽视该类因素，就会出现麻烦。保健因素应被视为理所当然之事。

第二次世界大战以后，大多数国家、大多数行业中的人事管理部门都以井喷式速度发展。然而，到处都能听到人事管理者抱怨管理层的同事"不倾听""不支持""不真心接受"他们，这些抱怨都有实质性内容。但总的来说，上述情形反映了人事管理者感觉到他们从事的工作存在问题，没有处理好承诺的事务，也就是对人员进行管理的事务。

任何组织都需要对人有"良心"（参见第34章），良心职能由最高管理层履行。人事管理部门不能履行良心职能，因为该部门忙于大量具体事务，其日常工作都是"支持性的"（同样参见第34章），但人事管理的支持性工作主要是支持工作社区,而工作社区恰恰是良心职能的落脚点。

对人员进行管理的最后一种传统方法是把劳动力视为一种成本和威胁。

企业确实有必要控制人工成本,有必要掌控劳动生产率,也有必要及时"灭火",更有必要把劳资关系领域的混战有序地组织起来,起码我们应该朝这个方向发展。处理这些事情非常有必要,甚至可能是至关重要的,但这些事务本身并不是对人员进行管理,而是解决由于人员管理方面的失败而导致的问题。在任何如现代组织这般复杂的系统中,此类问题都无法杜绝。但即使能克服甚至杜绝这类问题,也不能使整个系统有效发挥作用和富有成效。

管理意味着帮助员工发挥优势,追求卓越,然而,福利方法、人事管理方法、控制与"灭火"方法的着眼点都不在于发挥人们的优势。

人是软弱的,我们多数人都是可怜的弱者。人会带来难题,需要按部就班,从事大量无趣的工作,并且人是一种成本,也是一种潜在的"威胁"。但诸如此类都不是人被雇用的原因,真正的原因在于人具备的优势和绩效能力,而且正如本书多次提到的,组织的宗旨就在于帮助人们扬长避短、追求卓越。

人是资源

管理者往往喜欢说"我们最宝贵的资产是人",他们还喜欢重复不同组织之间的真正差别体现在人的绩效上这一真理。实际上多数管理者都心知肚明,在所有资源中,人的利用率最低,而且人的潜力在任何组织中都很少被有效地开发和利用。

毫无疑问,会计核算时人被作为"成本"来处理。尽管管理层明白这仅仅是一种简化核算的方式,但仍旧塑造了管理层看待人的方式(关于这一点,参见第31章"核查、控制与管理")。因此,会计体系把人作为"资本投资"来处理会产生很大的影响。

然而最重要的是，我们需要实践，而且实践比愿景或态度更加容易改变。

首先是我们已经讨论过的，也就是把责任和成就赋予岗位与员工的实践。每个工作岗位都需要确立目标，而目标由承担责任的员工及其管理者共同确立。岗位本身必须富有成效，如此员工才能够通过努力取得成就；并且员工需要满足要求、遵守纪律，并受到责任的推动。

其次，管理者必须把与其一起工作的人作为个人的资源。管理者必须向其寻求有关管理工作的建议。管理者必须要求员工把提供建议作为自己的责任，从而帮助管理者把工作做得更好、更有效果。管理者需要在下级的工作中注入上行责任和上行贡献。

实现这一点的一种方法是每位下级人员都深入思考并回答下面几个简单问题："你们的管理者和企业在哪些方面对你的工作帮助最大？你们的管理者和企业在哪些方面对你的工作妨碍最大？你能做些什么来帮助你们的管理者最好地完成企业的任务？"这些问题的答案似乎都显而易见，但很少有人深入思考。实际上，无论什么时候思考这些问题，答案都不是显而易见的。

这些问题会引导管理者及其下级关注共同的绩效问题以及双方关系的宗旨，并且很可能引导管理者对为他们工作的人产生一种新观点，即把下级人员视为资源。

人员配置

最后，在对人员进行管理的实践中，或许最重要的是把人员配置在最能够发挥优势追求卓越的岗位上。

人事管理注重对所雇人员的选拔。相关结果能否证明付出巨大努力精心开发的测试、面试、选拔程序的合理性，尤其是对知识工作者而言是否合理，这是值得怀疑的。

我们知道如何确定导致个人无法从事特定体力劳动（如在狭小空间内从事点焊工作）的身体特征，与此类似，人的性格、人格、才能等因素对知识工作，尤其是对管理者的工作有重要影响，然而我们尚未理清这些因素。多数美国大型企业都安排了大量校园招聘人员，旨在找到大学和专业学校毕业生中"有潜力的"人才。若校园招聘人员的任务是吸引毕业生应聘其所在企业的岗位，那么他们的任务算是完成了，但要说到他们识别应聘者潜力的能力，现有记录却非常令人沮丧，否则就不会有 3/5 的新员工在入职后的两三年内辞职了。甚至在每 3 名应聘者中随机挑选 1 名，结果可能都要更好一些。之所以出现这种状况，是因为我们不清楚要寻找的管理潜力是什么，除了绩效，我们没法对其进行检验。

另外，人员配置在很大程度上仍旧靠运气。然而，任何两个人的优缺点都不相同，没有人只有优点，更没有所谓的"全能型天才"。优化资源配置正是管理者的工作。人是最昂贵也是最宝贵的资源，人员配置就是对人进行优化配置的方式。

许多传统人事管理的批评者呼吁树立新的信念，从根本上改变对人的态度，上述做法显然不会令他们感到满意。可以确定，把人作为管理者可用的资源，并强调把人配置在能够发挥优势的岗位以追求卓越绩效，目前仅仅是"实践"，但绝非大而不当的空话。上述实践需要从事艰苦、苛刻的工作，但将指引组织提高绩效水平而不是一致性；不会使枯燥的工作和乏味的人变得有趣，但将在很大程度上阻止有趣的工作和人变得麻木；不会改变组织的基本职能和紧张状态从而消除组织中的经济和权力难题，但可能会激发信任和取得成就从而相互抵消；不会使把人视为问题、杂务、成本、威胁的传统管理方法成为多余的，但尽管只是迈出了第一步，仍会促使管理者和管理层超越人事管理，走向对人的领导。

小　　结

员工承担责任需要能够做什么，愿意做什么？焦点必须置于工作岗位上，工作岗位是首要的。为了使熟练工人、非熟练工人、知识工作者、管理者、专业人员以及普通员工承担责任，管理者需要改变习以为常的计划与执行方式，而且必须使工作富有成效，必须提供反馈信息，并构建持续学习机制。员工必须对自身的工作岗位和工作团队负责，这一点对三个群体而言尤为重要：新一代年轻的体力劳动者、从前工业化社会迁移出的劳工、知识工作者。员工承担责任也是拯救监工，并恢复其职能的一种方式。员工承担责任的范围需要扩展到工厂社区的相关事务。为了使员工能够承担责任，需要给予他们工作和收入的保障以及目的明确的安置。员工承担责任是缓解工资基金和资本基金之间矛盾的有效途径之一。雇员福利发挥什么作用？员工承担责任最终要求管理实践从人事管理走向对人的领导。

问　　题

1. 要使员工能够对自己的工作负责任，需要满足什么条件？
2. 为什么员工应该被作为一种资源整合到计划过程中？
3. 计划者与执行者之间理想的关系是什么？
4. 为什么需要明确的权威？
5. 有哪些方法可以把工作丰富化观念应用到流水装配线任务中？
6. 承担工作责任对哪三种员工群体尤为重要？
7. 在过去的半个世纪中，什么趋势削弱了监工的地位和重要性？监工岗位如何能够恢复原有的重要地位？
8. 哪种工作社区性质的活动能够为工人提供发挥领导力的机会？
9. 关于员工的稳定性和流动性方面，美国各类组织的状况如何？
10. 为什么企业向员工分派利润达不到预期效果？
11. 员工的福利应该是什么以及应该做什么？
12. 为什么福利方法被认为仅仅是暂时的权宜之计？
13. 为什么认为人事管理是一种真正的管理职能会产生误导？
14. 比较把人作为成本和把人作为资产的两种观点。

4

第四部分
社会影响和社会责任

AN INTRODUCTORY
VIEW OF MANAGEMENT

管理层的第三项主要任务是管理组织造成的社会影响和社会责任（即生活质量）。所有组织的管理层都要为本组织的副产品，也就是对该组织的合法活动给人、自然环境和社会环境造成的影响负责。管理层越来越被期待能够及时预见并解决社会问题。他们需要深入思考并制定有关政企关系的新政策，该领域的现实状况正迅速超越传统理论和习惯的范围。相关任务是什么？有哪些机遇？有哪些限度？对于身为领导者而非主人的管理者而言，关于领导的伦理道德是什么？

第19章 CHAPTER 19

社会影响和社会问题

20世纪60年代初以来,术语"企业的社会责任"已经发生了巨大变化。在这之前,关于企业社会责任的讨论围绕三个方面展开。

第一个方面是私德与公德的关系。组织中的管理者是否应该遵守个人的伦理道德?对组织承担的责任是否允许(甚至是强迫)管理者为了组织的利益私下做出不道德行为?关于该问题的讨论,无论有意与否,都可以归结为政坛的一句老话:"如果我们在私人生活中像以公职身份为国家服务时那样行事,就足以成为卑鄙无耻的恶棍。"

第二个方面是雇主由于拥有强大的权力和巨额财富而对雇员承担的社会责任。这方面的经典论述可以在英国贵格会实业家和慈善家本杰明·朗特里⊖的著作《人类的劳动需求》(1918)中找到。

⊖ 本杰明·朗特里(B. S. Rowntree),英国社会学家、慈善家,以对贫困和福利的研究,以及作为一名进步主义的雇主而闻名,代表作《人类的劳动需求》(*The Human Needs of Labor*)。——译者注

第三个方面是社会责任这个词被用来宣称（或赋予）商人对社区"文化"负有领导责任，具体包括支持艺术馆、博物馆、歌剧院、交响乐团；担任教育、宗教机构理事会的成员；资助慈善事业和其他社区性事业。尤其是在美国，自愿在治理机构或其他公共机构任职已成为20世纪管理者的一项重要社会责任。

显然，上述三个方面真正的关注点并非企业的社会责任，而是商人的社会责任，最主要的是强调商人在业余时间应该或可能做出什么贡献。

然而，当今对企业社会责任的讨论侧重点已经迥然不同，转而围绕企业应该或可能采取什么措施来处理和解决社会问题，侧重点在于企业能够为解决社会问题（例如美国的种族歧视和种族融合等）做出的贡献，或企业为保护和恢复自然环境出谋划策。这方面最典型的例子来自瑞典。

20世纪60年代末，数家瑞典大型企业，尤其是一家大型电器公司，因参与非洲的一个大型电力项目而受到新闻媒体的猛烈抨击。该电力项目得到联合国的支持，接受了世界银行的资助，而且也赢得了瑞典政府的认可，旨在提高撒哈拉沙漠以南非洲一个曾经贫困地区的人民的生活水平。但由于该项目的选址位于当时的葡萄牙殖民地，所以人们激烈地争辩道，参与该项目的瑞典企业是以提高土著居民生活水平的方式来"支持殖民主义"。反对人士主张，企业的社会责任是推动"殖民主义垮台"，而保持生活在"帝国主义剥削"下的土著居民极度低下的生活水平能够加速垮台的到来，所以绝不能帮助帝国主义的统治繁荣昌盛。

这种关于社会责任的新观念不再思考企业的范围限制是什么，或企业在自身直接的权限范围内应该做什么，而是要求企业对社会问题、社会议题、社会和政治目标承担相应的责任，成为社会良心的守护者和社会问题的解决者。

社会中的非企业性机构也越来越被要求承担此类社会责任。不仅大学、医院、政府机构，各类学术协会（物理学会、历史学会、语言学会等）也越来越多地面临同样的要求，并因没有对社会弊病和社会问题承担责任而备受抨击。

原因何在

有关该现象最流行、最常见的解释是错误的。对企业的敌意并不能解释对企业社会责任的需求，相反，正是企业制度的成功孕育了新的，且在许多情况下是夸大的预期。换言之，对企业社会责任的需求是企业成功的代价。

在发达国家，我们现在视经济绩效为理所应当，这导致了一种信念，即存在或应该存在实现经济绩效的通用能力，我们既然能够在一个世纪的时间内使 2/5 的人类从贫穷走向富裕，那么付出同样的努力足以在更短时间内把其余 3/5 的人类带入经济发展的快车道。

在经济和社会发展史上，近些年美国黑人的经济和社会发展速度堪称奇迹。在来自前工业化地区的移民群体中，美国黑人是处于最不利境地的群体之一，但在短短 20 年时间内，也就是 1950～1970 年，2/3 的美国黑人已经从极度贫困状态迈入中产阶级行列。他们已经获得了相关的能力和工作岗位。他们的子女接受高等教育的比例，要高于那些没有"种族"障碍的意大利裔或波兰裔等更早的城市移民群体的后代。然而，多数美国人思考黑人"问题"时，并没有注意到多数黑人的成功故事，相反，他们看到的是还有多少未竟之事，进而得出结论认为结果是失败了。换言之，多数美国人看到的是"瓶子空着的那一半"。

诚然，美国黑人是一个非常特殊的例子，但仅仅在 25 年前人们还普遍认为这是一种乌托邦式的幻想，而现在却认为是一种糟糕的失败，两者之间的巨大差异表明了成功已经极大地改变了人们的预期。即使是历史上相当富裕的"中产阶级",也很少能够过上今天我们已经习以为常的美好生活。

因此,我们今天能够担忧生活质量问题,恰恰是非常伟大的成功。昔日成功地为提供更多生活物品负责的领导群体,现在被期望为提高人们的生活质量承担责任,这是正确的,也是自然而然的。

对政府不抱幻想

由于部分人越来越对政府不抱幻想,且越来越不相信政府拥有解决重大社会问题的能力,所以转而希望企业发挥领导作用。

仅仅就在一代人之前,现在要求企业(或大学)承担社会责任的人仍认为政府即便不能解决个人的每个问题,也能解决社会的每个问题。尽管人们越来越抵制不断攀升的公共支出和税收,但在一些国家人们仍然要求设立越来越多的政府项目。然而,如今即便最狂热的政府支持者也不再真正指望能取得什么成果,甚至日本、瑞典、德国等向来高度尊重和信任政府的国家也不例外,甚至最狂热的大政府支持者也不再相信问题一旦移交给政府就能够被解决。结果,最关心这些问题的人(一代人之前聚集在"更大的政府"旗帜下的自由主义者和进步主义者[⊖])现在越来越把目光转向企业,希望企业去解决政府无法解决的问题。

新兴的领导群体

管理层占据社会中的领导位置是要求他们承担社会责任的基础。20世

⊖ 进步主义者(progressive),推崇进步主义的人士,进步主义是美国19世纪末20世纪初兴起的政治运动和意识形态,立场位于中间偏左,强烈追求人权和社会正义,支持福利国家政策,反对垄断。——译者注

纪，在每一个发达国家，甚至也包括多数发展中国家，重要组织的管理者已经成为整个社会的领导者。传统的领导群体，如贵族或教士等，要么已经彻底消失，要么已经变得无足轻重。甚至第二次世界大战后的现代教士，即科学家，也已经丧失了大部分威望。唯一新出现的领导群体就是管理阶层，其范围涵盖企业、大学、政府机构、医院等各类组织的管理者。管理阶层不仅掌控社会资源，而且具备相应的能力，因此，合乎逻辑的结论就是，他们理应对重大社会问题和社会议题承担领导责任。

作为主要领导群体的管理阶层的出现、人们对政府越来越不抱幻想、公众从关注生活物品数量的增加到关注生活质量的提升，上述种种转变产生了一种要求，即管理者把社会关怀作为经营行为本身的核心要素。该要求意味着生活质量议题成为企业的业务。传统方法会思考"我们如何安排汽车（或鞋子）的生产制造才不会对社会价值观和信仰、个人及其自由、美好社会等造成损害"，对企业的新要求则是，缔造社会价值观和信仰，为个人创造自由，并构建美好社会。

为满足这种新要求，管理阶层需要进行新的思考，采取新的行动，而不能以传统方式来处理，也不能诉诸公共关系来应对。

社会责任的内涵

企业、医院、大学等组织的社会责任可能体现在两个方面：各类组织的社会影响和社会本身的问题。由于管理者管理的各类组织存在于社会和社区中，所以两方面的社会责任都会引起管理阶层关注。然而，两种社会责任并不相同，前者处理的是各类组织对社会的所作所为，后者关注的是各类组织能或应该为社会做的事。

现代组织的存在是为了给社会提供特定服务，因此组织必须存在于社会中，必须融入社区，必须作为邻居，必须在社会条件允许的范围内从事自己的工作，而且组织必须雇用人员才能开展工作，所以其社会影响不可避免地会超出其做出的具体贡献。

医院存在的目的不是雇用护士或厨师，而是照顾患者，但为了实现该目标，需要有护士和厨师来从事具体工作，并且很快护士和厨师就会构建一个有自己的任务和问题的工作社区。

这些影响是随着组织的宗旨附带产生的，但在很大程度上又是不可避免的副产品。

相反，社会问题源于社会本身的功能失调，而不是组织及其活动的影响。

兴旺的企业、繁荣的大学、合理的医院不可能在一个病态的社会中存续。尽管社会弊病的根源不在各类组织的管理层，但管理层会因社会的健全而获益。

为社会影响负责

无论是否有意为之，个人都要为自己造成的影响负责，具体到组织的社会影响，则由管理层为之负责。

由于个人要对自身造成的影响负责，所以有必要使影响最小化。同理，机构在自身的使命和宗旨之外造成的影响越小，其采取的行动就越好，行为就越负责任，相应地就越容易被公民、邻里、支持者接纳。组织造成的不必要影响，尤其是那些与履行自身特定的使命和宗旨无关的影响，应该控制在最低限度。即使那些影响看起来有益无害，但因为超出了组织自身恰当的职能范围，所以早晚会遭到怨恨和抵制。

在最好的情况下，组织造成的社会影响是一桩麻烦事；在最坏的情况下，则是一种危害。社会影响从不会给组织带来好处，反而往往是一种成本，会对组织造成威胁。组织的社会影响会消耗资源，使用或浪费原材料，占用管理层的宝贵精力，却不会增加产品的价值，更不会提高消费者的满意度。总之，组织造成的社会影响是一种"摩擦"，也就是非生产性成本。

仅仅说"但公众并不反对"是不够的。最重要的是，仅仅说任何设法消除这类社会影响的行动都是"不受欢迎的"，都将受到同事和合伙人的抵制，这种说法是不够的，也是没必要的。社会迟早会把这类影响视为一种危害，继而会迫使那些没有采取负责任的行动以努力消除社会影响或找到解决办法的组织付出沉重代价。

下面是几个例子。

20世纪40年代末50年代初，福特汽车公司试图通过引入配有安全带的汽车来提高美国公众的安全意识，但该公司的销量因此出现了断崖式下滑，无奈之下，福特汽车公司不得不召回相关车型，并放弃了全部计划。15年后，美国司机的安全意识日益提高，汽车制造商由于"完全不关心安全"，作为"造成死亡的商家"而受到猛烈抨击。由此出台的监管措施既是为了保护公众，又在很大程度上是为了惩罚汽车制造商。

多年来，美国的若干大型电力企业一直试图推动美国各州公用事业管理委员会批准其使用低硫燃料并在烟囱中安装清洁设备，但各委员会一再劝阻它们这么做，原因是公众有权以最低的价格获得电力。这些企业指出，根据各州有关收费的法律，无论更加昂贵的低硫燃料还是净化废气的资本投资都不被允许作为合法成本。然而，后来当空气污染成为公众关注的社会问题时，这些电力公司由于"污染环境"而遭受严厉谴责。

无独有偶，若公共服务机构忽视自身的社会影响，或认为造成的社会影响微不足道，也会为此付出代价。位于纽约市的哥伦比亚大学由于抱守造成的社会影响微不足道的观念，差点被毁掉。撼动该校根基的1968年学生抗议运动,起源于完全无害且微不足道的小事——新建一个将对本校学生和附近贫民窟的黑人居民同时开放的体育馆的计划,但抗议运动的原因要深刻得多。该校管理层和教职员工坚信,通识教育机构不必担心自身给附近黑人贫民窟造成的社会影响。

识别社会影响

因此,管理层的第一项工作是冷静而现实地识别并监测本组织造成的社会影响,要思考的问题不是"我们的所作所为是正确的吗",而是"我们的所作所为是社会和消费者希望的吗"。如果一项活动不能成为组织使命和宗旨的一部分,那么就应该被视为社会影响,需要尽力消除。

如今,人们对技术进行评价的兴趣日益增强,这意味着企业在采用新技术之前需要预测其影响和副作用。实际上美国国会已经成立了一个技术评价办公室[⊖],期望该办公室能够预测未来可能变得重要的新技术及其可能造成的长期影响,进而指望该办公室给政府提供建议,指出哪些新技术需要大力资助,哪些需要加以抑制。

这种意图必然以惨败收场。由于任何新技术在未来的影响几乎总是超出人们的想象,所以这类技术评价带来的后果很可能是资助了不当的技术,抑制了亟须的技术。

滴滴涕[⊜]是一个典型例子。这种物质最早在第二次世界大战期间被合成,用来保护美国士兵免于患上各类昆虫携带的疾病,尤其是在热带地区效果显

⊖ 技术评价办公室(Office of Technology Assessment),美国国会下设的办公室,1972 年根据《技术评价法》创建,旨在为国会议员和各委员会提供对复杂科学技术问题的客观权威分析,1995 年被撤销。——译者注

⊜ 滴滴涕(DDT),1939 年瑞士化学家保罗·穆勒(Paul Müller)发现它可用于杀虫剂,获得 1948 年的诺贝尔奖,但 DDT 不易降解并造成了环境灾难,世界大部分地区已经停止使用。——译者注

著。后来许多科学家使用这种新的化学物质来保护普通民众。但滴滴涕的研究人员中,没人想到用这种新型杀虫剂来控制农作物、森林或牲畜遭受的虫害。如果滴滴涕的使用被限制在其开发初衷(保护人的健康)上,那么就绝不会给环境带来灾难。在 20 世纪 60 年代的使用高峰时期,用于初衷的滴滴涕只占总量的 5%～10%。无须科学家的帮忙,农业者和森林管理员发现,这种能够杀死人身上虱子的化学物质也能够消灭植物上的昆虫,滴滴涕由此对环境造成了巨大灾难。

与此同时,有时候专家预测技术会产生的某种影响则从未出现。人人都告诉我们自动化将产生巨大的经济和社会影响,但实际上似乎什么都没发生。计算机技术的发展更让人大跌眼镜。20 世纪 40 年代末,没人预料到计算机会被企业和政府采用。当时,虽然计算机技术被称为一场"重大的科学革命",但人人都"知道"其主要用途限于战争和科研领域。结果,当时进行的范围最广的市场研究报告得出结论:到 2000 年,全世界最多有 1000 台计算机投入使用。如今刚过了 30 年,也就是 70 年代末,世界各国已经安装了 17 万台计算机,多数都用于普通的记账工作。当企业购买计算机用于支付工资和开票的趋势日益明显后,专家转而预测计算机将取代中层管理者,导致首席执行官和领班之间的人员没有必要继续存在。50 年代初,《哈佛商业评论》中一篇被广泛引用的文章问道"中层管理者过时了吗",该问题的答案是一声响亮的"是的"。恰恰从那时开始,中层管理岗位开始大规模扩张。在每个发达国家,过去 20 年中企业以及政府中层管理岗位的增速是总体就业增速的 3 倍,并且前者与计算机普及的速度基本同步。50 年代初,如果人们完全相信技术评价,那么各高校就会完全关闭研究生商学院,因为其培养的毕业生非常有可能无法就业。幸运的是,年轻人没有轻信那些预测,反而大规模涌入商学院学习,以便谋得计算机帮助创造的优质工作岗位。

技术的社会影响不可能被准确预测。史上最成功的科技预言家是法国小说家凡尔纳（1828—1905）㊀，早在 100 年前，凡尔纳就预言了大量 20 世纪出现的新技术，而在当时，没几位科学家或技术专家把他的话当回事，但凡尔纳的预言仅仅立足于维多利亚时代㊁中期的经济社会状况，而完全没有准确预言技术给经济和社会带来的影响。反观那些经济和社会先知，作为技术预言者的记录是最差的。因此，设立一个技术评价办公室的唯一效果，可能就是确保了大量不入流的科幻作家充分就业。我们真正需要的是及时监测影响，而不是预测影响。

处理社会影响

识别组织造成的社会影响是管理层的第一项工作，但接下来如何处理这些影响呢？目标非常明确：组织对社会、经济、社区、个人造成的影响本身并非组织的使命和宗旨，所以应该保持在最低限度，最好能够完全消除。

因此，若通过抛弃相关业务能够消除其影响，那是最好不过，确实也是唯一真正能够药到病除的解决方案。然而在多数情况下，相关业务无法抛弃，因此组织需要开展系统性工作来消除其造成的社会影响，起码使影响最小化，同时维持根本性业务的正常运作。

理想的方法是把消除社会影响的工作转变为有利可图的商业机会。这方面的例子是 20 世纪 50 年代以来陶氏化学公司㊂对污水和废气的处理方式。第二次世界大战结束后不久，该公司认识到污水和废气是必须予以消除的不良社会影响，所以早在公众的环保运动兴起之前很久，陶氏化学公司就已经

㊀ 凡尔纳（Jules Verne），法国科幻作家，许多设想和描述在 20 世纪成了现实，被誉为"科幻小说之父"，代表作《海底两万里》(Vingt mille lieues sous les mers)。——译者注

㊁ 维多利亚时代（Victorian），英国维多利亚女王在位时期，具体是从 1837 年 6 月 20 日至 1901 年 1 月 22 日，是大英帝国的黄金时代。——译者注

㊂ 陶氏化学公司（Dow Chemical Company），美国跨国化学企业，1897 年由赫伯特·陶（Herbert Dow）等人创立，主营塑料、化学品、农产品，2017 年与杜邦公司合并。——译者注

在其工厂内贯彻了零污染政策，着手把污水和废气中的污染物系统地转变为可销售的产品，并为其开拓市场和相关用途。

监管的必要性

要想消除造成的社会影响，并转化为商业机会，企业就必须不断地进行尝试，但在许多情况下这是无法实现的。更普遍的情况是，消除社会影响意味着增加成本，以往由普通公众承担的"外部性"，如今转化为了企业的成本。因此，除非特定行业中的每家企业都接受相同的规则，否则消除社会影响就会削弱企业的竞争力。在多数情况下，这只能诉诸监管来实现。

每当一种社会影响若不增加成本就无法消除时，管理层就必须事先考虑并制定监管措施，力求做到以最低成本解决问题，并尽量给公众和企业等机构带来最大收益。接下来管理层的任务就是公布适当的监管规章。

即便公众对某种社会影响没有异议，管理层也不能掉以轻心。确实，如前文案例中的公众行为一样，即便公众大力抵制目光长远的企业领导者未雨绸缪所做的一切努力，也不代表企业可以对社会影响视而不见，否则迟早会成为丑闻。一个例子是国际石油公司没有预先考虑和制定"石油特许权"的后继办法，而石油特许权的影响早在第二次世界大战结束时就可以预料到。另一个例子是美国产业界未能认真考虑，加拿大为保护自身的政治认同和资本获取渠道，会对外国投资采取监管措施。

需要权衡利弊

任何解决组织造成的社会影响的方案都需要权衡利弊。有时候消除一种社会影响所耗费的精力或心血、金钱或资源要超出获得的收益，所以相关决策必须在成本和收益中达到最优平衡。业内人士通常都能够理解这一点，但外行不理解，所以外行制订的解决方案往往会完全忽视权衡问题。

露天采煤对自然环境造成的影响早该引起人们注意，而从地下采煤改为露天开采挽救了许多生命，二者之间的最优平衡在何处呢？地下采煤永远不可能绝对安全，而且由于地下采煤工人必须在充斥煤尘和受污染的空气中作业，所以必然会面临健康风险。然而，露天采煤则是一种非常安全的业务，几乎不会危害采煤工人的身体健康。在生命安全与自然美景之间、洁净的溪流与受污染的河流之间，最优平衡位于何处呢？

此外，在露天采煤问题上，一方面是破坏环境、降低就业成本、维持生活水平，另一方面是因能源短缺而昂贵致使住房冰冷带来的健康危害与黑暗街道出现安全风险，这些方面也存在着权衡问题。

如果管理层不能正视组织造成的社会影响并仔细权衡利弊，那么会发生什么？美国在汽车尾气排放方面的经历恰恰说明了这一点。在第二次世界大战结束后，雾霾首先在洛杉矶成为一种家喻户晓的污染现象，人们一直都明白需要采取控制措施，然而汽车业依赖的公共关系专家告诉汽车制造商公众对雾霾视若无睹。后来在20世纪60年代，公众突然陷入恐慌，迫使立法机构颁布了严格限制排放的法律。新法律能否收到实际效果值得商榷，因为新法律能控制新车的排放，但不可能控制路上绝大多数汽车（车龄超过两三年）的尾气排放。然而，有一件事情是确定无疑的，那就是新出台的控制措施本身将造成大量新污染——由于提高了开车所需的能量，所以不得不使用更多汽油，这进一步导致更多炼油厂出现，而这是污染最严重的行业之一。与此同时，控制举措还大大提高了小汽车以及汽车服务的相关成本。因为汽车行业没能履行职责，所以我们不知道正确的平衡点位于何处，但显而易见的是，该行业和公众都将因此付出代价并遭受损失。

对社会影响负责是管理层的责任，原因在于处理社会影响不是一项社会责任，而是一项企业责任。理想的解决方式是消除影响并将其转化为商机，但在无法实现理想状况的前提下，管理层的工作就是制定能够实现最优平衡的适当监管措施，引导公众讨论相关问题并接受最优的监管方案。

社会问题变商机

社会问题是社会的功能失调，但对于各类机构尤其是企业的管理层而言，社会问题是他们面临的挑战。把解决社会问题转变为商机，从而在自身获益的同时满足社会需求，是企业的职能，并且其他机构也多多少少有类似的职能，所以社会问题是商机的重要来源。

因此，抓住把社会问题转变为商机的重大机遇可能不依赖于新技术、新产品和新服务，而依赖于解决社会问题，也就是通过社会创新使企业、行业直接或间接地受益并发展壮大。

若干著名企业的重大成功在很大程度上正是这类社会创新带来的结果。下面是若干美国的案例。

缔造了西尔斯公司的"时髦城里人"朱利叶斯·罗森沃尔德创设了农场代理，并在多年时间内为其提供资金。在 20 世纪初，他发现当时的社会问题是占美国总人口一半的农业者处于贫困、无知、彼此隔绝的境况。知识能够帮助农业者生产更多、更满足市场需求的产品，并从自身的努力中获得更多收益，但问题是农业者无法得到相关知识，所以农场代理应运而生，并成为美国农村"生产率爆炸"的主要推动力量，而不是新技术、新机器或新种子。罗森沃尔德看到了一个真正的社会问题，并成功地将其转变为了重大商机。随着农业者的收入和社会地位的提高，西尔斯公司的市场也在扩张，并且该公司被农业者称为"朋友"。

IBM 公司的崛起在很大程度上可以归功于正面解决一个重大社会问题。

在经济大萧条时期，IBM仅仅是一家籍籍无名的小公司，所以其行动绝不可能产生福特汽车公司在20年前采取日工资5美元制○那样的轰动性影响。福特汽车公司几乎在一夜之间把体力劳动者的收入提高了1倍，致使其他大型制造型企业不得不迅速跟进。在给工人提供就业保障，进而发放薪资以取代按小时计酬等方面，IBM公司的创新措施与福特汽车公司一样大胆。IBM公司的行为也是针对当时重大的社会问题，即经济大萧条给美国工人带来的恐惧、不安全感以及尊严沦丧，同样把社会问题转变为了商机。最重要的是，该行为为IBM公司的快速成长奠定了人才基础，并且为其10年后进军全新的计算机行业做了准备。

在当今社会，有一个严重的社会问题可以通过转变为商机得到解决，那就是中年知识工作者的疲劳、沮丧和"筋疲力尽"以及对第二职业的需求。那些"在职退休"、丧失工作热情、仅仅走过场的管理者和掌握高深知识的专业人员，也就是中年知识工作者的隐性成本很可能要高于1913年福特汽车公司的工人流失成本，而该年的高流失率促使亨利·福特把当时的日工资标准提高到原先的1倍，即5美元。然而，中年知识工作者的沮丧和沉默背后的绝望给社会造成的危害，可能不弱于过去受苦的体力劳动者的辛酸、痛苦和绝望。没什么比成功转变为挫折更具有破坏作用了。最早能把该问题作为商机加以解决的企业，很有可能会获得与60年前的福特汽车公司、40年前的IBM公司同样巨大的收益。

把克服社会弊病转变为做出贡献、提高绩效的机遇，绝不单单是对企业的挑战，也是当今组织社会中其他类型的组织应当承担的责任。

今天，关于大学面临危机的讨论铺天盖地，确实，大学正面临严重的危

○ 1914年1月5日，亨利·福特力排众议，单方面把工作时长缩减到8小时，日工资从2.34美元提高到5.00美元，迅速降低了工人流动率和缺勤率，大幅提高了生产率，产生了深远的社会影响。——译者注

机。然而，在有些地方，危机已经作为机遇被人们抓住。英国政府设立了开放大学，利用电视等媒体使所有愿意接受大学教育的人如愿以偿。在美国加利福尼亚州斯托克顿市，中等规模、知名度不高的太平洋大学⊖正在建设一种新型大学，该校不仅充分满足年轻人学习知识的愿望，还努力成为他们学习过程中负责任的参与者。

所有企业，实际上是所有组织机构，都需要有组织地努力创新，把社会问题转变为做出贡献、提高绩效的机遇。在过去的1/4世纪中，有组织地开展技术研究已经司空见惯，但社会创新在很大程度上仍旧依靠运气和偶然发现机遇的企业家个人。如今这已经不能满足需要。在当今的组织社会中，每个组织都需要把自身在社会和社区方面的研究及开发充分组织起来，就像它们有组织地从事技术研发一样。管理层必须组织力量识别社会和社区中存在的议题、危机和难题，努力进行创新并把解决方案转变为盈利机会。

社会的"退行性疾病"⊜

并不是每个社会问题都能够通过转变为做出贡献、提高绩效的机遇来解决。事实上，最严重的社会问题往往不能通过这种方法加以解决。

例如，对于美国历史上最严重的退行性疾病——种族问题，没有任何企业能够有所作为。直到整个社会的思想观念发生改变，种族问题才能得到解决，但那往往太迟了。而且即便某个组织的管理层顺利解决了该问题，其他机构也很可能不会跟进。可能会存在解决方案，但即便该方案显而易见，仍

⊖ 太平洋大学（University of the Pacific），位于美国加利福尼亚州斯托克顿市的一所私立大学，1851年建校，名为加利福尼亚州卫斯理学院（California Wesleyan College），1961年改名为太平洋大学。——译者注

⊜ 退行性疾病（degenerative diseases），由于年龄、生活方式等原因导致的组织或器官功能恶化，德鲁克此处用以代指成因复杂的社会问题。——译者注

可能不被采用。问题依旧非常尖锐，没有得到解决。

对于这类堪称慢性或退行性疾病的社会问题，各类组织的管理层应承担的社会责任是什么呢？

这确实是管理层需要面对的问题，维持组织的顺利运作是管理层的责任。繁荣的组织与病态的社会无法兼容。社区的兴旺是组织发展并获得成功的前提。幻想眼不见心不烦，指望问题自动消失是一种愚蠢行为。问题的消失只可能是因为人们为之付出了努力。

我们应该在多大程度上指望企业以及社会上其他具有各种特定宗旨的组织机构参与解决这些问题？应该允许企业、大学、医院等组织机构承担多大程度的责任？

当今的舆论往往忽略了这两个问题。纽约市的前市长约翰·林赛㊀曾经说："这是黑人贫民窟，没人知道怎么处理该问题。政府、社会工作者、社区不管采取什么行动，情况似乎只会变得更糟，所以大企业最好能够担起责任。"

林赛市长迫切地寻找接手者情有可原，毕竟黑人贫民窟问题确实令人绝望，是一个重大威胁。但把解决黑人贫民窟问题作为企业管理层的社会责任是否恰当？或者说，企业的社会责任有没有限度？限度在哪里？

小　结

无论怎么讲，个人的伦理或道德行为问题不是企业、学校、政府机构、医院等现代社会重要组织机构社会责任问题的核心。现代组织社会责任问题的核心首先是社会影响，也就是企业或其他机构合法且必要的行为产生的副产品，以及组织机构存在于社区中并对

㊀ 约翰·林赛（John Lindsay），美国联邦众议员，1965年作为共和党候选人当选纽约市长。——译者注

人们行使权威产生的后果。这种社会影响往往应该被完全消除或尽力予以最小化。若消除社会影响不能转变为商机，就需要采取监管措施，并且组织机构有责任在丑闻爆发前仔细思考并出台适当的监管措施。另一类社会责任问题的核心是组织机构对社会弊病应承担的责任。最后，在各类组织的管理者已成为领导群体的社会中，管理者需要履行领导职能。

问　　题

1. 在20世纪60年代前，关于企业社会责任的讨论常常围绕哪三个方面展开？
2. 关于社会责任的讨论，新的侧重点在哪里？
3. 为什么说对企业社会责任的需求是企业成功的代价？
4. 为什么承担社会责任的重点机构从政府转移到了企业？
5. 新的领导群体由哪些人构成？
6. 组织对自身的社会影响承担责任的第一项工作是什么？
7. 当前正在实施的技术评价有什么问题？
8. 消除社会影响的一种方法是抛弃相关业务，还有没有其他方法？
9. 什么时候管理层应该负责监管组织造成的社会影响？
10. 为什么社会问题是商机的重要来源？当今哪些社会问题可能蕴含着重大商机？

CHAPTER 20 | 第20章

社会责任的限度

　　管理者是仆人，主人则是他们管理的组织机构，因此管理者的首要责任必须是对该机构负责，首要任务是使企业、医院、学校等组织机构顺利履行职能，为其存在的宗旨做出贡献。若管理者利用在重要机构担任领导职务之便成为公众人物，并在社会问题领域发挥领导作用，而自己任职的企业或大学却因疏于管理而遭受挫折，那么他不仅不是政治家，反而是不负责任的，背叛了组织机构的信任。

　　组织履行自身的特定使命，提高绩效水平，也是社会的首要需求和利益所系。如果组织执行自身特定任务的能力受到削弱或损害，那么社会不会因此受益，反而会蒙受损失。履行职能、提高绩效是各类组织机构首要的社会责任。除非组织能够负责任地履行职能，否则就不能承担任何其他责任。破产的企业不是理想的雇主，也不可能成为社区内的好邻居，更不能为未来的工作岗位提供资本以及为未来的员工创造机会。没能培养出高素质的未来领导者和专业人员的大学，即便做出再多"善举"，也是对社会的不负责。

所以,社会责任的第一个"限度"就是,管理者对主人(即组织)的特定绩效负有更高的责任,这进一步要求格外重视社会中的经济组织,也就是企业。除非把社会影响和社会问题转变为提高绩效、创造成果的机会,否则任何解决方案都会产生社会间接费用。这些费用可以由消费者或纳税人支付(即当前成本),也可以用资本支付,也就是以未来更少更差的工作岗位和更低的生活水平为代价。抵消成本、积累资本的唯一途径就是提高经济绩效。社会中所有其他方面的满足都以某种方式源自经济盈余。

这再次强调管理者有责任预见问题,并仔细思考解决方案中涉及的各种利益权衡。在什么情况下,解决方案因损害了组织现有的和所需的绩效能力而对社会来说变得过于昂贵?解决社会问题的需求与维持现有社会组织的绩效能力的需求之间的最优平衡是什么?在什么情况下,管理者会让现有组织承担过多社会责任,甚至不惜损失绩效或造成更大的新问题?什么情况下能够实现旧成本与新收益之间的最优平衡?

管理者需要根据自己对组织的绩效能力承担的责任,来慎重思考社会责任的限度。对于企业而言,这就需要管理者了解关键领域的目标。要践行企业的使命,必须在这些关键目标领域设定最低绩效标准。只要实现这些目标,企业就能达到令人满意的绩效水平。任何一个关键领域的目标受到严重干扰,整个企业的绩效能力都会受到威胁。

最重要的是,管理层需要清楚企业应对未来的风险和履行承诺所需的最低利润率,需要利用这些信息来辅助决策,同时还需要向政客、媒体、公众解释自己的决策。只要管理层仍然被自己对利润的客观需求和功能的无知所束缚,例如根据"利润动机"进行思考和争论,他们就无法做出有关社会责任的理性决策,也无法向其他各方解释这些决策。

能力的限度

承担自己没能力完成的任务是一种不负责任的行为。这种行为让人们心中燃起希望，随后再让希望破灭，所以会给人们带来痛苦。

企业等任何组织机构都必须为自身造成的社会影响负责，所以必须具备所需的相应能力。但关于造成的社会影响之外的责任，组织采取行动的权利和义务不能超出自身能力的限度。

组织应该避免接受不符合自身价值观的任务。技能和知识的获得相对容易，但价值观不能轻易改变。人们不可能高质量地完成自己不赞同的任务。如果企业或其他机构由于社会需要而接受这类任务，那么就不可能为其配置优秀员工并予以大力支持，不可能透彻理解该任务涉及的因素，所以几乎必然会出错，结果将是有害而无益。

20世纪60年代，美国大学轻率地承担起解决大城市问题的社会责任，恰恰证明了组织不应该做什么。美国大城市的社会问题确实非常严重，并且在大学中我们可以找到许多研究该问题的优秀学者，然而解决大城市问题主要是政治任务；涉及政治价值观而不是学术价值观；需要适度妥协、调动资源，最重要的是设定优先次序的技能，而不是学者尊重和欣赏的技能。解决大城市问题需要具备的要素几乎与构成卓越学术成果的客观性和"发现真理"完全相反，超出了大学的能力限度，与大学的价值观也格格不入。

因此，各大学积极接受这类任务的结果必然是绩效平平、成果欠缺，而且损害了大学的声望、地位和信誉。大学不仅没有为大城市问题的解决做出贡献，反而严重损害了其本职工作领域的绩效能力。

所以，组织的管理层需要清楚自身及所属机构在哪些问题上确实束手无策。概括而言，通常企业在"无形的"领域完全无能为力；企业的优势在于可问责性和可衡量性，这也是市场检验、生产率评估以及利润率要求等带来的结果。缺乏这些特征的领域，本质上就超出了企业的能力限度，企业即便有所作为，从根本上看也是出于基本的同情，实际上与企业的价值观不相符。"政治"意见和感情、社区的赞成或反对、社区资源的调动和权力关系的结构等领域，相关绩效标准是无形的，企业在这些领域不可能游刃有余，也不可能尊重这些领域的重要价值观，因此企业最不可能具备解决相应问题的能力。

然而，这些领域局部的特定任务，往往可以确立清晰的、可衡量的目标。通常本身不属于企业能力范围内的问题的局部可以予以转化。在美国，没有任何机构能够高质量地培训那些不可救药的失业黑人青少年，但相比其他机构，企业最适合完成这项任务，因为这项任务能够识别，并且可以清晰地界定，目标也能够被确定，绩效能被衡量。在这种情况下，企业能够履行该职责。

在按照要求承担某项社会责任并着手解决某项社会问题之前，管理层最好能够仔细思考该项任务的哪些部分（如果有的话）能被转变为适合本组织能力特长的事务，是否存在能够根据明确的目标和可衡量的绩效来界定的领域，如果答案是肯定的，那么企业的管理层就有理由认真考虑承担这项社会责任；但如果答案是否定的（实际上大量领域的答案都是否定的），那么无论要求该企业接手的社会问题多么重要、多么急迫，企业管理层都应该果断拒绝，因为贸然接手只会对社会和自身造成损害，而不能取得卓越的绩效，是不负责任的行为。

权力的限度

对社会责任最重要的限制来自权力。宪法律师都知道，政治学词典中没有单方面的"责任",唯有"责任与权力"。任何索要权力之人都会因此承担责任,反之,任何承担责任之人也都会因此索要权力,二者是同一枚硬币的正反两面。因此,承担社会责任总是意味着索要权力。

每当企业被要求承担种种社会责任时,管理层都应该思考:"企业掌握相应的权力吗?应该掌握吗?"若企业不掌握或不应该掌握相应的权力(在多数领域中企业都不应该掌握权力),那么就应该对相关要求持怀疑态度。贸然承担责任反而是不负责任,甚至是贪恋权力。

美国的消费权益倡导者拉尔夫·纳德真心认为自己是大企业的敌对者,在要求企业为产品质量和安全性负责方面,他当然关注在绩效和贡献方面合理的企业责任。除了所列事实的准确性和群众运动风格之外,唯一的问题就是纳德对完美的要求,是否会比被他抨击的缺陷和不足让消费者付出更高的代价,管理者需要对此仔细权衡利弊。

拉尔夫·纳德最重要的要求是,大公司需要在自身产品和服务之外的多个领域承担社会责任,这只会导致大公司管理层掌握大量领域的最终权力,而这些领域本来是其他组织机构的管辖范围。

确实,这正是拉尔夫·纳德和其他无限社会责任的倡导者正在采取的立场。1972年,纳德团队的一名成员发表了一篇文章,评论杜邦公司及其在特拉华州的影响力。众所周知,特拉华州非常小,杜邦公司的总部位于该州,是当地最主要的雇主。在当时普遍通货膨胀的形势下,杜邦公司产品的价格不升反降,而且这些产品是美国经济中多个行业的基本原材料。这篇文章基本上无视这些事实,也没有讨论杜邦公司的经济绩效,而是尖锐地批判杜邦公司没有利用自身的经济力量迫使特拉华州公民全力解决一系列社会问题,包括种族歧视、医疗保健、公立学校等。简而言之,杜邦公司因没有承担特拉华州社会、政治、法律等领域的责任而被贴上"严重不负责任"的标签。

具有讽刺意味的是，过去多年来，传统自由主义者或左翼势力对杜邦公司的批评恰恰完全相反。这些人常常抱怨杜邦公司凭借在一个小州的强势地位，"干预并支配"特拉华州，行使"非法权力"。

许多人表面上打着反对大企业的旗号，实质上是为大企业成为社会中最强大、最具支配性的机构辩护，拉尔夫·纳德恰恰就是这类人。纳德与其他人的区别仅在于其观点得到了广泛的宣传。当然，该观点的实际结果与纳德的意图相反，但承担社会责任的要求导致与预期相反的结果，显然已经不是第一次了。

然而，芝加哥学派代表人物、诺贝尔经济学奖得主米尔顿·弗里德曼所谓的"纯粹"立场（即逃避所有社会责任）⊖实际上也不现实。现实中存在若干重大的、急迫的、令人绝望的难题。最重要的是，"政府的弊病"正在造成责任真空和绩效真空，而且政府越大，真空也越大。无论所谓"纯粹"的组织机构多么可取，社会上的企业和其他组织机构都不可能真正符合"纯粹"的标准。单凭自身的利益就能够推动它们关注社会和社区，并准备承担超出自身主要任务和职责范围的责任。

但在这么做的时候，它们必须意识到可能给自身和社会带来的危险和风险。诚然，除非社会中的关键组织机构为公共利益负责，否则任何多元社会都不会成功。但同时，多元社会面临的一个长期威胁是，为公共利益负责与贪恋权力太容易混淆不清。

在少数几个领域，可以制定若干指导方针。企业（或大学）的任务不是用自身的权力代替政府在若干显然属于国家政策领域的权力。当然，在一个自由社会中，即使某些业务受到政府的支持和鼓励，企业也有权不参与或敬

⊖ 米尔顿·弗里德曼（Milton Friedman），美国经济学家，曾在《纽约时报》撰文声称："企业有且只有一种社会责任：在遵守游戏规则的前提下，利用自身的资源从事旨在增加利润的活动，也就是不欺诈或弄虚作假，开展公开自由的竞争。"——译者注

而远之。企业当然没有资格代替政府，更无权运用经济力量把自身的价值观强加给社区。

拒绝的时刻

实际上，要求企业或其他任何机构承担社会责任，同时允许它们攫取新的权力的行为会受到抵制。企业为了自身的利益，也为了真正履行社会责任，应该主动抵制这种行为。无论出于切肤之痛，还是为了掩盖对权力的欲望，都改变不了这种行为的实质，即不负责任的要求。无论何时，只要企业或其他任何机构被要求承担超出自身绩效领域和影响范围的社会责任，它们就应该自问："我们掌握这些领域的权力吗？我们应该掌握这种权力吗？"如果答案是否定的，那么对社会负责的行为就是果断拒绝无理要求。

小　　结

企业或医院承担社会责任的限度是什么？组织绝不能以社会责任的名义损害或破坏自身完成首要的重大任务的能力。无论组织的首要职能是医疗保健还是经济服务，该职能都是组织得以存在的理由，也是其承担的首要责任。另外，接受没能力完成的任务是一种不负责任的行为。因为责任总是与权力相匹配，在不掌握权力的领域承担责任不仅是不负责任，更是对权力的贪婪。

问　　题

1. 为什么说管理者是仆人？
2. 组织承担社会责任的第一个限度是什么？

3. 当美国的大学轻率地承担城市问题的相关责任时，体现了社会责任的什么限度？
4. 企业通常没有能力承担社会责任的领域有哪些？
5. 对承担社会责任最重要的限度是什么？为什么拉尔夫·纳德的立场违反了该限度？
6. 什么时候组织应该拒绝承担社会责任？

CHAPTER 21 | 第21章

企业与政府

　　管理者（尤其是企业管理者）肩负的一项重要社会责任是处理政企关系，然而，当今对管理层社会责任的讨论却很少涉及这一点。

　　企业需要处理的关系千头万绪，但其中很少会像政企关系那么重要。管理者对企业承担多种责任，处理政企关系就是其中之一，政企关系与企业造成的社会影响有关。在很大程度上，政企关系源于企业的所作所为或无所作为。

　　由于各个主要国家的政企关系都处于混乱状态，所以我们亟须重新思考、重新评估、重新构建政企关系，因此政企关系也成了一个社会问题。在每个发达国家以及多数发展中国家，政企关系都缺乏明确的规则，几乎没有共识，充其量是各种法律、偏见、监管措施、传统、权宜之计的大杂烩。与此同时，出现了许多无法与现有的政企关系框架相适应的重大新问题，如环境问题、跨国公司问题等。

　　从根本上看，我们需要构建既符合组织社会的现实，又满足组织社会需求的新政治理论。在此过程中，企业和政府将不得不继续致力于各自的工作。双方必须清楚哪些工作需要彼此合作，哪些需要独自处理。现阶段思考这些可能还为时过早，我们尚没有制订出对应的整体解决方案。但即便只是基于个案，我们也将不得不重新设计方法和规范，并且我们应该谨小慎微，以免权宜性解决方案引导我们形成错误的长期模式。

制定权宜性解决方案并监督其实施，将是管理者的重要工作，因为无所事事给企业、经济、社会带来的风险太大，管理者不能坐等政治哲学家形成定论之后才投入行动。

要成功地完成这项工作，管理者最重要的是了解政企关系的历史背景。在不同国家，政企关系的传统截然不同，这在很大程度上决定了各国政治家、公务员、政治科学家、公众、商界认为什么是"正确的""适当的"，也解释了当今政企关系出现危机的原因。然而，在所有关于政府和企业的著作中，只有很少会重视作为政企关系基础的历史背景、行政理论和政治理论。

传统典范

关于政企关系，历史上存在两种截然不同的政治典范，我们可分别称之为重商主义⊖（在法国被称为经济统制主义⊜）和宪政主义，其中重商主义要更加古老。

重商主义典范认为，经济是国家主权（尤其是国家军事实力）的基础。

⊖ 重商主义（mercantilism），16~18世纪盛行的经济理论，强调政府通过干预和控制经济实现富国强兵。——译者注

⊜ 经济统制主义（dirigisme），不同于计划经济和市场经济，是国家通过特定的市场干预部分或全部消灭分散化的价格、生产、消费和投资决策自由，以达到特定的、典型的干预主义目标。——译者注

国民经济和国家主权本质上都是有组织地与外部世界对抗，经济的主要职能在于为民族国家抵御外部威胁提供生存手段。民族国家内部可能存在摩擦、冲突、竞争和争端，但整个国家如同一座固若金汤的堡垒，全部争端和异议都止于国界。

重商主义兴起于17世纪后期，认为企业负责提供用来支付士兵薪饷的金银，而士兵负责保卫国家的独立和生存。虽然亚当·斯密早已驳倒了上述逻辑，但重商主义仍然把经济视为民族国家相互竞争的基础，主张出口是目标，也是检验竞争力的手段。

重商主义认为商人的社会地位低于公务员。在路易十四⊖时期的法国和第二次世界大战前的日本，毫无疑问这都是公认的事实。政府公务员的任务是为企业提供支持和援助，尤其是鼓励企业扩大出口。随着专业技术阶层和职业经理人阶层的崛起，可以说企业已成为国家建制的一部分，但作为政府的合作伙伴，其地位仍然要低于政府。

行业协会及相关组织在重商主义制度体系中的地位就是例子。在法国，企业必须加入相关的行业协会，在很大程度上德国同样如此。在日本，行业协会等组织几乎都是政府机构，其领导者往往出身于高级公务员，手握重权、地位崇高，往往仅次于业内规模最大、实力最强的成员单位。劳资协议通常由行业协会主持确立，并对成员企业具有强大的约束力。换言之，政府通过行业协会处理政企关系或政商关系。

宪政主义典范兴起于19世纪，以美国为典型代表，认为政府与企业彼此对立，二者的关系根据相关法律加以规范，彼此保持一定距离。

宪政主义认为，政府不能置身于经济和企业之外。重商主义和宪政主义都主张"企业非常重要以至于不能完全由商界自己说了算"，但重商主义者

⊖ 路易十四（Louis XIV），法国波旁王朝君主，任用柯尔贝尔（Jean-Baptiste Colbert）推行重商主义经济政策，奠定了对外战争以及绝对君主制的基础。——译者注

对企业的指导、引导、补贴，宪政主义者却认为"不可"^㊀，并诉诸反垄断法律、监管机构以及刑事诉讼等手段进行抵制。只要重商主义者认为企业朝着对国家政治和军事力量有利的方向发展，就会予以大力支持。宪政主义者认为企业败坏政府风气，致力于政企分离，并在政治道德与企业行为之间划定了界限。

杰斐逊^㊁或许可被称为第一位宪政主义者，他对企业深表怀疑，坚决主张企业利益应该与政府分离。直到25年后，也就是19世纪20年代安德鲁·杰克逊^㊂担任总统后，宪政主义才成为美国主流的政企关系模式。

正是在安德鲁·杰克逊执政时期，宪政主义确定了商人在美国生活中的社会地位。从那时起，商人在美国获得了与其他群体平等的社会地位。

事实上，19世纪末20世纪初，商人可能是整个美国社会的主导性群体。在重商主义国家，公务员群体与商人存在社会地位方面的竞争；在宪政主义国家，起初是神职人员，后来是大学教授与商人存在社会地位方面的竞争。在宪政主义典范下，从安德鲁·杰克逊时代开始，商人就被认为是爱国者，尤其是在危急时刻可以为国家服务并担任政治领导职务。然而，比安德鲁·杰克逊晚100年的富兰克林·罗斯福称商人为"罪恶大富豪"^㊃，也体现了地道的宪政主义风格。

在宪政主义传统下，行业协会备受质疑，很少掺和政府与商界的关系。无论行业协会作为国会的游说团体在幕后的影响力多么大，事实上仍不具有

㊀ 不可（thou shalt not），摩西十诫以"不可"为开头，如不可偷盗、不可杀人等，德鲁克此处用此表达强烈否定的语气。——译者注

㊁ 杰斐逊（Thomas Jefferson），美国开国元勋、《独立宣言》起草人，持古典自由主义与共和主义理念。——译者注

㊂ 安德鲁·杰克逊（Andrew Jackson），美国第7任总统（1829～1836年），民主党的创建人之一，以杰克逊式民主著称，在经济领域进行反对银行的斗争，在政治领域开创政党分肥制。——译者注

㊃ 出自1932年9月23日富兰克林·罗斯福在旧金山的联邦俱乐部（Commonwealth Club）发表的竞选演说。——译者注

强制性，不掌握强制性权力，也没有官方地位。

典范与现实

重商主义和宪政主义都是政治理论或行政理论的思维模式。现实往往达不到理想的标准。

实际上，许多批评人士常常把美国官方的宪政主义政策立场抨击为虚伪的装模作样和彻头彻尾的骗局，但这种批评忽视了宪政主义曾经拥有，且现在依然拥有的强大影响力。宪政主义激发了美国传统的反"体制"力量，解释了传统的美国激进势力持反企业立场的原因，与此对照，欧洲左派[一]传统上持亲企业立场，只不过想要用自己阵营的"好人"（即政府官员）代替"邪恶的资本家"。宪政主义还解释了美国经济立法和企业监管的独特形式。有句老话非常有道理：美国一直都在理论上信奉杰斐逊主义（宪政主义），在实践中实行汉密尔顿主义（重商主义）。

毫无疑问，实践重商主义典范的范围要广得多。1900年前后，忠实地落实经济理论倡导的举措，曾经真正做到政企分离的国家（即英国），掉头转向了企业和经济的政治途径，即转向了经济统制主义而非宪政主义。

但即便重商主义典范也从未在现实中得到不折不扣地贯彻。张力自始至终一直存在，企业一次又一次地脱离政府控制。甚至在日本，政府和商界也彼此既视为伙伴又视为对手。

一个多世纪以来，上述两种典范始终是政企关系的指南，为该关系设立了相应的规范，指导政府和政治家应该采取什么行动，在公众心目中树立对错标准。所以，虽然这两种典范没有直接决定政企关系，但确立了特定政企

[一] 欧洲左派（European Leftist），倾向于支持平等，强调建设福利国家，更多地通过国家干预手段帮助弱者。——译者注

关系问题上逐项解决个案、议题、丑闻的可选措施范围。

新问题

然而，在当前形势下，两种传统典范都已过时。无论对政府还是对企业，二者都不能再提供多少有益的指导，也无法应对需要解决的政企关系新问题。在这些新问题中，最重要的或者说至少最明显的问题是由下列因素导致的："混合经济"、跨国公司、政府地位衰落、职业经理人阶层崛起。

（1）第一个因素是当今的"混合经济"。

重商主义和宪政主义都伴随资本主义经济应运而生，但在社会主义经济条件下也可以发挥功能（关于宪政主义与社会主义竞争的相互适应，参见第12章），却无法应对政府活动和企业业务相互交织、相互竞争的混合经济。

每个发达国家的经济都是一种复杂的混合体，包括监管措施、政府控制、补贴和惩罚、企业自治（例如自治的邮政服务，但以前被认为属于政府的管辖范围）、政府直接干预企业运营等。有些组织虽然以私营企业的身份组建，但属于公共所有，履行公共职能；还有些政府所有的机构参与激烈的市场竞争，履行"私营部门"的职能；此外还存在一大堆无法理清的复杂合伙企业，国防采购仅是这方面的一个例子，在很多国家，国防产品的采购都是通过政府与私营承包商之间的合同关系（既紧密合作又钩心斗角）进行的。

国防采购或许被视为一个特例。例如，第二次世界大战已经结束35年了，但美国军工行业的混合经济仍被解释为一种"临时应急举措"。有关各方心知肚明，这种情形毫无临时性可言，假装的"临时应急举措"是国防采购中严重问题频发的主要原因。但有关各方也都知道，任何彻底反思并重构该关系的尝试，都会立刻遇到"应该做什么"和"需要做什么"之间不可调和的差异和理念上的矛盾。正如一位国防部高官所言:"我们知道国防采购领域混乱不堪,但总比瘫痪要好。"

未来,将会有越来越多的联合任务,需要政府和企业作为一个团队共同工作,并根据形势由某一方发挥领导作用。具体而言,这类联合任务的领域可能包括保护环境、保护资源、大城市问题、科学研究(技术性的与社会性的)等。从定义上讲,提高生活质量的任务则是非政府组织和政府的共同任务,前者承担执行方面的社会责任,后者负责指导并提供资金。

重商主义已经非常不适合这种新现实。商界的独立性越来越强,政府官员不能继续负责指导并扮演塑造者角色。在政企关系中,如今政府官员必须作为伙伴存在,且不一定是地位较高的伙伴;在政府与银行业或保险业等行业的关系中,政府官员必须成为企业反对某些公共政策的发言人;在另一些情况下,尤其是在政府与"跨国公司"的关系中,私营企业(例如在欧洲共同体或发展中国家经营的跨国公司)代表本国政府的"公共政策",而所在国政府官员则有责任捍卫本国产业界"私营企业的利益"。

尽管矛盾非常突出,但重商主义仍能够勉强适用于混合经济的形势。但混合经济与宪政主义完全无法兼容,这是美国政党、政治宣传、政治评论员在解释政府和经济实际的运行方式时遭遇极大困难的原因。

(2)第二个因素是跨国公司。打个比方,经济和主权国家的联姻已持续300多年,跨国公司反映了双方婚姻关系的破裂。现如今,即使在规模最大、实力最强的国家,经济也不能继续被定义为国民经济。然而,主权仍旧完全基于国家,没有任何迹象表明其他实体能够取代民族国家承载政治主权。但在经济领域,已经出现了一种真正的世界经济力量,承载各国经济的动力,实际上决定了全球范围的经济发展,直接影响各国经济中的行为、活动和成果,并且在很大程度上不受政治主权影响。

无论是从承载还是从影响来看,跨国公司的发展最直接挑战的对象就是重商主义典范。对重商主义者而言，经济和主权的分离是不可想象的，然而这种情况正在发生。戴高乐将军[一]在 20 世纪五六十年代担任法国总统时，就已经理解了该事实。尽管站在重商主义的立场上，他不允许法国企业走向跨国化的决策是完全合理的，但也是完全徒劳的。

在与企业跨国化经营发展趋势的博弈中，宪政主义典范同样举步维艰。当前美国的平民主义[二]势力抨击跨国公司绝非偶然现象。对于重商主义者而言，跨国公司的罪行在于它不是且不能成为政治主权的工具。对于坚持美国宪政主义传统的平民主义者而言，跨国公司的罪行在于它不是且不能成为美国伦理道德的工具。相反，跨国公司必须迅速调整各方面的政策方针，以符合运营所在国基于政治主权的普遍法律和道德观念。

（3）第三个因素是，在组织社会中政府成为具有特定宗旨的组织机构之一，而不再享有一家独大的地位。换言之，组织社会为政府之外的领导群体，尤其是职业经理人阶层创造了承担社会责任的机会，因而颠覆了传统上政府在社会中独一无二的地位和作用。

戴高乐之所以给世人留下深刻印象，正因为他拒绝接受这种现实。相反，戴高乐坚持维护政府至高无上的地位，认为政府不仅高于经济，而且高于艺术、教育等领域，进而使戴高乐的政策体系一以贯之、清晰明确，但也造成他的政策显得过时，甚至近乎荒谬，即便在这位伟人的崇拜者眼中，也没有多大改观。

另外，宪政主义者也难以接受一个要求企业承担社会责任的社会。长期以来，宪政主义立足于政企之间的对抗性关系，也就是企业必须受到约束、

[一] 戴高乐（De Gaulle），法国总统（1959～1969），第二次世界大战期间领导自由法国运动，1958 年主导制定新宪法，成立第五共和国，坚持泛欧主义外交，退出北约，反对英国加入欧共体。——译者注

[二] 平民主义（populism），美国人民党的主张，维护农业者的利益，反对大资本，坚持宪政民主。——译者注

监管、规制、束缚，甚至在必要的时候受到惩罚，以免行为不负责任，危害社会。传统的美国自由主义者一方面要求拆分通用汽车公司或 IBM 公司等大型企业，另一方面要求调动大型企业的资源解决重大社会问题，这种明显的矛盾情绪正日益恶化为"精神分裂症"。

（4）第四个因素是，相比作为所有者的企业家阶层，职业经理人阶层日益崛起。传统典范往往关注商人，但当今的新现实是职业经理人。这意味着在出身、教育、背景、价值观等方面，企业经理人已经成为一个与政府公务员非常相似的群体。与此同时，公务员与其他组织机构的领导群体一样，都正在逐步转变为职业管理者（经理人）。

职业经理人作为一个影响力巨大的领导群体日益崛起，尤其与重商主义典范难以兼容。但越来越把企业管理作为公共行政的榜样的发展趋势，与宪政主义典范同样格格不入。

有人可能会说，这些都是政府面临的问题，而不是企业的问题，但是对于企业和管理层来说，忽视下述事实将会招致难以承受的危险：传统的、继承下来的典范已经不再能适当地组织和构建现实的政企关系了。

指导方针

即使没有现成的解决方案，缺少新的政治理论，没有更恰当的新典范，但具体问题必须得到解决。我们需要相关的"具体规范"，需要实用性的和权宜性的相关标准，用来检验和判断具体问题的具体答案。

（1）第一条具体规范是，为了维护经济利益，缔造强大、高效的政府，进而维护整个社会的利益，经济组织（企业及其管理者）需要自治和相应的问责。

相比眼下被滥用的"自由企业"口号，"负责任的企业"或许更好一些。

要对绩效负责，经济组织及其管理者必须拥有自治权，任何人都不能对自己没有权力且无法掌控之事负责。企业及其管理层需要接受绩效评估，否则就会绩效低下。他们必须有权根据客观标准合理配置社会和经济资源，否则就会导致资源配置不当。

合理配置资源的关键不在于所有权，而是在商品和服务市场、资本和投资市场、工作和职业市场三个经济维度接受市场检验，管理者根据市场形势制定决策。

在三个经济维度中，资本市场或许最关键。正是在资本市场上，未来所需的资源基于绩效预期进行配置。因此，资本市场一方面需要受到监管，另一方面需要享有一定的自主决策权。

合理配置资源还需要一个开放经济体系，企业既可以自由组建，也可以顺势消亡。国有或政府控制的经济体系的根本弱点就是不允许企业破产，很少对企业进行清算。然而，显然社会福祉和整体经济利益要求企业能够健康地进行新陈代谢。

政府的绩效能力也有赖于企业及其管理层的自治。政治议程充其量只能痛苦地做出糟糕透顶的分配决策。政府若过度干预企业事务，反而会妨碍自身的顺利运作，或超负荷运转以至于根本无法采取必要的行动，不能及时出台其他政策，无法集中精力完成政府的本职工作。

社会也需要组织及其管理层享有自治。主要社会机构的管理层是组织社会中的领导群体。社会的繁荣昌盛有赖于拥有不同价值观、不同优先事项、不同"风格"的多元化领导群体，还需要在职业、职业发展阶梯、观点、生活方式等方面拥有不同选择。否则社会就会退回到僵化的一致状态，丧失应变能力。当僵化一致的社会出现变革的需求时，没人能设想出一种不同于领导群体中每个人习以为常并认为"正确"的行为，因为这种社会习惯的行为方式几乎已成为不容置疑的"自然法则"。与此同时，那些有能力、有抱负但不轻易盲从领导群体习惯模式的人被疏远了。

（2）第二条具体规范是，社会需要一个正常运作的政府，而高度复杂、相互依赖的当代社会对高效政府的需求更加急迫。

与历史上任何时期相比，当今社会最需要政府作为政治决策者，而如今政府作为政治决策者的能力正日益受到其自身的规模、负担以及官僚主义的侵蚀。政府包揽太多事务，做出太多承诺，亲自"做"太多事情的倾向也越来越破坏其作为政治决策者的能力。简而言之，政府越臃肿，实际上越软弱无力。

企业及其管理层无法让政府恢复如初，这是一项政治性工作，但它们起码要意识到存在这种需求，并在处理政企关系的过程中尽力避免削弱政府作为关键政治决策者的绩效能力。也就是说，在这方面企业及其管理者的责任是"首先不要造成伤害"⊖，也就是"不明知其害而为之"。

跨国公司

（3）第三条具体规范是，经济自治与有效政府的双重需求共同体现在政企关系的一个重大问题上——跨国公司。

跨国公司是第二次世界大战以来各国取得的一项核心经济成就，并且也许是整个20世纪最重大的社会创新，当然也导致了许多难题。我们需要构建一种新型政企关系，既能促进真正的世界经济发展，又能维护拥有政治主权的民族国家政府之间的和平共处局面。否则，我们将损害甚至破坏最有前途的发展成果（即跨国公司），损害拥有政治远见、采取政治行动以及维护政

⊖ 首先不要造成伤害（primum non nocere），拉丁谚语，出自古希腊的希波克拉底的誓言：我将不故意做坏事和给他人造成伤害，后来演变为"不伤害原则"（non-maleficence），成为今天全球通用的生命伦理学主要原则之一。——译者注

治共同体的能力。

（4）第四条具体规范是，政府而不是企业面临的一系列严重危机是我们需要彻底思考政企关系的原因。然而，企业管理者必须把处理企业与政府的关系、企业与社会的关系作为一项本职工作。企业管理者不能坐等政治学家或理论经济学家研究明白之后再采取行动。试图与每一次"政府侵犯"行为做斗争，这种纯粹的消极态度不会有什么实际效果，不过是拖延罢了，我们需要采取积极的肯定性行动。

我们不需要更多的法律规章，如今任何国家都不缺法律，我们需要的是一种新的典范。然而，我们能够期待的，不过是围绕具体问题能有权宜性解决方案，并且相关方案能够符合最低限度的具体规范：它们应该维护企业及其管理层的自治权和问责制；应该捍卫自由的、灵活应变的社会；应该协调跨国化的世界经济和基于民族国家的政治主权；应该支持强大且高效的政府体制。

小　　结

企业社会责任最重要的维度之一是政企关系。无论对于企业的顺利运作，还是对于政府的顺利运作，政企关系都至关重要。然而，重商主义典范和宪政主义典范这两种传统理论越来越不适应社会现实，越来越失效。虽然当前尚没有新理论可用，但企业及其管理者有责任，也面临着机遇去仔细思考并塑造新形势下的政企关系，以促进政府和企业顺利运转。

问　　题

1. 确立政企关系基本模式的两种政治典范是什么？其中哪一种更加古老？

2. 哪种典范能够恰当地描述美国的政企关系？
3. 导致政企关系复杂化，进而使两种历史上的典范失效的因素有哪些？
4. 未来企业和政府有哪些领域的联合任务需要双方作为一个团队共同工作？
5. 为什么跨国公司的崛起是对重商主义典范的直接挑战？
6. 戴高乐领导的法国拒绝接受的政企关系发展趋势是什么？
7. 为确保资源合理配置，必须接受市场检验，有权根据市场形势做出决策的三个经济维度是什么？
8. 为什么企业自治最符合政府的利益？
9. 为什么强大且高效的政府最符合企业的利益？
10. 企业还是政府面临的危机是当前需要彻底思考政企关系的原因？

第22章 | CHAPTER 22

责任伦理

关于企业和商人的伦理道德问题,已经有数不胜数的说教,相关人士发表出版了大量文章和著作。遗憾的是,其中绝大多数都与企业没什么关系,甚至与伦理道德的关系也非常牵强。

这方面一个重要的主题看起来很普通,那就是人们在日常生活中需要具备诚实正直的品格。论者一本正经地告诉我们,商人不应该欺骗、偷盗、撒谎、行贿或接受贿赂,其他人也不能这么做。人们不能因为自身从事的工作就使个人行为免受一般规则的约束。当某人被任命为副总裁、城市经理人或某个学院的院长时,他依然是一名普通人。总有许多人做出欺骗、偷盗、撒谎、行贿或接受贿赂等行为。这是一个有关道德价值观和道德教育的问题。但从没有独特的企业伦理,我们也不需要这类伦理。

围绕企业伦理展开的讨论中,另一个常见的主题与伦理道德没有关系。诸如雇用应召女郎招待客户之类的事情,不是伦理问题,而是审美问题。真正的问题是"当我早晨对着盥洗镜刮胡子时,希望看到一名皮条客吗?"

碰上一名高标准严要求的领导者确实是一件幸事，可是无论国王、伯爵、牧师、将军，还是文艺复兴时期的画家或人文主义者代表的"知识分子"，高标准严要求从未成为普遍的行为。高标准严要求的领导者能做的往往不过是不参与违背其自尊和品位的行为。

近些年，第三个主题被添加到古老的伦理道德说教中，这一点在美国尤为突出。我们被告知，管理者有"伦理责任"在社区中发挥积极和建设性作用，为社区事业服务，把时间用在社区活动上等。

实际上，在以日本和法国为代表的许多国家，这类社区活动不符合传统道德观念。但在美国，社区有一种"志愿主义"传统，管理者确实被鼓励参与社区事务，并在社区组织中发挥负责任的领导作用。然而，这些活动绝不应该强加在管理者身上，而且管理者参与志愿活动的情况也不能用于评估、奖励或提拔他们。命令或强迫管理者从事这类活动是对组织权力的滥用，是不合法的行为。

领导群体而非领导人

管理者特有的伦理问题源于下列事实：各类组织机构的管理者从集体来看是组织社会的领导群体，但从个人来看只是一名雇员。

显然，这已成为公认的常识，甚至规模最大的公司中最有权势的领导者，也几乎不被公众熟知，该公司的多数雇员也可能不知道他姓甚名谁，甚至站在对面都认不出此人。他的身份可能完全基于个人的功绩和已被证明的绩效，权威和地位则完全来自所属的组织机构。人人都知道通用电气公司、美国电话电报公司、三菱财团⊖、联合利华公司，但这些伟大公司的领导者是

⊖ 三菱财团，日本跨国集团，由岩崎弥太郎创立，并非一个真正意义上的企业，更像一个松散的企业联盟，各公司均独立经营，彼此没有从属关系。——译者注

谁？或者说加利福尼亚州大学、巴黎综合理工大学、位于伦敦的圣玛丽医院的领导者是谁？多数人显然对此茫然无知，也没兴趣知道，只有相关组织机构内部的各级管理者才会由于事关自身利益而予以关注。

因此，严格来讲，把管理者称为领导者是不恰当的。他们是"领导群体的成员"。领导者作为个人籍籍无名，但作为群体确实异常显眼、地位突出，他们手握重权，因此需要承担责任。本部分前几章对这类责任进行了详细讨论。

作为领导群体的一员，管理者个人的责任是什么？他们个人应该遵循什么伦理道德？

从本质上讲，作为领导群体的成员意味着成为传统意义上的"专业人员"。领导群体成员的身份赋予人们相应的责任。指望每位管理者都成为一名领导者注定会徒劳无功。在发达社会中，即使没有数百万，也有成千上万的管理者，领导才能往往只是罕见的例外，只有少数人具备。但作为领导群体的成员，管理者需要遵循职业性的责任伦理。

首先不要造成伤害

首要的职业伦理在2500年前古希腊的希波克拉底誓言⊖中有清晰阐述：首先不要造成伤害，即"最重要的是，绝不明知其害而为之"。至今，几乎每位年轻医生仍然会郑重发誓遵守该誓言。

医生、律师、管理者等任何专业人员都不能保证自己只会给客户带来好处，他们能做的只是尽力而为，保证绝不明知其害而为之。专业人员必须享有自治权，不能被客户控制、监督和指导。决策必须由专业人员根据自己掌

⊖ 希波克拉底（Hippocrates），西方医学之父，提出"希波克拉底誓言"，成为1948年世界医学协会通过的《日内瓦宣言》的基础。——译者注

握的知识和拥有的判断力做出。专业人员认为"优先维护客户利益",是他们享有自治权的基础和基本理由。换言之,专业人员享有自治权,不受政治或意识形态控制,从这个意义上讲专业人员具有私营性质;但专业人员的言行决不能损害客户的福祉,从这个意义上讲专业人员具有公共性质。首先不要造成伤害,也就是"绝不明知其害而为之",是基本的职业伦理准则。

仍有一些重要领域的管理者,尤其是企业管理者没有认识到为了保有自治权,维持私营性质,他们必须主动遵守职业伦理,承担相应的责任。管理者还必须认识到,自己的工作就在于仔细检查相关的行为和言论,以确保不会出现故意伤害客户的恶行。

这些重要领域中的一个,或许是最重要的一个,我们在前文已经讨论过。管理者由于担心影响自己在社团中的良好形象,所以拒绝仔细思考并制订关于企业社会影响的合适解决方案,就属于明知其害而为之。例如,管理者故意放任癌症的爆发。这显然是一种愚蠢行为,最终必然损害企业或行业自身,而绝不仅仅是带来一些暂时的、微不足道的"不快"。重要的是,这种行为严重违反了职业伦理。

还有若干其他领域的管理者,同样没有认识到遵守职业伦理的重要性。尤其是美国的管理者,往往会违背"绝不明知其害而为之"准则,具体表现在下列几个领域:管理层的薪酬、利用福利计划给企业雇员套上"黄金脚铐"、有关利润的言辞。

管理者在这几个领域的言行往往会造成社会混乱,他们时常会隐瞒现实中合理的一面,制造弊病,这起码会制造社会疑病症○,还可能会误导公众并阻碍相互理解。这对社会具有非常大的危害。

○ 疑病症(hypochondria),是一个古老的概念,患者过度担心自己患有某种严重疾病,不断地自我检查和自我诊断,甚至怀疑医生的诊断。——译者注

薪酬与经济不平等

与普遍的看法相反，如今发达国家人们的收入水平已经远比有记录以来的任何社会更加平等。随着国民收入和个人收入的提高，人们的收入更加稳步地趋向于平等化。同样与普遍的言辞相反的是，实际上美国人的收入平等程度最高。

具体来讲，若把税收考虑在内，代表性的美国企业中收入最高的人和收入最低的人之间（也就是大型工厂的总经理和机器操作员之间）的差距，前者最多是后者的 4 倍。1970 年，机器操作员税后实得工资约为每年 7500 美元。与此对照，把所有奖金包括在内，很少工厂总经理的税后年收入能超过 25 000 美元。若把各自的附加报酬计算在内，双方的收入差距会更小，工厂总经理的收入大致仅相当于机器操作员收入的 3 倍，具体而言，前者收入大约为 35 000 美元，后者大约为 12 000 美元。其他发达国家的收入差距状况与美国大同小异。

美国经济中普遍存在的收入不平等程度究竟"太高"还是"太低"？这是个仁者见仁智者见智的问题。但很明显，相关数据远远低于美国绝大多数公众能够接受的限度，甚至低于他们认为比较合适的水平。每次调查都表明，工厂中的蓝领工人和"大老板"之间的"收入比保持在 1:10 或 1:12"会被认为比较"合适"。根据该比例计算的话，"大老板的税后实得工资"将达到每年 75 000～100 000 美元，其税前工资至少高达 200 000 美元，包括奖金在内的话，也仍然只有极少数的高管能够挣这么多。如果比较包括附加福利、递延薪酬、优先认股权以及所有其他形式的额外所得在内的总收入（应该如此），那么根据 1:12 的比例计算，得出税后最高收入为 150 000 美元，而在规模最大的企业中，能获得 300 000 美元以上"税前总薪酬"（税后为 150 000 美元）的高管不会超过 12 个。在美国，多数"极其富有者"并不是受雇的高管，而是税前百万富翁的继承人或小企业的所有者。

美国社会收入日益平等的趋势非常明显，然而公众的普遍印象是不平等程度迅速加剧。这是一种危险的错觉，削弱了人们对社会的信心，破坏了必须共同工作和生活的群体之间的相互信任，只会导致政府出台可能会严重损害社会、经济、管理阶层的政治控制措施。

美国社会收入不平等加剧的印象，部分反映了种族问题。大城市中黑人失业人口的涌现，造就了一个极为显眼、收入极端低下的边缘群体。黑人雇员的收入已经迅速提高，可能10年左右就能够实现与白人同工同酬，且黑人雇员占黑人总人口的80%左右。然而，虽然住在市中心黑人贫民区极度贫困的失业和不能就业人口只占黑人总人口的20%，却高度集中，遮蔽了绝大多数黑人境况大大改善的事实。

人们普遍产生收入不平等加剧的印象，另一个原因是通货膨胀。恰恰因为通货膨胀往往使人们寻找恶魔，所以它是一种严重损害社会的毒药。经济学家解释道，通货膨胀形势下无人获益，也就是说，通货膨胀形势下人们损失的购买力，并没有被任何其他人获得。但这种解释对于普通人没有任何说服力。普通人往往认为，一定有人从中受益，一定有人"偷了我应得的东西"。所以，历史上的每次通货膨胀都造成了阶级仇恨，相互怀疑，使人们相信"其他家伙"通过种种手段以"我"为代价非法获利。在通货膨胀时期，中产阶级会变得偏执，转而反对现有的"制度体系"。发达国家20世纪六七十年代爆发的通货膨胀也不例外。

尽管上述两个原因很重要，但造成收入不平等急剧扩大的危险错觉的主要原因是，少数几名巨型公司最高层人员的巨额税前收入，以及优先认股权等高管薪酬中的"额外收入"被大众媒体广泛报道。

其中一家巨型公司的首席执行官年收入高达50万美元，但这在很大程度上不过是一笔"虚拟货币"，其功能在于体现地位而不是作为收入。无论律师能找到什么税务漏洞，其中绝大部分都会用来缴税。而"额外收入"只是试图将高管收入归入稍微低档的缴税等级。从经济角度衡量，这两种方法都不会改变绝大部分收入用来缴税的事实。但从社会和心理角度衡量，高管坐实了"明知其害而为之"的指控，所以没人替他们辩护。

一种消除这种引发怨恨行为的方法是，企业承诺税后薪酬的上限。绝大多数美国公众能够毫无异议地接受1:10的收入比，该数据要比多数企业真实的薪酬差距大得多。然而，我认为应该留出偶尔出现例外的空间，对于那些做出非凡贡献的科学家、管理者或推销员，允许在适当的时候奖励他们一笔罕见的、"一生只有一次的"巨额奖金。

同样重要的是，管理群体有必要承担社会责任，努力构建合理的税收体系⊖，消除"税收花招儿"的诱惑及对"税收花招儿"的需求。

我们有充分的理由给予绩效突出的管理者高额奖励，而且现金报酬远比额外津贴等隐性报酬更加可取，因为接受者能够自主决定把钱花在什么地方，而不是像补贴性消费那样，接受企业提供的某些物品或服务，包括配备司机的专车、宽敞的房子、给孩子寻找家庭女教师（瑞典公司的做法）等。无疑，美国企业中不同人员的真实收入差距尚未达到严重不平等的程度。

然而，真正危险的是不平等的错觉。人们产生这种错觉的主要原因是不合理的税法。管理群体愿意接受，实际上配合这种损害社会的税收结构，是一个主要的附带原因。除非管理者认识到这违背了"绝不明知其害而为之"准则，否则他们自己终将成为主要的受害者。

"黄金脚铐"的危险

当今管理者没有履行"首先不要造成伤害"（即绝不明知其害而为之）承

⊖ 我们非常清楚合理的税收体系的具体要求：对个人收入（包括薪资收入和资本利得收入在内）没有任何优惠税率，并确立最高税额限制，比如总收入的50%。

诺的第二个领域与员工薪酬密切相关。

自第二次世界大战以来，员工薪酬和福利越来越被滥用来制造"黄金脚铐"。

退休福利、额外报酬、奖金、优先认股权等都是不同形式的薪酬。站在组织和经济的立场来看，这些报酬无论采取什么形式，本质上都是"人工成本"。当管理者坐下来与工会代表展开谈判时，管理者自然而然地会把各种福利视为"人工成本"。然而，只是由于税法的偏差，这些福利越来越被用来把雇员与雇主捆绑在一起，雇员不得不依赖同一位雇主，为其工作很多年。这种报酬结构导致的后果往往是，辞职会受到严厉惩罚，并实际上失去已获得的福利待遇。

"黄金脚铐"不能使企业变强，反而会导致"负向选择"。那些知道自己当前的工作绩效不佳的人，也就是那些显然被安排在不合适岗位的人，通常不会流动，而是选择待在自己知道不合适的岗位上。但如果他们待在原岗位是因为离开遭受的惩罚太重，那么他们就会暗中抵制，并对此心生怨愤。他们知道自己相当于被贿赂了，面对诱惑太软弱不敢拒绝。在剩余的职业生涯中，他们可能会为此长期闷闷不乐、愤愤不平、痛苦不堪。

因此，管理者有责任仔细思考其中哪些福利具备充分的理由，能够合理地与持续就业捆绑在一起。例如，优先认股权可能是其中之一。但养老金、绩效奖金、利润分享等福利向来是"挣得的"，雇员应该在自身的公民权利、个人权利、特殊权利不受限制的条件下获得。此外，再强调一次，管理者必须努力推动对税法进行必要的修订。

关于利润动机的言辞

管理者的各种言辞导致公众无法理解经济现实，也违背了"绝不明知其害而为之"准则。这种情况在美国尤为突出，西欧国家也差不多。因为在西方国家，管理者仍旧频繁地谈论利润动机问题，仍旧把企业的目标界定为利润最大化，不强调对资本的需求，甚至几乎从不提及资本成本，更不会提到企业必须创造足够的利润才能以最低成本获得所需的资本。

管理者不断抱怨公众对利润持有敌意，却很少认识到自己的言辞是造成这种敌意的主要原因之一。因为实际上，管理者与公众对话时使用的术语就决定了他无法为利润辩护，无法解释利润的存在，无法说明利润的功能。管理者使用的术语只有"利润动机"，也就是某些资本家的欲望，那么社会为什么应该认可这种欲望，而同时禁止重婚的欲望呢？管理者从未给出令人信服的解释。但是，利润率是经济和社会的一项关键需求。

各类组织构成了现代多元社会，对公共利益承担的责任始终是该社会的一个关键议题或问题。各个领导者代表着"特殊利益"，也就是被组建以满足社会某项特定需求的组织机构。多元社会的领导者是这类组织机构的仆人，同时他们也构成社会的主要领导群体，必须同时为所属的机构和公共利益服务。如果多元社会要想正常运转，更别提要保持一个自由社会了，那么我们称之为"管理者"的这些人在他们各自的组织机构中必须保持"私营性质"。无论谁拥有以及如何拥有这些管理者，他们都需要保持自治，但在伦理道德上，管理者也必须保持"公共性质"。

管理者的私营性质，组织机构必要的自治及对使命和宗旨肩负的责任，管理者的公共性质，三者之间的紧张关系是组织社会特有的伦理问题。当今关于社会责任的宣言中弥漫着对"政治家风度"的强烈呼吁，相比之下"首先不要造成伤害"准则显得平淡无奇。但正如医生很久以前就发现的，遵守这条准则并不那么容易。正是这种高度的谦逊和自律，使其成为管理者所需的正确伦理准则（即责任伦理）。

小　　结

管理者个人，哪怕是巨型公司的首席执行官，在20世纪也已经变得与其他雇员一样籍籍无名、低调谦逊。但是，企业、学校、医院、政府机构等各类组织的管理群体也成了现代组织社会的领导群体，他们同样需要具备相应的伦理道德，履行承诺，遵守准则。最早的专业人员领导群体（医生）在2000多年前发展起来的规则——"绝不明知其害而为之"，就是一种符合要求的准则和伦理。

问　　题

1. 为什么管理者作为个人与集体的不同身份，会带来伦理问题？
2. 为什么希波克拉底誓言能够恰当应用于管理者？
3. 当今管理者在哪些领域最可能违反"绝不明知其害而为之"准则？
4. 当前美国管理者与受他们管理的工人之间的税后收入不平等程度如何？
5. 为什么通货膨胀会助长人们对收入不平等加剧的普遍看法？
6. 为什么可以说年收入50万美元的功能更多的是体现身份地位而不是收入？
7. 为什么对管理者而言现金报酬比额外津贴报酬更加可取？
8. "黄金脚铐"一词是什么意思？为什么"黄金脚铐"对组织有害？
9. 为什么谈论"利润动机"会误导人们对利润率真实功能的理解？

5

第五部分
管理工作和管理岗位

AN INTRODUCTORY
VIEW OF MANAGEMENT

管理者的责任是为组织的成果做出贡献，而不是"为他人的工作负责"。换言之，管理者要对自己的工作负责。组织中存在一种独特的"管理工作"，还有一种独特的"管理岗位"，并且有一种对管理者进行管理的独特方式：目标管理与自我控制。当从"中层管理"转变为"知识组织"时，我们就会相应地产生不同的新要求。最重要的是，必须以一种能在管理者心目中孕育绩效精神的方式来管理他们。

第23章 | CHAPTER 23

为什么需要管理者

管理者是企业等组织的基本资源。在当代全自动化生产的工厂中,几乎没有普通雇员,但仍会有管理者。实际上,自动化工厂比传统工厂需要更多管理者。

在多数企业中,管理者是最昂贵的资源,但其贬值速度也最快,最需要持续不断地进行补充。构建一个管理团队可能需要耗费多年时间,但短时间的管理不善就可能将其破坏殆尽。管理者的人数、组织在每位管理者身上的投资都在稳步增长。与此同时,组织对管理者的要求也在提高。以往的每一代人,组织对管理者的要求都会翻番,我们没有理由预期未来几十年内该趋势将放缓。

在过去的1/4世纪里,世界各地的管理者不断地进行演讲、开展项目,告诉彼此管理者的职责是管理下级人员,互相督促把该责任置于首位,并提供各种建议和用来"下行沟通"^㊀的昂贵设备。但是,我从没有遇到过任何一

㊀ 下行沟通(downward communication),一种沟通方式,信息由组织层次的较高处流向较低处,旨在控制、指示、激励及评估。——译者注

位管理者，无论其层级或职务是什么，主要关心的不是与上级的关系和上行沟通⊖（参见第 30 章）。每位副总裁都认为，与总裁的关系才是真正的问题。依此类推，直至一线主管、生产领班、行政文员等，他们都坚信只要"老板"和人事部门允许他们便宜行事，就能与相关人员处好关系。

这并非如同人事部门往往认为的那样，是人性乖张的象征，与上级的关系确实是管理者首先关心的问题。成为一名管理者，意味着对组织的绩效承担责任，任何不被指望承担责任的人，都不是管理者。

与老板的关系，对于上级期望的绩效的疑虑，接受上级部门的观点和计划时遇到的困难，自己的业务是否受到上级领导的充分重视，与其他部门及服务人员的关系等，都属于管理者重点关注的与上级的关系问题，在对管理者进行管理的过程中必然会遇到这些问题。

福特汽车公司的兴衰

在美国，有关亨利·福特的传奇经历，福特汽车公司的崛起、衰落，以及在他的孙子亨利·福特二世⊜领导下实现复兴的故事，可谓家喻户晓，甚至已成为民间传说。

1905 年，亨利·福特白手起家，15 年后，福特汽车公司已经成为当时世界上规模最大、盈利最多的制造型企业。在 20 世纪 20 年代初，福特汽车公司支配，甚至几乎垄断了整个美国汽车市场，并且在世界上其他主要的汽车市场占据领导地位。此外，该公司依靠利润积累了大约 10 亿美元的现金储备。

然而，仅仅在数年之后（1927 年），这个貌似坚不可摧的大型企业帝国

⊖ 上行沟通（upward communication），一种下级向上级反映意见的沟通方式，目的是要有一条让管理者听取员工意见、想法和建议的通路。——译者注

⊜ 亨利·福特二世（Henry Ford Ⅱ），亨利·福特的长孙，1945~1960 年任福特汽车公司总裁，1960~1979 年任首席执行官，率领公司实现了复兴。——译者注

已经摇摇欲坠，不仅丧失了市场领导地位（仅占 1/3 的市场份额），而且在长达 20 年的时间里，几乎每年都处于亏损状态，在整个第二次世界大战期间都无法开展有力的竞争。1944 年，创始人的孙子亨利·福特二世接管了公司，当时他只有 26 岁，既缺乏经验又没有受过培训，但在 2 年后的一次政变中驱逐了祖父的亲信[⊖]，组建了一个全新的管理团队，最终挽救了企业。

人们很少认识到，福特汽车公司戏剧性的历史不仅仅是个人成功和失败的故事，还可以被视为一个关于管理不善的可控实验。

亨利·福特坚信企业需要的一切就是作为所有者的企业家和"助手"，而不需要管理和管理者，所以他惨遭失败。正如亨利·福特所做的每件事一样，他与同时期多数商人之间唯一的区别在于毫不妥协地坚持自己的信念，严格遵循信念的指导，无论"助手"的能力多么强，只要敢像一名"管理者"一样为人处世，没有亨利·福特本人的命令擅自决策或采取行动，立刻就会遭到解雇。亨利·福特运用该理论的方式只能被视为对理论的检验，而检验结果最终彻底推翻了理论。

事实上，亨利·福特的故事之所以独一无二且非常重要，正因为充分检验了上述假设。恰恰由于亨利·福特足够长寿，且有 10 亿美元来支持自己的信念，所以才使这一点成为可能。亨利·福特惨遭失败最重要的原因不在于性格或个性，而在于拒绝接受必要的管理和管理者，拒绝把二者作为立足于任务和职能而非"老板授权"的必需事物。

通用汽车公司：反向检验

在 20 世纪 20 年代初，当亨利·福特试图证明企业不需要管理和管理者

⊖ 主要指哈里·贝内特（Harry Bennett），时任福特汽车公司执行官，主张暴力对待组织工会的工人，得到晚年亨利·福特的信任，但亨利·福特二世掌权后把他解雇。——译者注

的时候，走马上任的通用汽车公司总裁阿尔弗雷德·斯隆对相反的假设进行了检验。当时的通用汽车公司面对全盛时期的福特汽车公司几乎毫无还手之力，差点就不能作为汽车市场上的第二号企业得以幸存。从起源上看，通用汽车公司几乎是一系列轻率的金融投机拼凑出来的，旗下的汽车品牌先前都因无力与福特竞争而被出售或倒闭，所以被通用汽车公司的创始人[⊖]聚集在一起。可以说，面对福特汽车公司，通用汽车公司拥有的汽车品牌没有一个具有竞争优势，也没有健全的经销商组织，财力更是捉襟见肘。各品牌汽车先前的所有者仍旧留任，并得到允许继续以自己的方式不当地管理先前的业务，各品牌汽车俨然仍是他们的私有财产。阿尔弗雷德·斯隆担任通用汽车公司总裁后，彻底反思了通用汽车公司的业务和结构问题，并把那些各自为政的大亨转变为了高效的管理团队。在5年的时间内，通用汽车公司迅速崛起为美国汽车业的领导者，并且一直保持至今。

20年后，当亨利·福特的孙子再次检验斯隆的假设时，福特汽车公司已经濒临破产，20世纪20年代初积累的10亿美元现金已全部被用于填补赤字。1946年，年轻的亨利·福特二世一掌握公司实权，就立刻借鉴20年前斯隆在通用汽车公司的举措，构建了一个管理结构和管理团队。仅仅5年时间，福特汽车公司就在美国内外恢复了增长，实现了盈利，重新成为通用汽车公司的主要竞争对手，甚至在增长缓慢的西欧市场超越了通用汽车公司。

福特汽车公司的经验教训

福特汽车公司留给后人的经验教训是，管理和管理者是工商企业的特定需求与特有机构，也是企业的基本结构。组织显然不能缺少管理者。没人认

⊖ 1908年，通用汽车公司由威廉·杜兰特（William Durant）创立。——译者注

为管理层能够经由授权从事所有者的工作，企业需要管理层并不是因为任务太重以致所有者个人无法承担，而是因为管理现代组织与经营自己的财产存在根本区别。

亨利·福特认为（正如教科书仍在告诉我们的那样），规模庞大、结构复杂的工商企业由个体小作坊有机"进化"而来，所以他没有认识到向管理和管理者转变的需求。当然，福特汽车公司确实起步于小作坊，但增长带来的不仅仅是规模的变化，某个时刻量变会转变为质变。福特汽车公司从一家小作坊蜕变为现代工商企业时，就会需要不同的组织结构和原则，即需要管理和管理者。

管理层并不是小业主管理的作坊成长演变的结果，而是一种新观念，从一开始就是专为规模庞大、结构复杂的工商企业设计的。

19世纪的美国大型铁路企业，必须想方设法完成铺设钢轨的工程任务，筹集大量资金的财务任务，获取特许状、政府赠地以及补贴的政治关系任务，可谓最早"被管理的"企业。事实上，美国内战结束后不久，为第一条长途铁路设计的管理结构至今没有发生根本性改变。

直到三四十年后，管理理念才从起步时就已规模庞大的企业，扩展到从小作坊逐步成长起来的大企业。安德鲁·卡内基⊖和约翰·洛克菲勒⊜分别把管理职能引入钢铁和石油行业。其后不久，皮埃尔·杜邦重组了家族的化学企业（杜邦公司），构建了企业管理层，在企业高速成长的同时保持了家族控制。数年之后，杜邦公司获得了当时苦苦挣扎、濒临破产的一家企业集团（通用汽车公司）的控制权，任命阿尔弗雷德·斯隆为该公司总裁，皮埃

⊖ 卡内基（Andrew Carnegie），美国钢铁大王，慈善家，1892年创办卡内基钢铁公司，晚年致力于慈善事业，著有《财富的福音》（*The Gospel of Wealth*），宣称"拥巨富而死者耻辱"。——译者注

⊜ 约翰·洛克菲勒（John Rockefeller），美国石油大王，慈善家，1870年创建标准石油公司（Standard Oil），1890年创办芝加哥大学，1904年设立洛克菲勒基金会。——译者注

尔·杜邦1915~1920年在家族企业中构建的管理结构，成为通用汽车公司"职业化管理"结构的起点。

作为一种"相变"㊀的管理

从作为所有者的企业家在"助手"的帮助下经营的企业，到管理者经营的企业，中间的转变如同水到冰的变化，物理学家称之为"相变"。相变是物质从一种状态、一种基本结构向另一种状态、另一种基本结构的突变。阿尔弗雷德·斯隆的经验表明，相变能够在同一家组织内发生，但斯隆对通用汽车公司的重组也表明，只有彻底改变组织的基本理念、基本原则和个人愿景，才能顺利完成相变。

亨利·福特不想要管理者，结果导致他误用管理者，不当地安排管理者的工作，使管理者无用武之地甚至被解雇，造成了一种充满怀疑和沮丧的氛围，扰乱了企业的运作。所以，组织领导者在这些领域的唯一选择是管理岗位的绩效优劣，而不是管理岗位的有无。管理岗位已然存在并将继续存在，因为有大量组织需要管理。管理岗位的绩效优劣将在很大程度上决定企业的生存、兴衰甚至会不会破产。

小 结

管理者不是助手，管理者的工作不是来自授权。管理岗位是自治的，立足于组织的需求。组织领导者唯一的选择是管理岗位的绩效优劣，而管理岗位的存在是因为组织必须得到管理。

㊀ 相变（change of phase），指物质在外部参数（如温度、压力、磁场等）连续变化之下，从一种相（态）忽然变成另一种相，常见的相变有冰变成水、水变成蒸汽、磁铁受热后磁性忽然消失等。——译者注

问　题

1. 在代表性企业中，最昂贵的资源是什么？
2. 管理者应该首要关注的是上行沟通还是下行沟通？
3. 福特汽车公司在1924～1944年业务急剧下滑的主要原因是什么？
4. 通用汽车公司的经验如何成为福特汽车公司的反面案例？
5. 福特汽车公司的经验教训是什么？
6. 最早"被管理的"企业是什么企业？

CHAPTER 24 | 第24章

管理岗位的设计与内容

管理者的工作应该始终以实现企业目标所必需的任务为基础；应该始终是一份实实在在的工作，为企业的成功做出可见的、可衡量（如果可能的话）的贡献；应该拥有最广泛而不是最狭隘的权威和范围。管理者应该接受绩效目标（而不是老板）的指导和控制。

需要什么样的管理岗位，应该总是由为实现企业目标必须采取的行动和必须做出的贡献决定。管理者的工作得以存在的原因，是企业承担的任务的需求，而不是其他因素。因为管理者必须进行管理，所以管理岗位不得不拥有自身的权威和责任。

管理岗位应该始终拥有明确的权威和范围。由于管理者是对企业的最终成果负责，并为之做出贡献的人，所以管理岗位应该始终体现最大的挑战，承担最大的责任，并做出最大的贡献。

常见的设计错误

没有任何公式能够确保对管理岗位进行正确的设计，然而有6种常见的错误会损害管理者和管理型组织的效果，我们可以设法避免。

（1）岗位过小。设计管理岗位时最常见的错误就是岗位过小，导致优秀的管理者没有成长空间。管理岗位很可能会成为一项终身性工作，也就是说该岗位的在职者将一直干到退休。即使在快速成长的组织中，这也是普遍现象而不是例外情况。

高层管理岗位的数量必然远远少于基层岗位的数量。在某个组织层级上，每10个人中通常只有2～3个人能够得到晋升，其余多数人很可能将留任原职。尽管留任原职者可能得到更高的头衔，通常收入也会提高，但他们具体从事的工作内容不会有太大变化。

如果一个岗位被设计得太小，以至于在职者几年内就能够达到全部要求，那么多数人将会感到沮丧无聊，不会再认真工作。他们将进入"在职退休"状态，往往会抵制所有变革、创新、新观念，因为变革只会让他们的境况变得更加糟糕，威胁他们的现有保障。他们清楚地知道自己不再能做出任何实质性贡献，所以从根本上缺乏安全感。

因此，设计出的管理岗位应该给在职者留出足够空间，以便他在以后多年时间里不断学习、发展、成长。一般情况下，岗位被设计得太大似乎害处不大，而且这种缺陷很快就会暴露，非常容易纠正。但一个岗位被设计得太小，是一种潜在的、缓慢的病症，会逐渐使在职者和组织陷入瘫痪状态。

设计出的全部管理岗位都应该能通过绩效提供满足感。岗位本身应该具有挑战性和相应的回报。如果岗位的主要满意度来自晋升，那么岗位本身就会丧失重要性和意义。此外，无须考虑组织内的争斗，通过简单的算数就能够明白多数管理岗位在职者的晋升希望注定会破灭，所以岗位被设计得聚焦于晋升显然是不明智的。因此，重点应该始终聚焦于当前岗位的工作本身，而不是未来岗位上的工作。

事实上，组织内最危险的举措，莫过于把快速晋升作为工作绩效突出的公认奖励。

这方面极端的例子是纽约市一些大型商业银行的情况。20世纪三四十年代，纽约的商业银行业务处于衰退而不是扩张时期，很少有年轻人能够在银行业找到工作。第二次世界大战结束后，商业银行的业务再次扩张，一系列兼并重组（例如，大通银行⊖与曼哈顿银行⊜合并组建大通曼哈顿银行⊜）实际上造成了管理人员过剩。然而到50年代初，大量1929年经济大萧条爆发之前就业的人达到了退休年龄，各银行开始大量雇用从大学或商学院毕业的年轻人。在七八年时间内，他们中的许多人晋升到了高薪岗位，获得了副总裁、高级副总裁等崇高头衔。换言之，这批"前途远大的年轻人"中有许多人在30岁之前就达到了个人职业生涯的终点岗位。然而在很大程度上由于这些年轻人缺乏丰富的经验，这类岗位不论头衔多高、薪水多丰厚，但权威和范围都非常有限。40岁以后，他们中的许多人已经深感无聊，越来越沮丧泄气，甚至变得愤世嫉俗，不再对现任岗位及其挑战感到兴奋。

对一家正在快速扩张的企业而言，明智的做法是聘请若干经验丰富、年龄较大、有过其他任职经历的外来者填补重要岗位，否则必然会在本企业的年轻经理中间制造期望，而这些期望在几年后必将破灭。

应该避免岗位和岗位结构方面的快速晋升，还有一个重要原因是这会导致年龄结构失衡。年龄结构过于偏重年轻人和老年人，都会使组织动荡

⊖ 大通银行（the Chase Bank），1877年由约翰·汤普森（John Thompson）组建，1955年与曼哈顿银行合并组建大通曼哈顿银行（the Chase Manhattan）。——译者注

⊜ 曼哈顿银行（the Bank of the Manhattan Company），纽约的一家银行，1799年由阿伦·伯尔（Aaron Burr）创办，1955年与大通银行合并。——译者注

⊜ 大通曼哈顿银行，1955年组建，1969年成为银行控股公司大通曼哈顿公司的一部分，1996年被化学银行公司（Chemical Banking Corporation）兼并。——译者注

不安。

管理层的结构需要具有持续性和自我更新能力。管理层的结构必须具有持续性，以便组织不必突然用大量没经验的年轻管理者取代经验丰富的年老管理者。并且，组织内的管理者必须有足够程度的"新陈代谢"，以便新思想、新面孔能够捍卫自己的主张。年龄一致的管理团队未来必然遭遇危机。相比而言，同样年老的管理团队可能要比同样年轻的管理团队更加可取，因为年老团队造成的危机很快就会成为过去。

（2）岗位过于空洞。比岗位太小更加糟糕的是，设计出的岗位并非实实在在的工作岗位，而是典型的"助理"岗位。

管理岗位必须具有明确的目标、宗旨和职能。一名管理者必须能够做出明确的贡献，而且必须承担责任。

但是典型的助理岗位无法做出明确的贡献，也不能承担责任。助理岗位的职能、宗旨、目标难以明确化。助理是一名"助手"，可以做老板认为需要做的任何事情，也可以向老板"推销"任何事物。这样的工作容易使人堕落。助理通常要么变成拿着鸡毛当令箭，对重要高管滥施影响的操纵者，要么成为巴结老板谋求职业发展的马屁精。助理岗位也会损害组织的运行。没人知道助理岗位的角色、权威、实际权力如何，而且通常情况下，其他管理者会奉承助理、利用助理，并充分利用助理任期内的不安全感。

（3）管理和工作失衡。管理是工作，但就其本身来看，管理不是全职工作。设计管理岗位的方式是把"管理"与"工作"结合起来，也就是说使管理者对自己的特定职能和岗位负责。通常情况下，管理者应该既是一名管理人员又是一名拥有自身职业生涯的专业人员。

管理者应该有足够的事情要做，否则就可能试图做下级人员的本职工作。如果下级普遍抱怨管理者不"授权"，那么就往往意味着管理者没有足够的事情去做，因此就把下级的本职工作抓到手中了。但是，没有自己的本职工作也是非常令人沮丧的，尤其是对于那些在工作的习惯中成长起来的人而言。对于一名管理者来说，没有自己的本职工作并不是特别可取，这会使他们很快就丧失对技艺的感觉和对辛勤工作的尊重，可能对组织弊大于利。一名管理者应该是一名"工作的老板"，而不单单是一名"协调人"。

（4）个人不能胜任。管理者应该能够独自胜任设计的管理岗位，并且也可以与被其管理的下级人员共同完成相关任务。若把一个岗位设计得需要不断开会、持续地"合作"或"协调"，那么就是一种错误。尤其是管理岗位，没必要承受额外的"人际关系"。管理岗位的性质决定了其需要的人际关系比多数人能够承受的多。并且一个人要么工作，要么开会，但不能工作和开会同时进行。

另一个相当常见的错误（通常是不必要的）是，设计的岗位需要在职者必须花费大量时间出差。正如一个人不能同时工作和开会，他也不能同时工作和出差。管理者绝对有必要与同事、助理、下级、客户、上司进行个人对个人、面对面的会谈，并且这种会谈无论如何都不能被替代。管理者每两年拿出较完整的时间与子公司的经理和主要客户在一起，与周二离开纽约，在巴黎度过周三，周四又回到纽约的岗位（即"通勤"）相比，前一种方式要好得多，因为后者意味着该岗位的在职者一周有4天没有工作，毕竟他至少需要1天时间才能从这种各地奔波的疲惫状态中恢复过来。

（5）把头衔作为奖励。头衔永远不应该被用作奖励，更不要说用来掩盖职能的缺失了。相比而言，"代替岗位"的头衔要比"代替加薪"的头衔更加糟糕，也更常见。

一个例子是美国和德国的大型商业银行。在美国能够代表商业银行出面的每个人都必须是副总裁，或起码也要是一名领导；在德国有资格代表商业银行出面的每个人必须是一名董事。这种现象有特定的原因。一家小企业的负责人说，作为银行的客户，除了银行领导他不会跟任何人讨论自己的财务问题。但这也存在缺陷，会让那些得不到头衔的人感到不满，而他们之所以得不到这类头衔不过是因为他们的岗位不需要与客户保持密切联系。这也会极大地增加那些年纪轻轻就获得副总裁等崇高头衔之人的不满情绪，因为他们发现自己未来数十年的职业生涯中，将不得不从事乏味的例行公事类工作。

合适的规则应该是，为一流的工作成果支付报酬，而且是丰厚的报酬，但仅在职能、级别、责任发生改变时才改变头衔。头衔确实会孕育期望，确实意味着级别和责任。把头衔作为级别和责任的替代品，是自找麻烦。

（6）"寡妇制造者"岗位。最后，那些"寡妇制造者"岗位应该被重新设计并进行重组。1850年前后，蒸汽船时代尚未到来，大型帆船占据着海洋，每家航运公司偶尔都会遇上一艘"寡妇制造者"。所谓寡妇制造者，是一艘由于种种原因，没人知道为什么往往容易失控并造成大量船员死亡的帆船。接二连三出现事故之后，无论船主已经在该船上耗费了多少资金，往往都会谨慎地停航，拆解了事，否则该船主很快就会无法聘到合格的船长或船员。

在许多企业中，总有若干工作岗位让优秀的管理者接二连三遭遇失败，而且找不到任何具体的原因。这些岗位表面上似乎合乎逻辑、结构良好、可以运作，但就是没人能实际胜任。若两名先前绩效突出的管理者先后在一个岗位上遭遇失败，那么就应该对该岗位进行重组。如此一来，人们就会明白重组之前该岗位的问题所在，当然，这不过是一种后见之明罢了。

在美国的大型企业中，国际副总裁是一个典型的"寡妇制造者"岗位。当时似乎没人知道国际副总裁岗位无法顺利运作的原因，但现实是优秀的高管人员接连在该岗位上遭遇滑铁卢。实际上，真正的原因往往是该企业的业务量已经超过了能够合理地把"国际业务"冷落一旁的规模。然而，只有在对该岗位进行重组，并找到能够胜任的管理者后，人们对此进行回顾时才会明白这个道理。

"寡妇制造者"岗位有时候是意外导致的结果。以某种方式具备了通常在个人身上找不到的气质特征的人创造了该岗位，并且其本人的工作表现可能也不错。换言之，表面看起来合乎逻辑的岗位，可能只是某人的个性带来的意外结果，而不是真正的职能结果。然而，人们无法取代个性。

岗位结构与个性

滥用头衔和"寡妇制造者"岗位，与围绕管理岗位和管理结构最激烈辩论的问题之一密切相关：组织是否应该重组以使工作岗位适应人？或者组织是否应该是"职能性的"，使人适应岗位？

正如许多人所言，这其实不是一个真正的问题。很明显，人员必须填补岗位空缺，因此岗位必须适应人。我们确实必须设计出真正适应人、满足人的需求、实现人的期望的岗位。我们将在大型企业中越来越多地看到"组织规划"，也就是努力使岗位适应人，为人服务。

然而，组织结构必须是非人格化的、以任务为中心的，否则组织不可能保持连续性并让人们共同取得成功。如果设计一个工作岗位的目的着眼于个人而不是任务，那么每当在职者发生变更时，都必须对岗位进行重组。而且，正如经验丰富的管理者所知，重组工作岗位不可能仅仅涉及单个岗位。岗位重组必然产生"多米诺骨牌效应"，引发一系列连锁反应。重组一个岗位往往意味着重组一系列岗位，调动一系列人员，导致人心惶惶。因此，岗位设计的目的必须是为了适应任务，而不是特定的个人。

只有一种情况是例外：通常的规则不适用于极其罕见、真正非凡的人。

通用汽车公司的缔造者阿尔弗雷德·斯隆坚持认为，岗位必须非人格化，并且以任务为中心，但他为20世纪最伟大的发明家之一查尔斯·凯特灵[1]破了一次例。凯特灵是一位极难相处之人，甚至无视每一种组织规则，但从自动启动器到重新设计的柴油发动机，凯特灵的发明都极端重要。斯隆起初想让凯特灵作为通用汽车公司的一名独立研究人员，但凯特灵想要担任副总裁，成为一名"大商人"。最终斯隆做出让步，但后来凯特灵一退休，这个岗位就被重新设计，从"常驻天才"转变为大型研究实验室经理。

工作岗位的设计必须从任务开始，但也必须能够适应具有不同性格、习惯以及行为模式的人。这是管理岗位应该被设计得较大而不是较小的主要原因。岗位必须足够大，才能让一位以自己的方式从事工作的优秀管理者获得满意感，取得成就。

常言道："岗位应该足够小，以便优秀的管理者能够轻松胜任。"但这是一条错误的岗位设计规则。正确的规则应该是"岗位应该足够具体，以便优秀的管理者能够有的放矢，但也应该足够大，以至于无法轻易胜任"。

设计或填补管理岗位时，绝不应考虑相关人员的"风格"因素。管理岗位对在职者的唯一要求和唯一检验是绩效。每个组织都应该清楚地指出不可接受的行为类型，尤其是对人们的行为，无论是企业内部雇员还是外部供应商、客户，企业必须对不可接受的行为有一个明确的界定。但在这些限制范围内，管理者应该有充分的自由以最符合自身个性和风格的方式开展工作。

"风格"是外在的包装，绩效是内在的本质。

管理关系的幅度

在关于管理岗位应该多大的讨论中，教科书往往从下述观察开始：一个

---

[1] 查尔斯·凯特灵（Charles Kettering），美国发明家，1916年加入通用汽车公司，发明了电子启动器、DUCO漆、乙基汽油、两冲程柴油机、独立前轮悬挂系统、全自动变速箱等。——译者注

人只能对少数几个人进行监督管理，即所谓的管理幅度。这进而导致了管理上的暴行：管理层次一级压一级，阻碍组织内部的合作与沟通，扼杀未来管理者的发展，侵蚀管理岗位的意义。

首先，关于管理幅度的原则很少得到恰当的引述。实际上，真正重要的不是有多少下级人员向管理者汇报工作，而是有多少必须合作共事之人向管理者汇报工作。换言之，重要的是关系的数量而不是人的数量。

若一家企业的总裁有许多高管向其汇报工作，每位高管负责一个重要的职能部门，那么该总裁的直接下级人数确实应该保持在相当低的水平，可能最多12人。首席财务官、制造部门主管、营销部门主管等高管人员每天必须彼此协调，并与总裁一起开展工作。如果他们不合作共事，就根本无法工作。因此，即便总裁的直接下级人数可能很少，但他参与的关系的数量非常多。

相比之下，西尔斯公司的区域副总裁能够有且确实有数百名商店经理向其汇报工作。西尔斯公司的商店彼此相互独立，不同商店之间几乎不需要任何互动。所有商店都从事相同的工作，设有相同的岗位，适用同样的评估和衡量标准。从理论上讲，西尔斯公司的区域副总裁能够监督和管理的商店经理人数没有上限。现实中的限制来自地理因素而不是管理幅度。

关于管理幅度的讨论中，第二个缺陷是假设管理者的主要关系是下行关系，但下行关系只是其中的一个维度。毫无疑问，在传统观念中管理者是对其他人的工作负责之人，以下行关系为主，但每位管理者和每位专业人员都有一位上级领导。事实上，无论组织结构图的内容如何，许多管理者都有不止一位上级领导。管理者与上级领导之间的上行关系，和管理者与下级之间的下行关系，二者起码同等重要。然而，最重要的是，管理者和专业人员总是与既非下属又非上级领导之人存在横向关系，实际上，横向关系的双方之间没有任何权力和责任关系。然而，对于管理者完成自身工作的能力，以及工作的效果来讲，这些横向关系至关重要。

因此，管理幅度概念需要替换为另一个更贴切的概念，即管理关系的幅度。

我们不知道该幅度能有多大，不过显然会存在上限。然而，我们确实知道，管理关系的幅度在管理岗位的设计过程中至关重要。

首先，这些关系确定了管理者在管理结构中的地位。

其次，由于这些关系是管理岗位内容中至关重要的、本质性的部分，所以在很大程度上确定了岗位是什么。

最后，由于只有"关系"而没有"工作"的岗位，根本不是一个工作岗位，所以这些关系也有一定的限度。

设计管理岗位时，同样重要的是仔细考察管理关系，并确保这些关系不会超出个人的掌控范围，这如同需要彻底思考特定职能一样。

同样，管理责任的幅度宁愿过大也不要过小。这一点适用于与管理者合作共事的下级人数以及组成部门和团队的人数，当然也适用于上行关系。我强烈建议对管理关系的幅度唯一保持严格限制的领域是横向关系。在理想情况下，管理岗位应该只有少量横向关系，且其中每种无论对整个组织的职能还是管理者自身的目标和职能都必须是极其重要的，这是因为横向关系不仅会耗费时间，而且如果过多的话将会流于表面，不会被认真考虑，也不会被细心经营。大体而言，许多组织普遍存在的缺陷是，对横向关系缺乏足够的关注，没有认真地经营。

定义管理岗位

管理岗位有下述几种定义方法。

首先是具体的职能，即岗位本身。这往往应该是一个长期的、持续的岗位，预期在未来很长一段时期内都需要该岗位。例如市场研究经理或制造部门经理等岗位，显然，在可预见的未来这两个岗位都必然会存在。

其次是具体的贡献。岗位的职能定义（也就是典型的岗位描述和岗位指南中所表达的）往往没有要求某位管理者做出哪些具体贡献。尽管某项职能在意图上是永久性的，但也有"此时此地"的工作安排，这是企业和上级领导需要让管理者负起责任的。这些工作安排引出了关于管理岗位的第二个定义。

管理者应该每年至少自问一次下述问题，并且在走上新岗位时总是自问该问题："我和我的部门能做出哪些具体贡献？如果做得很好，会对企业的绩效和成果带来重大影响吗？"

岗位描述和岗位指南可以说是管理岗位的使命说明书，相当于整个企业对"业务是什么以及应该是什么"的界定。工作安排就是目标和目的，因此，需要进一步设立具体的目标、最后期限、明确指定的负责人、从成果反馈回来的信息的内部评估标准。

绩效突出的管理者的标志是，上述工作安排总是超出岗位描述中概括的工作范围。岗位描述通常表示已经完成的工作，为了实现美好未来，需要从事的工作往往超出以往的工作。

再次，管理岗位可以根据关系来定义，包括上行关系、下行关系、横向关系。

最后，管理岗位还可以由所需的信息以及在职者处于信息流中的位置来定义。

所有管理者都应该自问："为完成当前工作，我需要什么信息？从哪儿能获得这些信息？"他们应该确保所有提供信息的人都能理解自己的需求，不仅理解需要的是什么信息，还要理解获得信息的方式。

管理者还需要仔细思考下列问题："谁依靠我提供的信息？采取什么方式提供？是上行关系，还是下行关系或横向关系？"

利用上述4个定义来概述管理岗位，是管理者自身的责任。他们应该被期望撰写自己所在岗位的岗位描述，针对自己及所在部门应该负责的成果和贡献提出建议，处理和思考各类关系，界定自身的信息需求和信息贡献。的确，从4个定义的角度来彻底思考管理岗位，是管理者在这方面的首要责任，也是他永远不应该推卸的责任。上级领导有责任和义务批准或否决个别管理者的提议，但管理者负有思考和提议的责任。在这一点上，管理岗位（对他人的工作负有直接责任的岗位）和专业岗位没有区别。

管理者的权力

说每个管理岗位必须被赋予尽可能广泛的权威和范围，不过是重新表述下列规则：决策应该尽可能下放，并尽可能由执行人员做出。然而，从效果上看，该规则可能与传统的自上而下授权观念截然不同。

最高管理层决定企业需要从事什么业务和任务。分析始于想要的最终产品：企业的绩效目标和成果目标。从这里出发，分析一步步决定了需要具体做什么工作。

但在构建管理者的工作岗位时，我们必须自下而上开展工作，必须始于"一线"的业务，即负责实际产品和服务的输出的岗位、负责最终向客户销售的岗位、负责蓝图和设计图纸制作的岗位。

一线管理者在基本的管理岗位任职，而其他一切都有赖于该岗位的绩效。从这个角度看，高层管理岗位旨在帮助一线管理者做好本职工作。从结构和组织视角看，一线管理者处于所有权力和责任的中心，只有他们无权自主决策的业务才需要移交给更高的管理层。

显然，一线管理者能够或应该制定的决策，以及应该掌握的权力和承担的责任，都存在实实在在的限度。一线管理者的权力范围是有限的。生产领班无权改变销售员的薪酬,并且区域销售经理也无权染指其他区域。管理者能够制定的决策类型也有限度。很明显,他不应该制定会影响其他管理者的决策,不应该独自制定会影响整个企业及其精神价值观的决策。例如,不允许任何管理者在未经审查的情况下,独自做出关于下级人员职业生涯和未来前途的决策,这是一条基本常识。

一线管理者不该被期望做出他们不能做出的决策。例如,对当前绩效负责的人没时间制定长期决策。生产人员缺乏制订养老金计划和医疗计划的知识和能力,这类决策必然会影响他以及他的工作,他应该了解、理解这些决策,并尽可能地真正参与其准备和拟定,但不能做出决策,原因是他没有制定这些决策的权力和责任。权力和责任应该始终以任务为中心。这一点适用于从最基层的管理者到最高层的首席执行官在内的所有管理层级。

关于管理者有权做出的决策,有一条简单的规则做出了限定。通用电气公司灯具事业部的管理章程,套用《美国联邦宪法》的句式表述道:"所有不明确或未书面授予高级管理者的权力都由低级管理者行使。"这一点与古老的普鲁士公民权利观念恰好相反:"凡没有明文规定的一律禁止。"换言之,管理者在其任务范围内无权做出的决策,应明文禁止;对于其他所有决策,管理者应该拥有相应的权力和责任。

管理者、上下级、组织

管理者与上下级之间的关系都是双向关系。两种关系既是围绕权力和信息的正式关系,又是围绕权力和信息的非正式关系,并且他们各自都是相互依赖的关系。

管理者对下级负有责任。管理者首先要确保下级知道并理解相关要求,必须帮助他们确立各自的目标,进而必须帮助他们达成目标。管理者有责任给下级提供所需的工具、人员和信息，且必须给他们提供建议和忠告，如果有需要，还必须教他们如何才能做得更好，或许可以用一个词来概括这种下行关系——"协助"。

管理部门的目标应该始终包括其对企业的成功必须贡献的绩效。目标应该总是向上看齐。

但部门管理者的目标包括他为帮助下级人员实现目标而需要做的事情。管理者的视野应该始终向上，也就是关注整个企业，但管理者的责任应该始终向下，也就是聚焦所属团队的成员。把管理者与团队成员的关系视为对成员承担的义务以及帮助成员提高绩效取得成就的责任，而不是一种"监督"，这是把管理部门有效地组织起来的核心要求。

管理者的最终职责是对组织机构负责。管理岗位和职能立足于组织的实际需要而不是头衔或授权。

因此，每位管理者都必须根据组织的整体目标来确定自己的目标以及所领导部门的目标。

本章中的讨论虽然聚焦于企业中的管理者，但所说的一切同样完全适用于公共服务机构的管理者，尤其是政府机构的管理者。相关岗位都必须足够大，以便优秀的管理者有成长空间；各类组织的管理者需要通过卓越的绩效而不是晋升或头衔来获得满足感；管理岗位的设计应该围绕岗位和职位、工作安排、关系以及信息需求来进行；管理者需要掌握权力来完成任务；并且他们必须使自己的目标立足于所在组织机构的整体目标。

的确，正如前文所言（本书第9～12章），公共服务机构中的管理者要比企业中的经理更需要适当的岗位设计、合适的岗位内容以及妥当的岗位结构，然而似乎极少有公共服务机构关注管理岗位，它们往往强调头衔而不是职能，程序而不是绩效。对于提高公共服务机构的绩效和士气，货真价实的管理岗位设计是迈出的第一步，或许也是最大的一步。

小　结

管理岗位应该始终基于必要的任务，应该是一份实实在在的工作，为企业的整体目标做出可见的（如果不是可衡量的话）贡献，还应该具有尽可能广泛的权威和范围。管理者应该接受绩效目标而不是上级领导的指导和控制。在设计管理岗位时，要避免6个具体的错误。管理岗位应该适应人还是人应该适应管理岗位？有必要设计管理责任的幅度，并且管理岗位有4种不同的定义方法。管理者与上下级之间是相互依赖的关系。管理者的最终职责是对组织机构负责。

问　题

1. 在设计管理岗位时，通常会出现哪些破坏效果的常见错误？
2. 设计一个主要通过晋升来获得满足感的管理岗位有什么错误？满足感应该来自哪里？
3. 为什么贴有"助理"标签的岗位常常会使在职者堕落？
4. 为什么设计管理岗位的方式是把"管理"与"工作"结合起来？
5. 为什么设计一个需要不断从事"协调"工作的岗位是错误的？
6. 为什么设计或填补管理岗位时绝不应考虑相关人员的"风格"因素？
7. 关于管理幅度，更加重要的限制是向管理者汇报工作的人数还是与管理者合作共事的人之间的关系数量？为什么？
8. 定义管理岗位的方法有哪些？
9. 为什么有时候会说，一线管理者处于所有权力和责任的中心？
10. 关于管理者有权做出的决策，可以用哪一条简单规则做出限定？
11. 管理者的目标应该聚焦于哪个方向？向上还是向下？
12. 公共服务机构中的管理岗位设计与企业中的有什么不同？

第25章 | CHAPTER 25

管理发展与管理者开发

总体来看，自1950年以来，在广泛的管理繁荣局面中出现了一股管理发展的热潮。早在20世纪40年代中期，我就首次对这个议题产生兴趣，当时我能够找到的认真考虑管理者开发问题的企业只有两家：美国的西尔斯公司和英国的玛莎百货公司。那时整个美国只有3所大学面向管理者开设了继续进修项目：麻省理工学院的斯隆项目、纽约大学面向银行和金融业年轻专业人员与管理者的继续教育项目、哈佛大学的高级管理项目。

10年后，也就是50年代中期，专门设立管理发展计划的企业数量达到3000家左右，并且美国各高校纷纷设立了五花八门的高级管理项目。

如今，采取种种方式致力于管理发展和管理者开发的企业已经数不胜数。没有对管理者开发工作做出具体规定、没有自己的管理发展人员的大企业已经寥寥无几。同样，只有极少数的大学商学院没有设立某种形式的管理发展项目。此外，行业协会、咨询公司等大量外部组织也已经开始致力于管理发展工作。

为什么需要管理发展

基本企业决策的制定与产生影响之间的前置时间越来越长,由于没人能预见未来,所以除非管理层仔细挑选、开发、考察必须负责决策的人(未来的管理者),否则就不能制定理性的、负责任的决策。

组织对管理者的要求正在稳步提高。在发达社会中,体力技能越来越被理论知识和组织领导能力(简而言之就是管理能力)取代。事实上,当今社会的基本问题不再是"社会能够支持多少受过教育的人免于维持生计的任务",而是"社会能够养活多少没受过教育的人"。我们所处的社会是历史上第一个做到这一点的社会。

但管理发展也是企业履行其对社会的基本责任所必需的。至关重要的是连续性,尤其是大型企业的连续性。我们的社会不能眼睁睁地看着这种创造财富的资源由于当今的管理层缺乏称职的接班人而受到损害。

当今社会的人不只是为了生计而工作,他们还期望获得超越经济层面的满足,即自豪、自尊和成就感。管理发展不过是使工作和产业超越谋生方式的另一个名称。通过为每一名管理者的个人开发提供挑战和机遇,以挖掘其最大潜力,企业在某种程度上承担了使组织内的工作岗位变为"美好生活"的义务。

如今我们已经确信无疑,管理者不是天生的,而是后天培养的。未来要想获得优秀的管理者,就必须在管理者的供给、开发、技能等方面开展系统性的工作,而不能靠运气或侥幸。

为什么需要管理者开发

管理者如同企业或社会一样需要开发。管理者首先应该保持警惕和头脑清醒，需要不断接受挑战。今天的管理者必须掌握明天才会产生效果的技能。管理者还需要一个机会来思考自己的经历的意义，并且最重要的是他需要一个机会自我反思，学会扬长避短。进而，管理者作为一个人要比作为一名管理者更需要开发。

知识工作者的一个优势（也是一个劣势）就是期望从工作中得到满足和激励。关于这一点，知识工作者在其早期形成期被严重宠坏了。无论是熟练工人还是非熟练工人，体力劳动者都不指望在工作中得到挑战、激励或开发机会。体力劳动者仅仅期望通过工作维持生计，而知识工作者期望通过工作获得美好生活。

因此，知识工作者，尤其是那些业务精湛的知识工作者，很可能在四五十岁时陷入一场精神危机，在那时，大多数知识工作者将不可避免地到达各方面的终点，或许他们在企业内也会到达最终的职能岗位，如市场研究、人员培训、金属冶炼等。一夜之间，工作不再能让他们获得满足感。在从事市场研究15~20年之后，他们已经对该行业了如指掌，当年新入职时令人无比兴奋的工作如今已经变得枯燥乏味。

换言之，管理者必须在四五十岁之前发展组织外的自我生活。

他们需要组织外的生活，既有助于自己，又有利于组织。一名仅仅四五十岁就由于对生活丧失兴趣而"在职退休"的经理，不太可能给企业做出任何进一步的贡献。所以，为了自己，也为了企业，他们有责任作为一个人开发自我，以拥有属于自己的生活，而不再完全依赖组织，不再依赖进一步晋升或不同的新工作。此时的管理者需要明了自我的个性，发挥自身的优势，发展自己的兴趣。

我们将必须学习为业务精湛且年龄达到四五十岁的专业人员和管理人员开发第二职业。我们将必须使那些在一家企业或一个职能部门工作了20年的人（多数经理都如此），通过从事一些不同的事务，或至少在不同的环境和机构中发挥作用,来接受新的挑战,抓住新的机遇,进而做出新的贡献。

我们说的"管理发展"和"管理者开发"到底是什么意思呢?过去20年来,该领域的繁荣值得怀疑。毫无疑问,繁荣发展的形势中往往泥沙俱下。因为时髦,所以必然会有,也确实已经有许多"庸医"打着管理发展的旗号招摇过市。

管理发展不是什么

出于上述原因,我们最好先指出管理发展和管理者开发不是什么。

(1)管理发展和管理者开发不是上课。上课只是管理发展的工具,但上课本身不是管理发展。

无论是为期3天的某项技能培训,还是每周3个晚上、长达2年的"高级"项目,任何课程都必须符合管理团队和管理者个人的发展需求。工作岗位、上级领导、企业和个人的发展计划等管理发展的工具,都要比任何课程重要得多。

事实上,某些广受欢迎的课程并没什么实际价值。例如,我非常怀疑那些要求管理者长期离开工作岗位的课程是否明智。根据我的经验,最有效的是那些管理者在自己的时间或业余时间参加的课程。例如,城市中许多大学开设的夜校项目;那些上课时间和上班时间相互交叉的全日制课程,管理者在1~2周的休假时间内强化学习,之后立即返回工作岗位,现学现用学到的新知识,从而强化学习效果。

管理者不是哲学家,也不应该成为哲学家,他们是实践导向的。除非所学知识能够立刻被用于实践,否则这类课程就没必要参加,因为它们仅限于提供"信息"而不是"知识"。在教学方法上,不利用实践强化学习效果是不合理的,也就是说,应该在周一把上周五学到的知识用于实践。最后,那些参加了13周高级培训课程的管理者在长时间脱产后返回组织上班时很可能会发现，原先的工作岗位已经被别人占据，自己成了无所事事的人。

（2）管理发展和管理者开发不是晋升计划、接班计划、挖掘潜力计划，这类计划不仅无益，反而有害。

一家企业所做的最糟糕的事莫过于试图开发"前途远大者"，而无视其他人。10年后，80%的工作都将由曾经的被忽视者完成。如果被忽视者不能理解、接受极少数"前途远大者"的愿景，并付诸执行，那么什么变化都不会发生。可以理解的是，每10位没被纳入这类开发计划的人中，就有8位感到被轻视，他们可能会变得比以前更没有效果、更没有成效，也更不愿意从事新业务。

试图发现"前途远大者"完全是徒劳，这甚至比从5个人中随机挑选1人的成功概率都低。绩效才是最重要的，承诺和绩效之间的关联并不是特别明显。在40岁的时候，每10名当初的年轻"前途远大者"中可能有5名除了夸夸其谈外别无长物。相反，每10名看起来不"机智"也不善言辞的年轻雇员中，就有5名在40岁出头时表现出卓越的绩效能力。

如果管理发展的宗旨是寻找"接班人"，那么这个想法直接推翻了其得以存在的全部理由。正因为未来的工作岗位和组织将不同于现在，所以我们才需要管理发展。如果我们的目的只是接掌过去和现在的工作岗位，那么只需要把人们作为现在老板手下的学徒进行培训即可。

最糟糕的接班计划是寻找一名"王储"。"王储"应拥有合法的继承权，否则被选中反而有可能毁掉此人。无论隐藏得多么天衣无缝，挑选"王储"的行为都很快就会传遍整个组织，进而所有可能的其他竞争者就会联合起来对抗该"王储"，想方设法使他下台，这些人往往会得逞。

（3）最后，管理发展和管理者开发不是通过改变人的个性来"改造人"，其真正的目标在于使人们充分发挥自身的优势，以独特方式追求卓越的绩效，而不是按照他人的方式开展工作。

雇主无权评判雇员的个性。雇用关系仅仅是要求达到特定绩效水平的特殊合约，除此之外再无其他要求。雇主的任何试图超越该范围的企图都是不道德的，也是对个人隐私的非法侵犯，可谓滥用权力。雇员没义务对雇主"忠诚""友爱""态度良好"，只需要绩效卓越即可，此外再无其他义务。

管理发展和管理者开发处理的是人们从事工作所需的技能、岗位和管理关系的结构、使管理者学到的技能产生效果的知识。换言之，管理发展和管理者开发应该关注可能会使人们的工作更有效果的行为变化，而不考虑此人是谁，即人们的个性或情感状态。

无论如何，试图改变成年人的个性必然归于失败。人们参加工作时个性已经定型，所以管理发展和管理者开发的任务不是改变个性，而是使人们提高绩效取得成就。

发展（开发）的两个维度

发展（开发）并非只有一个维度，而是包括两个彼此相互影响、紧密联系的任务：一个任务是发展管理，目的是企业健康、生存和成长；另一个维度是开发管理者，其目的是身为个人和组织成员的管理者健康、成长和有所成就。无论管理发展如何落实，都是组织的一项职能和活动。虽然企业和上级领导在管理者开发过程中发挥重要作用，但这仍旧主要是管理者个人的责任。

管理发展的起点是下列问题："为了实现未来的目标，并在不同市场、经济、技术和社会中取得卓越绩效，企业需要什么样的管理者和专业人员？"

管理发展涉及的内容包括管理层的年龄结构，以及为成功应对未来的工作管理者现在需要掌握的技能等，侧重于组织结构和管理岗位的设计，以满足未来的"专业客户",也就是年轻的管理者和专业人员的需求与愿望。职业市场已经成为一个地地道道的大众市场,因此每个组织都需要设计能够吸引和满足未来专业客户需求的"职业产品"。

是否需要安排专人从事管理发展取决于企业的规模和复杂性。管理发展当然不是一项应该安排大量人运作大量项目的活动,但由于管理发展的目标是改变企业的基本规划、组织结构和管理岗位设计,所以确实需要权力和威望。管理发展的核心任务是规划市场、设计产品、淘汰现有的岗位和组织结构,所以从这个视角来看,管理发展类似于一名创新者、颠覆者和批评者,其职能在于围绕企业的人群组织提出问题:"业务是什么以及应该是什么?"

管理者开发聚焦于人,旨在使个人能够最大限度地挖掘潜力、发挥优势、实现个人成就,即追求卓越。

任何人都不能迫使他人自我开发,开发的动力必须源自个人内心。但即使最有抱负之人的开发,也会遭到上级领导和所在企业的大量干扰甚至误导。管理者的积极参与以及来自上级领导和企业的鼓励和指导,都有助于管理者开发,能够提高工作成效。

管理者开发的起点是绩效评估,聚焦于管理者绩效突出的业务、擅长的业务以及需要克服哪些自身绩效能力的限制因素才能最大限度地发挥优势。然而,这类评估始终需要共同的努力,既要求雇员自己开展(也就是必须自我评估),又需要管理者的积极领导。

人们自我评估时往往要么过于苛刻,要么过于宽容。人们可能会在错误之处发现自身的优势,并为自己的无能感到自豪,而不是相反。

通常,有些一流的工程师因为自己擅长"分析"和"客观中立"就认为自己是一名优秀的管理者,然而要成为一名优秀的管理者,还需要同理心、理解他人工作方式的能力以及对个性等"非理性"因素的敏锐感觉。有些销售经理可能认为自身的优势在于"战略",而实际上他们是精明的谈判者,其所谓的"战略"不过是"下周的大甩卖"之类的举措。有些优秀的分析师和顾问没有认识到自己缺乏孤注一掷地做出艰难决策的勇气。这种情况非常普遍。

绩效评估应该立足于管理者与上级领导一起为自己设定的目标，应该始于这些目标领域的实际绩效，而绝不是相关的"潜力"，应该询问"该管理者哪些方面的绩效一直（不是偶尔）非常突出"，这可以使相关各方认识到该管理者的优势及其最大限度发挥优势的阻碍因素。但自我评估也应该思考"我想要从生活中得到什么？我的价值观、抱负、方向是什么？为了使自己能够实现上述目标和对生活的期望，我必须做什么、学习什么、改变什么"。最好由他人向管理者提出这些问题，而提问者必须了解并尊重这位管理者，同时拥有我们多数人对自己不具备的洞察力。

自我开发可能需要获得新技能、新知识和新方法，但最重要的是获得新经验。除了洞悉自己的优势之外，自我开发最重要的因素是工作经验和上级的榜样。因此，自我评估的结论应该总是围绕着管理者的需求和机会，以及必需的贡献和所需的经验。以下问题应该常常询问："为了最快、最充分地发挥此人的优势，合适的工作经验是什么？"

开发往往是自我开发，有关企业承担个人开发责任的言论，纯属瞎说。管理者开发依赖个人及其习惯、努力。没有任何一家企业有能力，更别提有义务来代替个人的自我开发努力。贸然这么做的企业显然既愚蠢又自大。

但企业中所有的管理者都有机会鼓励或打击、指导或误导个人的自我开发。管理者有明确的责任帮助所有共事之人关注并努力进行自我开发，及时予以指导。并且每家企业都能够为其管理者的开发提供挑战机会和相关经验。

当今的管理者为了振奋精神、明确愿景、提高绩效，有必要培养那些将在未来从事管理的人，正如被安排讲授某门课程的人会学到大量知识，帮助他人自我开发的人自身也能够获得最大限度的开发。事实上，除非人们致力于他人的开发，否则无人能够开发自我。管理者正是在帮助他人自我开发的过程中，或者通过帮助他人自我开发，对自己提出了相关要求。任何行业中，绩效最卓越的人总是把自己培养和开发的人视为留下的最值得自豪的丰碑。

公共服务机构与企业一样需要管理发展和管理者开发，并且需要相同的方法。

但最重要的是，当今的管理者和专业人员有责任开发自我。换言之，自我开发既是对自己又是对组织机构应负的责任。

如今，我们常常听到大量关于组织人○以及人在组织中的异化等相关言论。在传统的小村庄中，人们受到来自阶级、亲属、种姓、习俗等因素的强大压力。我怀疑当今组织中的一致性是否要强过传统小村庄，而且我严重怀疑当今社会比以往社会具有更多异化的观点。但无论当今的一致性和精神绝望与过去相比是更多还是更少，个人自我开发、追求卓越的承诺都是与之对抗的有效力量。

小　　结

基于组织和管理者的切实需求，1950 年以来出现了一股管理发展热潮。但是目前很少有人明白，管理发展与组织的需求紧密相关，管理者开发与个人的需求相连，二者彼此不同。尽管上级领导和组织能够加以鼓励或抑制，但管理者开发主要是自我开发，其目标旨在追求卓越。

○ 组织人（organization man），源自美国作家威廉·怀特（William Whyte）的小说《组织人》，常用来描述大型组织成员的一般特征：顺从、刻板、保守、程序化等。——译者注

问　　题

1. 基本企业决策的制定与产生影响之间的前置时间越来越长，这种趋势对管理发展意味着什么？
2. 为什么业务精湛的知识工作者可能在四五十岁时陷入精神危机？
3. 一名管理者参加一个需要长时间离开工作岗位的课程，为什么可能不是最明智的管理者开发？
4. 企业试图开发"前途远大者"为什么是一个错误？
5. 为什么试图在管理者中寻找"接班人"注定徒劳？
6. 发展的两个维度是什么？二者有什么区别？
7. 管理者开发的起点是什么？
8. 对管理者进行评估应该立足于什么？
9. 自我开发的要求有哪些？组织如何帮助管理者完成该任务？

第26章 CHAPTER 26
目标管理与自我控制

　　组织中每一名成员的贡献彼此不同，但所有人的贡献都必须为了共同的目标。组织成员必须向着同一个方向努力，必须相互配合造就一个没有裂痕、没有冲突、无须重复努力的整体。

　　企业的整体目标要想实现，内部每个岗位都必须以该目标为导向，尤其是每个管理岗位都必须聚焦于整体的成功。管理者期望的绩效必须指向企业的整体绩效目标，他们的成果用他们对企业成功的贡献来衡量。管理者必须知道并理解企业的目标对其自身的绩效要求是什么，并且上级领导也必须知道能够在上述要求的实现过程中给管理者提供哪些帮助。如果上述要求得不到满足，那么管理者就会被误导，付出的努力就会被浪费。

　　实行目标管理需要付出大量努力，并运用专门的技术。企业中的管理者并不会自动朝共同的目标前进，相反，从性质来看，组织包含4个容易造成误导的因素：多数管理者的专业工作、管理层的等级制结构、不同层级的管理者由于视野和工作差异造成的隔阂、管理团队的薪酬结构。

克服上述障碍需要的不仅仅是良好的意愿,还需要相应的政策和组织结构,目的明确地组织实施目标管理,并使之成为整个管理团队的生存法则。

专业工作的误导

西方文化中有一个关于三位石匠的故事:当有人问正在忙碌的三位石匠在做什么时,第一位石匠回答"我在谋生"。第二位一边捶打一边说"我正在做全国最好的石刻工作"。第三位石匠用憧憬的眼神看向天空说"我在建造一座主教座堂"。

当然,第三位石匠是一位真正的管理者。第一位石匠知道自己想要从工作中获得什么,并且设法得到了。他可能会"为了公平的工资而公平地工作",但他不是一位管理者,将来也不会成为管理者。有问题的是第二位石匠。技艺是至关重要的,组织如果不要求成员发挥出最高的技艺水平,就会破坏士气,但往往存在一种危险,即真正的工匠(也就是专业人员)认为自己正在取得某项成就,而实际上不过是在打磨石头或收集边角料。企业必须大力鼓励人们提高技艺,但技艺必须始终与整体需要紧密相关。

企业中的多数管理者和专业人员往往会像第二位石匠,忙于自己的专业工作。管理者个人的习惯、愿景和价值观通常是在从事职能工作和专业工作时形成的。因为如果不严格要求,工作就是不诚实的,会使员工及其周围的人堕落,所以职能专家对高标准的技艺孜孜以求,努力成为"全国最好的石匠"。重视并提高技艺水平,会在管理的每个领域促进创新和进步。

管理者努力把工作做到极致,包括从事"专业的人事管理",运营"最新型的工厂",做"真正科学的市场研究"等,但这种对职能和专业工作的技艺的追求往往也蕴藏着危险,可能会使管理者的愿景和努力偏离企业目标,使他们误把职能工作本身当成目的。在很多情况下,职能部门的管理者不再根据对企业的贡献来衡量下级人员的绩效，而是以技艺的专业标准来衡量。他们更喜欢根据技艺来评估下级人员，并据此给予相应的奖励和提拔。他们讨厌为了企业绩效而提出的要求，认为这些要求干扰了"完美的工程""平稳的生产"或"强劲的销售"。职能部门管理者对技艺的合理要求可能会成为一种破坏性力量，撕裂企业并将其转变为松散的工作团队联盟。每个团队都关注自身特有的技艺，小心翼翼地保守自己的"秘密"，专注于扩张自己的领地而不是缔造完整的企业。矫正措施是在对技艺的关注和对企业共同目标的关注之间取得平衡。

上级领导的误导

管理层的等级制结构造成的危险可能更大。由于身在高位，上级领导无论说什么或做什么，哪怕是最随意的言论、习惯甚至举止，都会被下级认为是有意为之、深思熟虑、饱含深意。"你在此处听到的全是上级领导关于人际关系的言论，可是上级领导训斥你的原因总是加班费太高；说到提拔，好处总是留给那些擅长填写会计报表的人。"这是最常见的论调之一，当然，每个管理层级上都有许许多多类似的版本。这会造成糟糕的绩效，即使削减加班时间也没有效果，此外还会导致下级人员对企业和管理层丧失信心与应有的尊重。

然而，以这种方式对下级造成误导的上级领导并不是有意为之，他真心认为工厂经理最重要的任务就是处理好人际关系，他谈论加班只是因为他觉得自己必须表现得像一个"务实之人"以与下级建立起良好的关系，或因为他试图通过与下级"谈工作"来表现得对他们的问题非常熟悉。他之所以强调会计报表，只是因为这些表格同样让他异常苦恼，或者可能只是不想再与审计主管发生矛盾，但下级无法得知这些背后的秘辛，他们看到或听到的只是关于加班以及对报表的重视。

解决这类问题需要缔造一种管理结构，使管理者和上级领导把目光聚焦于工作岗位的要求，而不是聚焦于上级领导的要求。如同坊间现有的许多管理著作，强调风格和态度反而可能导致该问题进一步恶化。事实上，如今每位熟悉企业的人都看到过下述情况：一位经理试图通过改变自己的风格来避免误导下级，结果反而把一段本来相当令人满意的关系变成一场充满尴尬和误导的噩梦。经理过于在意下级的反应，结果导致原本轻松惬意的关系一去不复返。下级的反应却是："帮帮我们吧，领导读了一本书；以前我们还能知道他对我们的要求是什么，现在只能靠猜了。"

层级隔阂的误导

误导也可能源自不同层次管理者的关注点存在差异。因为该问题根植于组织的结构，所以不能依靠态度和良好的意愿来解决。"更好地沟通"也不能解决问题，因为沟通以共同的语言为前提，而这恰恰是不同层次管理者之间缺乏的。

管理人员中流行盲人摸象的故事并非偶然。每个层次的管理者都从不同视角看待同一个"大象"（企业）。生产领班犹如摸到大象腿的盲人，认为是一棵树挡住了去路，往往只看到眼前的生产问题。最高管理层犹如摸到大象鼻子的盲人，认为是一条蛇挡住了去路，往往只看到企业整体，包括股东、财务问题以及一系列高度抽象的关系和数字。运营经理犹如摸到大象肚子的盲人，认为是一座山挡住了去路，往往只看到职能性问题。当然，每个层次的管理者都需要独特的愿景，否则就无法开展工作，然而这些愿景看起来彼此不同，以至于不同层次的管理者没有意识到谈论的是同一件事情，或者就像时常发生的那样，认为谈论的是同一件事情，而实际上是截然相反的事。

薪酬结构的误导

管理团队中最严重的误导因素可能集中在薪酬结构上，当然，薪酬的误导作用也是最难以消除的。管理人员必须以某种方式获得报酬，但每种薪酬体系都容易对人们造成误导。

薪酬是组织的成本，也是接受者的收入来源，往往象征着人们在组织和社会中的身份地位，涉及对管理者的绩效和价值的评判，在感情上与所有人的公平、正义、平等观念紧密相连。虽然金钱根据数量来计算，但薪酬体系中的金钱体现了最无形、最敏感的价值和品质。由于这些原因，不可能存在真正既简单又合理的薪酬体系。

薪酬体系决定了个人在群体中的地位。人们彼此之间围绕薪酬的比较，尤其是与同事之间的比较，往往要比薪酬的绝对数额更重要（参见第14章）。薪酬必须在两种要求之间取得平衡，即对个人的认可和维护团队的稳定。因此，任何试图为薪酬制定"科学公式"的企图都不可能如愿以偿。无论对个人还是对群体而言，最佳的薪酬方案必然是各种功能和意义之间的妥协折中。哪怕是最合理的薪酬体系，也既有可能鼓励正确的行为，又有可能鼓励错误的行为。

然而，对于管理者而言，没什么是比薪酬数额和薪酬结构更强烈的信号了。薪酬对管理者的重要性远远超出了金钱的经济意义，薪酬向其传达了最高管理层的价值观及管理者自身在管理团队中的价值，并以清晰可见的形式显现出管理者在团队中的地位、级别及认可度。在当今的高税率体系下，高级管理者薪酬数额的小幅差异通常没有任何经济意义，实际上多出来的数额基本上全部用来缴纳所得税，但是薪酬略高于他人象征的地位差异和情感影响是无法估量的。

最具破坏性的误导因素可能来自那些明显"公平"的薪酬体系，这类体系往往把管理者的收入与绩效直接挂钩。绩效的衡量标准通常是当年的投资回报率。如果我们想要衡量绩效，显然没有其他可行办法。然而，如果过于强调投资回报率和当期利润，就会误导分权化企业的管理者，让他们误以为眼前的短期利益比未来的长期利益更重要。

某家化学企业内部一个重要部门的管理团队成员的能力都非常突出，但多年来始终未能开发出亟须的新产品，年复一年地向最高管理层汇报新产品尚未准备充分。最后，该部门的经理被直截了当地问道："为什么要拖延一个显然对企业至关重要的项目？"他答道："你看过我们的薪酬方案吗？我本人的薪酬有保障，但我们整个管理团队的主要收入源自与投资回报率挂钩的奖金。新产品是企业的未来，但未来5~8年内，新产品将只有投资没有回报。我知道我们已经拖延了3年，但你能指望我把面包从我最亲密的伙伴嘴中抢走吗？"这个案例最终的结局令人欣慰，企业更改了薪酬方案。在一定程度上，这也符合杜邦公司多年来在新产品开发方面的解决方案。在新产品上市前，杜邦公司不会把新产品开发成本计入分公司或子公司的投资基础。

仅用了一两年时间，该公司的新产品就成功上市了。

组织应该优先选择简明而不是复杂的薪酬体系。合理的薪酬体系应该允许人们做出判断并使薪酬适合个人的工作岗位，而不是把一种模式强加给所有人。但我绝不可能声称能够设计出一套"公平的"（更别提"科学的"了）薪酬体系。再强调一遍，我们所有能做的就是仔细观察，以免薪酬体系奖励错误的行为，强调错误的成果，引导人们背离代表共同利益的绩效。

管理者的目标

正如"恒久的警惕是自由的代价"⊖，防止误导需要我们付出不懈的努

⊖ "恒久的警惕是自由的代价"（eternal vigilance is the price of freedom），西方谚语，最早出自爱尔兰政治家约翰·柯伦（John Curran）1790年的一次演讲，原话为："上帝给人自由的条件是保持警惕，如果人丧失警惕，那么奴役就是相应的后果和惩罚。"安德鲁·杰克逊、亚伯拉罕·林肯等多位政治家都说过类似的话。——译者注

力。上级领导需要理解下级管理者的期望是什么。反过来，下级管理者需要知道自己应该为哪些成果负责。不付出专门的努力，上级领导和下级管理者就不会知道和理解这些，他们彼此的思想就不会协调，更不会一致。

从"大老板"到生产领班或普通文员在内的所有管理者，都需要清晰明确的目标，否则必然会出现混乱。这些目标应该列出每个管理部门要达到的绩效，以及一名管理者及其部门应该如何帮助其他部门实现目标，最后还应该阐明管理者要实现目标需要从其他部门获得什么帮助。换言之，团队合作和团队成果从一开始就应该被强调。

所有管理者的目标都应该源自企业的整体目标。即便是流水装配线上的普通领班，也应该被要求立足于企业和制造部门的整体目标来制定个人目标。企业可能规模庞大，层次繁多，导致领班个人的生产与企业总体产出之间的联系微乎其微，然而领班仍旧必须关注企业的目标，并根据所在部门对企业的贡献来界定自己的成果。

每位管理者的目标都应该清楚地阐明自己对公司实现所有领域的目标能够做出的贡献。显然，并非每位管理者都会在所有领域有直接的贡献。例如，营销经理对生产率的贡献可能是间接性的，难以明确界定。但如果在那些对企业的繁荣和生存有重大影响的领域，某位管理者所在的部门不被指望做出贡献，那么该事实就应该明确地被指出。因为管理者必须明白，企业的成果依赖于人们在许多不同领域付出的努力和取得的成果之间的平衡，既要充分挖掘各职能部门、各专业领域的技艺潜力，又要防止不同部门和专业之间彼此嫉妒，以邻为壑，还必须避免过分强调某一个关键领域。

这一点对于以计算机专业人员为代表的高度专业化群体以及服务人员而言尤为重要。他们或许不能把自己的工作与企业的成果和目标直接联系起来，但除非他们尽力建立这种联系，否则很可能会背离企业的目标和成果。

为了在不同的努力之间保持平衡，全部层次和所有领域管理者的目标也应该同时考虑到长期与短期需求。当然，所有目标都应包括企业的有形目标，以及管理者开发、员工绩效和态度、社会责任等无形目标。任何其他做法都是目光短浅的，也往往不切实际。

运动式管理造成的后果

恰当的管理需要在各种不同目标之间保持平衡，尤其是最高层的管理更应如此，这样有助于避免极其常见的管理不善——运动式管理。

人人都知道，且显然也能预料到，运动过后不出 3 周一切都会恢复老样子。节约运动的唯一成果可能只是邮递员或打字员被解雇，薪资高达 3.5 万美元的高管被迫取代周薪 175 美元的打字员亲自打字，而且质量很差。然而，许多管理者并未由此得出显而易见的结论：运动不是开展工作的正常方式。

运动式管理除了无效之外，还会误导管理层，因为运动式管理把所有重点都集中在工作的某一个方面，而损害了所有其他方面。一位经验丰富的运动式管理老手总结道："我们连续 4 周时间削减库存，然后用 4 周时间削减成本，继而用 4 周时间聚焦人际关系，再用 4 周时间推动客户服务和礼仪，此时库存又回到了开始时的水平。我们甚至不认真对待本职工作。所有最高管理层成员彼此谈论、深入思考、广为宣传的，都是上周的库存数据和本周的客户投诉。至于如何完成其他工作，他们甚至不想知道。"

在一个靠运动进行管理的组织中，人们要么抛下本职工作随运动的节奏起舞，要么默默地抵制运动以从事本职工作。他们都对"狼来了"的呼喊无动于衷，当真正的危机来临，所有人都应该放下手头的事情投入火烧眉毛的工作时，人们往往见怪不怪地以为是管理层歇斯底里症状的又一次发作。运动式管理无疑是管理混乱的标志，是管理层对自身无能的承认，也是管理层懒于思考的表现。最重要的是，运动式管理表明企业不知道对管理者的期望是什么，不知道如何指导管理者，反而会误导他们。

设立目标的主体及方式

管理者必须对较大部门的成功做出贡献，且所有管理者的岗位目标必须根据该贡献来确定。区域销售经理的岗位目标，应该根据区域销售团队对整个销售部门的贡献来确定。项目工程师的岗位目标，应该根据工程师和绘图员团队对工程部门的贡献来确定。分权化经营的企业部门经理，岗位目标应该根据部门对企业整体目标的贡献来确定。

更高层次的管理者必须保留批准或否决这些目标的权力，但设立目标是管理者责任的一部分，实际上是管理者的首要责任。这也意味着每一名管理者都应负责任地参与上级部门目标的制定。人际关系学派的口头禅"给予参与感"不仅不够，而且是错误的。作为一名管理者，意味着承担责任。正因为管理者的目标应该反映企业的客观需求，而不仅仅是老板或管理者自身的愿望，所以管理者必须采取积极的行动致力于实现目标。管理者必须知道并理解企业的整体目标，清楚整体目标对自身的期望和产生期望的原因，以及针对他们的衡量标准和衡量方式等。企业必须召开一个思想交流会议，要求每个部门的全部管理人员必须参加。要做到这一点，只有要求全部有所贡献的管理者都深入思考部门目标是什么，并引导他们积极地、负责任地参与部门目标的设立工作。唯有基层管理者以这种方式参与目标的设立，高层管理者才能知道应该对他们抱有什么样的期望，并进而严格要求他们。

这一点非常重要，实际上我认识的若干最有成效的管理者走得更远。他们要求下级人员每年写两封"致经理的信"，信中下级首先会从自己的视角来界定上级及其本人的岗位目标，进而制定他们认为适用于自身的绩效标准；其次，他们会列举要实现这些目标需要开展的工作，以及他们认为所属部门内部存在的主要障碍；再次，他们会列举上级领导和企业所做的对他们有帮助的事情，以及妨碍他们实现目标的事情；最后，他们会概括未来一年他们需要做哪些事情来实现目标，如果下级管理者的上级领导认可信中的内容，那么"致经理的信"就会成为管理者开展工作所依据的章程。

该机制与我见过的其他任何机制都不一样，能够轻易揭露出即使最完美的上级领导，无意的或随意的评论也会对下级管理者带来误导，造成混乱。有一家大型企业，使用"致经理的信"的时间已经超过10年，然而几乎每封信中都有若干让上级领导感到困惑的目标和标准，每次上级领导问"这是怎么回事"，得到的回答往往是"你不记得去年春天在电梯里跟我说了什么吗"。

"致经理的信"还揭示出上级领导和企业对个人的不同要求之间的冲突。当只能二选一的时候，上级领导能否既要求高速度又要求高质量呢？为了企业的整体利益需要做出什么样的妥协？上级领导是否一方面要求下级人员发挥主动性，运用自己的判断力，另一方面却要求他们做任何事之前先汇报？上级领导是否要求下级人员提供建议和想法却从来不采纳或予以讨论？企业是否一方面期望只要工厂出现问题，工程人员能够随叫随到，另一方面却要求工程人员全力以赴设计新工厂？企业是否一方面要求管理者保持严格的绩效标准，另一方面不准他们把绩效不佳的下级人员调离？企业是否创造了一种使身处其中的人感到"只要上级领导不知道我在干什么，我就能把工作做好"的氛围。

正如"致经理的信"所表明的，对管理者进行管理，不仅需要付出专门的努力确立共同的方向，还需要消除误导。相互理解永远不可能通过"下行沟通"来实现，也不能通过交谈来实现。唯有"上行沟通"才能实现相互理解，进而这既需要上级领导有倾听的意愿，还需要专门设计一种使下级管理者的声音能被上级领导听到的工具。

通过评估进行自我控制

目标管理最大的优势或许就在于使管理者有可能掌控自己的绩效。自我控制意味着更强的激励——渴望做到最佳而不是勉强合格,还意味着更高的绩效目标和更广的视野。即使目标管理不一定会给企业带来统一的方向和管理团队的一致努力,自我控制式管理也必然会实现这一点。

本书到目前为止很少提及控制,在前文的若干章节中我们讨论了评估,这是有意为之,因为控制是一个模棱两可的词汇,既意味着自我指导和指导自己工作的能力,又意味着个人被他人支配。从第一个意义上讲,目标是控制的基础,但从第二个意义上将目标作为控制的基础就会违背目标的宗旨。确实,目标管理的一个主要用途就是使我们能够用自我控制式管理代替支配式管理。

为了控制自己的绩效,管理者需要知道的不仅是自己的目标,还必须能够根据目标来评估自己的绩效和成果。在企业所有的关键领域,各个管理者必须拥有共同的、明确的评估标准。这些评估标准无须严格定量,也不必精确无误,但必须清晰、简单、合理;必须可靠,起码在得到承认和理解的误差范围内准确可靠;且必须是不言而喻的,无须复杂的解释或哲理讨论就能被理解。

所有管理者都应该获得评估自身绩效所需的信息,并且应该尽快获得以便为实现期望的成果做出必要的改变。相关信息应该给予管理者本人及其上级领导,应该作为自我控制的手段,而不是上级控制下级的手段。

现在尤其需要强调这一点,因为随着信息的收集、分析、综合等方面的技术进步,获取这类信息的能力正在迅速提高。以往,关于重要事实的信息要么根本无从获得，要么得到时早已成明日黄花。这并不是一件纯粹的坏事，因为信息缺乏虽然导致难以实现自我控制，但同时也增加了上级领导支配下级管理者的障碍，由于上级领导缺乏支配所需的信息，所以不得不允许下级管理者按照自己认为合适的方式开展工作。

如今，收集评估信息的新能力使有效的自我控制成为可能。如果使用得当，这将极大地提高管理的效果和绩效，但这种新能力若被滥用于自上而下支配管理者，那么必然会打击管理者的士气，严重破坏管理的效果，从而对组织造成无法估量的伤害。

自我控制和绩效标准

目标管理与自我控制要求高度的自律，推动管理者对自己提出很高的要求，所以目标管理与自我控制绝不是宽容，反而很可能导致要求得太多而不是太少。这一点确实是人们对目标管理与自我控制的主要批评（参见第 17 章，尤其是讨论马斯洛批评 Y 理论的段落）。

目标管理与自我控制假定人们想要负责任，想要做贡献，想要取得成就，显然这是一个大胆的假设。然而，我们知道人们倾向于按照他人期望的方式行事。

假定人们软弱、不负责、懒惰的管理者，往往就会得到软弱、不负责、懒惰的员工。纵然假定人们有能力、负责任、想要做出贡献的管理者可能会遭遇些许失望，但管理者的首要任务就是有效发挥人们的优势，而这只有一开始就假定人们（尤其是管理者和专业贡献者）想要取得成就才能实现。

最重要的是，现在受过系统教育的年轻人将成为未来的管理者，管理者必须假定他们想要取得成就。当这些年轻人要求得到允许"做贡献"时，他们可能不知道究竟意味着什么，但该要求无疑是正确的。迄今为止，管理实践并没有立足于受过教育的年轻人想要做贡献的假设,他们对此的认识也是正确的。所以,企业或上级领导应该要求受过系统教育的年轻人根据目标管理与自我控制的要求和条件行事,而年轻人也应该主动要求这么做。

管理哲学

满足企业需求的管理原则能够充分发挥个人的优势,使个人负起责任,树立共同愿景和努力方向,深化团队合作,协调个人目标与共同利益。目标管理与自我控制使每位管理者维护企业的利益;用更严格、更苛刻、更有效的自我控制取代外部支配;激励管理者采取行动,且不是因为有人告诉他们要做或说服他们去做,而是因为任务的客观要求;管理者之所以有所作为,不是因为有人希望他们如此,而是因为他们自己决定必须如此,换言之,管理者以自由人的身份采取行动。

我从不轻易使用"哲学"这种词汇,事实上我不喜欢用,因为"哲学"的含义太大,但目标管理与自我控制可以准确地被称为一种管理哲学,它立足于管理岗位的概念,建立在对管理团队的特定需求及其面临的困难进行分析的基础上,依赖于有关人类行为、实践和动机的观念。最后,无论组织规模大小、管理层级高低、具体职能如何,目标管理与自我控制适用于每位管理者,能够通过把客观需求转化为个人目标确保相应的绩效。总之,目标管理与自我控制能够实现真正的自由。

小　　结

企业员工的贡献彼此不同,但所有贡献都必须指向共同目标和共同绩效。每位管理者都应该努力提高工作技艺,卓越的技艺是实现共同目标的手段。组织常常会受到误导,背离共同目标,因此组织需要实行目标管理以把个人的努力融入共同的绩效。管理者的目标需要由自己制定，并且目标应该用于自我控制。目标管理与自我控制确实能够被称为"自由人的管理哲学"。

问 题

1. 组织固有的 4 个会误导管理者的因素是什么？
2. 为什么从事专业工作和职能工作的管理者努力提高专业技艺有时候是危险的？
3. 上级领导误导下级的方式有哪些？
4. 盲人摸象的故事如何应用于管理中的误导问题？
5. 管理者从组织的薪酬体系中得到了什么样的指示信号？
6. 把管理者的薪酬与可衡量的成果直接挂钩会有什么危险？
7. 管理者的目标应该是什么？
8. 运动式管理造成了什么问题？
9. 管理者的目标应该如何制定？由谁制定？
10. "致经理的信"是什么？应该如何使用？
11. 管理者需要什么样的绩效评估？
12. 关于管理人员和专业人员的动机，管理者应该做出什么假设？

第27章 | CHAPTER 27

中层管理到知识组织

20世纪50年代初,计算机和自动化经常占据报纸头条,人们纷纷预言中层管理将会消失。最近有人再次告诉我们,80年代中层管理将会消失,所有决策都将由计算机或最高管理层根据一个"全面信息系统"制定。

很少有预言被如此迅速、彻底地证明是谬误。就在这些预言被广为宣传的时候,中层管理开始快速发展壮大,且势头一直保持至今。实际上,50~70年代或许可被称为中层管理时代。在整个劳动力大军中,没有任何其他群体的增长速度如此之快。

诚然,该时期有一股强大的力量在发挥作用,减少了中层管理岗位的数量,然而这股力量并不是计算机、自动化或任何其他新技术,而是以英美为代表的各国产业界轰轰烈烈的兼并、接管、收购带来的压力。在这波潮流中,无数销售和会计部门被合并或关闭,大量中层管理岗位被撤销。⊖然而

⊖ 德鲁克认为美国发生过3次兼并浪潮,分别为1900年前后的"进攻型"兼并浪潮、1925年前后的"防御型"兼并浪潮、20世纪五六十年代的多元化兼并和收购型兼并浪潮。——译者注

尽管存在这股力量,但社会对中层管理人员的需求仍在稳步增长。当然,经济衰退时期是例外,如60年代末的英国、1970～1971年的美国。没有直接受到兼并或收购影响的企业以及公共服务机构,对中层管理人员的需求大幅增长。

下面是制造业的若干案例。在制造业领域,自动化得到了最广泛的应用,计算机也变得像几代人之前的烟囱一样司空见惯。一家大型美国汽车企业近期建设了一座重要的制造工厂,旨在从事一款新车型的全部生产工作。1949年,该企业的一座同等产能的工厂投产,而近期建设的这座工厂,是1949年之后该公司兴建的第一座自动化工厂。两座工厂相比,蓝领工人和文员等普通雇员的数量减少了1/3。然而,这是生产率正常提高的结果,而不是生产过程转向自动化的结果。最高管理团队的规模基本没变。但中层管理团队,也就是工资高于总领班低于工厂总经理的人员,几乎是1949年工厂中层管理人员数量的5倍。

英国一家作为全球行业领导者的大型材料公司,1950～1970年业务量增长了45%。在这段时间的最后几年,由于经历了两次重组,创始家族的年老成员被职业经理人取代,所以高层管理团队的规模实际上有所缩小,工厂和办公室中的普通员工数量都增长了1/3,但中层管理人员的数量增长为原来的3倍。

这些例子实际上仍旧低估了中层管理人员的增长率。在同一时期,中层管理人员比例高的行业,比多数其他行业的增长速度更快。1970年,美国经济活力的代表不再是通用汽车公司,而是IBM公司。在IBM公司或任何其他计算机企业,中层管理团队的规模要远远大于汽车、钢铁等传统制造型企业。1950～1970年,制药企业的中层管理人员数量同样大幅增长。

无论根据哪种定义来衡量,医院的最高管理层人数都没有增长,仍旧设置一名行政主管，或许大型医院会为其配备一名助理，还有受托人和一名医务主任。根据每天为每位患者服务的雇员数量来计算，普通雇员人数不仅没有增加，反而减少了。另外，在厨房、维修部门以及其他普通领域，医院需要的劳动力数量也大幅降低。但包括技术人员、工程师、会计师、心理学家、社会工作者在内的中层管理人员的数量激增，至少是原来的4倍，在若干大型教学医院中，中层管理人员的数量增长速度更快。

短暂的必要矫正

总是按照这样的高速度增长，必然会超出目标造成浪费。之所以会出现人浮于事的现象，是因为无论是否需要，从事某些活动成了一种时髦；还因为在好年景顺应多数人的需求要比与之对抗更加容易。在这样的爆炸性增长时期，没人关注工作的组织问题，然而大规模扩张必然会改变工作的性质，而不仅仅是增加工作岗位的数量。如果不深入研究并改革工作及其组织，就会产生浪费、重复劳动，随后组织就会变得过于臃肿。

组织的中层管理人员出现人浮于事、人员浪费的例子比比皆是。最严重的是美国的一些国防项目。幻影战斗机[一]是1950~1970年性能最好的战斗机之一，当年为了设计这款战斗机，法国政府雇用了大约70名工程师和设计师，他们以创纪录的速度完成了这项工作。与之对比，美国类似的开发项目可能会有3000名工程师和设计师，耗费的时间可能相当于设计幻影战斗机的4倍。最终，该项目可能以高得多的成本获得一个劣质设计。

因此，有中层管理繁荣，就必然会有中层管理萧条。中层管理在遭遇首

[一] 幻影战斗机（Mirage fighter），法国多用途战斗机，1952年空军提出设计要求，1955年首飞，1961年幻影3进入法国空军服役，80年代初幻影2000陆续服役，至今仍是多个国家空军的主要战斗机型。——译者注

次重大的经济挫折时，必须进行大幅度调整。调整最早出现于英国，在 20 世纪 60 年代末英国经济陷入严重衰退，兼并、收购活动一浪高过一浪，导致中层管理人员和专业人员大量失业。1970~1971 年，虽然美国经济也出现了衰退，但业界的反应要温和得多，2 年内管理岗位和专业岗位的大学招聘人数大幅削减，但已经就业的中层管理人员几乎都没有被裁员。当然，特别艰难的航空航天和国防工业领域除外。

这样的反应无论多么令人痛苦，但从根本上看有其合理性。当然，形势的发展往往会矫枉过正，但起码会迫使管理层深入思考工作是什么，以及需要什么。这类思考对于中层管理工作尤为重要。几乎没有哪个领域的人浮于事会造成如此大的损失。中层管理人浮于事的代价远远不止浪费金钱，还会损害工作绩效，打击员工的积极性。

这种反应也往往是短暂的，1973 年美国经济就已走出萧条，中层管理人员的数量再次恢复了增长。即使在仍存在严重经济问题的英国，1972 年过后中层管理人员数量的增速也再次加快。

人浮于事的危险

中层管理者的具体工作是知识工作，往往应该高标准严要求，应该精干多产，即便有不足之处，也应该是人员短缺。组织的中层管理岗位人浮于事会打击员工的积极性，损害取得的成绩，破坏成就感，造成不满，最终损害组织绩效。

中层管理的繁荣及由此造成的人浮于事，尤其削弱了大型企业员工的士气和积极性。20 世纪五六十年代，企业、政府、学校、医院招聘了大量年轻的中层管理者，而人浮于事是导致他们产生不满和失望的重要原因。这些人的收入和福利待遇都非常丰厚，却没多少工作可做，没有足够的挑战，没有足够的贡献，也没有足够的成就，有太多的人只是在瞎忙。受过系统教育、能力突出的年轻人越来越喜欢在小企业或中等城市的行政部门工作，当被问到原因时，他们总是说："起码我有事可做。"

首要的教训是需要保持中层管理的精简。需要思考的第一个问题是："真正需要做的是什么？"第二个同等重要的问题是："不再需要做、应该削减或砍掉的是什么？"所以，首要的教训就是控制中层管理的规模。

然而，更需要关注和思考的是中层管理工作及中层管理组织。中层管理规模的扩大造成了质变，而中层管理也是由于这项职能的性质变化而产生的。

中层管理可能将会继续扩张，但未来的增长必须方向明确、可控且受到有效管理，必须立足于对下述事实的理解：中层管理不断变化的性质；由此产生的职能、关系、结构等方面的变化需求。

具体的增长领域

在职能部门中，如今人员真正迅速增加的中层管理岗位，在一代人之前几乎没人听说过。新型中层管理者是掌握高深知识的专业人员，包括制造工程师、工艺专家、计算机程序员、税收会计师、市场分析员、产品和营销经理、广告与促销专家等。

传统的中层管理者本质上是员工的指挥官，新型中层管理者本质上是知识提供者。传统的中层管理者对向其汇报工作的下级人员拥有下行权威，新型中层管理者对无权指挥的人本质上负有横向责任和上行责任。

最重要的是，传统的中层管理者基本上从事例行性工作，不做决策，只是执行决策，最多只是遵从原则并使其适用于具体情况。他们的职责是保持一个自己既未参与设计又不期望改变的系统顺利运行。

当然，这恰恰符合管理者的传统定义，即对他人的工作负责，而不是对自己的工作负责之人。该群体奠定了除美国和日本之外其他国家（尤其是欧洲国家）传统社会管理结构的基础。

在美国和日本，传统上最高管理层是从中层管理人员中提拔上来的，也就是说，企业最高管理层是一步步升上来的。欧洲国家则并非如此。在英国，管理者和最高管理层（即董事会）之间存在巨大的鸿沟，在某种程度上现在依旧如故。甚至在一些大型企业，直到最近董事会吸纳的成员都是从未履行过运营管理职能的人，甚至是从未在企业工作过的人，如有名望的前公务员。在荷兰，专业的大型现代企业的最高管理层也很少出身于运营管理阶层。在欧洲各国，多数最高管理层成员的职业生涯都是在政府机构中度过的，后来直接空降至企业的最高管理岗位。人们通常认为在企业内部一步步成长起来的运营经理不适合在最高管理岗位任职，就算他们是大学毕业生也不行。

这种社会结构能够运作，而且在许多情况下能够很好地发挥作用。该事实表明，传统上欧洲人认为中层管理者关注的是例行性事务而不是决策，重在维持现有业务而不是思考发展方向，这种观点确实曾经非常合理，但不适用于新型中层管理者。

对决策的影响

由于新型中层管理者是掌握高深知识的专业人员，所以他们的行为和决策会直接对企业及其能力、绩效、方向产生重大影响。

下面是若干非常典型的例子。

从层级和报酬来衡量，宝洁公司肥皂和清洁剂部门的产品经理毫无疑问属于中层管理者，但他们没有指挥权。具体从事这项工作的人，分别向各自的职能主管、制造经理、销售经理、化学和开发实验室主任等汇报工作。但产品经理要对上市产品的开发、推广和绩效负责，决定产品的具体规格及定价，拍板在哪儿及如何进行市场测试，负责确定销售目标等。产品经理不掌握直接的指挥权，不能发布命令，但掌管广告和促销预算，这在很大程度上决定着一种新消费产品的成败。

机床公司的质量控制工程师同样没有指挥权，并且除了初级质量工程师之外没人向其汇报工作。但质量控制工程师监督制造过程的设计和结构，采纳的质量控制标准在很大程度上决定了制造过程的成本和制造工厂的绩效。实际做决策的是制造经理或工厂经理，但质量控制工程师能够否决他们的决策。

税务会计师也没有指挥权，不能下命令，除了秘书没人向其汇报工作。然而，实际上税务会计师甚至对最高管理层的决策拥有否决权。税务会计师对企业行动方案的税后结果的看法，往往决定了能做什么及必须如何做。

宝洁公司的产品经理、机床公司的质量控制工程师、税务会计师等都不是"直线"管理者，但也都不是"参谋人员"。他们的职能不是建议和指导，而是从事具体的"运营"工作。从层级、报酬、职能方面衡量，他们都不属于最高管理层，但仍然具备最高管理层的影响力。

显然，很多关键决策不能由这些人来制定，包括业务是什么以及应该是什么、关键的人力和资本资源如何配置。但即便是这些关键决策，也需要他们贡献基本的知识，否则就无法有效地制定这些决策。而且，关键决策只有被新型中层管理者纳入自己的知识性和专业性工作，运用掌握的权力履行相应的责任，否则关键决策不可能得到落实。在本书第1章中我指出，即使没人向掌握高深知识的专业人员汇报工作，但他们依然是管理者。现在我们可以明确指出，即使新型中层管理者比最高管理层低5~6个管理层级，但在影响力和责任方面他们依然属于最高管理层。

重组为知识组织

不像某些人的预言，中层管理者不仅没有消失，实际上甚至传统的中层管理者也依然存在，但以往的中层管理正在转变为未来的知识工作。

这就需要重组个人和组织的工作岗位。在知识组织中，包括最低层次的专业岗位和管理岗位在内，所有工作岗位都必须聚焦于企业的目标；必须聚焦于贡献，并拥有各自的目标；必须根据任务来组织相关工作；必须根据在职者需要和提供的信息流来彻底思考与构建；必须在决策结构中占有一席之地；不能再单单根据下行权威来设计；必须认识到所有岗位都有多个维度。

传统上，中层管理岗位一直设计得比较小，主要是因为中层管理者的权力一直受到限制。在当今的知识组织中，我们必须思考："该岗位能够做出的最大贡献可能是什么？"也就是说，焦点必须从关注权力转向强调责任。

决策权的明确化

知识组织需要明确的决策权，要求彻底思考决策权在各部门之间的归属。知识组织要远比被其取代的"直线"组织复杂，除非清楚地理顺决策权，否则容易陷入混乱。

知识组织的设计也是为了能承担更大的风险，其运作不再是循规蹈矩的"例行公事"。知识组织是一个决策机构，而不仅仅按照预设的节奏机械性运作，也不单单为了实现已知的成果。由于事情常常会以意想不到的方式变糟，所以除非明确赋予某人或某部门及时调整决策的权力，否则组织的运作必然出现障碍。

一家大型制药企业决定在未来一年内推出 8 种新药，这是该公司过去一年中推出新药数量的 2 倍。来自所有职能部门、所有管理层级、所有主要区域的人员构成的任务小组经过长达一年的讨论，制定了一个详尽的跨国经营战略。一些药首先进入欧洲市场，一些药首先进入美国市场，一些药首先提供给全科医生，另一些则提供给专科医生或医院里的医生。当药上市后，最不被看好的两种药出人意料地畅销，而最被寄予厚望的两种药却遭遇了意料之外的挫折，以至于严重影响了增长速度。在制定战略时没有人深入思考过："若情况出乎预料，谁来负责调整决策？"结果，企业内部各部门出台了无数报告，进行了无数研究，召开了无数次会议，但没有采取任何行动。最终，该企业丧失了所取得的成就带来的大部分利益。出乎意料取得成功的两种药品没有获得所需的支持来充分利用被医疗界广为接受的机会，反而竞争对手迅速跟进模仿，获利颇丰。这两种药的临床试验和市场推广工作都遇到了意料之外的困难，一部分需要大幅削减，另一部分需要大幅提高。人人都看出了问题所在，但没人有权调整原先的决策。

在由新型中层管理者构成的知识组织中，任何项目、任何决策、任何规划都将必须思考和回答下述问题："谁有权调整决策？"这会使新型中层管理者掌握的权力远超传统美国中层管理者的想象。在知识组织中，甚至直线管理者也将需要更多而不是更少权力。

对最高管理层的要求

在知识组织中，最高管理层不能假定"运营人员"按照指示开展工作，必须接受中层管理者切实制定决策的事实。同时运营部门也不能像欧洲企业传统的做法那样，假定自己可以摆脱最高管理层开展工作，而是必须透彻理解最高管理层的决策。事实上，知识组织中的中层管理者必须承担"教育"最高管理层的责任。最高管理层必须理解知识组织试图做什么和能做什么，必须理解中层管理者对企业的主要机会、主要需求、主要挑战的看法。最后，中层管理者必须落实最高管理层关于业务是什么、应该是什么，以及企业的目标、战略、优先事项等方面的决策。否则，中层管理者将不能做好本职工作。

最高管理层需要理解知识组织，需要与其建立沟通渠道。传统上，美国人往往假设最高管理层了解中层管理岗位，因为他们来自中层，但该假设已经不再有效。即使从中层晋升到最高层的管理者，也只能直接接触一小部分知识组织的职能工作，而一些最重要的中层管理岗位将不再作为个人晋升至最高管理层的准备或检验阶段。

事实上，在重要的中层管理领域，最有能力的人甚至不希望晋升至最高管理层，而更喜欢待在自己的专业领域。一般而言，计算机专业人员往往希望留在专业领域从事信息技术工作。同样，无论物理或技术研究领域，还是人文或经济研究领域，多数人员都希望从事本专业的研究工作。

最高管理层在知识组织中最重要的"公众"是高度专业化的年轻知识工作者，而他们也是最需要与最高管理层建立联系的群体。他们最不容易理解最高管理层正在致力于什么事务，最难以看清企业的整体，最不容易聚焦于企业的目标和绩效。然而，由于他们掌握高深的知识，所以有可能在职业生涯早期就会发挥重大作用。在任何规模或复杂性的企业中，最高管理团队都需要与这些知识丰富的年轻专业人员建立联系。

最高管理团队的每位成员每年都可以与这群掌握高深知识的年轻专业人员座谈几次，对他们说："我没有既定议程，没什么要训诫你们的，我来这里是为了倾听大家的声音。现在你们的任务是告诉我，关于你们的工作最高管理层需要了解什么内容，你认为能使工作最富有成效的方式是什么，本企业的问题在哪儿，机遇在哪儿。最高管理层做的什么事情对你的工作有帮助，什么事情阻碍你的工作。我只有一个要求，那就是请你们知无不言，言无不尽，认真承担起告诉我、教育我的责任。"

总体来看，在知识组织中，最高管理层的工作是调动、组织、安排、指导掌握知识的专业人员。当今组织中的管理者和专业人员不能再被视为或作为下属。在层级、薪酬、权力等方面，专业人员都应位于中层，他们不再是下属，而是同事和晚辈。

归根结底，"管理"意味着用脑力代替体力，用知识代替习俗和迷信，用合作代替强制，用责任代替等级服从，用绩效权威代替权力压迫。因此，知识组织一直以来都是管理理论、管理思想和管理抱负追求的理想，如今知识组织正变为既成事实。第二次世界大战以来，管理岗位的巨大扩张把中层管理者转变为掌握高深知识的专业人员，这些人把知识应用于工作，制定对整个组织的绩效能力、成果、未来发展方向产生重大影响的决策，并以此取得薪酬。对管理者进行管理的中心任务是，让这些位于中层的知识性专业人员真正发挥作用，并帮助他们取得成就。执行该任务的过程才刚刚开始。

小　　结

1950年前后，人们纷纷预言中层管理即将消失，实际上中层管理却以惊人的速度蓬勃发展，不过中层管理的人员构成发生了变化。以往的中层管理者正在变为当今掌握高深知识的专业人员。他们是受过系统教育、薪酬丰厚的专业人员，受雇是为了提供知识而不是监督他人。这就要求重组个人和组织的工作岗位，要求强调责任而不是权力，还要求重新思考决策权和决策结构，进而改变最高管理层的角色。

问　　题

1. 在过去25年中，中层管理的发展趋势是什么？
2. 中层管理人员人浮于事有什么危险？

3. 新型中层管理者包括哪些人？
4. 传统上，美国企业的最高管理层是如何产生的？这与欧洲国家的标准模式有什么不同？
5. 从影响力和责任方面衡量，掌握高深知识的专业人员应该被视为中层管理者还是最高管理者？
6. 以往的中层管理正在转变为未来的什么？
7. 以往的中层管理岗位关注的是权力，未来必须关注什么？
8. 为什么问题"谁有权调整决策"正变得越来越重要？
9. 最高管理层在知识组织中最重要的"公众"是哪些人？

第28章 | CHAPTER 28

绩效精神

　　组织的宗旨是让凡人能做不凡之事。

　　因为天才可遇不可求,所以任何组织都不能依靠天才。检验一个组织的标准是,能否让凡人做出超出其个人能力的卓越绩效,能否挖掘组织成员的全部潜力,能否充分发挥每个人的优势并用来帮助其他成员提高绩效。与此同时,弥补组织成员的个人弱点也是组织的任务。绩效精神是对组织的检验。

　　绩效精神要求给个人提供追求卓越的充分空间。着眼点必须放在个人的优势,也就是人们能做什么,而不是人们不能做什么。

　　组织中"士气高昂"不意味着"人们彼此关系融洽",检验士气的标准应该是绩效水平,人际关系反而无关紧要。组织追求卓越的工作绩效,实际上可能意味着糟糕的人际关系。一个组织最糟糕的状态,莫过于突出的个人能力和优势成为团队的威胁,并且此人的绩效成为他人遭遇困难、受到挫折、灰心丧气的根源。

人群组织中的绩效精神意味着能量输出大于输入的努力之和，也就是能够创造能量。这不能通过机械手段来实现，机械输出的能量不可能大于输入的能量。唯有在伦理道德领域，收获才可能比投入多。

我所说的伦理道德并不是说教。伦理道德要想有任何意义，必须成为一种行为准则。伦理道德绝不能仅限于言辞、说教、善意，必须成为实践，具体包括：

（1）组织必须聚焦于绩效。绩效精神的第一个要求是个人和团队坚持高绩效标准。组织内部必须培养取得成就的习惯。

（2）组织必须聚焦于机会而不是问题。

（3）与人们的职位、薪酬、晋升、降职、离职有关的决策，必须反映组织的价值观和信念。关于人员的决策是组织真正的控制手段。

（4）通过组织内的人员决策，组织管理层必须证明，自身已经认识到诚实正直是对管理者的一项绝对要求，是管理者必须具备的一种品质，而不能指望留待以后获得。组织管理层还必须证明，自身同样需要具备诚实正直的品格。

绝不得过且过

每个组织都始终面临得过且过的诱惑，所以组织保持健康的第一项要求就是坚持对绩效的严格标准。事实上，我主张实施目标管理，聚焦于任务的客观需求的主要原因之一，就是需要管理者自己制定严格的绩效标准。

这要求正确理解绩效。绩效不可能弹无虚发，百发百中不过是只能持续几分钟的马戏表演。绩效是一种能够在各种长期任务中持续创造成果的能力。绩效记录必须包括错误和失败，还必须揭示个人的劣势和优势。有多少人，就有多少种绩效。有的人一直绩效不错，虽然极少远远达不到公认的标准，但也很少因为才华横溢或技艺精湛而出类拔萃。另一些人在正常情况下绩效平平，但在遭遇危机或重大挑战时会取得优异绩效，像一位真正的"明星"。这两种人都是"执行者"，都需要得到认可，但彼此的绩效看起来截然不同。

值得警惕的是那些从不犯错，从未出现严重失误，所做之事从不失败的人。这样的人要么是骗子，要么是不图有功，但求无过的平庸之辈。

管理层若不把绩效定义为一段时间内成功与失败的平衡，那么就会错误地将一致性作为成就，将没有劣势作为优势。这样的管理层会打击组织成员的信心，原因是个人越优秀，尝试的新事物就越多，随之犯的错误就越多。

关于始终绩效不佳或得过且过之人，为其本人的利益考虑，应该尽早调离。当人们发现工作岗位的要求超出了自己的能力范围时，他们会感到沮丧、烦恼甚至焦虑。把人们安排在不能胜任的岗位上，不但无益反而有害。不正视工作中的失败不是同情，而是怯懦。

下级也不应该容忍绩效不佳的上级领导。下级有权利得到有能力、肯奉献、成就突出的上级领导的管理，有权利要求上级领导绩效优异，否则他们自己也无法获得卓越的绩效。

最后，组织中的所有成员都不应容忍绩效不佳的管理者。如果管理者或专业人员的绩效不佳，或者根本没什么绩效，那么整个组织都会受到连累。如果他们的绩效卓越，那么整个组织就会兴旺发达。

乍一看，日本人似乎不符合上述规则。在日本的各类组织中，即便有，也只有极少数人会因为绩效不佳而被解雇。实际上，日本企业与西方国家的企业一样要求严格，甚至一样具有竞争力。绩效不佳或得过且过的雇员不会被解雇，但很快就会被安排到次要岗位，从事实际上没什么前途的业务。雇员个人和组织都对此心知肚明。而且，尽管每个人的薪酬和头衔都是根据资历提升的，但45岁左右的时候，降罚的日子㊀就会来临，少数人会被选中成为最高管理层成员，而其他多数人则将会在10年后以部门经理或部门主管的身份退休。

个人在特定任务中绩效不佳，唯一能证明的就是管理层在给他安排任务时犯了错误。无论管理层在配备人员时多么慎重，都难以完全避免这类错误。这种情况下，"失败"可能只是由于一名一流的专业人员被分配到了不合适的工作岗位，有可能一名擅长经营现有业务的人被错误地定位为创新者和企业家；还有可能是相反的情况，一名擅长从事新的、不同于以往的业务之人，被错误地安排去领导一个持续的、完善的、高度常规化的部门。

如果某人以往绩效突出，而今绩效不佳，那么就需要认真考察此人与其工作岗位是否匹配。当然，有时候问题出在工作岗位（参见第24章围绕"寡妇制造者"的讨论）而不是相关人员。

第二次世界大战时期，美国陆军参谋长乔治·马歇尔㊁是一位毫不妥协、严格苛刻的上级领导，他不仅绝不容忍得过且过，也不能接受失败。马歇尔多次强调："为了对战士、对他们的父母、对合众国负责，我必须立即调离任何不能达到最高绩效要求的指挥官。"但他总是声称："若某人被安排到一个不合适的指挥岗位，那就是我的错误，因此，我的任务就是深入思考每个人适合什么岗位。"第二次世界大战期间美国军队中涌现出许多优秀指挥官，他们在各自的职业生涯中都曾经被马歇尔从之前的岗位上调离。随后马歇尔会彻底反思自己之前的错误，尽力给此人安排适合的岗位。美国军队参加第二次世界大战时，未来会成为将军的人多数尚未走上指挥岗位，而在短短几

㊀ 降罚的日子（day of reckoning），是西方文化中所谓的"最后的审判"，每个人死后都要对自己一生的所作所为负责。——译者注

㊁ 乔治·马歇尔（George Marshall），先后担任美国陆军参谋长（1939~1945年）、国务卿（1947~1949年）、国防部长（1950~1951年），提出马歇尔计划，1953年获诺贝尔和平奖。——译者注

年内一个非凡的领导群体强势崛起，在很大程度上这就是原因所在。

重视"良心"决策

最难以抉择但也最重要的情况是，老员工长期为企业忠诚服务，但当前的岗位已超出其能力范围。

例如，一位簿记员从企业初创时就开始做账，与企业一同成长，大约50岁时担任一家规模庞大的分公司的财务主管，这完全超出了此人的能力范围。这个人本身没有变化，而是工作的要求发生了变化。这位簿记员已经为企业忠诚服务多年，毫无疑问企业应该对忠诚予以报答，但即便如此也绝不能允许此人继续担任财务主管，因为财务主管的绩效欠缺不仅危及企业的利益，还会导致整个管理团队士气低落，使管理层名誉扫地。

这类情形是对组织良心的考验，幸运的是并不多见。允许财务主管继续留任，无疑是对企业及全体员工的背叛，但解雇一名忠诚服务了30年的老员工，是对信任的背叛。这时说"我们应该在25年前就解决这个问题"，虽然确实如此，但对解决问题于事无补。

在这种情况下，决策必须客观中立，也就是说，必须着眼于企业的利益，把此人从当前岗位调离。然而，由于该决策是一种关于人的决策，所以决策者需要尽可能关心、真切同情此人，并且承担相应的义务。亨利·福特二世之所以在第二次世界大战后能够重振奄奄一息的福特汽车公司，在很大程度上正是因为他认可这类"良心案例"的极端重要性。

那时，在一个关键部门的9名管理者中，没人有能力胜任重组过程中创造出来的新工作岗位，亨利·福特二世没有安排他们去从事这些新工作，而是把他们任命到能够胜任的技术岗位或专业岗位上。实际上，这些管理者的无能乃是众所周知，所以解雇他们并不会遇到太大阻力，但他们毕竟在非常艰难的岁月中为福特汽车公司忠心耿耿地服务，因此亨利·福特二世采取的措施是，任何绩效不佳的人都不允许留任原职，但他也同意任何人都不应该由于前任管理层的错误而遭受惩罚。福特汽车公司的复兴在很大程度上可以归功于严格执行了此类举措。

"我们动不了他，他在这里的时间太久了，不可能被解雇。"良心案例中常常出现的这种借口充其量不过是软弱的托词罢了，不仅逻辑错误，而且会损害管理者的绩效，玷污他们的精神，辜负他们对企业的尊重。

但解雇一位任职多年的管理者同样糟糕，因为解雇行为违反了组织的正义感和行为准则，让人们怀疑管理层是否具备诚实正直的品格。人们会嘀咕："感谢上帝，我逃过一劫。"但如果管理层容忍不称职的人占据重要岗位，恐怕他会第一个跳出来反对。

因此，关注组织精神的管理层需要极为慎重地处理良心案例。通常情况下，这种案例并不常见，或者说，至少不应该频繁出现。良心案例对组织精神的影响，远远超出直接涉及的人员。管理层处理良心案例的方式，体现了他们是否认真对待组织及其工作岗位，是否慎重对待人。

以机会为中心

如果一个组织始终以机会为导向，而不是以问题为导向，那么就会展现出昂扬振奋的绩效精神。如果人们把精力用于产生成果之处，即充满机会的地方，就会感到兴奋和激动，从具有挑战性的任务和来之不易的成就中获得满足。

当然，问题也不应被忽视。但以问题为中心的组织是处于守势的组织，在这样的组织中，如果形势没有恶化，管理层就会认为绩效良好。

因此，管理层如果想要创造和保持一种成就感与绩效精神，就需要聚焦于机会，也需要进一步把机会转化为成果。

想让组织聚焦于机会的管理层，会要求每位管理者和专业人员把机会置于各自目标体系中头等重要的位置。"什么机会将会对企业和我所在的部门的绩效与成果产生最大影响？"这应该成为管理者和专业人员在各自的绩效与工作计划中阐述的首要议题。

组织的控制：人员决策

想要缔造高昂的绩效精神的组织很清楚，人员决策涉及职位、薪酬、晋升、降职、离职等，是一个组织真正的"控制"手段。相比会计数字和汇报材料，人员决策更能规范和塑造人们的行为，因为人员决策向组织中的每位成员传递信号，告诉他们管理层真正想要的是什么，真正看重的是什么，真正赞赏的是什么。

管理层一方面声称"我们的一线主管应该实践人际关系"，另一方面却总是提拔那些按时、工整地完成文书工作的主管，采取上述两面做法的企业不会有融洽的"人际关系"。即使最迟钝的主管也很快就会明白，组织真正想要的是整洁的文书。

现实中，组织成员往往对管理层的人员决策反应过度。对最高管理层而言，为消除障碍或打破政治僵局做出的貌似无害的妥协，很可能被组织成员视为一个明确的信号，即管理层心口不一，说一套做一套。

岗位安排和晋升是最关键的人员决策。最重要的是，制定这两类人员决策时，管理层需要认真思考并制定符合严格的公平和公正标准的明确政策与程序，应该始终立足于围绕明确目标的真实绩效记录，而绝不应该立足于个人意见或个人"潜力"。

但哪怕是最完美的岗位安排和晋升程序，也不能确保这些关键决策一定会加强而不是损害组织的精神。为此，最高管理层必须参与人员的晋升过程。最重要的是，最高管理层必须参与涉及晋升的关键决策，这些决策向组织成员阐明了最高管理层秉持的价值观和信念到底是什么，同时（往往是不可逆转地）塑造了未来的最高管理层。

在晋升至最高管理层或仅次于最高管理职位的人员决策中，所有原最高管理层成员都应该积极地发挥作用，例如晋升事业部总经理，或者制造、营销等主要职能部门负责人的人员决策。但很少有最高管理层成员，尤其是大型企业的最高管理层成员会对最高管理层之下的晋升决策感兴趣，也就是说，他们对市场研究主管、工厂经理甚至事业部营销经理等岗位的晋升决策不感兴趣。最高管理层常常把这类决策留给各职能部门或事业部负责人自主决定。然而，这些中高层管理岗位是货真价实的组织管理层。基层岗位的在职者，尤其是年轻的管理者和专业人员，非常清楚自己的职业生涯取决于中高层管理者，而不是高高在上的大老板。填补中高层管理岗位的决策，实际上决定了几年后晋升至最高管理层的资格。

最重要的是，晋升决策具有重大的象征意义。这类决策受到所有人审视，向所有组织成员发出信号："这是本企业想要的、奖励的、认可的。"因此军队、天主教会等经验丰富且历史悠久的组织，往往对中高层管理者的晋升决策极为重视，军队关注晋升上校军衔的决策，天主教会关注晋升辅理主教⊖的决策。

试金石：诚实正直

管理层拥有真诚和认真态度的最终证明是，毫不妥协地强调诚实正直的

⊖ 辅理主教（auxiliary bishop），协助教区主教满足教区内的牧养和行政需要的主教，主要存在于拉丁教会和东方天主教会，其职责广泛，由教区主教赋予。——译者注

品格。最重要的是，诚实正直的品格必须体现在管理层做出的人员决策中。因为管理层发挥领导力的外在表现是品格，所以人们会模仿，并以管理层的品格为榜样。品格不是人们能够学到的事物，如果某人不具备某种品格，他将永远不会拥有它。品格绝不是一件可以糊弄的事情。某人的同事，尤其是下级，会在几周时间内了解此人是否诚实正直。人们可能会原谅某人的许多缺点，包括无能、无知、缺乏安全感、不礼貌等，但不会容忍欺骗，也不会容忍上级领导选中不诚实的人。

诚实正直的品格难以定义，但什么象征着严重缺乏诚实正直的品格，以至于某人丧失在管理岗位任职的资格是显而易见的。

盯着他人的劣势而不是优势的人，永远不应该在管理岗位任职。如果管理者总是准确地知道某人不能做什么，但从不关心某人能做什么，就会破坏组织的精神。当然，管理者应该清楚地了解下级的劣势，但只应该视其为下级能做之事的范围和更好地完成任务的挑战。管理者应该是一名现实主义者，愤世嫉俗者是最不现实的。

如果某人更加感兴趣的不是"什么是正确的"，而是"谁是正确的"，那么就不应该在管理岗位任职。把个人置于工作的要求之上是堕落和腐败。关心"谁是正确的"会鼓励下级谨小慎微，甚至会怂恿钩心斗角。

只要某人认为才智比诚实正直更重要，那么就不应该在管理岗位任职。认为才智比诚实正直更重要的人，显然是幼稚的，并且往往不可救药。见不得下级比自己强是人性的弱点，这种人绝不能被提拔。对自己的工作没有高标准的人，绝不应该在管理岗位任职，因为这会滋生对工作能力和管理能力的蔑视。

某位管理者可能知识欠缺、绩效不佳、判断力不强、能力不足，但这并不一定会造成非常严重的伤害，但是如果此人缺少诚实正直的品格，那么无论他多么知识渊博、才华横溢、成绩突出，都一定会对组织造成巨大的破坏。这种人会破坏组织最宝贵的资源——人，会玷污组织的精神，当然也会损害绩效。

组织的最高管理层要尤其重视这一点，因为组织精神是自上而下孕育的。如果组织表现出昂扬振奋的精神，那是因为最高管理层积极向上；如果组织表现出颓废压抑的精神，那是因为最高管理层腐化堕落。正如谚语所说，"上梁不正下梁歪"，除非最高管理层想让某人的品格成为下级人员的榜样，否则此人就不应该被任命到高级职位。

本章谈到了"实践"，但没有阐述"领导品质"，这是有意为之。领导品质是无可替代的，管理层不能创造领导者，而只能创造条件，要么使潜在的领导品质卓有成效，要么扼杀潜在的领导品质。领导品质可遇不可求，企业不能依赖领导品质缔造富有成效和保持团结所需的精神。

虽然实践看似平淡无奇，但无论个人的天资、性格、态度如何，都可以落到实处。实践需要的不是天赋，而仅仅是采取行动。实践需要采取行动而非夸夸其谈。

正确的实践应该是想方设法挖掘管理团队成员的领导潜力，为正确的领导品质创造条件。领导品质并非一种有吸引力的个性（如能说会道），也不是"广交朋友影响他人"（如奉承迎合），而是把个人的视野提高到新高度，让个人的绩效遵循更严格的标准，使个人的人格突破常见的局限。组织通过在日常实践中遵循严格的行为和责任原则，力争实现高标准的绩效，尊重个人及其工作，以此孕育一种管理精神，没什么比这种精神更能为上述领导品质奠定坚实的基础了。

小　　结

组织的宗旨是让凡人能做不凡之事。因此，绩效精神是对组织的检验，这要求致力于具体的实践而不是说教，最重要的是要求认识到诚实正直的品格是对管理者的绝对要求。

问　　题

1. 构成组织中伦理道德的实践是什么？
2. 为什么管理者不应该信任从不犯错的人？
3. 为什么把一个人留在不适合的岗位上是缺乏同情心？
4. 个人在特定任务中绩效不佳证明了什么？
5. 典型的"良心案例"是什么？处理这种案例的指导方针是什么？
6. 总是聚焦于问题的组织不会有昂扬振奋的绩效精神，那么组织应该聚焦于什么？
7. 最关键的人员决策是什么？
8. 晋升决策的象征性意义是什么？
9. 管理者最不可原谅的缺点是什么？
10. 为什么说"管理层不能创造领导者"？

6

第六部分

管理技能

AN INTRODUCTORY
VIEW OF MANAGEMENT

管理是一项具体工作,因此需要特定的技能,其中包括:

- 制定有效的决策。
- 组织内外的沟通。
- 恰当运用核查和测量。
- 预算与计划。
- 使用分析工具(即管理科学)。

没有任何一位管理者能够掌握上述所有技能,但每位管理者都需要理解这些技能是什么,能为管理者做什么,进而对管理者的要求是什么。

第29章 | CHAPTER 29

有效决策

除了决策之外,管理者还有许多其他任务,但只有管理者才能做决策。因此,第一项管理技能就是制定有效的决策。

关于决策技能的著作可谓汗牛充栋。决策过程中复杂的逻辑和数学方法已经开发出来了,但人们不怎么关注基本的过程。什么是"决策"?制定有效决策的重要因素是什么?

只有日本人开发了一套系统的、标准化的决策方式,该方式不符合坊间决策著作中的每一条规则。根据这些著作,日本人永远不可能出台任何决策,更别提有效的决策了,然而,现实中日本人的决策极其有效,因此,为了确定决策过程的基本要素,我们不妨研究一下日本人的决策方式,这可能是有益的。

日本式决策

如果说所有日本式管理的权威研究机构在某一点上能达成一致的话,那就是无论日本的企业还是政府，都通过"共识"制定决策。我们被告知，日本人会在整个组织中围绕某项决策展开辩论，直到完全达成共识。只有到这时日本人才做出决策。

每一位经验丰富的管理者都会吃惊地说，不论这对日本组织多么有效，都不适合美国组织，因为这只会导致优柔寡断或钩心斗角，最佳结局是出台既不冒犯任何人也不能解决任何问题的无害妥协方案。

但在日本历史以及当今日本人的管理行为中，最引人注目的是做出勇敢且非常有争议的决策的能力，让我们举例加以说明。

没有哪个国家比16世纪的日本更加包容基督教，当时的葡萄牙传教士希望日本成为欧洲以外的首个基督教国家，然而，日本却在17世纪初发生了180度转变，几年内彻底禁绝基督教并使本国与所有外来影响（的确是与外界的全部联系）隔绝达250年之久。[○]后来，在1867年的明治维新中，日本再次出现180度转变，向西方世界打开国门——这也是其他非欧洲国家无法做到的。

造成西方式管理与日本式管理存在明显分歧的关键在于，双方对"制定决策"的认识不同。西方人强调的所有重点都集中在问题的答案上。西方关于"决策"的著作都试图开发出系统的方法来寻求答案。然而，日本人认为决策过程的重点在于界定问题，重要的和关键的步骤是决定是否需要决策以及决策是关于什么的。正是在该步骤中，日本人力求达成共识。无疑，对日本人来说，这就是决策的本质所在，问题的答案（也就是西方人认为的"决策"）源于对问题的界定。

日本人在决策出台之前，只字不提答案是什么。这样做是为了避免迫使

○ 16世纪40年代，沙勿略等耶稣会士开始在日本传教，到1600年教徒人数已达30万，1616年，幕府将军德川秀忠发布"元和二年禁教令"，严禁信仰天主教，1633～1639年，德川家光先后五次颁布"宽永锁国令"，日本与葡萄牙、西班牙彻底断绝联系。——译者注

人们选边站，一旦他们选边站，出台的决策必然产生胜利的一方和失败的一方。因此日本式决策的整个过程都聚焦于确定决策是关于什么的，而不是决策应该是什么。该过程的结果就是人们达成共识，认为有必要（或没必要）改变某种行为。

日本式决策的过程非常耗时，在该时段内与日本人打交道的西方人往往深感受挫，他们不明白到底发生了什么，感觉好像被日本人牵着鼻子绕圈圈。

说一个具体的例子。与日本人谈判一项许可协议的美国高管不明白为什么每两三个月就有一批新人参与进来，与他展开西方人心目中的"谈判"，俨然这些人之前并不了解此事。这些人会认真做大量笔记，然后返回，6周以后另一批来自该公司不同部门的人员接替前者的位置，同样表现得似乎不了解此事，依旧会做大量笔记，然后散会。

实际上，虽然很少西方人会相信，但这确实表明日本人正以最认真的态度对待此事。日本人试图让那些必须执行最终协议的人参与到达成共识的过程中，并赞同需要达成许可协议的观点。直到所有人一致认为需要做出决策的时候，决策才会被制定出来。只有这时，所谓的谈判才真正开始，并且日本人往往会飞快地推进。

当日本人到达西方人所谓的决策时刻时，他们认为已经进入行动阶段了。此时最高管理层会将决策委托给日本人所谓的"合适的人"。"合适的人"由最高管理层挑选，而这基于要解决的问题的具体答案。因为在相互讨论达成共识的过程中，特定的人和团队已经对解决该问题的基本方法了然于胸。最高管理层把决策委托给不同的团队，实际上就是在挑选答案——但该答案到这一阶段已不会让任何人感到意外。

该过程的优点是什么？我们能从中学到什么？

首先，该过程非常有助于做出有效的决策。尽管与西方式决策相比，日本人确实需要长得多的时间才能做出决策，但日本人确实比西方人做得要好，因为西方人做出决策之后，往往需要很长时间"推销"决策，并推动人们行动起来。西方式决策有太多时候要么被组织妨害，要么出现更坏的情况，即落实决策耗费太长时间以至于决策本身已经过时，甚至可能在决策已经成为错误决策时组织成员才真正行动起来落实决策。

相比之下，日本人一点都不需要耗费时间推销决策，组织的每位成员都已经提前到位。此外，在决策过程中，组织的哪个部门对问题的特定答案持欢迎态度，哪个部门持抵制立场，都已一清二楚，因此他们有足够的时间说服异议者，或者在不破坏决策完整性的前提下，为赢得他们的支持而做出适当的让步。

每位与日本人做生意的西方人都有切身体会，日本人在谈判阶段非常磨叽，总是没完没了地拖延，对同一个问题反复讨论，然后就以惊人的速度投入行动。做出许可协议决策的时间可能长达3年，在这期间日本人不涉及具体条款，不讨论计划生产什么，也不提他们需要什么帮助或专业知识。但一旦达成共识，日本人能够在4周之内准备好投产，他们会向西方合作伙伴要求相关的信息和人员，而后者往往对此完全没有准备，此刻轮到日本人痛苦地抱怨西方人"没完没了地拖延和耽搁"了。日本人对西方式决策及随后行动的了解，并不比西方人对日本式决策的了解更准确。

其次，日本式决策过程聚焦于对问题的认可，期待的最终结果是相关人员的行动和执行，几乎能够确保所有备选方案都纳入考察范围。日本式决策使管理层集中关注本质要素，他们在决策是关于什么的问题达成共识前不会做出承诺。日本管理者有可能给出该问题的错误答案，也很少对错误问题给出正确答案。所有日本决策者都知道，该过程充满风险，一旦达成错误共识就再也无法回头。

最后，最重要的是该决策方式能够迫使日本人做出重大决策和根本性决策。但该方式非常烦琐，不适用于琐碎小事。日本式决策会让太多人在不重要的事情上浪费太多时间，往往忽视真正会改变政策和行为的重要事务。一些无关痛痒的决策，哪怕明显有必要，也往往由于日本式决策的上述缺陷而根本无法迅速出台。

西方式决策容易出台无关痛痒的琐碎决策。任何了解西方企业、政府、教育组织的人都知道，其管理者往往做出太多琐碎决策。组织中没什么事情比大量琐碎决策更容易带来麻烦了。无论是把饮水机移动到大厅另一侧的决策，还是抛弃自己从事时间最久的业务，实际上对人们情绪的影响差别不大。两个决策耗费的时间、产生的情绪压力差不多。

在西方国家，我们正在朝着日本人的方向前进。起码这是大量"任务小组""长期计划""战略"以及其他方法正在努力的方向，但我们没有把"推销"纳入上述计划的发展中，而在日本式决策中，决策做出之前推销已被完成。西方式决策过程中缺乏"推销"，这在很大程度上解释了，为什么西方大量任务小组或计划人员的出色报告从没有落到实处，而仅仅是纸上谈兵。

日本式决策的本质要素是什么？

首先，重点是确定该决策是关于什么的。也就是说日本式决策不注重寻找答案，而注重界定问题。

其次，日本式决策鼓励提出异议。日本人对问题形成共识之前不会讨论答案，而是探讨各种不同的观点和方法。

最后，日本式决策注重的是替代方案，而不是"正确方案"。决策过程会给出应该由什么管理层级和哪些管理人员做出决策的建议。而且日本式决策不必推销，有效的执行已被纳入决策过程。

日本式决策的具体制度是独一无二的，其运用离不开该国特殊的社会组织和机构环境，但日本人在决策过程中遵循的原则具有普适性，这恰恰是有效决策的本质要素。

决策始于观点

一项决策就是一个判断，是在不同选项之间进行抉择，且很少是正确与错误之间的选择，充其量也就是在"几乎正确"与"可能错误"之间选择，但更经常遇到的情况是在两种行动方案之间选择，且一个方案未必会比另一个更接近正确答案。

多数关于决策的著作都告诫读者"首先要确定事实"，但做出有效决策的管理者都知道，决策并非始于事实，而是始于观点。当然，这些观点仍然是未经检验的假设，因此除非与现实进行对照，否则就毫无价值。要确定事实是什么，首先需要确定相关标准，尤其是合适的衡量标准，这是做出有效决策的关键，也通常最容易引起争议。

但是，有效的决策也不像坊间流传的决策著作宣称的那样，来自"对事实的共识"。认可是正确决策的基础，源自各种观点之间的碰撞、辩论以及对相互竞争的替代选择进行慎重考察。

只有从各种不同的观点出发，决策者才能发现决策是关于什么的。当然，围绕"决策到底是关于什么的"这一问题，人们彼此之间的根本性分歧往往是潜在的，各种答案则是根本性分歧的外在表现，也是对该问题的不同回答。因此，有效决策的第一步是识别可供选择的问题。

人们必然从某个观点开始。一开始就要求人们寻找事实是不可能的，也是没必要的。人们只会做那些每个人通常都会做的事情，即为自己已经得出的结论寻找事实，从没有人找不到符合需要的事实。优秀的统计学家对此心知肚明，并对所有数据持怀疑态度。无论他们是否了解数据统计者，都坚持这种立场。

唯一严谨的方法，也是唯一能让我们根据现实来检验一种观点的方法，立足于对"决策始于观点"的明确认识。所以，如同在科学领域，人人都应明白未经检验的假设是决策过程的起点,也是唯一起点。人们无须围绕观点展开争论,而应对其进行检验,以找出哪些值得认真考虑,哪些一经与可观察的经验对照就被证伪。

因此,有效的决策者鼓励人们各抒己见,但也坚持要求发表意见的人慎重思考"检验"(即用事实检验观点)可能会产生的结果。因此,有效的决策者会问:"要检验该观点的有效性,我们必须知道些什么?""要使该观点站得住脚,需要哪些事实?"决策者应形成一种习惯,即慎重思考并阐明需要观察、研究、检验的是什么。发表观点的人还需要负责表明有望发现且应该寻找的事实具备什么特征。

或许此刻的关键问题是:"关于正在讨论的事和需要做出的决策,合适的衡量标准是什么?"每当人们分析真正有效的决策的出台方式时,都会发现大量工作和思考都致力于找到合适的衡量标准。

异议与替代选择

除非人们考虑过替代选择,否则就容易钻牛角尖。这解释了为什么日本人故意忽视决策教科书的重要要求而坚持日本式决策的第二项本质要素,刻意把讨论和异议作为达成共识的方式。

管理决策不能依靠鼓掌做出。管理者只有立足于不同观点之间的碰撞和对话,在不同判断之间慎重抉择,才能制定有效的决策。所以,制定决策的首要规则是除非存在异议,否则不做决策。

据报道,阿尔弗雷德·斯隆曾经在通用汽车公司最高管理层的一次会议上说:"先生们,我认为大家都完全同意该决策。"随后,所有与会人员都点头表示赞同。斯隆接着说:"所以,我提议下次会议继续讨论此事,以便留出时间产生异议,或许我们能够进一步认可该决策的意义。"

斯隆绝不是一位依赖"直觉"的决策者，他总是强调用事实检验观点，并且需要绝对确保不是先有结论然后寻找支持性论据。但他明白，正确的决策需要足够的异议，之所以需要异议，有以下三个理由。

第一，异议能够确保决策者不会沦为组织的囚徒。每个人都希望从决策者那里得到些什么。每个人都是特定立场的辩护人，努力争取（往往完全出于善意）有利的决策。无论决策者是美国总统，还是从事设计修改工作的初级工程师，情况都是如此。冲破片面辩护和预设观念牢笼的唯一方法是确保存在相互争论的、论据充分的且经过深思熟虑的异议。

第二，异议本身就能提供决策的替代方案。无论决策者在制定决策的过程中多么谨小慎微，没有备选方案的决策都是孤注一掷的赌徒行为。该决策很有可能被证明是错的，原因要么是决策从一开始就是错的，要么是环境发生了变化。如果决策者在决策过程中备有替代方案，那么就有了退而求其次的依靠，以及经过研究和深思熟虑的补救措施。如果没有这类替代方案，当事实证明一个决策无效时，人们很可能会徒劳无功地挣扎。

第三，最重要的是异议能够激发想象力。管理者处理的事务可能涵盖政治、经济、社会、军事等多个领域，具有非常高的不确定性，因此需要做出能够打开新局面的创新性决策。这意味着决策者需要拥有高度的想象力——一种感知和理解世界的新方式。

我认为，超凡的想象力并不多见，但也不像人们普遍认为的那么稀缺。然而，想象力需要不断被挑战和刺激，否则就会处于休眠状态。异议就是已知的激发想象力的最有效方式。

因此，有效的决策者会整理各种异议，这能够保护本组织免于制定貌似合理但实际上错误或不充分的决策，并确保存在备用计划以作为替代性选择，而且异议能够激发想象力，有助于把貌似合理的观点转化为正确方案，进而转化为有效的决策。

避免"自以为是"

有效的决策者不会一开始就假设一项提议的行动方针是正确的,而其他的一定都是错误的,他们也不会一开始就假设"我是对的,其他人都是错的",相反,有效的决策者往往开始时,就承诺找出存在异议的原因。

当然,有效的决策者知道哪里都有傻子和无赖,但他们不会因此而假设那些不赞同自己看来显而易见的观点之人不是傻子就是无赖。他们知道,除非证据确凿,否则就应该假设异议者是相当明智和相当公正的,所以必须假设异议者之所以得出别人看来明显错误的结论,是因为看到了不同的现实和问题。因此,有效的决策者总是问:"是什么让此人认为如此不同的立场是合理的?"有效的决策者首先关注的是理解,只有这样才能进一步思考谁是正确的,谁是错误的。

毋庸置疑,无论是不是决策者,许多人都做不到这一点。多数人一开始就确信自己看待事物的方式是唯一的,结果,他们从不理解决策(以及整个讨论过程)到底是关于什么的。

美国钢铁业的管理层从未思考过下列问题:"为什么我们一提到'冗余雇用'⊖,工会成员就会极为烦躁?"反之,工会成员也从未自我反问,为什么管理层做的每一件事都被证明与解雇完全无关,却仍然对"冗余雇用"大惊小怪?事实上,双方都一味地想要证明对方是错的。但如果彼此都试着理解一下对方看到了什么,以及为什么会这样,那么双方都会变得更加强大,钢铁业的劳资关系也会得到极大改善。

无论情绪多么激动,无论多么确定对方完全错误、完全没有道理,希望做出正确决策的管理者都必须努力把异议作为一种替代方案。换言之,有效

⊖ 冗余雇用(featherbedding),指雇用的工人数量超过了完成工作所需的数量,或为了额外雇用工人,采用一些毫无意义、复杂且耗时的工作程序,往往涉及技术革新的负担由哪一方承担。——译者注

的决策者把观点冲突作为一种工具，以确保重要事务的所有方面都得到了仔细研究。

决策的必要性

有效的决策者会反思："真的有必要做出决策吗？"替代方案就是什么都不做。

如果无所作为，形势可能会恶化，那么管理者必须做出决策。这也适用于机会。如果机会很重要，且除非迅速行动否则可能稍纵即逝，那么管理者就应该有所作为并做出重大改变。

1900年前后，当时人们都同意美国电话电报公司总裁西奥多·韦尔的观点，认为公有制存在退化的危险。人们希望通过在立法机关反对相关法案、反对或支持某位政治候选人等方式与之对抗。只有西奥多·韦尔明白，这些都无法逆转公有制的退化趋势。在战场上，即使一方在每一场战役中都获胜，却仍有可能输掉战争。只有西奥多·韦尔认识到需要采取重大行动来打开新局面，即私营企业必须把公共监管作为国有化的有效替代方案。

相反的情况是，即使管理者不主动采取行动，事情也不会多么糟糕。假如问题"如果我们什么都不做，将会如何"的答案是"会自动解决"，那么就不要干预。如果形势虽然令人不满意，但无关紧要，并且可能不会造成多大影响，那么也没必要干预。

绝大多数决策位于上述两个极端之间，问题不会自行消失，但也不太可能转变成"恶性肿瘤"。机会仅限于改进，而不是真正的变革和创新，但仍然可能带来相当大的改观。换言之，如果管理者无动于衷，组织很可能会继续生存；但如果采取行动，组织的境况可能会变好。

在这种情况下，有效的决策者会权衡比较付出努力采取行动遭遇的风险与无所作为造成的风险。对此，没有正确无误的决策公式，但有清晰明确的指导方针。遵循决策的指导方针，具体决策就不会遇到太大困难。指导方针的具体内容包括：

- 如果收益远高于成本和风险，那么就立刻采取行动。
- 要么行动要么按兵不动，绝不要"两面下注"或折中妥协。

由于医生只切除病人的一半扁桃体或阑尾，面临的感染和休克风险与全部切除没什么区别，但不仅不会治愈病患，反而会加重病情，所以要么全部切除，要么干脆不做手术。同样，有效的决策者要么行动要么按兵不动，但绝不能采取一半行动，因为这从来都是错误的。

决策落实到人

当事情发展至此，多数西方决策者认为能够做出有效的决策了，但日本式决策的案例表明，此时尚欠缺一个根本性要素。有效的决策是一项关于成果和行动的承诺，如果决策做出之后必须进行"推销"，那就是没有行动，没产生成果，实际上就等于没有决策。至少在决策得到贯彻落实之前，可能会耽误太久，以至于采取行动时决策早已过时。

首要规则是确保每个必须采取行动贯彻或破坏决策的人都负责任地参与讨论。这不是"民主"，而是"推销术"。

同样重要的是，从一开始就应把行动的承诺纳入决策中。实际上，除非采取特定步骤执行决策已成为某人的工作安排和责任，否则就等于没有决策。在执行之前，有的只是美好的愿望罢了。

把决策转变为具体行动需要回答下列几个不同的问题："谁必须了解该决策？""必须采取什么行动？""谁采取行动？""必须采取什么行动才能帮助

决策执行者顺利执行决策？"第一个和最后一个问题往往容易被忽视，结果导致严重后果。

一个在管理科学家中堪称传奇的故事，说明了问题"谁必须了解该决策"的重要性。一家大型工业设备制造商决定停产一种型号的设备。多年来，该型号一直是机床生产线上的标准设备，其中许多至今仍在运转。因此，该企业决定3年时间内继续向现有客户销售该型号以供其替换老旧设备，3年后再彻底停止制造和销售该型号的设备。该型号设备的订单多年来一直在下降，但以前的客户为避免3年后无处购买该型号设备纷纷重新订购，订单量也随之出现飙升。由于没人问"谁必须了解该决策"，因此，没人通知负责购买组装该型号设备所需零部件的采购部员工。他的工作要求是根据当前销售的既定比率购买零部件，而这个要求没有任何变动，所以当该型号设备停产的时候，公司仓库中堆满了足够未来8～10年继续组装该设备的零部件，而企业为此遭受了非常大的损失。

最重要的是，采取的行动必须符合执行决策之人的能力。

20世纪60年代初，一家化学企业发现非洲西部的两个国家存在大量冻结资金。为了保住这笔资金，该企业做出决策，在当地投资建设分公司，这将能为当地经济做出贡献，且不用从国外进口原材料，并且当资金流动恢复畅通时，这些成功的分公司将能够被卖给当地的投资者。为了兴建分公司，该企业开发了一种保存热带水果的简单化学方法，这种水果是这两个国家的主要作物，在此之前往往会在运往市场途中大量腐烂。

分公司的业务在这两个国家都非常成功。但在其中一个国家，当地管理者兴办分公司的方式要求管理层具备极高的技能，受过专门的技术培训，显然这个条件在非洲西部的国家难以满足。在另一个国家，当地管理者深入考察了那些实际经营分公司之人的能力，据此尽量简化生产工艺和业务，且从一开始就雇用该国国民，哪怕最高层也不例外。

若干年后，上述两个国家的国际汇款恢复畅通。虽然两家分公司都生意兴隆，但在第一个国家找不到买家，因为该国很少有人掌握必要的管理和技术技能，所以该分公司最终不得不亏本清算。但在另一个国家，大量该国企业家都渴望收购该分公司，结果该公司不仅收回了最初的投资，还获得了可观的利润。

两家分公司采用的工艺及业务本质上没什么区别，但在第一个国家没人思考"我们能够找到什么样的人来执行该决策？决策执行者能做什么"，结果导致决策本身以失败告终。

当人们必须改变行为、习惯、态度才能执行决策时，这一切变得更加重要。管理者必须确保行动的责任得到明确分配，且负责之人有能力执行决策；还必须确保相关的衡量标准、成就标准和激励措施同时改变，否则人们会陷入一种令其无所适从的内心情感冲突。

如果有悖于新方针的行为得到最大奖赏，那么人人都会据此认为高层领导真正想要并予以鼓励的正是该行为。

妥协的限度

现在，管理者已经准备好做出决策。具体的规范要求已经得到认真思考，替代方案已经具备，风险和收益已经被仔细权衡，执行者已经安排到位，要采取的行动方针业已准备就绪。此刻，决策的出台几乎是"水到渠成"。

然而到了这个阶段，仍有大量决策惨遭失败。突然之间决策变得明显不令人愉快，不广受欢迎，也不轻松惬意。决策不仅需要判断力，也需要勇气。没有内在原因说明良药为什么苦口，但良药苦口往往是事实。同样，没有内在原因说明决策为什么会令人讨厌，但最有效的决策确实往往令人讨厌。

原因通常是相同的,任何决策都不"完美",总需要付出一定的代价。人们总是不得不在相互冲突的目标、彼此分歧的观点、互相抵触的优先事项之间取得平衡。最佳的决策仅仅是接近最优,而且总会存在风险。为了使决策被认可,安抚拟议中的行动方针的强烈反对者,或规避可能的风险,决策者始终承受着妥协的压力。

在这种形势下,为了做出有效的决策,决策者需要从一开始就围绕"什么是正确的"而不是"谁是正确的"做出承诺。决策者最终往往都会不得不做出一定程度的妥协,但除非决策者从最能真正满足决策客观需求的要素出发,否则他往往做出错误的妥协,即放弃决策的本质要求。

一般有两种不同类型的妥协,一种可以用一句古老的谚语来表达——"半块面包比没有面包要好";另一种可用出自《所罗门的审判》的谚语来表达——"半个婴儿比失去婴儿更糟糕"。在第一种情况下,客观需求仍能得到部分满足,面包是食物,而半块面包仍是食物。然而,半个婴儿却不是一个正在成长的活生生的婴儿的一半。

担心他人能够接受的限度是徒劳,也是浪费时间。人们担心的事情往往不会发生,而没人预料到的反对和困难会突然冒出来,甚至成为难以逾越的障碍。换言之,思考问题"什么是可以被接受的"往往是徒劳,因为在寻找该问题答案的过程中,决策者往往错失了得到有效答案的机会,也就更不可能有机会得到正确答案。

反馈执行情况

决策者必须把反馈纳入决策过程,以根据现实情况不断检验决策赖以立足的预期。很少有决策能够完全按照预期推进。即使最佳的决策,也可能陷入困境，遭遇障碍，出现各种意外。即使最有效的决策，迟早也会过时。除非构建关于决策成果的反馈机制，否则决策难以产生期望的结果。

这就要求清晰地阐明期望的决策成果，形成文字，并付出有组织的努力来追踪决策执行情况。反馈是决策的组成部分，在决策的整个过程中不能缺失。

当艾森豪威尔将军当选美国总统时，前任总统哈里·杜鲁门○忍不住感慨："可怜的艾克，当他是一名将军时，发布的命令会迅速得到贯彻落实，但入驻这个大办公室后，发布的命令甚至连一丝波澜都不会掀起。"

"一丝波澜都不会掀起"的原因不在于将军比总统更有权威，而在于军队早就知道大量命令都可能成为一纸虚文，因此专门构建了反馈机制负责核查命令的执行情况。军队很早以前就懂得了亲自检查是唯一可靠的反馈方式。所有美国总统通常能使用的手段只有下级人员的汇报，而下级人员的汇报根本靠不住。所有军队很早以前就知道，发布命令的军官有必要走出办公室去实地考察命令的执行情况。他起码应该派自己的亲信去核查，而绝不应完全相信传达命令的下级人员的汇报。这并不是军官不信任下级，而是军官从经验中得知，不应完全信任沟通的效果。

小　　结

决策不是一项机械性工作，而是一种冒险，也是对判断力的考验。"正确答案"不是决策的核心，通常情况下无论如何都无法找到正确答案。决策的核心是对问题的认可。决策也不是一项智力活动，而是调动组织的想象力、精力、资源以采取有效的行动。

○ 哈里·杜鲁门（Harry Truman），美国第 33 任总统（1945～1953 年），任内结束第二次世界大战、复兴欧洲、开展"冷战"、加入朝鲜战争，塑造了战后世界的整体格局。——译者注

问　　题

1. 哪个国家的管理者开发出了系统的、标准化的决策方式？
2. 西方人所谓的"制定决策"是什么意思？日本人有什么不同？
3. 简单描述日本人制定重大企业决策的方式。
4. 日本式决策的优势是什么？西方人能从中学到什么？
5. 不能被用来做琐碎决策的方式可能会有什么优势？
6. 为什么说决策过程始于事实存在问题？
7. 为什么决策过程中鼓励异议很重要？
8. 为什么有效的决策者应该努力理解反对者的观点？
9. 什么条件下不做决策是明智之举？
10. 为什么确保每个必须采取行动贯彻决策的人都负责任地参与决策过程很重要？
11. 为什么在要采取的行动方针业已准备就绪的情况下，仍有大量决策惨遭失败呢？
12. 为什么必须把反馈纳入每个决策？

第30章 | CHAPTER 30

管理沟通

如今，我们更加注重管理沟通问题，即试图更多地与他人进行交流。第一次世界大战时期，组织内的沟通问题开始受到关注，那时人们完全无法想象当今的沟通媒体泛滥状况。管理沟通问题已经成为学者和所有机构（企业、军队、公共行政机构、医院管理部门、大学行政机构、研究管理部门）中的实务者关注的中心议题。心理学家、人际关系专家、管理者和管理学家都努力改善社会主要机构中的沟通状况，再没有其他任何领域的人比他们工作更努力，贡献更大。

然而，沟通问题已被证明犹如独角兽般难以捉摸。噪声水平上升得如此之快，以至于没人再认真听关于沟通的喋喋不休了，显然实现真正的沟通越来越难。机构内部各部门和社会上不同团体之间的沟通鸿沟正在逐步加深，甚至有可能恶化为相互误解。

与此同时，信息爆炸悄然而至。每一位专业人员和每一位管理者突然能够轻易获得海量数据。我们所有人都感到自己犹如被单独留在糖果店里的小孩——吃撑了。但如何才能够使这些数据转化为有效信息和真知灼见呢？我们得到了许多建议，但迄今为止可以确定的是，没人真正有答案。尽管有"信息理论"和"数据处理"技术，但仍然没人见过，更没人使用过"信息系统"或"数据库"。确定无疑的是，大量信息改变了沟通难题的症结所在，使其变得更急迫，同时也更难处理。

如今，存在一种放弃沟通的趋势。例如，现在心理学领域流行的"敏感性训练"（T小组训练）⊖公开宣称的目标不是沟通，而是自我意识。T小组训练聚焦于"我"而非"你"。10~20年前，人们纷纷强调"移情"，如今则强调"做自己的事"。然而，无论多么需要自我意识，沟通的重要性一点都不会变化。

虽然沟通在理论和实践上都有待改善，但我们已经对信息和沟通了解了不少。尽管我们在沟通工作上花费了大量时间和精力，但我们的所作所为并没有显现出太多效果。沟通成了大量似乎彼此不相关学科（包括学习理论、遗传学和电子工程等）的副产品。我们同样积累了若干经验（虽然多数是失败的），这些经验源自各类组织的实践。确实，我们可能从未真正理解什么是沟通，但关于组织中的沟通（即管理沟通），目前我们已经有所了解。

我们已经学到的知识

主要通过不断地试错，我们已经了解沟通具有4个基本特征：沟通是感知；沟通是期望；沟通产生要求；沟通与信息不同，二者是对立的却相互依赖。

（1）沟通是感知。许多宗教神秘主义者常常问一个古老的问题：如果森林中有棵树倒了，周围没人听见，那么森林中有声音吗？正确答案是"没

⊖ 敏感性训练（T小组训练），在库尔特·勒温（Kurt Lewin）思想的启发下，美国行为科学家布雷福德（Leland Bradford）等人首创的一种训练方法。——译者注

有"，但有声波。除非有人感觉到声波，否则就没有声音。声音是由感知创造的。声音就是沟通。

进行沟通的是接收者。所谓传播者，即发出信息的人，并不进行沟通，他只管发布信息。除非有人听到了，否则就不存在沟通，有的只是噪声。传播者说话、写字、唱歌皆可，但这些行为都不是沟通。确实，传播者不能沟通，只能使接收者（倒不如说是有感知能力的人）的感知成为可能或不可能。

我们知道，感知不是逻辑而是经验。这意味着，首先个人总能感知到一种整体情境，但不能感知到单独的细节。细节是整体情境的构成部分。手势、语调、环境，以及文化和社会背景共同构成"无声的语言"⊖，它不能与有声语言分离。事实上，缺少了这些无声的语言，有声的语言就会失去意义，无法实现沟通。

例如，同一句话"我喜欢见到你"，说者无意听者有心，不同的听众可能产生完全不同的理解，态度是热情的还是冰冷的，表示钟爱还是拒绝，取决于所处的无声语言环境。话语如果脱离了特定时刻的整体情境、价值观、"无声的语言"等，其本身是没有任何意义的。仅靠话语本身不可能实现沟通，因为其不能被理解，也确实不能被听到。套用人际关系学派的一个谚语："单个词不能实现沟通，整个人才行。"

但我们也知道，一个人只能感知到他能感知的事物，就像人的耳朵不能听到超出一定频率的声音，因此人的思维不能感知到超出自身感知范围的事物。当然，即使我们在听觉上听得见，或视觉上看得见，但如果不能理解这些感知的意义，也不能成为沟通。

在柏拉图的《斐多篇》中，苏格拉底指出，个人必须立足于对方的经验与人交谈，即当与木工谈话时，就不得不用木工的比喻；与水手交谈，就要

⊖ 就像爱德华·霍尔（Edward T. Hall）对其开创性著作《无声的语言》（*The Silent Language*）的命名一样（双日出版社，1959年）。

使用水手的习惯用语等。只有使用接收者的语言或术语，才可能达到沟通的目的。并且术语必须基于经验，试图向人们解释一些术语并没什么效果。如果术语并非基于接收者本人的经验，就不能被接收到。

在沟通过程中，首要的问题必须是"沟通是否在接收者的感知范围内？他能接收到吗？"

当然，"感知范围"是生理性的，并主要（虽然不是全部）由人的身体局限性决定。然而，当我们谈论沟通时，感知方面最重要的限制并非源自生理，而是源自文化和情绪。

我们知道，数千年来狂热分子从不相信理性观点。现在我们正逐渐明白，狂热分子的问题并非在于"争论"，而在于贫乏。他们缺乏沟通的能力，即沟通超出了他们的情绪范围。首先他们的情绪必须发生改变。如果试图把情绪建立在全部相关证据的基础上，那么没人能真正"接触现实"。"理智"与"偏执"之间的区别不在于感知能力，而在于学习能力，即一个人基于经验改变情绪的能力。

个人很少意识到，某些显而易见且被自身情感体验清晰证实的事物，存在着另一个不同的维度，或者说有一个完全不同的"背面"或"侧面"，因此会带来完全不同的感知。在盲人摸象的故事中，遇到这头怪兽的每个人都感知到了大象的某个部位，并据以得出完全不同的结论，这正是人类境况的真实写照。只有理解了这一点，才有可能实现沟通。

（2）沟通是期望。通常情况下，个人感知到的是自己期望感知的事物，看到的主要是自己期望看到的事物，并且听到的也主要是自己期望听到的事物。虽然多数研究企业或政府中沟通问题的著作都认为出乎意料可能会招致怨恨，但这并不是非常重要。真正重要的是，意料之外的事通常完全没有被接收到，其既非未被看到亦非未被听到，而是被有意忽视，或者被刻意曲解。

关于这一点，我们已经进行了一个多世纪的试验，其结果是显而易见的。人类思想倾向于将观感和刺激纳入期望的框架之中。人类强烈抵制任何使其"改变思想"的企图，即试图让他感知那些他不期望感知的事物。当然，感知到的事实与期望相反，可能会使人的思想发生转变，但这首先需要个人理解自己期望感知的事物，继而要求有一个明确无误的信号——"错误"。思想经由微小的步骤逐渐认识到其感知到的事物并非自己期望感知的事物，这种"渐进的"改变方式是行不通的，反而会强化原来的期望，并将使接收者更加确信感知到的就是期望感知的事物。

在成功沟通之前，我们必须知道接收者期望看到或听到什么。只有这样，我们才能知道沟通是否符合他的期望（接收者期望的是什么），或是否需要对其进行"当头棒喝"，以打破接收者的期望并强迫他认识到出现了意料之外的情况。

（3）沟通产生要求。许多年前，研究记忆的心理学家偶然发现了一个奇怪现象。为了测试记忆，心理学家为受测者编制了一份词汇清单。在控制组，他们设计了一份仅是不同字母组合的无意义词汇清单。使这些大约一个世纪前的研究者感到惊奇的是，受测者对各个单词表现出完全不均匀的记忆力。更奇怪的是，受测者对无意义单词表现出令人惊讶的记忆力。显然，对第一个现象的解释是，单词不仅仅是信息，而且承载着情绪投入，所以令人联想到不高兴之事或威胁的单词会被遗忘，而那些令人联想到开心之事的单词则被记住。事实上，这种与情绪关联的选择性记忆因此被用于测验情绪失调和人格形象。

受测者对无意义单词的高记忆率是一个更大的谜题。原先心理学家假定没人能真正记住那些没有任何意义的词汇，但多年的事实清楚地表明，正因为这些词汇没有任何意义，所以受测者能够记住这为数不多的词汇。对于受测者而言，记忆可谓真正是纯机械性的，既没表现出情绪上的喜好也没情绪上的排斥。

沟通往往是一种宣传。发布消息的人总是希望自己的"想法被理解"。我们现在知道，宣传一方面要比理性者相信的"公开讨论"具有更强大的力量，另一方面却又不如宣传神话缔造者想要我们相信的那样强大。宣传的危险不在于宣传会被相信，而在于人们不再相信任何宣传，对每一次宣传都疑心重重，最后再也不能实现任何真正的沟通。任何人说的一切都被视为一种要求，反而会招来怨恨，引起抵制，结果就是听众根本听不进去。铺天盖地宣传的最终后果并非盲从，而是愤世嫉俗。

换言之，沟通常常附带一定的要求，往往要求接收者变成某人，做某事，相信某种观念。沟通总是需要某种程度的激励。如果与接收者的愿望、价值观和宗旨一致，那么沟通就会效果显著。反之，沟通根本无法实现。最强大的沟通能够"改变信仰"，也就是使接收者的人格、价值观、信念、愿望等发生重大改变但这只会发生在非常少见的生存危机状态下，如各种不利情况严重威胁某人内心的基本信念时。根据《圣经》记载，甚至上帝也不得不先让扫罗失明，然后才使他成为基督教的使徒保罗。沟通旨在使对象放弃并转变自己的观点，因此，除非信息能够与接收者的价值观大体上吻合，否则就不能实现沟通。

（4）沟通与信息不同，二者是对立的却相互依赖。沟通是感知，信息是逻辑。就其本身而言，信息具有完全的条理性，但没有任何意义；是非人格化的，而不是人际的。信息越能够摆脱人类的情绪和价值观、期望和感知等因素，就会越有效、越可靠、越能提供有用信息。

纵观历史，一直以来的难题是如何通过沟通获取有用信息，以及从大量的感知中分离出信息。现在，立足于逻辑学家的理论性工作，以及计算机的数据处理、数据存储技术能力，我们一夜之间具备了获取信息的能力。与人类长期试图解决的问题相比，如今我们面临的是相反的难题，即处理缺乏沟通内容的信息。

对有效信息的需求与对有效沟通的需求是彼此对立的。例如，信息总是具体的。在沟通时，我们感知到的是整体模式；但在信息处理过程中，我们传达的是具体的个别信息。确实，信息首先遵从经济原则，所需数据越少，信息越丰富，并且信息过载会导致信息崩溃，这不是丰富，而是贫乏。

信息系统的原型很可能是 1918 年前奥匈帝国[⊖]军队中使用的独特语言体系，即陆军德语。该体系专门为军官和士兵不讲同一种语言的军队设计，仅包含"开火""稍息"等不足 200 个特定单词，每个单词只有唯一的含义，事实证明该体系的效果显著。特定含义代表相应的行动。军人在行动过程中或通过行动学习这些词汇。在经过几十年民族主义的煽动之后，奥匈帝国军队内部成员之间的关系确实非常紧张，同一部门内部不同民族成员之间的社会交往确实日益困难。但最终，该体系还是发挥了应有的作用。由于每个单词只有一个确切含义，所以该体系是完全正式、极度刚性、完全符合逻辑的。该体系的运作有赖于预先制定出针对一组特定声音做出特定行动的沟通规则。这个例子也表明，信息系统的效果取决于发布者仔细思考信息需求者及其目标的意愿和能力，进而取决于系统性创建各部分与整体之间每一项输入、输出的特定含义。换言之，信息系统的效果取决于沟通规则的预先确立。

下行沟通无效的原因

多个世纪以来，我们一直致力于下行沟通。然而，无论我们付出多少聪明才智和辛勤劳动，下行沟通仍旧效果不明显。之所以如此，首先是因为下

⊖ 奥匈帝国（Imperial Austrian），奥地利帝国在 1867 年改组为奥匈帝国，属于欧洲传统五大强国（英、法、德、奥、俄）之一，第一次世界大战后分裂为 11 个小国。——译者注

行沟通聚焦于我们想要表达什么。换言之，下行沟通假定信息发布者在进行沟通，但现在我们知道他所做的一切都只是传播信息。沟通是接收者的行为。我们一直在发布者（尤其是管理者）身上做工作，力求使他们成为一名更好的发布者，但所有下行沟通只能传达命令。包括激励在内的任何与理解有关的事情都不能通过下行沟通实现，而只能通过上行沟通，即信息从接收者流向发布者的沟通来实现。

这并不意味着经理人从此不必清晰表达，明确阐述相关命令，绝非如此，但这的确意味着只有当我们已经知道要表达的内容之后，我们才能考虑表达方式问题。通过"对员工讲话"，不论讲得多么天花乱坠，都不能实现沟通的目的。除非管理者知道雇员期望感知和想要做的事情，否则"致员工的信"不论写得多么情真意切，都是浪费笔墨。沟通必须基于接收者的感知而非发布者的臆想，否则就是做无用功。

早在50年前，埃尔顿·梅奥代表的人际关系学派就已经意识到传统的沟通方式已经失效，他提出的解决方案要求管理者学会倾听。也就是说，沟通不应从管理层想要"传达"的事情开始，而应从找出下级人员想知道的事情出发。直到今天，人际关系学派的观点仍旧是解决沟通问题的经典方案。

但"倾听"也不能彻底解决问题。倾听是沟通的起点，但仅仅依靠倾听是不够的。倾听假定上级能够理解他听到的话。换言之，它假定下级能够有效沟通。然而，为什么下级能够做上级做不到的事让人很难理解。换言之，我们没有理由相信倾听会比讲话不容易产生误解和偏差。此外，倾听理论没有考虑到沟通往往附带特定的要求，不能使下级充分展现自己的偏好、要求、价值观和愿望。这或许是产生误解的原因，所以倾听不能奠定相互理解的基础。

数量庞大、质量上乘的信息也不能解决沟通难题。相反，信息越多，就越需要进行有效的沟通。信息处理过程越有效，信息就会变得越客观和形式化，人与人之间就会变得更加彼此分离，因此就会需要专门付出更多努力重建人际关系和沟通关系。信息处理的效果越来越取决于我们的沟通能力，而且在缺乏有效沟通的情况下（就是当前我们面临的状况），信息革命并不能真正产生信息，其产生的不过是大量数据罢了。

信息爆炸是进行沟通的最强大推动力。确实，我们身边巨大的沟通鸿沟（管理层和员工之间，企业与政府之间，院系与学生之间，师生与大学行政部门之间，生产者与消费者之间等），正是沟通困境的真实写照。

实现有效沟通的举措

关于沟通，我们能提供一些建设性意见吗？我们能做什么？毫无疑问，沟通不得不始于预期的信息接收者而非发布者。我们建议在传统组织中实行上行沟通，因为下行沟通不能发挥作用，也不会发挥作用。只有在上行沟通成功地实施之后，下行沟通才开始进行。

我们还能确定的是，倾听是不够的。上行沟通必须首先聚焦于发布者和接收者都能够感知到的事物。其次，上行沟通必须着眼于预期接收者的动机，必须从一开始就关注接收者秉持的价值观、信念和愿望。

因此，目标管理是实现有效沟通的先决条件。目标管理要求下级深入思考并向上级提出自己应该为组织做出哪些主要贡献、为哪些成果负责。

下级的想法很少完全符合上级的期望。目标管理的首要目的就是准确地指出上下级之间在感知方面的差异。但感知有明确的目标，且聚焦于对双方而言都实实在在的事情。认识到彼此以不同的方式看待同样的现实，这本身就已经是沟通了。

目标管理使沟通的预定接收者（此处是指下级）得到了一些经验，使他能够理解一些事务，有机会接触上级决策的运作情况、优先考虑的问题，以及想要做的事情和现实情况迫使不得不做的事情之间的权衡，最重要的是下级被赋予了一定的决策责任。虽然下级看待形势的方式可能与上级不同，事实上，双方很少一致甚至不应一致，但这毕竟使下级可以了解上级面临形势的复杂性，并且这种复杂性不是上级导致的，而是形势本身固有的。

即使上级对下级的结论持"否定"态度，沟通仍然必须牢牢地聚焦于下级的愿望、价值观和动机。事实上，沟通可能以如下的问题为开端："你想要做什么？"但可能会以命令结束："这就是我要你做的。"但这起码能让上级认识到，自己正在违背下级的意愿；使上级即使不去尝试说服下级，也需要对命令做出解释；起码使上级明白自己就是问题所在，同时也使下级认识到这一点。

立足于个人能力和业绩表现的绩效评估是沟通的基础。绩效评估始于对下级的关注，阐述下级的感知，聚焦于下级的期望，把沟通作为下级的工具而不是对他的要求，认识到有效的沟通需要分享经验。

如果把沟通视作从"我"到"你"的过程，就无法实现真正的沟通。只有将其视为从"我们的"一位成员到其他成员时，才能实现真正的沟通。沟通不是组织的一种手段，而是组织的模式。

小　　结

我们知道，组织中的沟通是感知，也是期望，会产生要求，并且与信息不同，二者是对立的却相互依赖。

我们知道，下行沟通没有效果，只有上行沟通才能达到目的，并且我们还知道，组织中的有效沟通需要实施目标管理。沟通不是从"我"到"你"的过程，而是从"我们的"一位成员到其他成员的过程。

问　　题

1. 沟通的 4 个基本特征是什么？
2. 真正的沟通者是说话者还是倾听者？
3. "无声的语言"是什么意思？
4. 人类沟通中最重要的限制是什么？
5. 要实现有效沟通，为什么我们必须知道接收者期望听到的内容？
6. 为什么说沟通往往是一种宣传？
7. 沟通与信息之间的区别是什么？
8. 为什么下行沟通行不通？
9. 为什么信息爆炸是进行沟通的最强大推动力？
10. 要实现有效沟通，管理者应该遵循哪些指导方针？

CHAPTER 31 | 第31章

核查、控制与管理

在关于社会机构的词典中,"核查"(controls)不是"控制"(control)的复数。不仅更多的核查不一定会实现更有效的控制,而且这两个词汇具有完全不同的含义。核查的同义词是测量和信息。控制的同义词是指挥。核查是手段,控制是目的。核查处理的是事实问题,即已经发生的事件;控制处理的是预期问题,即未来事件。核查具有分析性,关注过去和现在的实然问题;控制具有规范性,关注应然问题。

随着逻辑和数学工具的应用,以及快速分析处理大批量数据的技术迅速改进,我们突然获得了设计核查机制的强大能力。这对控制而言意味着什么?具体而言,为了实现更好的控制,对这些大大改进的核查机制有什么要求?因为在管理者的任务中,核查纯粹是一种实现目的的工具,而目的就是控制。

企业中负责构建核查机制的人是财务主管,但包括多数财务主管本人在内的管理者会认为,财务主管运用核查机制在企业内实施控制是对财务主管职权的严重滥用和误用。他们会辩称，这反而会导致整个企业"失去控制"。

导致这种明显悖论的原因在于人的复杂性和社会任务的复杂性。

如果我们在社会机构中处理关于人的问题，那么核查必须成为实现控制的个人动机。人类社会环境中的控制系统不是一个机械机制，而是一个基于意愿的机制。我们对人的意愿所知甚少并不是问题的核心。在核查产生的信息促使人们采取行动之前，我们需要把信息转化为感知。

在社会机构中，还存在第二种复杂性，也就是第二种"不确定性原则"，我们几乎不可能预先确定社会情境中特定事件的适当反应。

我们能够（且确实已经做到）把核查装置安装到一台机器上，当转速超过特定数值时，机器就会减慢转速。我们能够使用机械工具或仪器做到这一点。仪器能够向操作员显示车削的速度是多少，并给操作员明确的指示，当到达某一点时就调低速度。但"利润正在下滑"的数据并不能在任何可能的程度上被证明是对"价格上涨"的反应，更不可能表明具体的价格上涨数额；"销售额正在下滑"的数据也不能被证明是对"价格下降"的反应等。因为有许多因素可以导致相同的反应，所以根本无法提前识别。事件本身也没有迹象表明这些反应中哪些是可能的，更不可能表明合适的或正确的反应。事件本身也可能没有任何意义，但即使有意义，该意义也无论如何都是不确定的。事件是有意义的，这个概率要比事件本身更加重要。我们几乎永远无法通过分析事件来确定这个概率。

核查的主要特性

企业或其他任何社会组织中的核查通常具备 3 个主要特性。

（1）核查既不客观又不中立。当我们测量石头的下落速度时，我们完全置身于该事件之外。测量不会改变事件的进程，也不会对我们（观察者）产生影响。所以，测量物理现象既是客观的又是中立的。

在企业中，我们面对的是复杂的感知情境，测量行为既不客观又不中立，而是主观的，必然带有一定的偏见；既会改变事件进程，又会对观察者产生影响。社会情境中的事件被单独挑选出来进行测量，会因受到关注而获得价值。无论我们多么"科学"，被挑选出来作为"受控"信号的这一组或那一组事件，都会被认为是重要的。

任何看过预算系统介绍的人都发现过这种情况。很长时间以来，一些企业一直认为预算数字比预算要衡量的对象（即经济绩效）更加重要。初次接触预算系统的管理者往往会谨慎地压低销售并削减利润数字，而不会认为"操纵预算"不妥。具备多年经验的精明预算主管才能真正实现预算平衡。很多其他方面都完全理智的研究主管的行动基于下述信念：用低于预算的资金获得研究成果，和花光全部"合适的"预算资金而没有取得任何研究成果相比，前者是一种更加严重的罪行。

企业等社会机构中的核查就是设立目标和确立价值，所以核查不是"客观的"，必然涉及伦理道德。要想避免这种情况，唯一的办法就是让行政人员陷入繁杂的核查中，以至于整个系统都充斥"噪声"，变得毫无意义。

核查创造愿景，会改变被测量的事件和观察者，不仅赋予事件意义，还赋予其价值。这意味着基本问题不是"我们如何控制"，而是"我们的核查机制测量什么"。

（2）核查需要聚焦于成果。企业以及其他所有组织存在的目的都是给社会、经济、个人做贡献，因此企业的成果只能来自外部，即经济、社会和客户。外部客户为企业创造了"利润"，而制造、营销、研究等所有内部职能都只能产生成本。换句话说，管理部门只关注成本，但成果源自企业家行为。

我们能够轻易地记录并量化效率（也就是付出的努力），但我们几乎没有任何工具来记录和量化效果。如同效率最高的鞭子制造商也已不再运营，如果工程部门设计了错误的产品，那么该部门的效率再高也没什么意义。迄今为止，美国企业在拉美国家的分支企业中，往往古巴分公司的运营状况最好、利润最高，然而，运营最好的分公司却被古巴政府接管。并且，我敢说，IBM 公司在 20 世纪五六十年代的高速扩张与其运营的高效率没多大关系，真正关键的是拥有正确的、有效的企业家精神。

组织外部，也就是成果领域，远比内部更难接触。大型组织中管理者面临的一个关键难题是与外部隔离。美国总统如此，美国钢铁公司总裁也是如此。因此，当今组织需要的是构建能够及时掌握外部形势的综合性感觉机制。如果现代的核查机制要做出贡献，那么这就是最重要的领域。

（3）可测量和不可测量的成果都需要核查。企业与其他组织一样，有许多成果是无法测量的。任何一位有经验的管理者都知道，如果不能吸引或留住优秀人才，那么企业或行业必将走向衰败。他们也都知道，这要比企业或行业去年的利润报表重要得多。如果一位逻辑学家跟管理者掉书袋，说这种不能明确界定的陈述是一种"无法解决问题"的"非陈述"，那么他很快就会被（正确地）打发走。这种陈述不能被清晰地界定，更不能"量化"，但绝不是"无形的"，任何一位从事过相关业务的人很快就会发现这一点。这种陈述只是无法测量，而且 10 年之内估计都难以测量。

但企业也有若干真正具有意义且非常重要的可测量、可量化的成果。所有这些都与以往的经济绩效相关，都可以用经济领域特有的方式（即货币）来测量。

这并不是说可测量的成果都是"有形的"，实际上多数能用金钱测量的事项都是完全"无形的"，例如折旧，但它们都是可测量的。

可测量的成果是已经发生的事情，都属于过去，而不是关于未来的事实。可测量的事项主要是组织内部的事件，而不是外部事件。组织外部的重要发展趋势，如淘汰鞭子制造业、壮大 IBM 公司的外部因素，显然无法测量，也不能掌控。

因此，可测量与不可测量之间的平衡，是管理层面临的核心难题和永恒难题，也是一个真正的决策领域。如果一个测量报告中没有阐明不可测量的因素，或者没有说明可测量因素的界限或范围，就会造成误导，或给管理者提供错误信息。然而，我们越是能够把可测量领域量化，就越会把重点置于这些领域，因此，更大的危险是，看似更好的核查，实际上可能意味着更差的控制，甚至有可能意味着完全失控。

核查的具体规范

要让管理者能够有效控制，核查必须满足下列 7 项具体要求。

- 必须经济划算。
- 必须有意义。
- 必须适当。
- 必须匹配被测事项。
- 必须适时。
- 必须简单。
- 必须可操作。

（1）核查必须经济划算。实现有效控制需要付出的努力越少，核查机制的设计就越好。需要的核查越少，它们可能就越有效。事实上，设置更多核查往往徒增混乱，并不会获得更好的控制效果。

因此，在设计或使用核查机制时，管理者需要问的第一个问题是："为实现控制效果，我至少需要知道什么信息？"

答案可能因人而异。企业财务主管只需要知道库存方面的投资总额及其涨跌状况。销售主管只需要了解占库存70%的6种重要产品的数据，而总库存对他而言不是最重要的。财务主管和销售主管平时都不需要完整的库存数据，只需要一年核查一两次即可。换言之，小样本数据应该就可以提供他们所需的全部信息。但是仓库职员需要每天的数据，且必须是详细准确的数据。

计算机输出海量数据的能力并不一定有助于构建更好的核查机制，相反，要达到控制效果，需要思考"要理解一个现象并能够预测，需要的数据和汇报材料的最小数量是多少"，进而思考"要合理可靠地描述该现象，至少需要多少数据"。

（2）核查必须有意义。这意味着需要测量的事项必须具有重要意义，要么是本身很重要，如市场地位；要么是潜在的重要发展趋势表现出的"症状"，如雇员流动率或旷工率突然急剧上升。

核查应该始终与关键目标以及其中的优先事项、"关键业务""良心业务"密切相关。换言之，核查应该始终立足于企业对业务是什么、将是什么以及应该是什么的界定。

核查跟随战略

任何对实现组织目标无关紧要的事项都没必要频繁测量，只需要防止恶化即可。核查应该通过"例外情况"实现严格控制的目的。测量需要确立一个标准，立足于样本定期开展，并且只需要上报重要的不达标情况。

某个因素能被量化，并不是应对其进行测量的充分条件。需要思考的问题是："这是管理者应该考虑的重要事项吗？这是管理者应该集中关注的吗？这是合适的控制焦点吗？也就是说，是最省力的有效方向吗？"

（3）核查必须适合被测量现象的特征和性质。这一点可能是对核查最重要的具体要求，然而在实际设计核查机制时很少受到重视。

因为核查影响重大，所以不仅要正确，还要适当，使其帮助树立正确的愿景，奠定有效行动的基础。测量必须在结构上适合被测现象的真实形式，但仅仅形式上有效是不够的。

例如，来自雇员的正式抱怨或投诉常常被报道为："每月每1000名雇员发生5起投诉事件。"这在形式上是有效的，但在结构上有效吗？会不会产生误导？这种报道给人的印象是，首先，投诉事件以随机方式分布于全体员工中；其次，如果我们每月只需要处理每1000名雇员中发生的5起投诉事件，证明组织的状态一切正常，没什么大问题。显然，尽管这种报道具备形式上的有效性，但完全有可能是错误的描述，且会给管理者提供错误信息。

投诉和抱怨是一种社会现象。在现实世界中，我们发现社会现象从来都不以"正态分布"的形式存在。例如，一家工厂的绝大多数部门雇用95%的雇员，通常一年内没有任何投诉。但某一个只雇用了少量雇员的部门，可能时常出现投诉事件。所以，"每月每1000名雇员发生5起投诉事件"很可能意味着（在我举的这个例子中确实意味着）该部门每名雇员每个月都会有严重的抱怨。如果该部门恰好负责所有生产流程最终都要经过的产品最终组装，那么一旦管理层由于核查机制的误导而忽视了雇员的投诉最终导致罢工，就可能造成毁灭性影响。这种情况有可能导致整个企业破产。

无论整个销售团队还是销售员个人，对销售业绩的测量通常都是用以美元为单位的销售总额。但在许多企业中，这不是一个适当的数据。同样的销售总额，既可能意味着可观的利润，又可能意味着根本没有利润，甚至是严重亏损，实际上，利润状况取决于销售的产品组合。销售的绝对总额与产品组合无关，因此无论对于销售员个人，还是对于销售主管和最高管理者，都不会达到控制效果。

上述都是基本常识，然而似乎真正明白的管理者不多。以传统会计体系为代表的传统信息系统往往会掩盖事件的特性，而不是揭示出来。如果缺乏清楚地揭示事件真实结构的核查机制，管理者就会缺乏相关信息，往往导致做出错误决策。日常工作的繁重压力往往迫使管理者根据事件的数量来分配精力和资源。人们往往会把精力和资源投入到产生最少成果的领域，也就是说，耗费在数量最多的现象上，这些现象加在一起也不会产生多少实际效果。

（4）测量方法必须匹配被测事项。著名逻辑学家和哲学家怀特海（1861—1947）⊖曾经警告人们警惕"虚假的具体性导致的危险"，这句话的意思是，当一种现象只能验证50%～70%时，即使精确到小数点后六位数，也不能提高测量的精确性。这种"虚假的具体性"会误导管理者。

某些事项无法精确测量，而只能在一定范围内或以量级来描述，这是一条重要信息。"我们占有26%的市场份额"，这种描述听起来非常准确，让人心里踏实，但这种陈述往往非常不适当，以至于几乎毫无意义。通常，这种陈述的真正含义是"我们没有占领市场主导地位，但我们也没有被边缘化"。即便如此，这种说法也往往与其背后的市场定义同样不可靠。

管理者应当深入思考需要测量的事项与什么测量方法匹配，必须知道有时候"近似"要比一个貌似精确的数字更加准确；有时候大致的范围要比一个近似的数据更准确；"更大"和"更小"、"更早"和"更晚"、"上升"和"下降"都是定量术语，时常要比特定的数据或数值范围更准确、更严谨。

（5）核查必须适时。频繁测量和迅速报告不一定能达到更好的控制效果，事实上反而会破坏控制效果。核查的节奏必须与被测事项的时间跨度

⊖ 怀特海（Alfred N. Whitehead），英国哲学家，与学生罗素（Russell）等人共同创立逻辑分析哲学，并与罗素合著《数学原理》（*Principia Mathematica*）。——译者注

对应。

近期流行谈论"实时"核查,即能够即刻、连续反馈信息的核查。无疑,有些事项确实非常需要"实时"核查。如果温度或压强稍有偏差,发酵槽内的一批抗生素就会在1~2分钟内变质,这显然必须进行"实时"监控。但这种例子毕竟少之又少,多数事项通过"实时"核查并不能达到控制效果。对于真正的控制而言,"实时"往往是错误的时间跨度。

据说,后花园里的萝卜刚刚长出叶子的时候,小孩就开始急不可耐地拔出来看看有没有长出萝卜。这种揠苗助长的行为也是"实时"核查,只不过是误用。

无独有偶,不断地评估研究进展,反而可能损害研究成果。研究项目的时间跨度一般都比较长,所以每2~3年对研究进展和研究成果进行一次严格评估即可。在平时,有经验的管理者会与研究人员保持联络,注意有没有出现重大意外事件的信号,当然也关注有没有出现意外的重大突破。但如果像一些研究实验室一直在试图做的那样,致力于"实时"监控研究进展,则无异于揠苗助长。

当然,也存在另一种相反的危险,即测量不够频繁。这种危险尤其出现在下列两种情况下:第一,需要相当长的时间才会有成果;第二,必须在未来某个时刻把各部分组装在一起才能产生期望的最终成果。

(6)核查必须简单。20世纪60年代,纽约的每家大型商业银行都致力于构建内部核查机制,尤其是成本核查机制和人员分配核查机制。每家大型商业银行都在这方面花费了大量时间和资金,并且制定了五花八门的控制手册。据我所知,只有一家商业银行的控制手册在实践中得到应用。当那家银行的高管被问到原因时,他没有像采访者期望的那样,将其归功于大规模的培训项目,也没有大谈自己的"哲学",而是说:"我有两个十几岁的女儿,她们对银行一无所知,也不懂得核算,但她们聪明伶俐,每当我设计出核查一种业务的方法，我都会把实施步骤草图带回家并向她们解释。只有我把方案设计得让她们能毫不费力就明白其意图和方式时，我才会开始推动实施。此时，这些核查就足够简单易行了。"

烦琐的核查不会起到应有的作用，只会制造混乱。那些烦琐的核查错把关注重点从需要被控制的事项转移到自身的方法和运作上。如果使用者在应用核查机制之前不得不花大量时间和精力了解其如何运作，那就等于完全没有核查。如果使用者必须坐下来费力搞清楚测量意味着什么，同样等于没有核查。

（7）核查必须可操作。核查必须专注于行动，其目的不在于提供信息而在于行动。行动也有可能只是研究和分析。换言之，测量者可能会说："我不理解发生了什么事情，但这些事情需要进一步研究。"但测量者不应该只是说："这里有一些你可能会感到有趣的事。"

这进而意味着测量结果（报告、研究、数据）必须掌握在采取实际控制行动的人手中。测量结果是否应该传达给其他人，尤其是组织的高层领导，这一点存在争议，但其主要的接收人无疑应该是管理者或专业人员自己，他们能够立足于自己的工作岗位和决策地位直接采取行动。这进一步要求测量结果的形式必须符合接收者的需要。

员工和一线主管应该接收测量结果和控制信息，这有助于他们把自身的直接努力导向能够控制的成果。相反的典型情况是，一线主管每个月都会收到一份关于整个工厂质量控制成果的报告，而员工什么信息都得不到。最高管理层时常会收到中层运营管理者需要且能够使用的信息和测量成果，而这些实际上与最高管理层的工作没有多大关系。

在很大程度上，出现这种现象的原因是把旨在使行为更加合理的控制误认为是支配他人的控制。除非把核查作为使行为合理化的手段，主要用于自我控制，否则就会助长错误行为，成为错误的控制。

组织的最终控制

还有一件更重要的事情需要阐述。社会机构对核查存在着一种根本性的、不可改变的基本限制。这在于下述事实：社会机构既是一个真实的实体，又是一种虚构的事物。作为一个真实的实体，社会机构有自身的宗旨、绩效、成果，当然也面临生存和死亡问题。这是迄今为止本书一直在讨论的领域。但社会机构由一个一个的人构成，每个人都有自己特殊的目的、抱负、思想与需求，无论社会机构多么独裁，都必须满足其成员的抱负和需求，并且要实现这一点不仅需要利用组织成员作为个人的能力，还需要通过机构的奖惩、激励和威慑等制度。这些有可能是量化的（比如加薪），但制度本身在性质上不是定量的，无法量化。

然而，这才是机构的真正控制，即行为的基础和行动的原因。人们往往在得到奖赏或受到惩罚时才会有所行动，对他们来说，奖惩是机构的真实价值观、真正宗旨和角色的体现。

人员决策决定了组织的最终控制，如果核查机制与这种真正的、唯一有效的控制不匹配，最好的情况是导致核查无效，最坏的情况则是带来无休止的冲突，组织因此陷入失控状态。

小　　结

核查和控制彼此不同。核查是手段，控制是目的。人群组织中的核查既不是客观的又不是中立的，而是设立目标和确立价值。核查需要聚焦于成果。可测量和不可测量的成果都需要核查。要实现有效的控制，核查必须满足特定的要求。人员决策是一个组织的最终控制。

问　　题

1. "控制"和"核查"的区别有哪些？
2. 企业中负责构建核查机制的人是谁？
3. 核查的 3 个主要特性是什么？
4. 为什么说"核查创造愿景"？
5. 组织中有哪些不可测量的事项需要核查？
6. 核查的具体要求有哪些？
7. 为什么真正的控制只需要基于最少量的必要信息？
8. 为什么核查跟随战略？
9. 为什么只报道每名雇员发生的社会事件的数量会产生误导作用？
10. 为什么有时候近似数值要比貌似精确的数值更加准确？
11. 什么是"实时"核查？该机制是如何被误用的？
12. 组织的最终控制的根源是什么？

CHAPTER 32 | 第32章

管理者与预算

除了复式簿记法和复印机，预算是最常用的管理工具。无论规模大小，现实中每一家企业都有某种形式的预算。每一所医院、每一家大学同样如此。最重要的是，世界各国政府机构的运作也离不开年度预算。实际上，预算是唯一起源于政府实践而不是企业经营的管理工具。

最初的现代预算兴起于19世纪的英国，它将税收、关税等收入列在一边，将开支列在另外一边，以此表明政府财政出现盈余还是赤字，政府据此决定增加收入、削减开支或借贷。预算还是政府部门支出经费的法律依据。政府开支除非得到预算法案的批准，否则就是非法的。因此，现代预算是有史以来第一次对官僚机构进行有效的检查，第一次以系统性、有序的方式告诉政府官员为达成特定目的需要支出多少资金。

无论编制出台的过程如何，所有预算仍旧服务于上述初始目的。预算能够使企业、医院、政府机构的管理层把本组织的承诺、计划和规划、所有开支汇总到一份综合文件中。预算能够通过对比总支出与预期收入总额，推测整个组织的财政来源和资金需求。预算还能够确定计划事项以及核准相应的支出。进而，预算能够使各级管理者了解预算期内的实际情况是否符合预期，或是否出现收入不足、开支超出预算、组织（及内部部门、项目、产品）的经济绩效发生重大变化等意外情况。

如今，几乎所有企业都使用预算来推测和控制自身的资金需求与财务状况。尤其是，预算能够帮助财务管理者推测企业的现金需求，并确保企业提前获得必要的资金。因此，每个预算都需要制定一个"现金流"预算。多数企业中也有一个资本预算，该预算的时间跨度往往超过一年，并根据不同的资本来源确定预期的资本需求，以此为资本资源在各项资本支出中的分配（例如，资本资源用于扩大产能还是开拓新市场）提供依据。与此同时，资本预算使管理层能够了解获取资本的计划是否满足企业的资本需求，并及时采取行动以实现二者的平衡。

预算作为管理工具

预算已经发展为远远不止是一种财务工具。最重要的是，预算已成为一种管理工具，经验丰富的管理者围绕预算组织全部工作计划。预算能够确保关键资源，尤其是优秀的人才资源配置到重点业务和关键成果领域。预算同样是整个工作团队实现整合的工具，尤其也是组织中的管理者实现整合的工具。预算还能够使管理者知道什么时候应该审查和修改计划，当然，具体的原因可能是实际成果不符合预期（更好或更差），也可能是环境、经济条件、市场形势、技术状况发生了变化，不再符合预算的前提假设。

制定预算的起点应该始终是预期的成果，特别是企业。在接下来的12～24个月中，我们期望这项业务取得什么成果？在接下来的1～5年中，我们期待这个研究部门取得什么成果？只有慎重考虑了预期成果，管理者才需要进一步询问："这需要付出什么努力？"

预算是以资金来表示的，但资金数额应该被看作实际需要付出的努力的一种象征性表达（一种速记法）。预算应该以"实际价值"为基础，也就是立足于所需的原材料、工作和制造能力等。换句话说，预算应该始终被用作深入思考预期成果和现有手段之间关系的工具。如果预算仅仅被视为成本报表，那么很快就不再是管理者的计划工具和控制工具，反而可能退化为控制管理者并妨碍正确行为的桎梏。

尤为重要的是，管理者需要避免预算中最糟糕的陷阱，也是政府预算往往会掉入的陷阱，即倾向于认为上一年度的预算支出"基本正确"，并继续将其列入下一年度的预算。通常，在这种预算中，管理者往往基于上一年度的预算，要么一刀切增加10%，要么一刀切削减10%。管理者可能会因此而获得一份"对称的"预算，但这也意味着管理者没有把预算作为计划工具，并且不可能把资源配置在真正需要的领域。

采用零基预算

作为上述预算陷阱的补救措施，"零基预算"越来越受欢迎。零基预算的起点不是上一年度的支出，而是管理者想要在特定领域取得的成果，并询问："这是正确的领域吗？是一个重要领域吗？要获得这些成果真正需要什么？"

结构复杂的大型组织难以每年都用这些问题审视所有支出领域，然而重要的支出领域确实应该每年都加以审视。对于不太重要的领域，可以连续几年略微调整上一年度的预算作为下一年度的预算，大致每3年开展一次零基预算即可。根据这个循环时间表，每个组织能够且应该用零基预算来系统审查所有的产品、市场以及业务等。因此，零基预算有助于组织系统性地抛弃过时的、效率低下的、不必要的业务。

认识到任何预算周期往往都显得武断与零基预算本身同样重要。在管理者编制的预算中，许多支出项目远超一年的预算周期，资本支出大多涉及这一问题。例如建造新工厂的项目，第一年的开支可能非常低，仅仅是初步工程和建筑设计等方面，但这实际上意味着企业在未来若干年的支出数额非常庞大。如果后续资金不能及时到位，那么前几年的投入就等于浪费。这也出现在大量其他的业务，具体包括研究工作、管理发展和管理者开发、工人培训或销售员培训、促销或广告等。所有上述业务都需要长期不断的努力才能取得成果。因此，按年度为上述业务编制预算显得有点自欺欺人，并可能在以后几年造成浪费，因为人们有可能在将来某一天发现无法继续提供使上述业务产生预期成果所需的经费。所以，这类业务需要编制生命周期预算，明确列出项目或业务在整个生命周期所需的经费。

三种成本类型

长期以来，会计人员把产品成本划分为三种类型：第一种是变动成本，即随业务量而变化的成本，例如生产某种产品所需的原材料成本，或生产该产品所需的直接人工成本。第二种是固定成本，即组织依据法律或以往的决策应承担的成本，例如兴建新厂的贷款需要支付的利息、工厂的维护费用、房地产税、保险费等。用来支付员工退休金计划的资金也应划归固定成本。第三种是管理成本，即研究、广告、促销、管理者开发、现场销售等活动的成本。这些成本既不取决于业务量，也不由以往的决策决定，而是取决于典型的管理决策。

生命周期预算

会计师存在争议的是，上述三种成本的区分是否仍然具有现实意义。例如，"劳动力"正在变成固定成本而不再是变动成本。但出于预算的目的，这种区分仍然有用。从定义来看，任何可能是固定成本和管理成本的事项，预算的时间跨度都超过一年，因此这些事项绝不应按年度编制预算，相反，预算应当基于适当的时间周期。进而应该思考：该时间周期内所需的支出中，哪一部分应归入当前的预算周期？

"生命周期预算"最著名的例子，是20世纪60年代初约翰·肯尼迪担任美国总统时，联邦政府国防部部长罗伯特·麦克纳马拉㊀把生命周期成本引入美国的国防预算体系。根据美国政府传统的预算过程，国防部每年都需要提交资金申请，用于开发一种新型战斗机等武器系统。换言之，国防部要求政府提供足够的资金来启动该项目，但没有透露完成该项目需要的资金总额。当用于启动项目的数亿美元资金被花光后，国防部会申辩，由于成本急剧上升而放弃某个项目（如从设计阶段进入生产阶段的新型战斗机）会浪费已经投入的巨额资金。当第一架原型机从生产线下线后，接下来需要开展昂贵且广泛的培训项目，并且需要巨额资金购买用于替换的零部件，此时国防部可能会老调重弹，如果未来的预算中不提供这些资金，那么就意味着浪费了先期投入的巨额资金。在生命周期预算体系下，国防部应提供相关武器使用期限内的总成本估算，包括培训、维护、修理、更换设备等成本。这样起码在理论上能够使国防部部长、总统、国会提前知道项目支出的总规模及其对未来预算的影响。

生命周期预算及在其基础上发展起来的各种预算方法，同样日益成为企

㊀ 罗伯特·麦克纳马拉（Robert McNamara），美国国防部长（1961～1968年），在任期间大力推行计划项目预算制（PPBS），该体系具备强烈的理性特征和严密的计划性。——译者注

业的标准做法。实际上，假定资本投资、广告计划、培训规划等新项目的成本在未来会下降，是一种糟糕的预算。只有不成功的项目才不需要额外追加资金，这种项目应该被关停。那些被证明可有可无的工厂应该被出售，不能培养出优秀人才的培训项目应该被取消。如果产品在市场上畅销，如果工厂能够以合适的成本生产出恰当的产品，如果培训项目能够切实提高受训人员的工作技能，那么在未来它们往往需要更多资金投入，这是顺理成章之事。在预算的资本支出、固定支出、管理支出等方面，管理者始终应该仔细思考项目成功运作总共需要多少资金。成功会使组织加强对项目的有效支持。

经营预算和机会预算

仅仅由于上述原因，大量企业日益倾向于把预算划分为两部分：一部分是经营预算，为所有已经开展的事项提供资金；另一部分有时被称为机会预算，为有可能实现的新事项提供资金，包括新产品、新市场、新业务、新工艺等，这些新事项要么是全新的事物，要么是从事现有工作的新方法。经营预算方案往往非常繁杂，相比之下，机会预算方案可能非常简短。但真正具有丰富预算经验的管理者花在简短的机会预算和繁杂的经营预算上的时间往往相差无几。在分析经营预算时，管理者需要思考："要防止该项业务下滑，最起码应该做些什么？要使该项业务得以持续，至少需要投入多少精力和多少资源？获得合适的成果所需的最低成本是什么？"现代经济理论往往采用"满意"标准，也就是说不企图追求"最大化"，也不试图"优化"，而是为了防止出现不可接受的低劣绩效，尝试"满足"所需的最低要求。

关于机会预算，第一个问题往往是：这是恰当的机会吗？如果答案是肯定的，那么需要接着思考：在资源和资金方面，当前条件下该机会能够吸纳的最佳水平是多少？我们能否通过为亟须的新产品增派人员从而加速其开发？这将只会造成混乱吗？实际上，在机会的早期阶段，资金和资源的过剩与不足一样，也会带来危险。

在很大程度上，未能深入思考上述问题是大量"向贫困开战"㊀项目失败的原因。这些项目都失败于慷慨的支持。当仅需要少数几名优秀人才去试验、开发、学习和论证项目时，项目自身却在巨额资金中窒息。资金孕育了一个庞大的官僚机构，该机构忙于自身的内部事务而无法产生成果，甚至不知道何年何月能产生成果。由于教育或医疗保健项目的预算数额庞大，并且公众必须参与，所以他们期待这些项目能立即取得突破，但如果一直没有取得成果，公众往往就不再抱有幻想。实际上，教育或医疗保健项目从立项到产生成果往往需要很长时间。

人力资源预算

为了合理地进行预算，管理者必须把预算作为控制工作安排的工具。多数预算仅提供资金以及规定资金的用途，并不包含必要的条款来合理地确保能够取得预期成果。换言之，多数预算并未提供能够产生成果的唯一资源：业务精湛的人员。

在制定预算的过程中，最后也是最关键的一步是确定相关业务及其预期成果的负责人，然而在许多组织制定预算的过程中，该步骤很少得到认真落实。除非给每一项预算开支都列出相关负责人的姓名，否则该步骤就不算得到切实贯彻，那么制定预算的过程唯一做出的决策不过是资金支出罢了，这是整个预算过程中最容易的部分。

㊀ 向贫困开战（War on Poverty），由林登·约翰逊总统在1964年1月的国情咨文中提出，包含一系列旨在终结贫困的扩张性社会立法，是"伟大社会"规划的一部分，被公认为美国自由主义的高潮。——译者注

编制预算时，管理者应从自身面临的机会和优先事项起步，并且对于其中每一项管理者都要问：这是谁的工作？此人是合适的人选吗？能否带来成果？能胜任这项工作吗？

换句话说，预算不能代替有效的决策，是计划和制定决策的工具。金钱不能代替思考、绩效和能力。深入思考、做出绩效、拥有能力的是人，毫无疑问，人需要资金，但如果没有合适的人，资金只会被浪费。

预算不仅是管理者制订计划的工具，也是管理沟通和组织整合最有效的工具之一。预算往往能够揭示企业内部各部门的现状，展现各部门如何与整体的目标和需求相关联。因此，编制预算要求最高管理者和各部门管理者共同讨论与协商。在预算编制过程中，每一名部门管理者都需要承担领导责任。整个组织机构的预算，本质上是各部门预算的汇总。反过来看，各部门的预算源自企业整体的预算。

因此，如果运用得当，预算就会成为管理者重要的沟通和整合工具。预算应该引发有效的上行沟通，帮助管理者了解每个下级部门的观点、优先事项、关切和需求等方面的信息；应该也能够创造横向沟通，使其他部门的管理者理解自己的同事想要达成什么目标，需要什么帮助；还应该成为有效的组织整合工具，帮助管理者向组织成员传达对整个企业需求的认可，包括必须做出的决策，必须设定的优先事项，以及（尤其是）根据预算做出的人员安排。

预算会批准若干支出项目，并否决其他支出项目；会强调并支持若干机会，但同时也会淡化或否决对其他机会或业务的支持。预算是一种决策工具，而这些决策会对组织中的每个人产生影响。因此，预算也被作为约束管理者的工具，有时也是他们躲避问责的一种工具，从而可能抑制管理者的工作积极性。但只要应用得当，预算就能够成为激发工作积极性、促进组织团结的工具，帮助组织成员深入理解共同利益，甚至对那些自身青睐的项目被否决的人产生激励效果。

预算与控制

预算是一种管理控制工具，向管理者展示组织中每个主要部门的运营状况。我们"在预算内"吗？或者我们"符合预算"吗？预算数据能够向我们清晰地展示过去每年、每季度、每月的运营状况。同样，因为运营状况可能会变得更好、更坏或不同于预期，所以预算也能显示出何时需要修改预算。

企业往往把预算作为风险和绩效不佳的早期预警系统，显然这是预算的一个重要功能，但绩效超出预算（也就是绩效好过预期）也可以被视为机会的早期预警系统。

同时做到这两点的预算控制案例，是在拉丁美洲国家运营的一家大型跨国投资公司开发的一种非常简单的彩色代码，用于为新产业和新兴企业提供初始资本。该企业在拉丁美洲任何国家的所有投资预算都显示在总部会议室的一张大挂图上，每一项都用4种颜色中的一种来表示：绿色表示一切正常；黄色表示可能会有麻烦，需要警惕；红色表示处于困境中；蓝色表示形势发展好或快于预期。该企业的管理层已经懂得，在蓝色区域的业务领域耗费的时间应不少于（或多于）黄色或红色区域的业务领域。

假如一家新兴企业发现新工厂的建设速度快于最初的预期，进而企业的新产品能够提前1年上市。这种情况对于人员招聘、分销体系的构建、广告和促销、原材料的订购、营运资本需求等方面意味着什么？如果这些问题没有经过仔细考虑，那么新工厂建设取得的意外成功带来的机会可能会因此丧失。

通过预算进行控制，能够使管理者忽略那些一切正常的项目，而那些明显偏离预算的项目（无论积极的还是消极的）都能够轻易被识别出来。事实上，每月或每季度单独显示与预算推测存在重大偏差的项目，并对偏差做出相应的解释，以便帮助管理者决定是否采取纠正偏差的行动，已成为一种合理的预算实践。

列入预算的项目显然重要性不同，既有最重要的事项也有最微不足道的事项。通常情况下，对于最重要的事项仅仅通过例外情况进行控制是不够的。因此，尤其是复杂的业务，越来越多地使用"关键因素预算"，该预算方法最早由通用汽车公司在20世纪20年代开发出来。

关键因素预算最广为人知的版本，可能是20世纪60年代初美国国防部部长罗伯特·麦克纳马拉为美国军队编制的预算。他针对每一个武器系统、每一个指挥部、每一个重大项目都提出下列问题：汇总起来共占总预算75%～80%的重大项目是什么？进而，具体到美国的武装部队，如战略空军司令部或海军特遣部队，汇总起来共占各自预算75%～80%的是哪些项目？总体来看，这类项目大约只有数百个，而国防预算的项目总数即使没有数十亿个，也有数百万个之多。接下来需要对这数百个项目进行具体且详细的汇报，其他所有项目只需要在严重偏离预先设定的标准时才进行汇报。在资金、对美国战备和战略的影响等方面越不重要的项目，越无须上报给更高的管理层，并且允许其绩效相对于预算的波动幅度也越大。

另一个重要且得到广泛采用的预算方式是"里程碑预算"，该预算方式对支出进行控制并使其取决于预期成果的实现状况。例如，预算可批准用于新产品促销和分销的支出，但需要在规定的时间和预算内成功完成市场测试。在达到该里程碑之前，虽然预算资金已经得到批准，但项目无法获得额外资金。里程碑预算在大型建筑、大型研究项目、产品开发、产品推广等资本项目中尤为重要。

应用甘特图

无论对于一家企业、一家分公司还是一个部门，预算贯穿整个组织，控制着所有收入，并将其与组织的全部支出进行比照，描绘整个组织在特定时间段的状况，至少相当于给组织拍摄一张 X 光片，指明了需要进行控制之处。但是，预算并不是管理者对单个项目进行计划和控制的工具，尤其不是计划和控制单个长期复杂项目的工具。

建造一艘大型油轮、一座大型化工厂、一座新造纸厂、一座办公大厦等，往往是一个为期 5 年的长期复杂项目，最终的成品是一个各部分彼此协调的整体，也是大量不同业务活动经历不同阶段后的成果。其中许多业务活动必须按照先后顺序开展。例如办公楼内的电线和水管必须在整体架构完工后才能着手安装，但必须在内部装修业务开展之前完工。一些业务活动可以同时开展。例如油轮的发动机、连接发动机和螺旋桨的动力装置将在船体建造的过程中同时开工，甚至可能必须在建造船体的工作开始之前动工。负责建造船舶或摩天大楼的承包公司有明确的完工日期，若不能按时交付往往需要支付巨额罚款。通常来说，这些公司也会致力于严格控制成本。

控制单个长期复杂项目的工具是甘特图。早在第一次世界大战期间，美国科学管理运动的代表人物之一亨利·甘特（1861—1919），为完成这类任务最早发明了甘特图。甘特图及后来的许多改进版本，如 20 世纪 50 年代杜邦公司开发的关键路径分析和 50 年代后期美国海军开发的计划评审技术，是管理者掌握的最简洁有效的计划和控制工具。然而遗憾的是，甘特图并未得到应有的重视和普及。

亨利·甘特的基本思想极为简单。传统上，关于一项重大的复杂工作的计划往往从头开始，也就是始于第一步，接下来一步步推进直到工作完成。甘特建议计划从最终产品开始，他说："我们已经承诺在 1917 年 12 月 15 日交付一艘完工的驱逐舰，且随时能投入使用。要在截止日期前完成任务，必须做的最后一步是什么？什么时候着手这一步驱逐舰才能在承诺的交付日期前准备就绪？进而，在此之前的步骤，再前一步，直至第一步应该什么时候着手？"这种分析的结果通常显示在一系列平行图中，其中每个平行图代表一项主要业务或活动。甘特图包含两种条形图，一种代表只有完成其他事情之后才能开展的工作，例如，驱逐舰上安装涡轮机的工作必须在船体完工之后才能开展；另一种代表不完全依赖于其他事情的工作，例如训练船员、设计仪表盘等。然而，要想在预定的时间把所有局部工作组装为最终成品，需要每一项工作都必须在既定的时间点开始。

20 世纪 60 年代，日本和瑞典的造船厂确立了在全世界的领导地位，拿下了世界造船业务的最大份额。两国造船厂的劳动力和原材料成本并不比英美两国的传统造船厂低多少，然而，日本和瑞典造船厂的产品报价却远远低于后者，甚至能够保证在更短的时间内交付产品，以兑现承诺。之所以能够做到这些，正是因为日本和瑞典造船厂充分运用了甘特图，而其他国家的造船厂拒绝使用该方法，而是继续采用传统的造船方法，也就是从头到尾按部就班地进行计划。结果，传统造船厂一次又一次地发现，由于成本急剧增加和交付日期延后，所需的原材料、配件以及培训等简直像一团乱麻，工作无法按计划推进。

建造大型化工厂或新型武器系统等极其复杂的项目则需要更加复杂的甘特图——关键路径分析和计划评审技术。关键路径分析和计划评审技术存在若干不同点，但区别不大，且纯粹是技术性的。在极端复杂的项目中，大量工作在许多时刻相互交织，这两种简单方法能够帮助管理者进行有效控制。甘特本人非常熟悉二者的起点。每一个大型项目都有一条"关键路径"，也就是耗时最多且无法被轻易压缩、加速或削减的过程。

例如，一个建造摩天大楼的重大项目，在主体框架、封顶、地板、线路、管道以及电梯竖井等工作完成之前不能进行任何室内工作。一旦上述工作完成，其余工作就能够非常自由地进行安排了。显然，该项目的关键路径是主体结构的建设，其余工作必须围绕着它加以组织。出租摩天大楼内的办公场所也是一条关键路径。要想找到租户，很可能必须在大楼破土动工之前着手，并且，如果大楼的入驻率低于最初预期，那么最后25层或30层的建设可能就不会像制订计划时那么紧迫。因此，建造一座摩天大楼的项目存在两条关键路径：一条是主体结构的建造，另一条是办公场所的出租，且二者必须相辅相成。

最重要的是，关键路径分析和计划评审技术使管理者能够认识到，为了避免时间延误或成本增加等不良趋势需要采取什么行动，哪些领域的资源能够转移到更关键的领域，为了赶工或弥补耽误的时间必须追加或牺牲什么，支出的增减能够赢得或损失多少时间。

除了极为复杂的系统性工作，否则不需要非常复杂的甘特图。但是，当一个项目持续相当长时间，或包含大量在时间和空间上相互协调的不同业务时，始终应该运用甘特图。如果计划不始于最终产品，并从相应的阶段一直倒推回起点，那么即使很简单的项目也会在时间和成本方面失去控制。

利用预算评估绩效

管理者还需要计划和控制人群组织的绩效。无论是构成组织的各个部分（分部、部门、业务等），还是构成各部分的个人，管理者都需要计划并控制其绩效。

管理者首先需要知道组织内特定部门或个人预期会有什么样的绩效，继而管理者需要知道已经取得了哪些绩效，换言之，起点是绩效计划而不是绩效评估。与甘特图的起点一样，人群组织的绩效起点必须是预期的成果。如同本书前文多次提及的那样，这必须聚焦于目标，且应被视为组织部门、专业人员和管理者的主要责任。

小　　结

　　预算帮助管理者为成果配置资源，平衡收入与支出，及时控制事态发展以采取矫正措施。甘特图及其改进版本（关键路径分析和计划评审技术）能够帮助管理者计划重大项目，把资源合理地配置到完成项目所需的各个阶段和不同工作中，并控制完成项目的进度、所需的时间和产生的成本等。最后，对组织和个人开展绩效计划和绩效评估，能够帮助管理者充分发挥人群组织中人、知识、愿景和动机的作用，能够把人们的精力聚焦于绩效，并且能够使组织绩效反过来促进个人的发展。

问　　题

1. 现代预算起源于哪里？初始目的是什么？
2. 预算如何成为一种管理工具？
3. 企业中预算过程的起点应该是什么？
4. 什么是零基预算？管理者对预算的认识有助于克服什么难题？
5. 什么是生命周期预算？
6. 什么是经营预算？
7. 应该如何应用机会预算？
8. 在制定预算过程中，最后一步也是最关键的一步是什么？
9. 为什么预算是管理沟通和组织整合最有效的工具之一？
10. 为什么许多企业采用关键因素预算？
11. 哪类项目最好采用甘特图进行控制？原因是什么？
12. 当一个项目的复杂性超出了甘特图的范围时，管理者可以采用什么其他方法进行控制？

CHAPTER 33 | 第33章

管理者与管理科学

在 12 世纪或 13 世纪发明复式记账法的意大利人堪称人类历史上第一位管理科学家。在简洁、精致、实用等方面,任何其他管理工具都不能与复式记账法相提并论。复式记账法及其所有改进版本,迄今仍是唯一真正具有普适性的"管理科学",也是每家企业,甚至每个组织唯一每天都在使用的系统性分析工具。

然而,从没有人把复式记账法视为管理科学,甚至直到第二次世界大战以后才出现这个术语,似乎旨在说明"管理应该严谨、科学、定量化"。运用这一新工具,确定性将取代猜测,知识将取代判断,"客观事实"将取代经验。在那段普遍乐观的时期,人们纷纷预测计算机会取代管理者,并且大量管理科学家被炫目的新工具震撼,同样认为自己将"接管"决策控制权。

多数管理者早就知道,自己不可能被计算机取代。多数人也都知道计算机是一种工具,如果使用得当将会发挥巨大作用,但无论如何它也只是一种工具。多数管理者现在也已经知道,管理科学是工具,对其更加谨慎也更加谦虚的称呼是"管理分析"而不是"管理科学"。

尽管如此，作为一种工具，管理科学有做出贡献的巨大潜力。管理者没必要成为一名管理科学家，同样医生也不一定要成为一名血液化学家或细菌学家。但管理者需要知道对管理科学的期望是什么，以及如何使用这种工具。同样，内科医生需要知道对血液化学和细菌学的期望是什么，以及如何使用这种诊断工具。

因此，管理者首先需要理解管理科学试图做什么以及应该做什么，继而需要知道管理科学有望做出什么贡献。如何使管理科学促进管理工作？迄今为止只有很少管理者掌握了这项技能，也很少有管理者把这种新工具有效地运用于工作实践中。

承诺与实际绩效

多数管理者都深感自己需要更好的工具。他们从自身的惨痛经历认识到，如果把直觉作为决策的唯一基础，那么即使不是彻底的胡闹，也是靠不住的。多数经验丰富的管理者长期以来猜测的事情，已经被麻省理工学院的杰出管理科学家福瑞斯特⊖出色地证明：复杂系统的行为实际上是"反直觉的"，根据常识提供的指导往往是错误的。显然，市场、技术、企业都是非常复杂的系统。

因此，管理科学甫一出现，就受到管理者的热烈欢迎。从那以后出现了一个全新的职业——管理科学家，他们拥有独立的专业协会、学术期刊、大学院系、工商学院、技术学校等，并且在产业界占据了大量优质工作岗位。

然而，管理科学的表现始终差强人意，没有实现自身的承诺，当然也没

⊖ 福瑞斯特（Jay W. Forrester），美国计算机工程师、系统科学家、麻省理工学院斯隆管理学院教授，被公认为系统动力学的创始人。——译者注

有大幅改进管理实践。事实上，管理科学并没有引起管理者的重视。

管理科学家和管理者已经认识到，管理科学的承诺与其实际应用效果之间存在巨大落差，并且普遍对此深表遗憾。不出所料，双方互相指责。管理者抱怨管理科学家总是聚焦于琐事且"做无用功"；管理科学家则反咬一口，公开讲述"被顽固的管理者抵制"的凄惨故事。

尽管两种抱怨都情有可原，但实际情况要复杂得多。理清实情要比找出应受指责之人重要得多。

绩效不佳的原因

所有管理科学都秉持一个基本理念，即组织是一种具有高度秩序的系统，由自愿为共同事业贡献知识、技能、辛劳的人构成。导弹控制类的机械系统、花草树木类的生物系统、工商企业类的社会系统等，所有真正的系统都有一个共同特点——相互依存。某个功能或局部得以改进或提高效率，不一定会改善整个系统，反而可能会破坏甚至摧毁整个系统。在某些情况下，巩固系统的最佳方法可能是弱化某一部分，也就是使其变得不那么精确或降低效率。因为在任何系统中，重要的是整体的绩效，而整体的绩效源自成长、动态平衡、调整以及整合，而不仅仅是技术效率。

管理科学往往片面强调局部的效率，这必然会对整体造成损害，必然会以牺牲整体的绩效和兴旺为代价来优化工具的精确性。组织是一个社会系统而不是机械系统，这使片面强调局部效率带来的损害更大，因为其他的局部（即人员）并非静止不动。他们的反应要么是把失调扩散到整个系统范围，要么是有组织地进行破坏。

但当我们观察企业中的管理科学家实际从事的工作时会发现，很少会有符合前述管理科学赖以立足的基本理念的情况。

迄今为止，管理科学家从事的大部分工作都是改进现有工具，以履行某种技术职能，如质量控制、库存控制、仓储区位、货车配置、机器装载、维修计划、订单处理等。大量工作只不过是对工业工程、成本会计、流程分析进行优化改进。有些工作虽然不是非常受管理科学家重视，但他们已经开始关注对若干职能工作的分析和改进，主要是分析和改进制造职能，在某种程度上也开始关注市场营销和资金管理职能。

但很少有管理科学家的工作以及有组织的思考会强调组织整体的管理，包括风险的产生、承担风险以及决策工作等。无论专业著作还是实际工作中，管理科学强调的都是技术而不是原则，是机制而不是决策，是工具而不是成果，最重要的是强调局部效率而不是整体绩效。

可是，也存在若干重要的例外情况。通用电气公司经过接近20年的努力，开发出了真正面向整个企业的模式，能够揭示各部门的基本经济特征和主要相互关系。英国的煤炭委员会[①]也做出过类似的努力。但多数管理科学家的实际工作都聚焦于如何把我们已经了解的事务做得更好。在管理科学出现之前很久，我们就已经能够控制库存或配置运输车辆，即使我们现在知道如何把这类事务做得更好，甚至比原先好得多，但任何企业仍旧不可能仅凭这一点得以幸存而避免倒闭，保持繁荣而避免衰退。

潜力巨大的管理科学未被充分使用或被误用的原因是什么？

或许第一条线索就在于管理科学的起源。无疑，管理科学的起源非同寻常。其他任何一门人文学科都始于试图粗略界定自身的主题，继而人们会着手认真研究其概念和工具。管理科学却始于应用众多其他学科为自身特定目的开发的概念和工具。这可能借鉴自第二次世界大战的发现：迄今为止，用于研究物理领域的特定数学技术也能够用来研究军事行动。

---

① 煤炭委员会（British Coal Board），1947年，英国政府为经营国有煤矿产业而组建的法定企业，1987年更名为英国煤炭公司（British Coal Corporation），后来被私有化。——译者注

因此，管理科学中大量工作的重点并没有放在诸如"工商企业是什么，管理是什么，二者从事什么工作，需要什么支持"等问题上，相反，重点在于"能在哪里应用这套令人炫目的花招儿"。打个比方，管理科学工作的重点始终是锤子，而不是钉钉子，更不是建造房屋。运筹学文献中存在若干诸如"线性规划的155个应用"之类的论文，但我没有看到任何关于"典型的商业机会及其特征"之类的研究成果。

这表明管理科学家对"科学的"的含义存在严重误解。管理科学家往往天真地认为"科学的"是量化的同义词，但实际上截然相反。若果真"科学的"等同于量化，那么占星术⊖将是科学的女王，实际上占星术甚至没有应用任何科学方法。尽管占星术士观察天象，从现象中归纳出一个假设，然后通过进一步有组织的观察来检验假设，但占星术绝不是科学，而是迷信。因为占星术幼稚地假设存在实实在在的黄道十二宫，其中存在星座，并且它们与鱼或狮子等地球生物在想象中的相似性决定了它们的性格和特性。然而，所有这些都不过是古代人发明的导航工具，用于帮助他们记住过去曾经参照过的星星的位置。

换句话说，"科学的"的前提是对科学的领域（即被认为是真实的且有意义的现象）做出理性的界定，并提出恰当、全面、前后一致的基本假设或基本条件公式。在应用科学方法之前，必须首先划定一个科学领域的范围，并确定其基本假设。实际上无论多么模糊这项工作都不可或缺，否则，科学方法就不能得到应用；如果这样做了，科学方法就会变得适用，且确实会非常有效。

管理科学仍旧必须界定自身的领域。如果做到这一点，那么迄今所做的所有工作都将富有成果，或起码能够作为重大成就的准备和训练。因此，如

⊖ 占星术（astrology），是用天体的运动和相对位置来占卜人事及地表事件的一种理论，通常与天宫图系统相联系，标榜能解释不同人格并预测人生中的重大事件，现如今已被公认为伪科学。——译者注

果管理科学要能够做出贡献而不是对管理者造成歪曲或误导，其首要任务就是界定自身主题的具体性质。

这可能包括对下述理念的基本界定：工商企业由人构成。因此，对于管理科学家而言，假设、意见、目标、人（尤其是管理者）的错误都是基本的事实，任何有效的管理科学工作都必须始于对这些方面进行分析和研究。

在认识到需要研究的主题之后，接下来管理科学必须构建基本假设。这可能首先需要注意到下述关键事实：每一家工商企业都在特定的经济和社会环境中生存；甚至最强大的企业也是环境的仆人，环境能够轻易将其淘汰；但即使最弱小的企业也不仅仅被动地适应环境，而会影响并塑造经济和社会环境。换句话说，企业生存于极其复杂的经济和社会生态环境中。

基本假设可能具体包括下列几点。

（1）工商企业生产的既不是物品也不是思想，而是人为确定的价值。如果对消费者而言没有效用，那么即使设计最精美的机器也仍然只是一堆废铁罢了。

（2）在工商企业中，金钱等衡量手段是复杂的象征符号，既是高度抽象的，又是极为具体的。

（3）经济活动必然是承诺把现有资源用于不可知、不确定的未来。换言之，经济活动是一种对期望而非事实的承诺。风险是经济活动的本质所在，企业的基本职能就在于创造风险、承担风险。风险不仅由总经理承担，而且由整个组织中所有贡献知识的人（每位管理者和专业人员）承担，并且这种风险完全不同于统计学中的概率风险，而是独特事件的风险，也是对既有模式不可逆转的突破。

（4）工商企业的内外部始终发生不可逆转的变化。实际上，工商企业是现代社会变革的推动者，必须既能够有目的地演化以适应新环境，又能够有目的地创新以改变现有环境。

管理科学著作的序言中时常提到部分上述观点，然而往往只是停留在序言中。管理科学要促进人们对企业的认可，甚至进而自身成为"科学"，上述基本假设应该成为其工作的基础。当然，尽管量化在一门学科的发展中往往出现得比较晚，例如，直到现在科学家才能够在生物学中实现真正的量化，但我们仍旧需要量化。我们需要科学的方法，需要在特定领域和操作方面进行努力，展开细致、一丝不苟的工作。但最重要的是，我们需要认识到工商企业的特殊性质及对其开展研究的独特假设。我们必须把管理科学建立在该愿景的基础上。

因此，管理科学的第一个需求是，充分尊重自身作为一门独特的、真正的学科的地位。

试图最小化风险

关于管理科学未被充分使用或被误用的原因，或许第二条线索就在于其全部工作始终强调"风险最小化"，甚至把"消除风险"作为自身工作的目标和终极目的。

试图消除工商企业面临的风险必然会徒劳无功。承诺把现有资源用于未来必然会面临风险。实际上，经济进步能够被界定为承担更大风险的能力。试图消除风险，或者试图把风险最小化，只会使风险变得不合理且难以承受，导致最大的风险，即组织僵化。

管理科学工作的主要目标必须是使企业能够承担适当的风险，实际上是更大的风险。实现该目标的方式是，提供关于替代风险、替代预期的相关知识和理解；确定取得预期成果所需的资源和努力；调动资源做出贡献；根据预期衡量成果，从而提供及早纠正错误或不当决策的手段。

所有这些听起来似乎只是术语上的吹毛求疵，然而管理科学文献中风险最小化的术语确实导致了（工商企业）对创造风险和承担风险的敌意。这种敌意想让企业经营从属于技术，似乎把经济活动视为物质发挥决定作用的领域，而不是主张并采用负责任的自由和决策的领域。

这要比错误更加糟糕。这是不尊重管理科学的研究主题——任何科学都无法承受这种情况，任何科学家都不能在这种情形中有效开展工作。即使是那些优秀且严谨之人（管理科学界不乏这类人）从事的最好、最严肃的工作，也注定会受到影响。

因此，管理科学的第二个需求是，严肃对待自身的研究主题。

富有成效的关键

实际上，对于管理科学的潜力和实际贡献之间的差距，管理者也需要承担责任。总体来看，管理者的责任或许更大，而且管理者应该做出而实际上没有做出的贡献，恰恰是管理科学和管理科学家实实在在的关键需求。

然而，管理科学家对于管理者的典型抱怨，是管理者不认真学习管理科学，对该学科一无所知。坦率地讲，这种抱怨简直一派胡言。工具制造者要求使用者理解制造工具的过程，等于承认自己的无能。如果工具制作精良，那么工具使用者就无须（实际上也不应该）了解工具的制造原理。多少位司机理解化油器的工作原理呢？恐怕有些司机甚至不知道自己的车上安装了化油器。

基本的难题要严重得多，远非管理者不愿意学习一些数学技术可比。总体来看，管理者未能对管理科学家和管理科学承担起管理责任。管理者拒绝接受管理科学家与其他高级专业人员一样，在方向和效果方面依赖管理者的事实。管理者把管理科学置于放任不管的境地，因此在很大程度上要为其退化为一套花招儿负责。在许多情况下，这套花招儿是一个"管理工具包"，能为不存在的问题找到答案。

总体而言，我们知道管理者需要什么：在一个日益复杂且迅速变迁的技术、经济和社会环境中，工商企业进行风险决策所需的系统性的、有组织的知识。

管理者需要工具来衡量预期和成果，并作为在众多职能人员和专业人员之间缔造共同愿景与沟通的有效手段，这些人个个都掌握独特的知识，拥有自身的逻辑和语言，但要做出正确的经营决策，并使其得到落实进而产生成果，需要所有人共同努力。

即便仅仅因为当今世界需要大量具备管理视野和管理能力之人，而非依赖少数"天生的"天才，以及一门学科的概念和概括性原理能够被传授且能够被学习，管理者也需要一些可以学习且能够讲授的知识。

当我们审视管理科学产生成果的少数几个领域时，这一点变得愈发明显。其中的每一个案例之所以产生成果并不是由于管理科学家做了在其他领域没有做的事，而是因为管理者思考了正确的问题并对管理科学进行了管理。

以一家大规模制造型企业为例，该公司拥有多条产品线，通过百货公司、折扣连锁店、五金店等成百上千个销售点面向公众销售产品，公司高管问内部的管理科学家："业界的每个人都知道，允许批发商和销售商赊购是扩大销售的途径，并且每个人都知道，当赊账金额达到一定数值，由此产生的风险就会超过增加销售获得的收益。这些是我们公司据以确定销售和赊购政策的正确假设吗？"六个月后，管理科学家告诉高管："不，这些假设是错误的。我们时常遇到的情况是，人人都知道的往往并不符合实际。实际情况是，在我们这个行业，公司允许信用风险较小的最大、最佳客户赊购，或者允许信用风险最大的小规模、最差客户赊购，都能够扩大销售。公司不可能通过允许'中等'信用风险的'中等'客户赊购而扩大销售。"结果，公司彻底改变了原先的政策，切断了小客户的赊购，这虽然略微影响了销售额，却大大改善了销售绩效和赊购绩效，并且扩大了对最大、最佳客户的赊购规模。该公司现在的赊账总额实际上比赊购政策紧缩时还要少，但现在对赊购、销售、风险之间的关系有了更加合理的认识。

换句话说，为了使管理科学能够有所贡献，管理者需要做的就是彻底思考需要对基本假设进行检验的领域。

在没人向管理科学家提出正确的问题时，管理者期望他们能找到需要思考的正确问题。也就是说，管理者期望管理科学家（技术专家）比自己更加了解企业的需求、问题和困难。

最重要的是，管理者期待最终答案，但管理科学无论采用自然科学、经济学还是社会科学的方法（优秀的管理科学家需要在这三个方面游刃有余），其巨大优势都在于提出问题的能力。管理者将不得不给出答案。在企业经营领域中，答案往往意味着判断，总是在彼此不同且不确定的风险之间进行抉择，是知识、经验和希望的综合体。

一般而言，管理者期望管理科学提供一个最佳方案，但管理科学应该为管理者做出的贡献是提出可行的替代方案。管理科学家应该说："现在有四五个不同的行动方案，其中任何一个都不完美，都存在特定的风险，具有不确定性，存在自身的局限性，需要付出一定的代价。然而，每一个方案都至少能够满足部分主要规范。你作为管理者，将不得不从中进行选择，并且必须选择其中一个，起码是不那么糟糕的一个。选哪一个是你的决定，这基于你对公司能够承担的风险的判断，也是你对自己能够牺牲的和不得不坚持的事项的判断。但现在你起码知道自己面临哪些选择。"

最后，管理者应该期望管理科学家提供理解而不是公式。公式是管理科学家的工具，管理者对此不感兴趣。如果管理者不能确定管理科学家是否技艺精湛，那么最好另请高明。但是，理解（也就是对决策的真正意义的洞察）是管理者应该交给管理科学家负责之事。管理科学能够且应该被期望做出的贡献，是理解某项决策——尽管该决策貌似一个有关制造的决策，但实际上是一个营销决策。换言之，这是关于消费者想要什么、愿意为什么付费，将购买什么的决策。管理者应该期望从管理科学家那里听到："看，你指派给我们解决的难题不对。这才是我们真正应该解决的难题。"

例如，对于一家制药公司而言，受雇的管理科学家最大的贡献不是提供解决方案，而是对管理层说："你们所有的付出、所有的精力、所有的注意力都聚焦于引进新药，但在当前和可预见的未来，公司 3/4 的收入来自那些至少已经存放了 3 年的旧药。这些药品反而没人管理，没人销售，也没人知道如何处理。实际上，公司中没人对其感兴趣。我们唯一知道的是，在市场上维持旧药销售的方法完全不同于引进新药。我们不清楚如何管理现有的旧药产品线，然而，这正是我们下一步应该研究的。"

综上所述，管理者对管理科学家存在四点要求和期望，分别是：第一，管理科学家检验相关假设；第二，管理科学家确定需要思考的正确问题；第三，管理科学家制订替代方案而非解决方案；第四，管理科学家聚焦于理解而非公式。

这四点要求是使管理科学富有成效的关键。此外，这四点要求都立足于下述假设：管理科学不是核算方法，而是分析工具；管理科学的宗旨是帮助诊断；管理科学提供洞见而不是开药方。

上述四点要求都有赖于管理者承担对管理科学的责任，有赖于管理者对这些工具进行管理，有赖于管理者在管理科学家的密切配合下，决定管理科学家应该从事什么工作。管理者不应该从事管理科学家感兴趣、运用的工具容易处理之事。管理科学家应该在管理者需要理解的领域开展工作，并且如果管理科学不是很适合这些领域（例如难以量化或者无法量化的领域），那么也不应该让它成为管理者或管理科学家开展工作的障碍。洞见、理解、优先事项、对某个领域复杂性的"感觉"，与精确、优美、简练的数学模型一样重要，并且事实上通常更有用，甚至更加"科学"，它们反映了管理者所处的环境及其任务的现实情形。

小　　结

把管理科学的潜力转变为绩效，主要取决于管理者。要做到这一点，管理者必须理解管理科学是什么以及能够做什么。管理者必须明白，管理科学固有的特殊局限性在很大程度上源于自身的起源和历史。但最重要的是，管理者必须理解，管理科学是管理者的工具，而不是管理科学家的工具。把这些工具聚焦于管理任务，并引导其做出管理方面的贡献，这主要取决于管理者。

问　　题

1. 最早的分析性管理工具是什么？
2. 所有管理科学都秉持的一个基本理念是什么？
3. 为什么片面强调组织内局部的效率可能会造成损害？
4. 迄今为止，管理工作的哪些方面是管理科学研究的重点？
5. 管理科学的起源是什么？这对其后续的发展产生了什么影响？
6. 管理科学的"科学性"是什么？
7. 管理科学的若干基本假设是什么？
8. 为什么管理科学术语"风险最小化"会严重误导管理者？
9. 管理者常常期待管理科学家给出正确答案，管理科学更根本的优势是什么？
10. 管理层对管理科学的哪些要求和期望是使管理科学富有成效的关键？

7

第七部分
管理组织

AN INTRODUCTORY
VIEW OF MANAGEMENT

在管理学中，历史最悠久、研究最深入的领域是组织结构问题。"职能制"和"联邦分权制"⊖等原先得到广泛采用、受过充分检验的组织结构形式，已经难以充分满足当前的新需求。正在日益涌现出的组织结构形式包括团队制、模拟分权制、系统制等。我们已经了解到，组织不是始于结构，而是始于构成要件。不存在一种正确的或普遍的组织结构形式，每个组织都需要围绕关键业务，根据自身的使命和战略来设计组织结构。运营管理、创新管理、最高管理三种工作必须置于同一个组织架构下。组织结构既需要聚焦于任务，又需要聚焦于人，同时兼具权力与责任维度。

⊖ 联邦分权制（federal decentralization），通常又称为事业部制。——译者注

第34章 | CHAPTER 34

结构与战略

组织研究导致了企业、部门和职能的重组,并成为过去几十年中最引人注目的"成长型行业"之一。工商企业、政府机构、武装部队、研究实验室、天主教会、大学行政部门、医院等组织中的每个人似乎永远都在从事重组工作。

若干因素导致人们对组织研究兴趣高涨,且深信沿袭的或"刚刚成长起来的"结构不可能满足组织的需求。最重要的是,我们已经了解到不当的组织结构会带来巨大风险。恰当的组织结构不能确保成果和绩效,但不当的组织结构一定会损害绩效,带来的唯有摩擦和挫败。不当的组织结构会把焦点置于错误的问题上,带来不必要的纷争,导致管理者忙于琐事不能自拔,关注劣势而不是优势。因此,恰当的组织结构是取得卓越绩效的先决条件。

几十年前,只有规模庞大的企业才对组织结构问题表现出兴趣。阿尔弗雷德·斯隆在20世纪20年代初为通用汽车公司设计的组织结构最为典型,更早的例子同样全部来自大型企业。

如今我们已经知道，当一家小型企业成长为中型企业，或一家简单企业成长为复杂企业时，组织结构问题就会成为重中之重。希望不断发展的小型企业，甚至是中型企业，都必须彻底思考并设计出恰当的组织结构，以帮助自身既能够像小型企业那样运营，又能够不断成长壮大。与此类似，只有单一产品，在单一市场运营的简单企业，一旦面临的复杂性和多样性提高，就会遭遇关键的组织结构问题。

以往的最终答案

我们已经完全接受组织结构问题至关重要这种观点，但当前的形势正在迅速超越以往的"最终答案"。

在现代管理的短暂历史上，我们已经两次获得组织结构问题的"最终答案"。第一次是在1910年左右，当时法国实业家亨利·法约尔仔细思考了制造型企业的职能问题。当然，那时的制造型企业面临着至关重要的组织结构问题，法约尔界定的工程、制造、营销等职能构成的组织结构至今仍在制造型企业中普遍应用。

关于单一产品制造型企业的组织结构问题，法约尔给出了答案。一代人之后，人们再次"知道"了最终答案。20世纪20年代初，阿尔弗雷德·斯隆构建通用汽车公司的组织结构时，给出了该答案。换言之，斯隆找到了业务复杂的大型企业面临的组织结构问题的"答案"。斯隆的方法是把法约尔提出的职能制组织作为子单位（也就是各个"事业部"），根据"联邦分权原则"构建整个企业的组织结构。这种组织结构基于权力分散和协调控制原则。第二次世界大战以后，联邦分权制成为全世界通行的模式，对于大型组织而言更是如此。

又过了一代人之后，20世纪50年代初，通用汽车公司的组织结构越来越难以应对重要的新挑战。在处理如何让通用汽车公司变得可管理且管理有序这一问题时，法约尔创建的组织结构同样无法应对斯隆此时面临的大型企业的现实。○

在适合的组织中，法约尔和斯隆构建的组织结构仍旧无与伦比。法约尔的职能制组织结构仍旧是小型企业，尤其是小规模制造型企业的最佳模式。斯隆的联邦分权制组织结构仍旧是生产多款同种产品的大型企业的最佳选择。没有任何一种新的组织结构形式能够像职能制组织和联邦分权制组织那样，在适当的时刻和条件下接近于完全满足组织结构设计的具体规范。但在现实中，这两种组织结构形式不再适合越来越多需要构建并加以组织的机构。事实上，奠定斯隆和法约尔工作的基础假设并不适用于当前主要的组织需求和挑战。

传统假设与当前的需求

或许，展现当前对组织结构的需求的最佳方式，是把斯隆成功构建起来的通用汽车公司的组织结构基本特征，与当今的现状及对组织结构的需求进行比较。

（1）通用汽车公司是一家代表性的制造型企业，生产和销售精心设计的产品。法约尔也关注生产有形产品的企业，尤其是中等规模的煤矿企业。如今我们面临的挑战是如何组建大型企业，并且其中多数并非制造型企业，而是大型金融机构、大型零售企业等。当今世界各国都有运输公司、通信公司等，这些企业虽然也涉足制造业，但主业往往与多数计算机企业一样聚焦于客户服务领域。还有本书第 9~12 章提到的公共服务机构。上述非制造业组

○ 1923 年斯隆开始担任通用汽车公司总裁，1956 年 4 月 2 日正式卸任通用汽车公司董事长。——译者注

织正日益成为发达经济体的实际重心,雇用的人员最多,在国民生产中的占比最高,贡献最大,也面临着当今基本的组织难题。

(2)本质上,通用汽车公司是产品、技术和市场单一的企业,超过 4/5 的销售额来自汽车。虽然该公司销售的汽车在型号、马力、价格等细节方面存在差异,但它们实际上是同一种产品。

与之相对,当今的典型企业往往生产制造多种产品,在多个市场运营,采用多种技术类别,它们可能不是"企业集团",但往往采取多元化经营战略。与通用汽车公司不同,当今典型企业面临的核心难题是如何组织一家高度复杂的多元化企业。

(3)通用汽车公司仍旧主要是一家美国企业,支配着美国的汽车业,并在国际汽车市场上占有举足轻重的地位。但是在美国之外,澳大利亚是唯一由通用汽车公司占主导的市场。在西欧市场,通用汽车公司最多只能排在第 4 位。从组织结构看,通用汽车公司位于美国之外的部分仍旧是"独立的"和"外部的"。

相比之下,在过去 25 年中,增长最快的组织就是跨国公司。对于跨国公司而言,不同国家和不同市场都具有同等重要性,或者说它们起码都非常重要。

(4)因为通用汽车公司是一家产品单一、隶属国家单一的企业,所以信息不是该公司面临的主要组织难题,也无须成为组织关注的主要问题。无论汽车业的行话还是美式英语,通用汽车公司的每位成员都说相同的语言。可能仅仅因为自己做过类似的工作(非常有可能),企业内部每个人都能充分理解另一个人在做什么或应该做什么。因此,通用汽车公司能够根据市场逻辑、权威和决策逻辑组织起来,而在其内部无须时刻关注信息逻辑和信息流。

与之相对,产品多元和技术多元的跨国公司必须根据信息流来考虑自身的组织设计和组织结构,必须确保自身的组织结构不违背信息逻辑。在这方面，由于通用汽车公司没有遇到该难题，所以其经验没有任何指导意义。

（5）在通用汽车公司中，4/5 的雇员是生产性员工，他们要么从事体力劳动，要么从事日常文书工作。换言之，通用汽车公司雇用的是过去的而不是现在的劳动力。

但是，当今基本的组织难题是知识工作和知识工作者问题。在每个企业中，二者都是增长最快的要素，并且在服务机构中，知识工作已经成为核心的就业岗位。

（6）最后，通用汽车公司一直是一家"管理型"企业，而不是"创新型"企业（也就是开创并发展新业务和新产品的企业）。斯隆创建的联邦分权制组织结构的优势在于，能够出色地管理已知的现有事务。通用汽车公司并未致力于创新。坦率地讲，第一次世界大战以来，汽车业没有出现过真正的重大创新。

但企业未来面临的挑战将越来越聚焦于企业家精神和创新。除管理型组织之外，我们还需要一种创新型组织。在这方面，通用汽车公司的组织结构形式不具有指导意义。

当然，从法约尔时代的人们首次着手解决组织结构问题以来，在 75 年的时间里我们已经学到了大量相关知识，知道了这项工作是什么，主要方法是什么，最重要的是什么，以及什么将不会发挥作用。当然，凡事皆有例外。我们还懂得了组织结构的目标是什么，以及成功的组织设计的标准是什么。

我们已经学会的

（1）我们已经学会的第一件事就是，法约尔和斯隆是正确的，组织结构不仅仅是"进化"而来的。在一个组织中，自发形成的只有无序、摩擦和绩效不佳。如同古希腊庙宇或哥特式教堂一样，恰当的组织结构也不是"凭直觉产生的"。我们凭借直觉经验可能会意识到问题所在，但无助于问题的解决。组织设计和组织结构需要思考、分析以及系统的方法。

（2）我们已经知道，设计一个组织的结构不是第一步，而是最后一步。第一步是确定组织的构成要件并将其组织起来。组织的构成要件是那些必须纳入最终结构，并承担组织"结构性负荷"的业务。

现在我们已经知道，构成要件取决于其自身做出的贡献，并且我们还知道，美国传统组织理论中"参谋与直线人员"的分类，与其说有助于理解当今的组织，不如说是一种障碍。

（3）"结构跟随战略。"⊖组织不是机械性的，不是"组装"起来的，也不能"预先制造"。每个企业或机构的组织结构都有一定的独特性，因为我们现在已经知道，结构要有成效就必须跟随战略。

结构是一个组织实现特定宗旨和目标的手段，因此任何有关结构的工作都必须始于组织目标和组织战略。在组织理论领域，这一点或许是我们获得的最富有成效的新洞见。乍听起来这似乎显而易见，实际上也确实如此，但在构建组织时，一些最严重的错误恰恰是由于违背了该洞见，误把"理想的"或"理论的"组织模式强行套用到现实企业。

"业务是什么，将是什么以及应该是什么"问题的答案就是战略，战略决定了结构的宗旨，并且在该过程中决定了特定企业或服务机构的关键业务。有效的组织结构是使这些关键业务能够发挥职能、取得卓越绩效的设计。反之，关键业务是实际运作的组织结构的"承重要素"。组织设计（应该）首先关注关键业务，其余的都位居其次。

⊖ 该命题源自企业史学家钱德勒（Alfred D. Chandler）的《战略与结构》（*Strategy and Structure*）：第一次世界大战后，美国企业大规模走出国门，实行海外扩张和多元化战略，组织结构也随之转变为事业部制（即联邦分权制）。——译者注

三种类型的工作

无论组织的规模和复杂性如何，每个组织中都包括三种不同类型的工作。

首先是运营工作，即管理现有的已知业务，构建相关的组织结构，挖掘其潜力，解决其面临的问题。

其次是最高管理工作。该工作普遍存在于所有组织中，不同于其他工作，有自身独特的任务和要求（参见第 38 章）。

最后是创新性工作。相比运营工作和最高管理工作，该工作同样与众不同，具有独特的要求。

在本部分后面的章节我们将讨论，任何可用的组织设计原则都不能用来组织上述三种工作。然而，每种工作都需要组织起来，都需要整合进一个完整的组织中。

需要忘却的争论

还有一些需要我们忘记的事情。在组织理论及其实践中，一些最嘈杂、耗时最久的争论几乎没有任何意义。争论者往往摆出"非此即彼"的架势，然而，正确的答案是"兼而有之"，只不过比例各不相同。

（1）关于岗位设计和组织结构，首先需要忘却的是以任务为中心和以人为中心的无谓争论。此处重复一遍前文（本书第 24 章）已经阐述过的观点：岗位设计和组织结构必须以任务为中心，但是工作安排必须既符合个人意愿又满足形势需要。再说一遍，工作是客观的、非人格化的，而在岗位上任职的是人。

（2）与上述古老争论相关的是围绕着等级制组织①与自由型组织②的讨论。

传统的组织理论只知道一种可用的组织结构，即所谓的等级制组织，也就是由上下级构成的金字塔式结构，该模式既适用于整个组织又适用于其构成要件。传统组织理论认为等级制组织结构适用于所有任务。

如今，另一种组织理论正日益流行，认为组织的形态和结构需要保持我们所希望的样子，即它们是或应该是"自由型组织"。组织的形态、规模、任务等一切方面都源于人际关系。事实上，这种组织结构的宗旨就是让每个人都能够"做自己的事"。

首先需要指出，认为争论的一方要求纪律，另一方要求自由的观点显然是错误的。二者同样需要纪律，只不过纪律的分布有所不同。

批评者认为，等级制组织授予上级过大的权力。相反，等级制组织首要的作用是保护下级免受上级专断权力的摆布。通过慎重地划定下级的权力范围（也就是上级不能任意干预的范围），等级制组织能够实现这一点。等级制组织使下级能够理直气壮地说"这是我的事"，从而保护下级。等级制组织坚持一名下级只服从一名上级，其初衷也是保护下级，否则下级可能会陷入相互矛盾的要求、相互冲突的命令、相互冲突的利益和忠诚对象之间而无所适从。正如一句古老的农民谚语所言："伺候一名坏主人优于伺候两名好主人。"

与此同时，等级制组织给予成员最大程度的个人自由。在职者只要履行了分派的职责，就完成了自己的工作，而没有责任从事其他工作。

自由型组织是一种为特定任务而不是想象的"永恒"宗旨设计的组织结

---

① 等级制组织（hierarchical organization），组织成员处于等级序列中，由上级监督并指导下级人员的组织。——译者注

② 自由型组织（free-form organization），根据权变观点设计的组织结构，就像阿米巴一样随时因自身的需要而变形。——译者注

构，但其名称容易给人造成误导。自由型组织往往会采取任务小组或团队的形式开展相关工作。

自由型组织首先要求团队中的每一名成员高度自律（本部分后面的章节将详细讨论），人人必须做"团队之事"，且人人必须对整个团队的工作及其绩效负责。本书第17章中亚伯拉罕·马斯洛批评Y理论对总人口中占多数的软弱、脆弱、胆怯、易受伤害者提出了不人道的要求，实际上该批评更适用于自由型组织。组织越自由，成员个人就必须越强大，必须承受更大的压力。

在任何结构中，成员个人和整个组织都需要若干等级制组织的要素。组织中必须有人制定决策，否则组织就会陷入无休止的闲谈状态。知识组织尤其需要把决策权明确化，并且清晰明确地指出合法的"渠道"。每个组织都难免遭遇危机，此时除非有人掌握明确的、清晰的、合法的命令指挥权，否则所有人都在劫难逃。

政治家很久以前就知道，政府要顺利运作，好的法律和好的统治者缺一不可。同样，组织设计者必须明白，健全的组织结构既需要基于权力的等级结构，又需要组织任务小组、团队、个人从事长期或临时性工作的能力。

（3）从根本上说，上述关于以任务为中心还是以人为中心、等级制组织还是自由型组织的无谓争论，反映了传统组织理论的信念，即存在一个"正确的"最佳原则，而且该原则始终"正确"。换言之，必然只有一个最终答案。

不同于以往"一个正确的原则"，在第二次世界大战结束后的30年中新出现了三种主要的组织设计原则，与法约尔的职能制原则和斯隆的联邦分权制原则共存。团队制原则、模拟分权制原则、系统制原则并没有取代原有的组织设计原则。三者都不是"普遍的"原则，实际上三者都存在严重的结构缺陷，适用范围存在很大的局限性，但三者是组织特定工作的最佳答案、执行特定任务的最佳结构，以及解决许多行业的最高管理和创新等重大组织难题的最佳途径。

组织的构成要件

设计组织的构成要件时，组织者面临三个问题：
（1）组织的构成单位应该是什么？
（2）组织内的哪些业务部门应该合并，哪些业务部门应该拆分？
（3）不同部门的最佳规模和形态是什么？

识别组织中基本构成单位的传统方法一直是分析取得绩效所需的全部业务，这将会得出制造型企业或零售企业典型职能的列表。

这种罗列各项典型职能的方法把组织视为机械性的职能集合体。组织虽然不一定具备全部典型职能，但的确会具备其中的若干职能。如何构建结构取决于所需的成果，各项工作的组织也必须始于所需的成果。

关键业务

我们需要了解的，不是组织结构中可能包含的所有业务，而是其承重要素，即关键业务。

因此，组织设计始于下列问题。

第一，要实现企业的目标，需要在哪些领域取得卓越绩效？

第二，哪些领域的绩效不佳，即使不至于影响企业的生存，也会影响其成果？

下面是若干实例，表明了这两个问题导致的后果。

由于英国玛莎百货公司的创始人有意效仿美国的西尔斯公司，所以两家企业在许多方面都非常相似。但在这两家企业中,实验室的作用和组织地位存在明显差异。西尔斯公司的自我定位是"美国家庭的买家",实验室的职责是检验购买的商品,因此西尔斯公司的实验室虽然规模庞大、能力高超,且广受尊敬,但在组织上处于从属地位。玛莎百货公司的自我定位是"为工薪家庭开发上等阶层品质的商品",因此玛莎百货公司的实验室位于组织结构的中心,实验室而不是买家决定了需要什么新产品,进而开发、设计、检验并生产该产品,此后才轮到买家来掌控。结果,在玛莎百货公司中,实验室负责人是管理层的一员,在许多方面也是首席业务规划师。

任何成就突出的企业,其组织结构的核心要素都是关键业务,尤其是那些需要优异的绩效才能实现经营目标的业务。

但同样重要的问题是:"哪些领域的故障会对我们造成严重伤害?我们主要的脆弱点在哪些领域?"然而,很少有人思考这两个问题。

大体上,在20世纪60年代的繁荣时期,纽约的经纪界没人思考该问题。反之,如果有人思考该问题,那么就会意识到处理客户订单、客户账户和证券的"后台办公室"出现故障可能会对经营造成严重伤害。1969~1970年席卷华尔街的严重危机,最重要的单一原因就是没有把后台办公室作为一项关键业务组织起来。有一家华尔街企业(美林集团⊖)思考了上述问题,并把后台办公室作为其组织结构中承重的关键业务,因此得以在危机中崛起,成为经纪业巨头。

第三,应该思考:"在这家企业中,对我们切实重要的价值是什么?"可能是产品或工艺的安全性,或者是产品质量,还可能是企业的经销商为客户提供适当服务的能力等。无论价值是什么,都必须立足于组织结构,组织内必须有一个部门专负其责,且该部门必须是一个关键部门。

⊖ 美林集团(Merrill Lynch),世界上最大的证券零售企业和投资银行之一,1914年由查尔斯·美林(Charles E. Merrill)创办于纽约华尔街,2008年被美国银行收购。——译者注

上述三个问题界定了组织的关键业务，这些业务反过来又会成为组织的结构要素。无论其他业务多么重要，耗费多少资金，雇用多少员工，都处于次要地位，显然，它们也必须被分析、组织，并置于组织结构中，但首要关注的应是那些对企业战略的成功和企业目标的实现至关重要的业务。这些关键业务必须予以确定、明确界定、精心组织，并置于组织结构的核心位置。

这意味着，当战略发生变化时，企业应该不断分析自身的组织结构。无论出于什么原因，战略变化——市场、技术、多样性、目标等方面的变化，都要求重新分析组织的关键业务，并采用与之相适应的组织结构。相反，在战略保持稳定的情况下，组织结构重组要么是多此一举，要么是起初的结构有缺陷。

贡献分析

在组织研究领域，从一开始最具争议的问题就是："组织内的哪些业务部门应该合并，哪些业务部门应该拆分？"

大体上，存在四类业务以各自不同的方式为组织的成果做出贡献。

首先是产生成果的业务，其成果不仅可测量，而且直接或间接地与整个组织的绩效相关。其中部分业务能够直接带来收入，另一些则为其他可测量的成果做出贡献。

其次是支持性业务，这类业务虽然必不可少，但自身不会产生成果，唯有让企业中的其他部门运用其"产出"才能产生成果。

再次是后勤业务，这类业务与企业的成果既没有直接关系也没有间接关系，纯粹是从属性业务。

最后是最高管理业务，这类业务不同于前述三类业务，本书第38章将专门进行探讨。

第一类产生成果的业务能够直接为组织创收。在服务机构中，相对应的是"患者护理"或"学习培训"等类型的业务。销售以及所有需要做的系统性、组织化的销售类工作，如销售预测、市场研究、销售培训、销售管理等都属于这一类。履行财务职能的业务，即企业的资金供给和资金管理业务，也属于此类。

第二类产生成果的业务是那些不直接创收但与整个企业或某个主要创收部门的成果直接相关的业务，我称之为对成果有贡献的业务，而不是产生成果的业务。

制造是典型的对成果有贡献的业务，培训、招聘、雇用都属于此类，这些是与向企业提供合格的、训练有素的人员有关的业务。采购和产品分销都属于对成果有贡献的业务，但不属于创收业务。在多数制造型企业中，"工程"通常被认为是对成果有贡献的业务，但也不属于创收业务。商业银行运营过程中的数据和文件处理，也属于这类业务。在寿险公司，理赔是对成果有贡献的业务，劳资谈判以及许多其他类似的"关系"业务虽然不能创收，但对成果有贡献。

第三类产生成果的业务是信息业务。这类业务确实产出了组织中每个人都需要的"成品"，但信息本身并不创造任何收入，其成品是创收部门或成本中心的"投入"。

支持性业务本身不生产产品，但为其他部门提供所需的投入，其中第一类是"良心"业务。在企业追求卓越绩效的过程中，良心业务在所有关键领域设定标准、创造愿景，并要求取得卓越的绩效。对于这项功能来说，"良心"似乎是一个奇怪的词汇，但这的确是一个好词。良心业务的任务，不是帮助组织改进当前业务，而是鼓励组织坚持自己的标准，提醒组织关注应该做的事务，而不是正在做的事务。

在多数组织中，良心业务往往不受重视，但每一家企业以及服务机构都需要为自身及管理者创造愿景、价值观和标准，以及制定根据这些标准评估绩效的相关规定。

第二类支持性业务是顾问和教学。这类业务的贡献不在于其自身做了什么或能做什么，而在于对他人绩效能力的影响。该业务的"产品"是组织中其他部门或成员提高的绩效能力。

以法律顾问、专利部门为代表的大量"关系"业务也属于支持性业务。

最后一组根据贡献来定义的业务是后勤业务，从医务室到清洁工，从工厂食堂到养老金基金和退休基金管理，从工厂选址到负责政府对企业所有备案要求的业务都属于后勤业务。这类业务对企业的成果和绩效没有直接贡献，然而，如果出现问题，却会损害企业的绩效。这类业务有助于符合法律规定，提高员工的士气，使组织承担起公共责任。在上述所有业务种类中，后勤业务最复杂多样，在多数组织中也是最被忽视的业务。

显然，上述分类非常粗糙，且远非科学。某些业务在这家企业中属于一个类别，在另一家企业中可能属于另一个类别，在第三家企业中可能定位不清，甚至可能根本没有对该业务进行明确的分类。

为什么要对业务进行分类呢？原因是做出不同贡献的业务，必须得到不同的对待。贡献决定了业务在组织结构中的排名和位置。

关键业务绝不应该隶属于非关键性业务部门。

创收业务绝不应该隶属于非创收性业务部门。

支持性业务绝不应该与创收业务、对成果有贡献的业务划归同一部门，而应该彼此分离。

"良心"业务

组织内的良心业务绝不应该隶属于其他业务部门，也绝不应该与其他业务划归同一部门，彼此应该明确分离。

创造愿景、设定标准、根据标准评估绩效的良心业务基本上是最高管理层履行的职能，但良心业务部门必须与整个管理团队合作共事。每一家企业，尤其是小型企业都需要良心业务。小型企业不需要设立一个单独的良心业务部门，但可以将其作为最高管理工作的一部分。任何超出中等规模的企业通常必须成立一个单独的良心业务部门，并配备专职人员。

然而，企业中应该只有非常少的人真正从事良心业务。这是某人以个人身份而不是以一名员工的身份从事的工作；是为那些因绩效赢得管理团队尊重之人而不是"专家"提供的工作。管理团队中拥有卓越绩效表现的高级成员，如果表现出对良心业务领域的关注、洞察力和兴趣，且愿意做出良心行为，那么就是负责该业务的最佳人选。

只有极少数对企业的成功和生存至关重要的核心领域，才应该作为良心业务。组织的目标和战略决定了需要哪些良心业务。对人的管理始终都应该是一项良心业务，营销同样如此。企业对环境的影响、企业的社会责任、企业与外部社区的关系也都属于良心业务。对于大型企业而言，技术创新和社会创新可能是一项良心业务。

然而，除此之外别无规则可循。

通常情况下，极少数从事良心业务的高管的任期应该受到限制。从事良心业务的高管无论多么受人爱戴，多么功成名就，最终都可能丧失诚实正直的品格，不再受人欢迎。对于年长之人而言，良心业务是辉煌职业生涯的好归宿。对于较年轻之人而言，几年后应该从良心业务岗位调离，最好返回"实干"岗位。

顾问和教学业务

顾问和教学业务（服务部门的工作）应该遵循同样严格的规定。

这类人员应当少而精，只在关键业务领域配备。使服务工作卓有成效的秘诀是专精而非瞎忙。

顾问和教学人员绝不应该试图尝试每项业务，而应该专注于极少数关键领域。他们不应该为每个人服务，而应该挑选组织中管理者能够接受的、不需要"推销"的领域以及一旦成功将会对整个企业带来最大影响的领域。

服务人员及其业务应该保持精简。

气质上适合从事顾问和教学业务的人并不多。要想在顾问和教学领域有所成就，需要真心帮助他人成长并获得赞誉。这项业务需要的人一开始就应该以帮助他人做想做之事为目标，当然，前提是想做之事既不疯狂也不邪恶；这项业务需要的人还应该乐于助人、诲人不倦，而不是喜欢独自开展工作；最后，这项业务需要的人不会滥用自己接近总部权力中心的位置来钩心斗角、操纵议题、偏袒营私。显然具备上述品质的人少之又少。然而，从事服务工作的人如果缺乏这些品质，往往只会对组织造成伤害。

顾问和教学人员需要遵守的一条基本规则是抛弃旧业务后才接手新业务，否则他们很快就会开始"创建势力范围"或制造"罐头食品"，也就是忙于制定各种规划和备忘录，而不是丰富生产人员的知识，并提升其绩效能力。一旦违背该规则，组织将不得不使用二流人才，而不是一流人才。只有在抛弃旧业务后才接手新业务，顾问和教学人员才能够把真正一流的人才安置在每一个工作岗位上。

顾问和教学业务绝不应该"运营"。人事工作者的共同弊病就是运营自己的本职工作，亲自从事劳资谈判、餐厅管理、相关训练等大量后勤琐事，结果导致顾问和教学工作不能完成。解决运营过程中的"日常危机"往往优先于顾问和教学业务，导致后者轻易被推迟。

顾问和教学业务不应该作为一种职业，不是一项某个人应该长时间从事的专职工作，而是管理者或专业人员在成长过程中应该短暂接触的工作。一旦成为一种职业，容易使在职者腐败堕落，蔑视"那些愚蠢的运营人员"（诚实工作的人），看重"聪明"而不是正确。由于在职者没有自身的成果，只能通过影响他人的绩效能力产生间接成果，所以顾问和教学也是一种令人沮丧的工作。

但是，从事顾问和教学业务是绝佳的训练和发展机会，是对个人品质以及在没有指挥权的情况下有效开展工作之能力的严格考验。晋升至组织最高层的每个人都应该拥有从事顾问和教学业务的经历。但任何人都不应该长期从事该业务并承担其风险。

信息的两个维度

信息业务提出了一个特殊的组织难题，该业务有两副"面孔"、两个维度、两种方向。不同于多数其他产生成果的业务，信息业务不关注生产过程的某一个阶段，而是关注其整个过程。这意味着该业务必须同时兼具集权和分权特征。

传统组织结构图通过连接信息业务和"老板"的两种不同线条来表达这一点。实线把信息业务与需要信息的部门负责人相连，虚线把信息业务与核心信息团队相连。例如，月度运营报表可能会同时报送运营部门负责人和企业财务总监。

由此得出一个结论：信息工作应该独立于其他类型的工作。美国的企业时常违反该项规则，把传统的信息业务（会计）与财务工作（企业中负责供应资本和管理资金的产生成果的运营工作）归入相同的组织部门。美国企业这么安排的理由不外乎二者都是"处理资金的业务"。但实际上，会计处理的并非资金，而是数字。上述传统方法导致轻视财务管理工作。

关于信息业务的棘手问题是，其中哪些应该合并，哪些应该拆分。如今有大量关于"整合的全面信息系统"的讨论,这意味着所有或起码大部分信息业务都应该归入一个组织部门。具体而言,运营研究或计算机系统等不同于以往的新型信息业务,不应该隶属于传统的会计部门,这一点已经被广泛接受。但它们应该协调一致吗?或应该彼此分离吗?

后勤业务

最后一组根据贡献来定义的业务是后勤业务。后勤业务也应该独立于其他工作,否则将无法开展。问题不在于后勤业务特别难处理,当然,部分后勤业务确实难以处理,但也有许多不难处理。问题在于后勤业务与成果之间甚至没有间接关系。因此,这类业务的在职者往往被组织中其他部门的成员瞧不起。

美国医疗保健成本大幅增长的一个原因是管理者忽视了"食宿服务"。在医院中起主导作用的医生和护士都知道食宿服务必不可少。患者除非感觉舒适惬意、吃饱穿暖、衣物洁净且病房整洁,否则难以痊愈。但这些都不是医生、护士、X光技师的专职工作。他们不愿意让渡一部分控制权,从而协助负责食宿服务的人干好工作,也不愿意让这些业务的负责人进入医院高管层,结果导致这些业务没能得到良好的管理。换言之,医院在这类业务上的绩效非常差,且费用高昂。

涉及巨额资金的业务领域甚至也存在这类忽视行为。例如在美国,尽管涉及巨额资金,但很少有企业在管理员工的养老金方面做得足够好。养老金管理似乎是与企业成果没有任何关系的业务,因此往往会被非常不慎重地交给某人处理。

一个解决办法是把后勤业务交给工作社区负责(参见第18章)。这些业务往往旨在为雇员服务,因此最好由雇员自己管理,或者也可以把这些业务外包给经营养老金或餐厅的外部专业人士。

但是，一家公司的管理层必须亲自选择厂址和建造工厂，或者起码必须积极参与这些事务。有鉴于此，后勤业务应该与所有其他业务分离。后勤业务需要的是不同的人员，注重不同的价值，采用不同的衡量标准，并且应该几乎不需要企业管理层的亲自监管。

有一条共同的原则：无论各项业务的技术多么专门化，只要做出的贡献是相同的，就能够并入同一个管理者领导的同一个部门中。一般而言，做出不同贡献的业务不应合并在一个部门。

把人事、制造、营销、采购等部门的全部顾问和教学业务合并为同一位管理者领导的同一个"服务"部门，这种做法是可行的，并且往往是最好的。无独有偶，在中小型企业中，一个人很可能负责企业所有主要的良心业务。贡献而不是技能决定了职能。

决策分析

识别关键业务并分析其贡献界定了组织的构成要件，但安置构成组织的各个部门需要从事另外两项工作：决策分析和关系分析。

要实现绩效目标，需要做出什么决策？这是些什么类型的决策？应该由组织内的哪个层级做出？涉及哪些业务或影响哪些业务？因此哪些管理者必须参与决策（起码应该事先咨询他们的意见）？决策做出之后必须通知哪些管理者？上述问题的答案决定了工作从何处着手。

在一家大型企业中，5年时间里管理者做出的远超90%的决策都是非常"典型的"，且属于少数几种类型。如果事先对问题进行了仔细思考，那么只有在少数情况下才有必要询问"这项决策属于哪里"。然而，由于这家企业没有进行决策分析，所以几乎3/4的决策不得不"寻找归宿"，其中多数被转移到比所需的管理层级更高的级别。该企业中各部门的组织方式向来是把应该做出关键决策的业务安置在层级较低的部门，而它们既不掌握决策权力也没有充分的信息。

四个基本特征决定了企业的任何一项决策的性质。

第一，决策的前瞻性。企业遵循该决策的时间是多久？该决策会以多快的速度被废弃？

西尔斯的采购员向公司交付的采购数额实际上没有限制，但在没有得到整个采购部门负责人（传统上，此人是整个西尔斯公司的二把手或三把手）的批准之前，任何采购员或采购主管都不能抛弃现有产品或采购新产品。与此类似，大型商业银行的外汇交易员向银行提交的金额通常只受到最宽松的限制，但如果没有得到银行高层领导的批准，他绝不能开始一种新货币交易。

第二，决策对其他职能、领域和整个企业的影响。如果决策仅仅对某一种职能产生影响，那么就是最低级别的决策，应该置于组织基层。反之，决策要么必须由更高层级的管理者做出，以便将所有受其影响的职能都考虑在内；要么必须在与所有受其影响的职能管理者密切协商后才能制定。用技术性语言来说，一项职能的绩效和流程"优化"不能以其他职能为代价，否则就是不可取的"局部优化"。

表面上只影响某个领域的纯"技术性"决策，实际上可能会对多个领域产生影响。这类决策的一个例子是大规模生产工厂中零部件库存管理方法的变化，会影响所有生产制造过程，导致装配需要做出重大改动，影响向客户交付产品，甚至可能导致抛弃特定的设计和型号等营销与定价方面的彻底改变。虽然变更库存管理方法面临的技术问题也很重要，但相比对其他领域的影响则显得无足轻重。以其他领域为代价换取库存的"优化"是不可取的。然而，决策唯有在相当高的管理层级上做出，并作为会对整个生产过程造成影响的决策时，企业才能够避免"局部优化"的局面。这要求要么把决策权留给高出工厂层级的管理层,要么在所有职能管理者之间保持密切协商。

第三,一项决策的性质也取决于其中包含的定性因素的数量,如基本行为准则、伦理价值观、社会和政治信念等。如果决策涉及这类价值观因素,那么就应进入更高层管理者的视野,要么由更高层做出,要么经过更高层的审查。最重要和最常见的定性因素是人。本书第 28 章中强烈主张最高管理层成员积极参与中层管理者向更高层次晋升的决策,这正是该主张的基础所在。

第四,决策可以划分为周期性例行决策和例外决策。例行决策需要确立一般规则,也就是要求基于原则做出决策。由于让一名雇员停职涉及人,所以一般规则必须由组织内的高级管理层制定。但具体情况下应用一般规则的决策可以由组织内的低级管理层做出。

然而,例外决策必须被作为独特事件。无论什么时候制定例外决策,都需要深思熟虑。

一项决策应该在尽可能低的管理层级和尽可能接近行动现场的部门做出,然而决策始终应该在足够高的管理层级上做出才能确保充分考虑所有受其影响的业务和目标。第一条规则告诉我们决策应该在多低的层级上制定。第二条规则告诉我们决策能在多低的层级上制定,哪些管理者必须参与,哪些管理者必须被告知决策信息。两条规则共同告诉我们特定业务应该被置于何处。对特定决策负责的管理者应该拥有足够大的权力来制定与自身工作相关的典型决策,同时应该处于足够低的层级以获知"行动现场"的详尽情况和第一手经验。

关系分析

设计组织的构成要件的最后一步是关系分析,它告诉我们组织内的某个部门属于何处。

在组织结构中安置某项业务的基本规则是尽可能减少各种关系，并使关键关系（也就是业务成功和贡献取得效果所依赖的关系）对部门来说变得容易、可得且处于核心位置。所以基本规则是保持最少的关系，但每个关系都有价值。

这条基本规则也解释了为什么职能不是一组彼此相关的技能集合。例如，如果我们遵循职能制，就会把生产的计划工作置于一个汇集了所有计划人员的计划部门。制订生产计划所需的技能与制订所有其他运营计划所需的技能密切相关。实际上，我们把生产计划人员安排在制造部门，并尽可能让他们接近工厂管理者和一线主管，就是根据关键关系来安排生产计划人员的位置。

基于决策分析的安置和基于关系分析的安置往往存在冲突，大体上应该尽量遵循关系的逻辑。

组织病症

完美的组织从来都不存在，最好的情况就是一个组织的结构不会制造祸端。在设计组织的构成要件并将其组合在一起时，最常见的错误是什么？组织结构存在严重缺陷的最常见症状是什么？

组织最常见、最严重的病症是管理层级的数量不断增加。组织设计的一条基本规则是构建的管理层级应尽可能少，塑造的命令指挥链应尽可能短。

每增加一个管理层级都会制造更多噪声，扭曲更多信息，增加相互理解的难度，干扰关键目标，转移管理者的注意力。命令指挥链中的每个环节都会增加压力，产生更多摩擦、惰性和懈怠。

排在第二位的组织病症是反复出现的组织问题。某个问题一被"解决"，就会以新形式再次出现。

制造型企业中的典型例子是产品开发。营销人员认为产品开发属于营销部门，研发人员则认为应划归研发部门，但无论划归哪个部门都会造成一个重复出现的问题。实际上两种安排都是错误的。在需要创新的企业中，产品开发是一项关键的创收业务，不应该隶属于任何其他业务部门，而应该组织为一个单独的部门。

解决重复出现的组织问题需要进行正确的分析：关键业务分析、贡献分析、决策分析、关系分析。对于多次出现的组织问题，不应该通过在组织结构图上移动小方框来机械地处理。反复出现的组织问题表明缺乏思考、缺乏清晰性、缺乏认可。

同样常见且同样危险的组织病症是把关键人物的注意力转移到错误的、无足轻重的、次要的问题上。组织结构应该使关键人物把注意力集中于重大经营决策、关键业务、绩效和成果。相反，如果组织结构使关键人物把注意力放在行为、礼仪、程序是否恰当上，那么就会产生误导作用，组织结构就会成为实现卓越绩效的障碍。

若干其他常见的组织病症通常不需要进一步诊断。首先是太多的组织成员参加没完没了的各种会议。

无论何时，组织最高层之外的管理者用来开会的时间超过总工作时间的一小部分（也许是1/4甚至更少）本身就是一种组织病症。会议频繁表明工作没有被清晰界定、组织结构不健全、责任不明确。需要召开会议表明，决策分析和关系分析要么根本没有进行，要么没有得到落实。规则应该尽量减少人们聚在一起完成任何事务的需要。

如果组织成员总是担忧他人的感受，关心他人喜欢什么，那么该组织就不是一个具备融洽的人际关系的组织，而是一个人际关系非常糟糕的组织。融洽的人际关系如同良好的习惯，应该是理所当然的。总是担忧他人的感受是最糟糕的人际关系。

现实中大量组织存在这种病症，可以毫不含糊地讲，这类组织往往人员过剩。从业务的角度衡量，这类组织可能人员过剩，相关人员不是专注于关键业务，而是试图做每一件事，尤其是在顾问和教学业务中更是如此。或者个别业务部门可能人员过剩，如同在拥挤的房间里人们互相刺激，用胳膊肘碰他人的眼睛，互相踩对方的脚。实际上，只要距离足够远，人们就不会彼此碰撞。人员过剩的组织创造的是工作岗位而不是绩效，必然会产生摩擦、神经质、恼怒以及关注人员的感受。

组织病症还表现为依赖"协调人员""助手"以及其他类似没有实际岗位的人员。这表明业务和岗位被设计得太小，或者业务和岗位不是为了实现明确的成果而设计，而是被期望从事不同任务的大量局部工作。这往往还表明，各个构成部门往往是根据技能，而不是根据贡献或在生产过程中的位置来组织的。技能往往只能为局部业务做贡献，而不是为成果做贡献。如果根据技能组织某项业务，那么就需要协调人员把本就不应该拆分的业务重新组合起来。

"组织炎症"

大量企业，尤其是大型复杂企业都患有"组织炎症"，表现为人人都关注组织结构问题，重组从未间断。一旦出现任何麻烦的征兆，哪怕只是采购代理和工程人员围绕某项具体规范发生分歧，组织成员也会大声疾呼外部顾问或内部参谋为代表的"组织医生"，并且任何组织性解决方案都不会持续太久。事实上，在新的组织研究开始之前，原先的组织安排很少有时间得到充分检验和贯彻落实。

在某些情况下，这确实是组织混乱的症状。如果组织结构没有遵循基本原理，那么就会出现"组织炎症"。尤其是在企业的规模和复杂性发生根本性变化，或者企业的目标和战略发生重大变化之后，如果管理者没能重新考虑并重组组织结构，那么"组织炎症"往往就会出现。

但在许多情况下，"组织炎症"往往是一种形式的疑病症。因此，应当强调的是，组织变革不应该过度频繁进行，也不应轻率开展。组织重组是一种手术，即使小手术也会有风险。

要求运用组织研究或重组来应对组织出现的轻微病症的行为应该受到抵制。任何组织都是不完美的，难免会出现一定程度的摩擦、冲突或混乱。对组织状态是否良好的检验不是纸面上的完美，而是卓越的工作绩效。

小　　结

在现代管理的短暂历史上，我们曾经两次相信找到了正确答案。一次是第一次世界大战时期亨利·法约尔构建的"职能制组织"，另一次是一代人时间后阿尔弗雷德·斯隆构建的"联邦分权制组织"。在适当的领域和条件下，这两种组织结构形式仍旧是我们能够找到的最佳答案，但我们越来越不得不在这两种组织结构形式都不适合的领域构建组织，我们越来越不得不另外开发新的组织设计原则，目前我们已经有了5条原则。

在过去的75年中，我们已经学到了大量关于组织结构的知识。我们知道了有效的组织结构的具体规范，知道了必须在一个组织的结构中把三种不同类型的工作组织起来。三种不同类型的工作分别是：运营工作、最高管理工作、创新性工作。我们还知道了结构跟随战略，因此结构不是机械性的，而必须从组织的宗旨和目标出发，立足于实现目标所需的关键业务。我们已经知道设计组织结构始于把构成要件组织起来，知道哪些业务应该合并在一起，哪些应该拆分开，知道组织会出现什么病症，还知道没有一个最终答案。

健全的组织结构并不能确保卓越的绩效，但不当或不匹配的组织结构一定会损害绩效，并且绩效是对组织结构的检验。

问　　题

1. 在一家企业的发展过程中，什么时候组织结构会成为重中之重？
2. 亨利·法约尔构建的组织结构是什么？
3. 阿尔弗雷德·斯隆如何把法约尔的组织结构应用于业务复杂的大型企业组织？
4. 为什么法约尔和斯隆构建的组织结构不适用于当今的现实？
5. "结构跟随战略"的含义是什么？
6. 三种不同类型的工作包括哪些？
7. 组织理论家提出的三个无谓争论是什么？为什么这些观点不应被认为是"非此即彼"的选择？
8. "自由型组织"是什么意思？
9. 在过去30年中，新出现的三种主要的组织设计原则是什么？
10. 设计组织的构成要件时，组织者应该思考哪些问题？
11. 进行贡献分析时需要考虑的四大类业务分别是什么？
12. 产生成果的业务和对成果有贡献的业务的区别是什么？
13. 良心业务的例子有哪些？
14. 信息业务的两个不同维度是什么？
15. 为什么把后勤业务交给工作社区负责是一个好主意？
16. 决定企业的任何决策性质的四个基本特征是什么？
17. 在组织结构中安排某项业务的基本规则是什么？
18. 组织的病症包括哪些？

第35章 | CHAPTER 35

以任务和工作为中心的设计

当今的"组织缔造者"拥有五种设计原则,即五种不同的业务组织方式和关系排列方式,其中亨利·法约尔构建的职能制和阿尔弗雷德·斯隆构建的联邦分权制是两种传统的设计原则。

团队制、模拟分权制、系统制是新出现的三种设计原则。

五种原则中的每一种都是为了满足特定的需求而开发的,因此给我们留下的第一印象是,五种原则是权宜之计,而不是真正的组织设计,更谈不上什么逻辑。但实际上,这些原则表达了不同的设计逻辑。每一种原则都着眼于管理型组织的一个普遍维度,进而围绕这个维度构建组织的结构。

基本规范要求

组织结构必须满足下述最基本的规范要求:清晰明了、经济划算、视野明确、个人能理解自己和组织的任务、决策适当、具有稳定性与适应性、永存与自我更新。

（1）清晰明了。组织中的所有管理部门以及所有个人，尤其是所有管理者都需要知道自己隶属何处，立场是什么，必须去何处寻求所需的信息、合作或决策等。清晰明了绝不等于简单。实际上，看起来简单的组织结构往往缺乏清晰度，而貌似复杂的组织结构可能非常清晰明了。

如果员工没有一份详细的组织手册，就不知道自己隶属何处，必须去哪个部门，立场是什么，那么这种组织结构只会制造摩擦、浪费时间、引起争吵和带来挫折、延误决策，总体来看会成为开展各项业务的障碍而不是带来帮助。

（2）经济划算。组织结构的经济性与清晰度密切相关，应使组织能够以最少的成本去控制、监督、劝说人们开展工作。组织结构应该使自我控制成为可能，并且应该鼓励自我激励；应当尽可能让最少的人，尤其是高素质的优秀人才投入时间和精力来维持体制的运转。

任何组织都必须付出一定的努力来保持体制状态良好、顺利运转。组织在"内部控制""内部沟通""人事问题"上必须花费一定的时间。组织用于维持自身运转的投入越少，那么转化为产出的投入就越多，组织将更加经济划算，更多的"投入"能转化为绩效。

（3）视野明确。组织结构应该把个人和部门的视野导向绩效而不是努力，着眼于成果，也就是整个组织的绩效。

绩效是所有业务的目的。实际上，组织可被比作一个传送装置，把各项业务转变为"驱动力"，也就是绩效。组织的效率越高，传送装置就越"直接"，即越不需要改变特定业务的速度和方向就能够产生绩效。应该有尽可能多的管理者像商人一样为人处世，而不应以"专家"或"官僚"的身份开展工作。应该尽可能多地根据绩效和成果，而不是根据行政技能或专业能力来检验组织结构。

（4）个人能理解自己和组织的任务。组织应该使所有成员，尤其是所有管理者和专业人员理解自己的任务。但同时，组织也应该使每个人都理解共同的任务，即整个组织的任务。为了把个人的努力与共同利益联系起来，组织的所有成员都必须理解自己的任务如何与共同的任务相匹配。并且反过来，他们必须知道共同的任务可能会对自己的任务、贡献、方向产生什么影响。因此，组织结构要能够促进成员之间的沟通交流，而不是成为障碍。

（5）决策适当。前述所有可用的设计原则都并非主要围绕着"决策模型"来构建，然而决策必须做出，且必须围绕正确议题，出自恰当的管理层级，进而落实为具体工作，取得相应的成就。因此，组织设计必须被检验，以确定其阻碍还是促进决策过程。

迫使决策由尽可能高的管理层级做出，而不是由尽可能低的管理层级做出的组织结构显然会对决策的出台造成障碍。同样，隐藏了对关键决策的需求或聚焦于管辖权争议等错误问题的组织结构，也会给决策带来不良影响。

（6）具有稳定性与适应性。组织需要一定的稳定性。即使周围环境动荡不安，组织也必须能够开展工作，必须能够立足于以往的绩效和成就规划未来并保持连续性。

个人需要一个"港湾"。没人能在机场候机室中开展工作，也没人能在辗转流离中完成许多工作。个人需要归属于一个社区，社区中的人们互相认识，彼此之间存在种种关系。

但稳定不是僵化。相反，组织结构需要具有适应性。完全僵化的结构反而不稳定，非常脆弱。只有组织结构能适应新形势、新要求、新条件，组织才能生存下去。

（7）永存与自我更新。最后，组织需要能够使自己长期存在下去，也需要具备自我更新的能力，这两种需要对组织产生了下述要求。

组织必须能够自己培养未来的领导者。这方面的一个最低要求是，组织绝对不能设置太多管理层级，以至于能力出众的25岁年轻人虽然早早就迈入了管理层，却通常不能在年富力强时晋升至职业阶梯的顶端。

自我更新的一个要求是每个管理层级的组织结构都能够有效地考验可能晋升至高一级管理层的人选，从而为组织储备人才；尤其必须为高级管理岗位和最高管理岗位检验并储备当前的基层、中层管理者。为了兼顾永存与自我更新，组织结构还必须能够接受新思想，必须愿意且能够从事新业务。

满足上述规范

上述规范彼此之间显然存在冲突。没有任何组织设计原则能够完全满足所有规范。但任何绩效突出、具有连续性的组织结构都必须在一定程度上满足上述所有规范。这意味着需要进行权衡、妥协和折中，也说明即使简单的组织机构也可能运用多种而不是一种设计原则。如果上述规范中的任何一条完全得不到满足，那么组织将难以取得绩效。因此，构建组织结构需要理解可用的设计原则及其要求、局限性以及它们与上述规范的"匹配"问题。

关于可用的设计原则，首先需要了解的是其逻辑。职能制和团队制是以任务和工作为中心组织起来的。联邦分权制和模拟分权制是以成果为中心组织起来的。系统制则是围绕关系组织起来的。

三种组织方式

无论体力工作还是脑力工作，所有工作都可以采用三种方式进行组织。

第一，工作能够根据生产过程中的阶段来组织。建造房屋时，我们往往需要先打地基，然后建造主体结构和屋顶，最后进行内部装修。

第二，可以通过把工作移动到每个步骤所需的技能和工具的位置加以组织。生产独特产品的传统金属加工厂在一条通道中安装成排的铰刀和车床，另一条通道中安装冲压机床，第三条通道中安装热处理设备，金属零部件从一套机器及其熟练操作者所处的通道转移到另一条通道。

第三，工作本身静止不动，而是让一群拥有不同技能、掌握不同工具的员工去工作。例如，包括导演、演员、电工、音响工程师等在内的制片人员"去现场拍摄"，其中每种工作都高度专业化，但相关人员作为一个团队开展工作。

法约尔构建的"职能制组织"常常被认为以"相关技能的集合"来组织工作。实际上，职能制组织根据阶段和技能来组织工作。诸如制造或营销等传统职能涉及各种互不相关的技能，包括制造职能中机械师的技能和生产计划人员的技能、营销职能中销售员的技能和市场研究人员的技能，但制造和营销是生产过程中明显不同的阶段。然而，会计、人事等其他职能的工作则是根据技能来组织的。但在任何职能组织中，工作都在不同阶段或技能间移动。换言之，工作是移动的，员工的位置是固定的。

然而，在团队制组织中，工作和任务可谓是"固定的"。拥有不同技能、掌握不同工具的员工组成一个团队，被安排去从事一个研究项目或一栋新办公大楼的建筑设计等工作。

职能制和团队制是古老的组织设计原则。埃及金字塔的建造者根据不同的职能来组织相关工作。组织有序的长期性"狩猎部落"甚至早在冰河时代末期就已存在。

工作和任务必须结构化与组织化。任何组织都必须采用职能制或团队制，或者同时采用这两种原则来设计工作和任务。本章后文将会讨论许多组织应该同时遵循这两种设计原则，并且所有组织都需要理解二者。

职能制的优势和劣势

职能制最大的优势在于清晰明了。每位组织成员都有一个"港湾",人人都能理解自己的任务。职能制组织往往非常稳定。

但清晰和稳定的代价是,包括高层职能管理者在内的组织成员难以理解整体的任务,难以把组织的任务与自身的工作联系起来。虽然职能制组织的稳定性很强,但也容易僵化,不易适应现实。职能制组织不会让成员未雨绸缪,不会为此对他们进行培训并加以考察。总体而言,职能制组织往往会让成员希望把已经做过的事情做得更好,而不是寻求新观点或新的工作方法。

职能制的优势和劣势使其在经济划算的规范方面表现出独特性。在最佳状态下,职能制非常经济划算,只需要极少数的高层管理者耗费大量时间来维持组织运转,即"组织""协调""说服"等,其余人员则可以专注于自己的工作。但最常见的情况是,职能制一点都不经济划算。一旦达到中等规模或复杂性,"摩擦"就会不可避免,企业很快就会沦为一个充斥着误解、争斗、势力范围以及柏林墙[1]的组织,因此需要各种协调员、委员会、会议、故障排查员、特别调解员等,虽然耗费了每个人的时间但往往解决不了多少问题。朝彼此冲突发展的趋势不仅存在于不同职能之间,而且大型职能部门内部的分支和子职能部门也很容易出现效率低下的弊病,也需要管理层付出越来越多的努力才能保证其顺利运转。

职能制组织以努力为中心,这既是基本优势也是基本劣势。每一位职能经理都认为自己的职能部门最重要,这会导致重视工艺和专业标准,但也往往使职能部门成员把本部门的利益置于其他部门,甚至整个企业的利益之前。职能制组织中没有切实有效的补救方法来克服这种倾向。每个职能部门

---

[1] 柏林墙(Berlin-Wall),1961年8月13日起,东德政府环绕西柏林边境修筑的全封闭边防系统,1990年6月被拆除,德鲁克用其来比喻内部各自为政、沟通不畅的组织。——译者注

都渴望提高自身在整个组织中的地位，这是让每位职能经理好好工作需要付出的代价。

在小型职能制组织中，沟通往往非常顺畅，但随着组织规模的扩大，沟通也会出现障碍。即使在一个单独的职能部门（如营销部门）中，沟通状况也会随着规模和复杂性的增加而迅速变差。职能制组织中的人越来越成为专才，主要对自己狭窄的专业领域感兴趣。

职能制作为一种决策结构，即使企业的规模很小，工作绩效仍旧非常低下。因为一般而言，职能制组织中的决策只能由最高管理层制定，因为除了最高管理层，没人能够看到企业的全局。结果导致，决策很容易被组织内部的职能部门及其成员误解，并且往往难以贯彻落实。此外，由于职能制组织具有较高的稳定性和较差的适应性，所以可能难以从事真正不同于以往的新业务，不能以开放的态度直面类似挑战。

职能制组织在开发、培训和评估人员方面也表现较差。职能制组织侧重强调个人获得与特定职能相关的知识和能力。然而，职能专家的视野、技能、忠诚可能会变得狭隘。职能制组织往往与生俱来强调不能对其他职能或专业的工作表现出太大的兴趣，也就是鼓励狭隘的门户之见。

职能制的上述劣势和弱点从一开始就显而易见，因此长期以来人们始终想方设法加以弥补，尤其试图弥补职能制的最大弱点：倾向于把职能人员的视野从贡献和成果转移到努力和忙碌。

适用职能制的工作

即使在职能制适用的领域，其范围也仅限于运营工作。最高管理是"工作"（参见第38章），但不是"职能"工作。最高管理工作不适合根据职能制进行组织。实际上，只要采用职能制对工作进行组织，就会导致最高管理层趋于弱势。

创新性工作更不适合采用职能制进行组织（参见第37章）。创新是尝试做一些之前没有做过的事务，即我们当前尚不清楚的事情。在创新过程中，我们需要各种学科的独特技能，但我们不知道何时何地需要它们，也不知道会持续多久、程度如何、数量多少。因此，创新性工作不能根据职能制进行组织，创新性工作与职能制互不兼容。

采用职能制的组织

在根据职能制设计的企业中，该原则的成效非常突出。职能制组织的典型代表是早在20世纪初亨利·法约尔经营的煤矿企业。以当时的标准来看，该企业的规模已经非常庞大，但在今天看来不过是一家小型企业。除了少数几名工程师，该企业雇用的都是从事同种工作的体力劳动者。煤矿企业只有一种产品，且彼此之间仅在尺寸方面存在差别。除了简单的洗涤和分选外，煤炭不需要进行其他任何处理。至少在当时，煤炭只有非常少的市场客户——钢铁厂、火车、轮船、电厂、房东，但在这些市场上，煤炭实际上处于垄断地位，并且尽管在法约尔所处的时代采煤机械和工具正在迅速变化，但整个生产流程没有任何改变。换言之，创新的空间并不大。

对于法约尔经营的企业而言，运用职能制组织自身的工作效果良好。任何更具复杂性、动态性、创新性的业务都需要职能制组织不具备的绩效能力。该原则的应用如果超出法约尔经营的企业类别，时间和精力方面的成本就会迅速增加，还具有很高的风险会把组织的精力从绩效转移到瞎忙。在规模、复杂性、创新性等方面超出法约尔式煤矿企业的组织中，职能制应该作为被采用的一个原则，但绝不是唯一原则。即使在与法约尔经营的企业类似的组织中，最高管理层的设计和结构也需要遵循不同的原则。

团队制的特征

团队由不同的人构成,往往人数不多,但他们各自具有不同的背景、技能和知识,且来自组织的不同领域,为一个特定的具体任务而分工合作。团队中通常会安排一名团队领导者或队长。在团队执行任务期间,领导者的任命往往是长期性的。但在任何时候,领导权都取决于工作逻辑和生产过程中的特定阶段。团队制组织中没有级别之分,只有资历之别。

每一家企业以及其他类型的组织机构,向来都运用团队制执行一次性任务,但我们直到最近才重新认识到,团队制也是一种适合永久性结构的设计原则,而早在冰河时代,靠游牧为生的狩猎部落已经对此一清二楚。团队的使命是一项具体任务——狩猎探险或产品开发,但团队本身可以是永久性的,其构成人员可能因任务而异。虽然个别成员可能散布于不同任务或同时隶属于多个团队,但骨干成员非常稳定。

团队制组织最典型的例子可能是医院。为满足个别患者的需求,医院会从各"服务部门"抽调人员组成治疗团队,根据规定任命医生为团队领导者,护士为执行主管。

在医院中,每名工作人员都直接关心患者的护理情况,也就是说,团队中每一名成员都应该为整体任务的成功承担个人责任。在医院中,医生的命令就是法律,但如果物理治疗师根据医生的命令给患者进行康复训练时患者似乎发烧了,他们应该注意到并停止训练,立刻通知护士并索要体温数据。在自己的专业范围内,他们会毫不犹豫地撤销医生的命令。医生可能会下命令要求给骨科患者测量所需的拐杖的尺寸,并教患者使用方法。物理治疗师可能扫一眼之后对患者说:"你不需要拐杖,你最好马上使用手杖,或者干脆在没有任何支撑的情况下行走。"

整个治疗团队对绩效负责。作为团队的执行主管,护士可以根据需要利用整个组织的资源。护士会让 X 光技术员协助工作，也需要物理治疗师和医学实验室技术员等的配合。为不同患者服务的团队可能由不同的人员构成，但承担主要责任的团队领导者也会习惯与每个职能领域中固定的三四个人多次合作共事。

团队制的要求

团队制组织需要具备一个持续不变的使命，而承担的具体任务可以频繁变更。如果没有持续不变的使命，可能需要组建一个临时性任务小组，而不是一个永久性团队制组织。如果任务不会变更，就不需要且没理由组建团队制组织。

团队制组织需要具备一个清晰明确的目标。整个团队及每位成员的工作和绩效必须尽可能随时能够反映目标的要求。

团队制组织需要领导，担任领导角色的可以是医院中患者治疗团队的长期领导者——医生或护士，也可以是公认的最高管理团队的领导者。领导还可以根据阶段的不同而发生变化。如果是这种情况，那么必须明确指定某人来决定由谁担任特定阶段的团队领导者。这并不是制定决策、发布命令的领导责任，而是决定哪位团队成员拥有特定阶段的决策权和命令权的领导责任。因此，团队并不"民主"，反而强调权威，但权威源自任务，并以任务为中心。

整个团队始终对任务负责。个体成员贡献出自己的独特技能和知识，但每位成员都要对整个团队的产出和绩效负责，而不仅仅对自己的工作负责。团队是一个整体。

不同的人组成一个团队开展工作，无须彼此充分了解，但他们确实需要知道彼此的职能和潜在贡献。团队成员之间不需要"融洽交往""移情""人际关系"等，但相互认可对方的工作、理解共同的任务必不可少。

因此，团队领导者的首要工作就是营造清晰明确的氛围，具体包括目标明确、每位团队成员（包括领导者）的角色明确。

团队制的优势和劣势

团队制组织的优势很明显。每位团队成员都了解整体的工作，并对其负责。团队容易接受新观点和新工作方法，具有很强的适应性。

但团队制组织的劣势也很突出。只有在团队领导者营造出清晰明确的氛围后，目标和成员的角色才能清晰明了。团队的稳定性较差，经济上不划算，需要持续关注内部管理、人际关系、人员的工作安排、解释、审议、沟通等。团队成员的大部分精力都被消耗在维持业务运转上。尽管团队中的每位成员都理解共同的任务，但不一定总是清楚自己的具体任务。某位成员可能对别人正在做的事情很感兴趣，以至于对自己的任务没有足够的重视。

团队制组织具有很强的适应性，容易接受新思想和新工作方法，是在当前条件下克服职能隔离和狭隘利益的最佳方式。在职业生涯中，所有专业人员都应该服务于若干个团队。

尽管如此，在为更高管理层储备人选或考察其绩效方面，团队制组织仅比职能制组织略微好一点。团队制组织既不能缔造明确的沟通，又不会带来清晰的决策。整个团队必须不断向成员以及组织其他部门的管理者解释团队试图做什么，正在做什么，以及成就是什么。团队必须时常确保需要做出的决策是公开的，否则确实存在一种危险，即团队很有可能会制定不当的决策，例如向整个企业做出不可撤销的承诺。

团队制组织的失败（失败率一直居高不下）主要是因为没有在享有高度

自由的同时，坚守严格的自律，承担相应的责任。所有团队都不能在"放任自流"的同时履行职能。

团队制组织最大的劣势在于规模。当只有少数成员的时候，团队制组织效果最好。狩猎团伙往往只有 7～15 名成员，足球、棒球、板球等团体运动的球队同样如此。如果成员过多，团队就会变得笨拙，灵活性和成员的责任感等方面的优势就会减弱，缺乏清晰性、沟通不畅、过度关注内部关系等劣势就会变成致命伤。

适用团队制的工作

团队制在规模方面的限制决定了自身的适用范围。

对于最高管理层而言，团队制是最佳的结构设计原则。实际上，正如本书第 38 章将会指出的那样，团队制可能是唯一适用于最高管理层的设计原则。团队制也是创新性工作的首选设计原则（参见第 37 章）。

但对于多数运营工作而言，团队制不适合作为唯一的设计原则，而只能作为职能制原则的补充，并且是亟须的补充。很有可能的情况是，正是团队制组织帮助职能制组织有效地发挥作用，并使后者能够从事设计者希望之事。

团队制与知识组织

团队制作为职能制的补充，很有可能在知识工作领域做出最大贡献。知识组织很可能平衡作为个人"港湾"的"职能制组织"和作为个人"工作地点"的"团队制组织"，用技术术语表达就是"矩阵制组织"。

根据定义，知识工作是专业性工作。从中层管理到知识组织的转变把大量专业人员以运营人员的身份引入管理群体。传统的职能模式正逐步被无数的新职能取代。当然，其中许多职能能够，也应该被归为一类。不过，即使税务专家将时常与财务部门或会计部门的其他"财务"人员合作共事，但税务仍是一项与后者不同的独特工作。这也适用于与传统营销职能、传统研发职能、传统制造职能存在类似关系的产品经理或市场经理。

这需要更好的职能管理，组织必须决定需要什么专业知识，否则将淹没在无用的学习中；必须深入思考需要专业知识的关键业务是什么；必须确保在关键领域提供全面的、卓越的知识工作。其他领域的知识工作必须要么根本不做，要么置于次要地位。

专业知识必须得到良好管理，以确保其对创办组织的宗旨做出贡献。管理层必须在当前预测未来所需的新专业知识，以及未来对现有专业知识提出的新要求。换句话说，这需要对本书第25章中讨论的管理发展问题给予职能方面的关注。

此外，亟须关注并管理专业人员。专业人员在从事真正重要的业务还是在浪费时间？他们是在重复已经知道如何做的事务，还是致力于挖掘新潜力并提高绩效能力？专业人员受到有成效的利用还是仅仅在瞎忙？他们能既作为专业人员又作为个人获得发展吗？

要切实回答这些重要问题，不能通过检查一个人工作了多长时间，而是需要具备职能领域的知识，开展真正的职能管理。

毫无疑问，大量知识工作将严格以职能为基础组织起来。大量工作也将由那些实际上本身就是"组织构成部分"的个人完成。

然而，越来越多的知识工作者将拥有一个职能性港湾，但他们将与来自其他职能部门，或拥有其他学科背景的知识工作者在一个团队中合作共事。运用的知识越先进，相关工作的专业化程度就必须越高。即便专业知识不仅仅是"数据"，也不过是些零碎信息，只有成为他人的决策、工作、理解的投入，才会取得卓越绩效。只有在团队中，专业知识才能转化为成果。

因此，知识组织将越来越包括两个维度——职能维度和团队维度，前者管理个人及其知识，后者管理工作和任务。一方面，这违背并破坏了职能制；另一方面，这也挽救了职能制，使其充分发挥作用。知识组织当然需要实力强大、专业精深、卓有成效的职能管理者和职能部门。

团队制显然不是万能的，而是一种难以贯彻落实的组织结构形式，需要高度的自律，也具有严重的局限性和重大缺陷。

但团队制也不像许多管理者仍然认为的那样，仅仅是处理非重复性出现的"特殊问题"的权宜举措，而是一种切实的组织设计原则。对于最高管理工作和创新性工作代表的长期性组织任务来说，团队制是最佳的设计原则。无论在体力或文书等大规模生产工作中，还是在最重要的知识工作中，团队制都是职能制的重要补充，甚至是本质性的补充。此外，在知识组织中，或许通过由聚焦技术的职能维度和聚焦任务的团队维度构成的矩阵制结构，团队能成为使职能性技术充分发挥作用的关键因素。

小　　结

如今我们已经拥有五种不同的组织设计原则，其中每一种都能够满足若干设计规范，但任何一种都不能满足所有规范；其中每一种都有自身的优势、劣势和对效果的严格要求，都蕴含着特定的组织设计逻辑。其中前两种设计原则，即职能制和团队制，根据工作和任务的逻辑来组织相关工作。虽然人们常常认为这两种原则相互冲突，但二者在很大程度上可以相互补充，这尤其表现在知识工作领域。实际上，知识工作正日益采用矩阵制的形式（同时遵循职能制和团队制）加以组织。

问　　题

1. 组织结构必须满足哪几个方面的基本规范要求？
2. 组织工作的三种方式是什么？职能制和团队制各自的优势与劣势是什么？
3. 职能制在什么工作领域最适用？
4. 团队制的要求有哪些？
5. 团队领导者的首要工作是什么？
6. 理想的团队规模是多大？
7. 团队制作为职能制的补充，很可能在什么领域做出最大贡献？
8. 知识工作者的管理者在组织设计方面遇到的特定问题有哪些？

CHAPTER 36 | 第36章

以成果为中心的设计和以关系为中心的设计

联邦分权制的特征

采用联邦分权制的公司由许多自治的事业部构成,其中每个事业部都对自身的绩效、成果以及为公司做出的贡献负责;每个事业部都有各自的管理层负责运营实际上"自治的业务"。

联邦分权制假定在自治的事业部内部,各项业务根据职能制加以组织,当然,也不排除会采用团队制。分权化的自治事业部被设计得足够小,以便在发挥职能制优势的同时避免其劣势。

但联邦分权制的起点不同于职能制和团队制。职能制和团队制的起点是工作和任务,假定成果是各项努力的总和,其基本前提是"只要合适地组织各项努力,就会得到正确成果"。与此对照,联邦分权制始于问题:"我们想要什么成果?"联邦分权制组织首先试图确定正确的事业部,也就是确定有能力获得最佳成果(尤其是市场成果)的事业部。继而思考问题:"在各个自治的事业部中,必须确立和组织什么工作、努力和关键业务?"

一家企业非常有必要让内部所有自治的事业部确立相同的(起码是相似的)职能制结构。例如,西尔斯公司的所有零售商店,无论规模大小和位置如何,都设有一名财务主管、一名运营经理、若干主要商品类别的部门经理。通用汽车公司下设的所有制造事业部都有 7 项关键职能——工程、制造、熟练技工、采购、营销、会计、人事,各职能部门负责人直接向事业部总经理汇报工作。

但企业也应该警惕,不能让上述令人满意的相似性变成令人窒息的一致性。

1950~1952 年通用电气公司重组的案例表明了什么事情是不能做的。通用电气公司认定"典型的制造型企业"具有五项关键职能:工程、制造、营销、会计、人事。当然,人人也都明白,上述职能并不适合通用电气信贷公司⊖这类非制造型企业。通用电气公司的管理层忽视了两点,结果造成了严重的后果。

首先,某些制造型企业需要额外的、不同的关键职能,或者起码需要对相同职能的工作进行不同的安排。例如,在计算机分公司中,产品开发和客户服务非常重要,不能隶属于工程或营销职能部门。通用电气公司在计算机业务上的失败有许多原因,但强加一个典型的制造业职能制结构是主要因素。⊜

其次,某些制造业务实际上是创新性业务。这些部门是真正的业务和成果中心,但它们没有任何"产品",而是旨在从事产品开发;它们没有任何

⊖ 通用电气信贷公司(General Electric Credit Corporation),1932 年,通用电气公司为推动家用电器的销售而创立的子公司,负责为消费者提供融资,后来逐步发展为美国名列前茅的金融公司。——译者注

⊜ 20 世纪 60 年代,通用电气公司是八大计算机企业之一,开发了一系列产品和系统,1970 年将计算机业务出售给霍尼韦尔公司,退出了计算机制造业。——译者注

"市场"，只有一份通常来自美国联邦政府的研发合同；它们不从事"制造"，最多设立一个模型车间用来制造少量原型。然而，典型的制造职能被强加给这类部门。其中若干创新性业务部门通过暗中破坏正式组织结构才得以幸存。另一些则受到严重损害，不得不承担大量本来无须承担的繁重职能，最重要的是其愿景和努力被扭曲。

联邦分权制的优势

在当前可用的所有组织设计原则中，联邦分权制最接近于满足第35章中列出的所有"基本规范要求"，其应用范围也最广泛，运营工作和创新性工作都能够被组织为分权化的自治事业部。尽管最高管理层显然不能被作为一个自治事业部，但如果企业根据联邦分权原则恰当地组织，将塑造一个强大而有效的最高管理层，使其从琐事中解脱出来致力于最高管理任务。

联邦分权制非常清晰明了且经济划算，使自治事业部的所有成员都能够轻松地理解自己的任务，并理解整个企业的任务。此外，联邦分权制组织兼具非常强的稳定性与适应性。

联邦分权制把管理者的愿景和努力直接聚焦于企业的绩效和成果。大型企业时常出现下述弊病：自欺欺人；关注熟悉但陈旧过时的业务，而不是困难但成长中的新业务；利润丰厚的业务被无利可图的业务拖住等。然而，这些弊病在联邦分权制组织中出现的概率会大幅降低，此外，企业的现状也不会被管理费用轻易掩盖，不会被隐藏在销售总额的数字中。

在沟通和决策方面，联邦分权制是唯一令人满意的设计原则。由于整个管理团队，或者至少是高级管理层都拥有共同的愿景和认识，所以往往他们沟通起来很容易。由于这个原因，从事不同工作的人之间的沟通一直受到鼓励而不是遭到反对，决策权也可能不用费太大力气就能赋予恰当的管理层级。联邦分权制组织关注的焦点往往是正确的而不是错误的议题，往往是重要的而不是无关紧要的决策。

但是，联邦分权制组织的最大优势在于管理者开发。在现有的组织设计原则中，只有联邦分权制能够预先为最高管理层储备和筛选人才。这一点本身就足以使其成为优先采用的组织设计原则。

在联邦分权制组织中，管理者与企业绩效和成果的关系密切，足以使其把精力集中于此。他们与成果的关系足够密切，能够从企业绩效中得到关于自己的任务和工作的即时反馈信息。由于目标管理与自我控制得以有效地发挥作用，所以管理者手下的人数和部门数量不再受管理幅度的限制，而只受宽得多的管理责任幅度限制。

最重要的是，分权化自治事业部的总经理是真正的最高管理层成员，哪怕是小事业部的总经理也不例外。他们面临着一家独立企业最高管理岗位面临的多数挑战，通常唯一除外的是财务资源及其供给的责任。分权化自治事业部的总经理必须制定决策，必须构建团队，必须深入思考当前和未来的市场、工艺、人员、资金等问题。结果，他们在一个自治事业部中受到考验。由于这种考验发生在他们整个职业生涯非常早的时期，当时他们还处于较次要的职位上，因此万一犯错也不会对企业造成太大伤害，同样重要的是，也不会对他们个人造成致命打击。无论在企业还是其他任何组织机构中，没有任何其他组织设计原则能够像联邦分权制一样为未来的领导岗位储备和考验人才。

构建一种能够储备和考验未来领导人的体制，是政治理论和政治实践中最古老的议题。没有任何一种政治体制充分解决了该问题，联邦分权制也没有完全解决。分权化自治事业部的总经理仍没有承担最高管理层的全部责任，当然也没有遭遇真正的高处不胜寒，但相比已知的其他组织结构，联邦分权制组织更加接近于解决该问题。

联邦分权制的要求

联邦分权制有若干严格要求，对责任和自律也有必不可少的本质性要求。

分权绝不能弱化总部。相反，联邦分权制的一个主要宗旨就是加强最高管理层的权威，使其能够聚焦于本职工作，而不是被迫监督、协调、支持运营工作。唯有在最高管理岗位被明确界定且被慎重考虑的前提下，联邦分权制才能奏效。

检验联邦分权制成败的标准在于最高管理层的能力。在采用联邦分权制的企业中，最高管理层首先必须承担深入思考"我们的业务是什么以及应该是什么"的责任；必须承担为整个企业确立目标并制定实现这些目标的相应战略的责任；换言之，最高管理层必须履行自身工作岗位的责任。如果最高管理层未能承担上述责任，那么联邦分权制组织就会成为一团乱麻。

最高管理层必须慎重思考应该保留哪些决策。有些决策关乎整个企业、企业的形象及企业的未来，但也有若干决策主要与个别自治事业部相关。要区分上述两种决策，并正确地做出每一种决策，需要能够纵观全局的人出面为整体负责。

例如，在通用电气公司，只有企业最高管理层能够决定抛弃一项业务或开展一项新业务。在通用汽车公司，总部的最高管理层确定降价范围，每一个自治事业部的降价必须在此范围内，以此控制公司各主要事业部之间的竞争。在西尔斯公司，位于芝加哥的总部决定每一家零售商店必须销售的商品种类——耐用品、电器、时髦商品等。

具体而言，如果采纳联邦分权制的企业要作为一个整体，而不是陷入分裂，最高管理层必须保留三个领域的决策权。

首先，唯有最高管理层能够决定企业要采用的技术、开拓的市场和研发的产品；企业要开展或抛弃的业务；企业奉行的基本价值观、信念和原则。

其次，唯有最高管理层能够决定关键资本资源的分配。资本的供给及其投资都是最高管理层的责任，不能转交给联邦分权制组织的自治事业部。

最后，唯有最高管理层能够决定各个自治事业部的人事政策和关键岗位任命。企业的另一种关键资源是人。联邦分权制企业的员工，尤其是管理者和重要专业人员，不单单是任何一个事业部的资源，而是整个企业的资源。当然，自治事业部的管理者需要积极参与其中。一家联邦分权制企业的最高管理层中必须有一位强有力的、受尊敬的成员负责企业中有关人的良心业务。

联邦分权制要求集中的控制与统一的衡量标准。任何一个联邦分权制组织陷入困境，原因往往都是总部采用的衡量标准不够完善，以致必须靠人来监督。自治事业部的管理者和企业的最高管理层必须知道对每个事业部的期望是什么，"绩效"意味着什么以及哪些领域的发展具有重要性。要赋予事业部自治权，企业最高管理层必须具有信心，而这需要构建不依赖个人"意见"的核查机制。要实施目标管理，企业最高管理层必须知道目标是否实现，而这要求具备清晰可靠的衡量标准。

联邦分权制组织需要拥有共同的愿景。企业中的事业部享有自治，但不是也不应该独立。自治是整个企业实现更佳绩效的一种手段。由于被授予了广泛的"地方自治权"，事业部的管理者应该更加认同更大的社区和整个企业的成员身份。

对规模的要求

人们设计联邦分权制的初衷是解决组织面临的规模难题——一旦超过中等规模，职能制组织的状况就开始恶化，但联邦分权制也有对规模的限制性要求。当事业部的规模太大，以至于其下设的职能部门由于过于庞大而无法有效发挥职能时，整个自治事业部就会变得笨拙、行动迟缓，无法开展工作。"大脑"（自治事业部的管理层）可能仍在发挥作用，但"成员"（自治事业部下设的职能部门）变得越来越僵化，官僚作风日益浓厚，越来越倾向于为自我利益而不是共同宗旨服务。

有鉴于此，杜邦公司采取了两个对策，一个是把不断成长壮大的自治事业部一分为二，另一个是在大型自治事业部中建立小型自治单位。强生公司⊖是一家大型跨国医疗产品生产商，其产品线从药棉到避孕药等不一而足。该公司采用了另一种方法，多年来一直力图把每个事业部的规模限制在 250 名雇员以内，每个事业部作为一个拥有完整管理层和董事会的单独公司运作，直接向规模不大的总部最高管理层汇报工作。尽管强生公司的全球销售额超过 10 亿美元，雇有 4 万余名员工，有时候不得不接受个别事业部的规模远远超过 250 名雇员的现实，但该公司仍在努力限制每个事业部的规模，不断进行分拆而不允许其无限制扩张。结果，强生公司每一个事业部的职能部门仍旧保持在非常小的规模。

但随着自治事业部的规模不断扩张，拆分或细分有时也变得不可能，或者至少无法一直奏效，结果就会孕育一个个几乎独立的"大型职能集团"。

例如，通用汽车公司的雪佛兰事业部规模庞大，假设从通用汽车公司独立，它将成为全球排名第三或第四的汽车制造商，而实际上它只是一个分权化的自治事业部。雪佛兰事业部的内部业务根据职能制加以组织，高度集权化。通用汽车公司试图通过频繁地把职能经理从雪佛兰调到其他较小的汽车事业部，或者把其他事业部的职能经理调入雪佛兰事业部，以此来消弭庞大的职能部门之间的隔阂。通用汽车公司的许多高管（尤其是年轻高管）显然

⊖ 强生公司（Johnson & Johnson），美国医疗保健品、医疗器材及制药器械生产商，成立于 1886 年，总部位于新泽西州的新不伦瑞克，产品销售遍及 170 多个国家。——译者注

认为雪佛兰事业部早就应该进一步拆分为多个彼此独立的部分,例如,一个负责大型卡车业务,另一个可能负责"紧凑车"和"超小型汽车"等小型汽车业务,而原先的雪佛兰事业部仅负责"标准尺寸"乘用车业务。

太小是多小

分权的自治事业部也需要足够大的规模才能够支撑起所需的管理层。

规模是否太小的标准取决于企业本身。西尔斯公司或者玛莎百货公司的"自治事业部"规模可以非常小,但依旧能够支撑起合适的管理层。一家小型零售商店需要的只是一名总经理和几名从事实际管理工作的部门经理。

在大规模金属加工业等其他行业,也存在一个最小规模的标准。除非金属加工企业内自治事业部的年销售额达到2000万~3000万美元,否则很少有能力支撑起合适的管理层及自身的工程、制造、营销等职能部门。销售额太低的自治事业部可能人手不足,或者配备了不恰当的人员。

决定性的标准不是规模,而是管理工作面临的范围和挑战。特定事业部管理工作的范围应该足够大,以便优秀的管理者有用武之地。特定事业部的管理工作应该具备足够的挑战性,以便该事业部的管理层必须真正进行管理,也就是通盘考虑目标和计划,把拥有的人力资源打造为一个高效的团队,整合各项工作并衡量其绩效;以便管理层必须从事一个事业部所有主要阶段的工作,而且能够真正开发一个新市场、新产品或新服务,并且最重要的是真正开发人员。所以,衡量自治事业部规模的真正标准不是经济性,而是管理工作的范围和挑战,以及管理的绩效。

采用联邦分权制的企业需要卓有成效的"良心"工作,尤其如果企业是大型多元化组织,就需要为最高管理层提供组织化的思考和规划,需要强大的总部信息部门、统一的核查机制和衡量手段。采用联邦分权制的企业会有许多共同的运营工作，如资金的供应和管理、研发、法律指导、公共关系、劳工组织、政府关系，或许还有采购工作，可能还必须在全公司范围内组织关键业务领域（无论营销还是人员管理）的创新性工作。

但各事业部的本职业务不应该依赖总部的服务部门，也就是不应该依赖总部提供的顾问和教学业务。自治的事业部应该强大到足够自立的程度。对总部服务部门的依赖，只能使事业部有职能制组织的弱点和脆弱性，而不能发挥职能制组织的优势并获得收益。

"事业部"是什么

采用联邦分权制的基本限制条件是：只有一家企业能够真正被划分为若干货真价实的"事业部"时，才能够采用该设计原则。

"事业部"是什么？当然，在理想的情况下，一个事业部就是一家完整的企业。

这种观点奠定了阿尔弗雷德·斯隆在20世纪20年代构建通用汽车公司组织结构的基础。每个汽车事业部都设立了单独的设计部门、工程部门、制造部门、营销部门、销售部门等。每个事业部的汽车售价范围由总部确定，其他方面则享有自治权。通用汽车公司的配件事业部把大量产品卖给本公司的汽车事业部，但更大份额的产品直接面向外部市场销售，实际上往往是卖给通用汽车公司的竞争对手。从任何意义来看，事业部都是完整的"企业"。强生公司组建的自治事业部同样如此，每个事业部都有自己的产品线、研发部门、市场和营销部门等。

但是，要让联邦分权制有效发挥作用，事业部必须在多大程度上接近一家真正的企业呢？至少事业部必须把利润贡献给总部，其盈亏应该直接成为企业的盈亏。实际上，企业的总利润应该是各事业部利润的总和。

或许更重要的是，事业部必须拥有自己的市场，这也是自治的真正标志。市场可能仅仅是一个地理实体，例如西尔斯公司或玛莎百货公司的零售商店，大型美国人寿保险公司自我划分的若干"地区公司"。但事业部仍旧必须拥有独特的市场，在该市场上，它可以说是一家完整的企业。

只要一个事业部承担完全的市场责任，树立与成果相匹配的目标，那么即使其产品需要从其他事业部或总部运营的制造部门获得，它仍旧是一个自治事业部。

西尔斯公司和玛莎百货公司的零售商店都不是真正的事业部，它们不能自己决定采购清单，甚至不能决定销售的商品的种类和价格。然而，在其所属的地理区域内，每家零售商店都独立经营，并且由于西尔斯公司或玛莎百货公司所有零售商店都能够从同一个总部采购办公室以相同成本获得相同商品，所以彼此的绩效能够进行比较。在西尔斯公司体系内，零售商店经理享有自治权，能够根据绩效和成果进行评估。

然而，在不存在市场考验的情况下，我们不应该说存在自治事业部。联邦分权制在这种情况下行不通。

迄今为止，我们一直在讨论运营工作（即已知的现有业务）的联邦分权制。有关创新性工作的分权单位需要以不同的方式构建和衡量（参见第37章），但只要绩效和成果能够得到客观评估，那么联邦分权制就是这类工作最有效的设计原则。分权的创新单位也必须作为一个事业部，或者必须能够成为一个事业部。

模拟分权制的特征

无论何时，只要一个单位能够被构建为事业部，那么其他任何组织设计原则都不如联邦分权制适用。但我们也知道，大量规模庞大的企业不能被划分为真正的事业部。然而，它们的规模和复杂性显然已经超出了职能制或团队制的范围。

这类企业越来越倾向于采用"模拟分权制"来解决自身的组织难题。

模拟分权制下组建的单位不是真正的事业部，但像事业部一样运营，拥有尽可能多的自治权、单独的管理层，并且需要承担"模拟"的盈亏责任。它们彼此之间以内部决定而非外部市场决定的"转移价格"进行买卖，或者它们往往首先在内部进行成本分配，然后添加上"标准费用"，例如成本的20%，最后得出利润值。例如，化工、钢铁、玻璃、石油等行业的大型材料企业，所有成品出自相同的原料和生产过程，但每种成品销往不同的市场，模拟分权制是处理这类企业结构难题的一种适当设计原则。

许多化工产品制造商把所有业务分为三个系列，每个系列根据模拟分权制加以组织。研发公司的设立和组织，则根据主要的研究和探究领域。一些企业，如孟山都公司⊖，设立了彼此独立的营销部门和制造部门，且都承担盈亏责任。

规模和复杂性与前述企业差不多的公司，如果只生产单一产品，那么就可以采用模拟分权制进行组织，这方面以IBM公司最为典型。

总体来看，IBM公司只有一种主要产品：计算机。只有一个市场能够被划分为自主市场，即政府和国防市场。IBM公司的大部分业务（80%左右）是向一个市场供应一种产品，即面向企业客户的计算机。然而，计算机业务的销售额高达数十亿美元，已经高度复杂以至于不能根据职能制加以组织。因此，IBM公司把计算机业务划分为两个关键单位，每一个都立足于模拟分权制享有一定的自治权。营销和服务是其中一个关键单位，研发和制造是另一个关键单位，每一个都被作为盈亏中心。

⊖ 孟山都公司（Monsanto），美国农药和农业生物技术企业，1901年由约翰·奎尼（John Queeny）等人创建，长期作为美国最大的化工企业之一，2018年被拜耳公司收购。——译者注

在把模拟分权制应用于不能采用联邦分权制的大型企业方面，最有意思的尝试是 20 世纪 60 年代纽约各主要商业银行的重组。

从存款金额来看，在纽约分别占据第一位和第二位的花旗银行[⊖]和大通曼哈顿银行，已经根据模拟分权制进行了重组。花旗银行自我划分为六个自治单位，每个单位由一名"总裁"领导，分别是零售部门（处理个人存贷款业务）、商业部门（处理中小型企业业务）、企业部门（处理大型企业业务）、国际部门、跨国部门、信托服务部门（处理投资管理业务）。每个部门都有自身的目标、计划、损益表。大通曼哈顿银行的组织结构虽然是独立发展起来的，但与花旗银行大致接近。

这些银行的案例清楚地表明了模拟分权制的若干主要问题。在上述两家银行中，都是洛克菲勒中心分行或伦敦分行这样的大型分支机构成为银行业务的地理中心。有时候，分行仅仅作为占用其空间的六家"自治银行"各自代表人的房东和设备经理；有时候分行就是"银行家"；还有时候分行同时扮演上述两种角色。显然，大型分行本身也是一个"事业部"和盈亏中心。某消费者往往同时是"零售部门""商业部门""信托服务部门"的客户，甚至会突然成为"企业部门"的客户，那么由谁来协调不同的"银行"为其服务呢？例如，一家小型时装设计企业的负责人将利用为其公司融资的银行开展个人银行业务并开设储蓄账户，且希望银行作为自己遗嘱的执行人、投资的管理者和公司养老基金的受托人，而不希望与四家不同的银行打交道。那么，该负责人是哪个部门的客户？哪个部门能从中获益？

模拟分权制显然难以轻易采用，并且存在各种问题。然而，由于模拟分权制在连续生产行业、私营及政府经营的服务机构等经济社会成长领域的应

⊖ 花旗银行（Citibank），1812 年奥斯古德（Samuel Osgood）等创立纽约城市银行（City Bank of New York），1976 年改名为花旗银行全国协会（Citibank, N.A.），1992 年成为美国最大的银行。——译者注

用潜力最大，所以未来采用该原则的组织会更多。在这些经济社会部门中，职能制和联邦分权制都不能发挥作用。因此，管理者需要理解模拟分权制的要求和局限，那么采用模拟分权制的组织会遭遇什么问题呢？

模拟分权制的问题

模拟分权制仅符合少数几条组织设计的规范要求。模拟分权制不清晰明了，不容易聚焦于绩效，难以做到每个人都能够理解自己的任务，管理者和专业人员也不一定能理解整个组织的任务。

模拟分权制最令人不满意之处是经济划算、沟通交流和决策权方面。由于模拟分权的单位不是真正的事业部，其成果并不真正取决于市场表现，而在很大程度上是组织内部关于"转移价格"和"成本分配"的管理决策的结果，所以上述缺陷是模拟分权制无法避免的。

沟通交流可能会因此受到影响。管理者大量的时间和精力都用于确定不同单位（被认为享有自治权）之间的界限；确保不同单位彼此合作；调解彼此之间的冲突。甚至最微小的调整也有可能变成最高管理层的决策，成为实力的较量，甚至关乎荣誉和神圣的原则。

模拟分权制对人的要求很高：自律、相互宽容、包括报酬在内的个人利益服从上级的仲裁；成为一名"输得起之人"和"可称道的失败者"。最重要的是，这些要求远比联邦分权制对人提出的严格要求更加苛刻，也更加容易引发争议。

有一次，我听说一家大银行拒绝提拔某人进入高层，原因是此人所在的单位绩效太好，损害了银行的整体利益。"他把自己单位的绩效放在第一位。"另一位候选人被拒绝，原因是"他太倾向于让自己单位的绩效服从其他单位的需求和要求，因此导致绩效表现不够突出"。当我问道："有什么行为准则吗？有没有什么方法可以让你提前告诉人们，你认为什么是'过度合作'？"每位面试官都承认无法给出确切答案，并且所有人都承认这正是他们自己的下级最大的担忧。一位最高领导得出结论："你必须见机行事。"但他停顿了一下补充道："但应该见什么机呢？"

模拟分权制的适用范围仅限于运营工作，并且显然不能用于最高管理工作。此外，如果创新性工作不能根据联邦分权制组建为事业部，那么就应该采用职能制或团队制。

采用模拟分权制的规则

模拟分权制仅仅是最后的手段。只要职能制（无论有没有团队制作为补充）能够发挥作用，也就是说只要是中小型企业，就应该避免采用模拟分权制。并且在大型企业中，联邦分权制显然更为可取。

虽然在材料企业联邦分权制可能不会始终奏效，但仍然应该首先尝试该原则。位于俄亥俄州托莱多市的大型玻璃器皿制造商欧文斯伊利诺斯公司[○]可以作为真正采用联邦分权制的材料企业案例。第二次世界大战之后塑料瓶日益得到普及，该公司进入塑料行业以保持自己在瓶装市场的领导地位。经过长时间的慎重考虑，公司决定把玻璃瓶业务和塑料瓶业务分别作为自治的"产品事业部"，彼此在相同的市场上竞争相同的客户。

欧文斯伊利诺斯公司的战略取得了辉煌的成功，公司的各项业务迅速发展。然而15年后，也就是20世纪70年代初，该公司转而采用模拟分权制，保留了两个"产品事业部"，但被限制在制造领域。所有玻璃瓶和塑料瓶的营销都被归入一个新的"营销事业部"，这么做的原因是，客户要求所用的

○ 欧文斯伊利诺斯公司（Owens-Illinois），1929年由欧文斯玻璃瓶公司和伊利诺斯玻璃公司合并组建，在南北美洲、欧洲、亚太地区都是规模最大的玻璃器皿制造商。——译者注

全部瓶子来自同一个供应源。"玻璃"和"塑料"的区别对于客户来说没有任何意义，客户想要的是瓶子而不是材料。

尽管存在种种局限、缺陷和风险，但是当一家大型企业的各组成部分必须协同工作，且必须承担各自的责任时，模拟分权制可能仍然是最佳的组织设计原则。模拟分权制尤其适用于技术、生产的组织原则与市场的组织原则不一致的企业。

根据定义，铁路企业或航空企业没有纯粹的"地方"业务。因此，它们的业务不能根据联邦分权制进行组织，而必须采用职能制，最多安排一名区域协调员干预、调解、联络不同的职能部门。影响整个运输系统绩效的决策必须由总部统一制定。例如，其中最重要的决策是关于资本使用的决策和关于飞机、火车头和车厢分配的决策。然而，除了相对不重要的运输业务，这类企业的其他重要业务不能采用分权制，但这类企业的规模显然远远超出了职能制能够有效发挥作用的范围。

实际上，这意味着对于某些企业或服务机构而言，我们尚不具备合适的组织设计原则。

在模拟分权制中，起码我们知道能够指望什么。因此，未来组织理论和组织实践的主要任务就是，为铁路系统、多数政府机构等过度集权的大型职能组织开发一种新的设计原则。与模拟分权制应用于大型材料企业、大型商业银行的效果相比，新设计原则的应用效果应该一样好。新设计原则可能必须借鉴模拟分权制的若干要素。

系统制的特征

组织设计原则中只有法约尔构建的职能制可谓从理论分析开始。团队制、联邦分权制、模拟分权制都是为了回应当时的特定挑战和需求而发展起来的。作为组织设计原则的系统制同样是为了回应独特的管理挑战，即 20 世纪 60 年代美国太空计划遭遇的难题。

系统制是团队制的扩展，但团队制组织由个人构成，系统制组织由五花八门的组织构成。相关组织可能包括政府机构、私营企业、大学和独立研究者、某机构内部的部门或外部的分支机构等。根据任务的需要，系统制会采用所有其他的组织设计原则，包括职能制、团队制、联邦分权制、模拟分权制。

系统中的部分成员可能会承担某项特定任务，该任务在整个项目周期中都不会发生变化，另一部分成员的任务可能会随着项目的进展发生变化。某些成员拥有永久身份，另一些成员加入系统可能只是为了完成某项任务。

尽管美国国家航空航天局在 20 世纪 60 年代组织美国的太空计划时，最早明确把系统制作为一种组织设计原则，但实际上该原则已经存在了至少一个世纪之久。系统制最早是作为一种企业结构发展起来的，并且未来其主要的应用领域可能也是企业。数十年来，日本大型企业与供应商、分销商的合作关系，非常类似于美国国家航空航天局与供应商、分包商、合作伙伴的关系。日本大型企业有时拥有自己的供应商，但更普遍的情况是，日本大型企业完全没有或几乎不掌握供应商的所有权。然而，供应商被整合进"系统"中。与此类似，日本大型企业往往也依赖既独立又被整合进"系统"的贸易公司。构成一个产业集团的日本大型企业之间的关系，也与美国国家航空航天局为满足自身需要构建的关系相似。

在大型跨国公司中，系统制可能尤其重要。大通曼哈顿银行为自身的全球银行体系开发的组织结构是一个典型例子。大通曼哈顿银行的扩张没有采取在国外开设全资分支银行的传统方式，而是不断在全球范围内收购老牌中等规模的当地银行的少数股权。这些银行未被大通曼哈顿银行所有或控制，其最高管理层通常并非由大通曼哈顿银行任命，但它们都被整合进"大通曼哈顿银行系统"，被纳入大通曼哈顿银行的全球银行设施和服务体系中，然而同时在当地社区中保持着牢固的根基。换言之，这些当地银行既独立自主，又被纳入更大的"系统"中。

系统制组织需要拥有不同文化、价值观和技能的成员统一行动。同时，系统中的每个成员组织必须以自己的方式开展工作，必须在自身的逻辑和标准下富有成效，否则将根本不会取得效果。然而所有成员组织的工作必须朝向一个共同目标，必须接受、理解、扮演自己的角色。要实现这一点，唯有在人与人、团体与团体之间构建直接的、灵活的、完全恰当的关系，其中的人际纽带和相互信任能够弥合彼此在观点、对错、适当与否等方面的巨大差异。

例如，美国国家航空航天局面临着巨大的价值观和文化差异问题。美国国家航空航天局是一个大型政府机构，其主要成员组织的人员习惯于美国军队提供服务的方式，然而其他成员组织则由沃纳·冯·布劳恩①等在德国出生并接受训练的太空科学家建造并运营，在德国"教授先生"②的传统中发展壮大。该系统中的企业既有大型企业（如泛美航空公司③），也有小型企业，它们都是"团队"中的"合作伙伴"而不是"分包商"。这些企业不是根据预先设定的规格制造并交付零部件，而是计划、设计、运营整个太空项目的"神经系统"。另一些"团队成员"是在自己的实验室独自开展工作的大学科学家。然而，美国国家航空航天局必须把所有上述不同的传统、价值观、行为模式整合在一起，以追求共同的绩效。

---

① 沃纳·冯·布劳恩（Wernher von Braun），德国、美国火箭专家，纳粹德国著名的V2火箭总设计师，第二次世界大战结束后担任美国国家航空航天局空间研究开发项目的主设计师，主持研发土星五号运载火箭（Saturn V）。——译者注

② 教授先生（Herr Professor），德语中对成年男性的尊称，德鲁克此处用来表明美国国家航空航天局系统的两类成员组织存在巨大的文化价值观差异。——译者注

③ 泛美航空公司（Pan American Airways），美国大型航空公司，1927年由胡安·特里普（Juan Trippe）等人创办，1991年停止运营。——译者注

系统制的困难和问题

如同模拟分权制，系统制不太符合几乎所有的规范要求，既不清晰明了，也不稳定，人们既不容易知道自己的任务是什么，也不容易理解组织的任务以及自己与组织任务的关系。沟通交流也是一个始终存在的难题。某项决策的出处始终都不清楚，基本决策是什么实际上也不清楚。系统制的灵活性非常大，接受新思想的能力非常好。然而，该结构通常不能为最高管理层开发并考验人才。最重要的是，系统制违背了内部经济划算的规范要求。

美国国家航空航天局刚成立时，日后主导该机构的科学家认为核查机制（尤其是基于计算机的信息机制）能够运作系统制组织，但是当认识到面对面的人际关系、经常性的碰头会议、让人们参与决策过程（哪怕是与自己的任务关系不大的事务）等至关重要时，科学家的看法很快就改变了。实际上，美国国家航空航天局的关键高管人员大约 2/3 的时间都在开会，并且多数会议都与自己的任务没有直接关系。

人际关系是唯一可以防止系统制组织崩溃的要素。在系统制组织中，各个成员围绕管辖权、发展方向、预算分配、人员安排、优先事项等时常发生冲突，需要进行仲裁。无论具体的岗位描述和任务安排是什么，最重要的人物都把大部分时间用来保持系统的运行。在保持系统内部团结的产出与付出的努力之间的比例方面，系统制比其他所有设计原则都要低。

然而，系统制要有效发挥作用，所需的条件异常严格。

系统制的第一项要求是目标必须极为明确。目标本身可能变化较大，但任何时候都必须清晰明确。系统中每个成员的工作目标必须源自整体的目标，且必须与其直接相关。换言之，只有慎重地思考"我们的业务是什么以及应该是什么"，并出色地贯彻落实，系统制才能发挥作用。进而要求根据基本的使命和宗旨，审慎地制定经营目标和战略。"到 1970 年把一个人送上月球"正是这种能够使系统制发挥作用的明确目标。

系统制的第二项要求是所有成员都承担普遍的沟通交流责任。系统中的每位成员，尤其是其管理团队中的每位成员，必须确保系统的使命、目标、战略被人们充分理解，每个人的疑惑、问题、想法都能够被听到、尊重、思考、理解，并最终得到解决。在诸如美国航空航天局的太空项目中，沟通交流问题非常突出，需要把所有问题、突破、发现迅速传达给数以百计的相关人员。

系统制的第三项要求是团队中的每位成员，也就是每一个成员组织都要承担远远超过自身任务的责任。实际上，每位成员都必须承担最高管理层的责任。系统要取得成果还需要每位成员承担自治责任，积极发挥主动性。与此同时，每位成员必须尽力了解整个系统的状况，把整体目标牢记于心。尤其是管理者，必须始终从项目全局的视角清晰理解自己的任务安排。

难怪总体来看，系统制并不是非常成功。美国国家航空航天局每次成功对月球发射火箭（有几乎不受限制的预算支持）的背后，都有数十家采用系统制的组织由于绩效低下而惨遭失败，或许只有基于无限的预算才能取得成功，而私营企业显然无法承受，例如英法两国的超音速客机项目（协和式飞机⊖）、西欧国家和美国各类武器系统的开发项目等。尝试利用系统制来解决重大社会问题，是 20 世纪 60 年代被大肆吹捧的承诺，几乎可以说完全归于失败。每当我们离开外太空（毕竟外太空中没有选民）项目，致力于市中心问题、经济发展问题，甚至貌似纯技术性的公共交通问题时，社会和政治复杂性几乎肯定会压垮凝聚力脆弱的系统。

但美国国家航空航天局和日本大型企业的成功表明，系统制能够发挥作用，能够做到高度有效，然而它需要整个系统具备明确的目标、高度的自律

⊖ 协和式飞机（Concorde），英法两国联合研制的涡轮喷气动力超音速客机，1976~2003 年运营，速度达到 2.04 马赫，但机票价格是普通机票价格的数十倍。——译者注

以及对人际关系和沟通交流承担个人责任的最高管理层成员。

尽管跨国公司中任何想要卓有成效地履行职责的管理者都必须学会理解系统制，但该设计原则与多数管理者个人没有直接关系。因为系统制极难运作，所以永远不是一种首选的组织结构形式。但系统制确实是一种重要的组织结构形式，并且组织设计者需要知道和理解它——只需要明白系统制不应该用在其他更简单、更容易的组织结构形式能够发挥作用之处。

小　　结

两种分权制组织（联邦分权制和模拟分权制）都围绕成果进行组织。系统制则围绕关系进行组织。在所有已知的组织设计原则中，联邦分权制最接近于满足组织设计的所有基本规范要求，但其适用性受到严格限制，要发挥作用就必须满足若干苛刻的要求。否则，我们就必须采用模拟分权制，虽然该原则非常复杂、异常笨拙、难以实施且远非令人满意，却是已知唯一适用于大型材料企业、大型银行和政府机构等服务行业的组织设计原则。系统制更加复杂，更加难以实施，但对于参与美国航空航天局太空项目的具有不同文化背景的组织或跨国公司而言，该原则有其必要性。

问　　题

1. 什么是联邦分权制？
2. 职能制和团队制从关注工作和任务开始，联邦分权制的起点是什么？
3. 联邦分权制有哪些优势？
4. 联邦分权制有哪些要求？
5. 采用联邦分权制的企业中，哪三个方面的决策绝不能分权化？

6. 联邦分权制对规模的限制性要求是什么？
7. 检验一个事业部是否真正自治的标志是什么？
8. 模拟分权制是什么？
9. 模拟分权制最适合哪种企业？
10. 模拟分权制有哪些问题？
11. 采用模拟分权制的规则是什么？
12. 哪种组织设计原则始于理论分析？其他组织设计原则是如何发展起来的？
13. 描述一下系统制，并说明该原则最早是在哪里有意识地发展起来的？
14. 系统制存在哪些问题？

第 37 章 | CHAPTER 37

创新型组织

市面上每本管理著作都会提到（实际上是强调）组织需要创新，但除此之外，这些著作通常不会提到创新需要什么样的管理层和组织结构，也不会涉及为了激励、指导、做出有效的创新，管理层和组织结构方面需要采取哪些举措。多数观点往往强调管理层的行政职能（也就是继续从事并改进已知的且大体上一直在开展的工作任务），很少有著作会关注如何有效地、目的明确地创造与众不同的新业务。

现有著作对创新管理的忽视，反映了企业面临的现实。每个企业的管理层都会强调创新的必要性，但很少有企业会明确地把创新作为一项主要任务。的确，第二次世界大战以来，"研发"成为时髦，大量资金被投进去，但在许多企业中，研发的产出仅仅是改进了现有工作，而不是创新。

公共服务机构的情况更是如此。

在过去，人们有充分的理由重视行政职能而忽视创新。20世纪初，当管理首次受到关注时，人们迫切需要学习如何组织、构建、指导突然涌现的大型人群组织。当时受到人们关注的创新是由 19 世纪的"发明家"独自从事的特定工作。或者创新主要被视为一项技术工作和研究工作。

此外，1920～1950 年，管理的各项基础性工作正在奠定，真正的创新空间很小。与流行看法相反，无论是技术层面还是社会层面，那都不是一个迅速变革的时期。总体来看，当时的技术奠基于第一次世界大战之前。由于政治陷入持续多年的剧烈动荡状态，社会和经济机构停滞不前。

然而，如今我们可能正在步入又一个剧烈变革的时期，相比我们熟知的刚刚过去的历史时期，未来一个时期的基本特征可能更加接近 19 世纪后期。我们可以回顾一下，19 世纪后期每隔几个月就会出现一项重大发明，并且其中多数发明会迅速孕育一个重要的新产业。这个时期始于发明电动机[1]与合成染料[2]的 1856 年，结束于发明现代电子管的 1911 年，其间打字机、汽车、电灯、人造纤维、拖拉机、有轨电车、合成药物、电话、收音机、飞机纷纷涌现，此处列举出来的仅仅是少数几个例子。可以说，整个现代世界诞生于这个时期。

相比之下，1914 年直到 20 世纪 50 年代末计算机首次投入使用，其间没有诞生任何真正重大的新产业。

在 1870～1914 年，世界各国的工业分布发生了剧烈变化。平均每 10 年左右就会崛起一个新的重要工业区，1860～1870 年是美国和德国，1870～1890 年是俄国西部和日本，1890～1900 年是中欧各国。然而，在两次世界大战之间的时期，没有新的重要工业区加入上述"工业俱乐部"。

然而，如今已经出现了剧烈变化的征兆，例如巴西和中国正日益接近"起飞点"。

---

[1] 1856 年，德国工程师西门子（Werner Siemens）制造了第一台双 T 型电枢绕组发电机，电力工业开始兴起。——译者注

[2] 1856 年，英国化学家珀金爵士（Sir William H. Perkin）发现了第一种苯胺染料，现代化学工业开始兴起。——译者注

但是，社会领域对创新的需求同样巨大，并且公共服务机构也将不得不学习如何管理创新。

社会和政治创新的需求日益变得急迫。现代都市需要新的治理形式。人类与环境的关系必须得到深入思考和重构。现代政府不能再有效地治理国家了。世界性危机首先是一场制度危机，需要通过制度创新来应对。

工商企业及其组织结构；企业把知识纳入工作进而取得绩效的方式；企业与社会、政府的整合方式等领域都存在巨大的创新需求和机遇。

因此从今往后，创新将不得不被纳入现有的组织结构。大型企业和大型公共服务机构不仅必须提高行政能力，而且将不得不日益提高组织化的创新能力。

这些组织能够获得100年前做梦都难以想象的人力和资金。但发明或研究的成本与把发明转化为新产品的成本之间的比值也发生了显著变化。现在人们普遍接受的经验法则是，要把想法转变为新发现或新发明，需要在孕育新想法上每花费1美元，对应地在"研究"上必须花费10美元，进而在开发上至少花费100美元，对应地在市场上引进和建立一种新产品或新业务花费1000~10 000美元。只有当一个新产品或新业务在市场上站稳脚跟时，才算是有了一种"创新"。

这意味着绝大部分创新的努力，将不得不来自掌握着产品开发和营销所需的人力和资金的地方，也就是来自现有的企业和公共服务机构。

但这并不是说小企业甚至企业家个人将不能再扮演重要角色。在过去的25年中，创新的成长型企业都从小企业起步，并且总体来看，小企业的表现要优于大企业。

除依靠政府保护实行垄断经营的行业外，其他每个行业中几年前尚籍籍无名的小型初创企业如今已经占据了重要的市场地位，并证明自己完全有能力与行业巨头竞争。当那些巨头通过自然成长或深思熟虑的政策发展为企业集团时，情况尤其如此。在化工行业、电器行业以及许多其他行业，通用电气公司、帝国化学公司[一]等传统巨头已经在许多市场上节节败退，它们原先的地位和份额主要被擅长创新的中小型企业抢占。

在一个需要创新的时代，没有能力创新的老牌企业注定会衰落甚至倒闭。同样，不懂得如何管理创新的管理者是不称职的，不能胜任自己的任务。对创新进行管理将日益成为管理层面临的一个挑战，也是对其能力的检验。

创新的案例

虽然创新型企业只占少数，尤其在大型企业中更少，但确实存在。有人可能会提到雷诺公司[二]、菲亚特公司、玛莎百货公司、索尼公司、3M 公司（位于明尼苏达州圣保罗市的明尼苏达矿业及机器制造公司）[三]、贝尔实验室、位于纽约的花旗银行或美国银行[四]等。诚然，上述公司非常擅长创新，也精于根据形势变革组织结构，但我们可以预料，这些公司的管理者很少思考："我们如何才能保持组织的灵活性，并愿意接受新事物？"管理层往往过度忙于寻找人力和资金，而不能管理组织成员要求的创新。

创新型组织并不局限于商界。第二次世界大战期间美国开发原子弹的曼哈顿工程以及位于日内瓦的欧洲核子研究中心[五]都是创新型组织的典型例子。

[一] 帝国化学公司（Imperial Chemical），英国企业，1926 年由四家化学公司合并组建，2007 年被荷兰的阿克苏诺贝尔公司收购。——译者注

[二] 雷诺公司（Renault），法国企业，1899 年由路易·雷诺（Louis Renault）等创办，如今是欧洲第三大汽车公司。——译者注

[三] 3M 公司（Minnesota Mining and Manufacturing Company），美国企业，1902 年由五位商人共同创办，产品极为多元，先后开发了数万种产品，以善于创新闻名。——译者注

[四] 美国银行（Bank of America），1929 年由詹尼尼（Amadeo P. Giannini）等人组建，1958 年发明维萨卡，如今以资产计是美国第二大商业银行。——译者注

[五] 欧洲核子研究中心（CERN），1954 年由法国、意大利、联邦德国、英国等 12 个欧洲国家共同组建于日内瓦，做出了许多重大科学发现，运营着世界上最大的粒子物理实验室。——译者注

上述例子表明，一个组织的创新能力更多地取决于管理而不是行业、规模、组织的年龄，更不是无能管理者的共同借口——国家的"文化传统"。

研究也不是决定创新的关键要素。贝尔实验室（或许是最富有成效的工业研究实验室）多年来的确始终强调关于自然规律的基础性研究，但雷诺公司和菲亚特公司并不是特别重视研究，这两家公司成为创新型组织的关键原因是把新设计和新模型迅速投产并投放市场的能力。最后，美国银行的创新则主要在客户业务领域，具体是财务结构和信贷、库存和营销政策。

上述案例显示，创新型组织在某种程度上培育了一种创新精神，并形成了一种创新习惯。这些组织在初期阶段很可能有一名伟大的创新者，他可能已经成功地围绕自己缔造了一个组织，把新想法和新发明转化为成功的商业运营。例如，第二次世界大战以来宝丽莱公司艾德温·兰德 $^\ominus$ 的所作所为。但贝尔实验室、3M 公司、雷诺公司都没有类似的创始天才。这些创新型组织努力作为一个组织从事创新，也就是一群人组织起来从事持续有效的创新。创新型组织使变革成为常态。

上述各个创新型组织在结构、业务、特性，甚至组织和管理理念方面都存在很大区别，但也有若干共同点，具体如下。

（1）创新型组织知道"创新"的含义。

（2）创新型组织理解创新的动力。

（3）创新型组织有一个创新战略。

（4）创新型组织知道创新所需的目的、目标和衡量标准与创新的动力相匹配，不同于管理型组织的目的、目标和衡量标准。

（5）管理层（尤其是最高管理层）在创新型组织中发挥不同于以往的作

$\ominus$ 艾德温·兰德（Edwin Land），美国发明家、物理学家，1937 年创办宝丽莱公司（Polaroid Corporation），1947 年发明能够在 1 分钟内完成冲洗的宝丽莱兰德相机，在世界各国广受追捧。——译者注

用，并且持有不同于以往的理念。

（6）创新型组织的构造和建立方式不同于管理型组织。

创新的含义

创新型组织首先知道"创新"的含义：创新不是科学或技术，而是价值；创新不是一个组织的内部事件，而是回应变化的外部环境。衡量创新的标准是对环境的影响。因此，工商企业的创新必须始终以市场为中心。以产品为中心的创新可能会带来"技术奇迹"，但回报往往令人失望。

全球各大制药企业的杰出创新者都把目标确定为开发会对医疗实践和患者健康产生重大影响的新药。它们不是根据研究，而是根据医疗实践定义创新。无独有偶，贝尔实验室的创新总是始于问题："什么将对电话服务产生影响？"

然而，毫不奇怪的是，恰恰是最以市场为中心的创新者推动了若干最重要的技术或科学进步。例如，贝尔实验室发明了晶体管，提出了基本的信息论数学理论，发现了奠定计算机基础的基本科学规律。

从消费者对重大变革的需求出发，通常是定义新知识和新技术、有目的有系统地组织基础性发现工作的最直接方式。

创新的动力

创新型组织理解创新的动力，知道创新的出现既不是偶然，也不是根据预定的时间表。

创新型组织知道创新遵循概率法则，有可能预先识别一项创新，并且创新一旦被成功实现，很可能会造就一种重要产品或生产工艺，塑造一家重要的新企业，开拓一个重大市场。创新型组织知道如何确定创新可能取得成功并带来回报的领域。

存在创新机会的一个标志就是，生产过程、技术、行业在经济方面存在基本的缺陷。当一个行业的市场需求不断增长，而这些需求无法转化为利润时，一项改变生产过程、产品、分销渠道、消费者预期的重大创新可能会带来高额回报。

这方面的例子比比皆是。以造纸业为例，在世界范围内，消费者对纸张的需求迅速增长，多年内年度增长率都高达5%～10%，但造纸企业并没有获得可观的资本回报。钢铁业的状况也差不多。还有人寿保险业，这是客户已经准备好要购买的少数几种"产品"之一，顺便说一下，这也是少数几种生产者和消费者的利益完全一致的产品之一，然而人寿保险业不得不采用"强行推销"的方法来克服显然已经很高的买方阻力。

在一个经济体或市场的各个层次之间存在明显差异之处，也存在创新机会。

例如，20世纪60年代拉美国家主要的增长产业不是制造业，而是零售分销业。当时大量人口从农村涌入城市，推动各国从自给自足的经济转变为货币经济。当然，从个人角度衡量，这些人依旧非常贫穷；但从总体角度看，他们代表着巨大的新兴购买力。然而多数拉美国家的分销体系仍处于城市化之前的模式，由资本不足、管理不善、库存欠缺、周转缓慢的小商店构成。彼时彼地，若某位企业家着手提供现代分销服务，成功自然是水到渠成。西尔斯公司是最早抓住这个机遇的企业。

另一个创新机会是利用已经发生但尚未产生经济影响的事件带来的后果。人口变化是最重要、最确定无疑的事件。知识变化的确定性稍差，但也会提供创新机会。进而，最重要但最捉摸不定的事件是人们的意识变化、愿景变化和预期变化。

例如，制药业之所以取得成功，在很大程度上是因为业者预见到了意识的根本变化带来的影响。第二次世界大战之后，各国的医疗保健都成为一种"廉价品"。贫穷和受教育水平低下的发展中国家轻易实现医疗保健目标的唯一途径是药品。在医生和医院缺乏的地区，药品仍能够配送，并对解决大量健康问题效果显著。理解这一点并进入发展中国家市场的制药公司发现，这些国家在药品采购方面已经"充分发达"。

最后，还有一些创新显然不属于上述模式，出乎任何人的预料。这类创新改造世界而非利用世界，是货真价实的重大创新。例如，亨利·福特的创新，他预想到了当时尚不存在的事物，即大众市场，进而设法使其成为现实。

这类创新超出了正常的可预测范围，显然面临的风险也最大。在每1个取得成功的这类创新背后，都有99个失败的创新，只不过我们从未注意到这些失败者。

非常重要的一点是，创新型企业需要认识到这类创新存在且具有压倒一切的重要性，进而密切关注其进展。但从本质上来看，这类创新不能成为企业内部系统性、目的性、组织性活动的目标。换言之，这类创新不能被组织管理。

尽管这类创新极为重要，但非常罕见，只能被视为例外情况。致力于创新的企业理解创新的动力，组织实施创新战略并加以充分利用。在此过程中，企业会对例外的、伟大的、真正具有历史意义的创新变得异常敏感，将会具备及时识别并利用该创新的能力。

要对创新进行管理，管理者不必是一名技术专家。事实上，一流的技术专家很少擅长管理创新，因为他们往往专注于自己的专业，以至于很少关注专业之外的发展态势。即使在很短的时间内塑料制品能够取代最令冶金专家自豪的金属产品，但冶金专家仍然难以认识到基本的塑料新知识的重要性。

同样，创新管理者也不必是一名经济学家。经济学家只有在创新广泛开展之后，才会关注其影响。创新管理者需要预见到弱点和机会，需要学习研究创新，了解创新的动力、模式和可预测性。要对创新进行管理，管理者起码必须非常了解创新的动力。

创新的战略

如同其他所有企业战略，创新的战略始于问题"我们的业务是什么以及应该是什么"。但对于未来的假设，创新战略不同于其他现有业务。现有业务往往假设现有产品线和服务、现有市场和分销渠道、现有技术和工艺将会持续下去。现有业务的战略，首要目标是充分利用已经存在或正在开发的资源。

创新战略的普遍假设是，现有的一切逐渐变得过时，现有的产品线和服务、现有的市场和分销渠道、现有的技术和工艺迟早且非常快就会步入衰退而不再增长。

因此，现有业务战略的相应手段可能是"做得更好且更多"，而创新战略的相应手段必须是"做不同的新业务"。

创新战略的基础是，有计划地、系统性地淘汰老旧的、垂死的、过时的业务。创新型组织既不花费时间也不耗费资源去捍卫昨天。唯有系统性地抛弃昨天，才能把资源（尤其是最稀缺的资源——优秀人才）腾出来创造明天。

缺少这种决心可能是现有大企业进行创新的最大障碍。新产品，尤其是尚未诞生的产品（也就是未来的创新），与现有业务的庞大业务量、巨额收入、诸多问题相比，总是显得无足轻重。因此，现有企业如果想要创造明天，那么更重要的是系统性地抛弃昨天。

关于创新战略的另一点是，明确认识到创新的努力必须树立高目标。一一般而言，对现有产品进行小修小补与创造一种新产品的难度相差不大。添加新功能、升级产品线、扩展市场等改进性工作，我们可以假设具有50%的成功率。彻底失败的改进性项目不应该超过50%。

但这不是从事创新性工作的方式。我们必须假设绝大多数创新努力都会以失败告终。每10个"绝妙的点子"中，往往有9个毫无意义。每10个经过仔细分析后似乎值得尝试、可行的点子中，往往有9个会遭遇失败，或最好的情况下也没什么前途。创新的失败率是很高的，也应该很高。

创新的平均成功率只有10%，这是创新必须树立高目标的原因。除了产生自身的成果，1个成功创新的收益还必须弥补9个失败创新的损失。

创新并不是一个直线式发展过程，有可能很长一段时间（比如数年）只有付出没有收获。并且最初的成果往往不尽如人意。实际上，最初的产品很少是消费者最终会购买的，最初的市场很少会成为主要市场，最初的应用也很少会最终发展为真正重要的应用。

新技术的影响往往难以预测，甚至不可能预测，并且所有真正新颖的事物都会遭遇这种预测上的困难。例如，1950年前后进行的一项全面市场研究严重误判了计算机市场的规模（参见第19章）。但更加难以预测的是，一项创新将以什么速度确立自身的地位。"时间是关键"——尤其是在创新方面，然而时间完全无法预测。计算机、抗生素、复印机都在很短时间内席卷市场。但是，每有一项成果快于所有人预期的成功创新，就会有五六项在多年内只取得缓慢进展的令人沮丧的创新（两种创新最终可能会取得同样巨大的成功）。最典型的例子可能是蒸汽轮船㊀。到1835年，蒸汽轮船的优势已经非常明显，但直到50年后才真正取代帆船。

但是，在经过一段漫长而令人沮丧的时期后，成功的创新会迅速崛起，

㊀ 蒸汽轮船（steam-driven ship），1783年法国贵族乔弗瑞（Jouffroy）建造了世界上第一艘能够航行的蒸汽轮船。——译者注

在短短数年内就能发展为一个新的重要行业、一个新的主要产品线或新市场。但在到达转折点之前，没人能够预测该创新何时会起飞，实际上也没人能预测其是否能够起飞。

衡量和预算

在要求采用的衡量标准、预算的用途、预算核查等方面，创新战略不同于现有业务的战略。

把适用于现有业务的衡量标准（尤其是会计惯例）强加于创新，会产生误导作用，削弱创新的努力，犹如让一个6岁小孩在徒步旅行时背负100磅㊀的背包，这只会让他难以前行。这类衡量标准也不能对创新施加真正的控制，最终在创新日益成功时，反而可能会成为威胁因素。因为在那时，创新需要的是适用于迅速成长领域的预算核查，这种核查能够表明利用成功并防止过度扩张需要付出的努力和投资。

成功的创新型企业很久以前就知道了这一点。

早在20世纪20年代，杜邦公司就为所有业务开发了一种聚焦于投资回报率的模式，成为迄今最长久、最著名、最成功的管理控制系统，但公司规定创新并不遵从该模式。只要一项业务、一条产品线或生产工艺处于创新阶段，那么其资本配置就不包含在杜邦公司负责该项目的部门必须获得回报的投资中，支出也不列入该部门的费用预算。也就是说，创新项目的资本配置和支出都是独立的。只有在新产品线被引入市场并以商业数量被销售了两年或两年以上时，其衡量和核查才会被纳入负责开发的部门的预算。

这确保了部门经理不会把创新视为对自己盈利记录和绩效的威胁而加以抵制，还确保了创新的支出和投资能够得到严格控制，并促使人们尽可能在

㊀　1磅≈0.454千克。

每一步都慎重思考:"我们的最终期望是什么?风险因素是什么?也就是失败的可能性多大?是否有充分的理由让我们继续致力于这项创新?"

现有业务的预算与创新项目的预算不仅应该彼此分开,而且应该区别对待。关于现有业务,问题往往是"这项努力是必要的吗?或者我们能抛弃它吗",并且如果答案是"我们需要它",接着需要问"我们需要的下限是多少"。

关于创新性工作,需要思考的第一个也是最严肃的问题是"这是合适的机会吗",如果答案是肯定的,那么接着问"现阶段能够有效投入此项工作的优秀人才和关键资源的上限是多少"。

为创新性工作设置单独的衡量标准,让我们能衡量决定创新战略的三个要素——最终机会、失败风险、需要的努力和费用,否则我们有可能在机会有限而失败风险很大的领域持续努力,甚至加大努力。

20世纪60年代末,制药企业以极大的科学独创性生产了许多广谱抗生素。但到那时,合成一种效果明显优于市面上现有产品的新型广谱抗生素的概率已经非常低。换句话说,在这方面开展创新性工作的失败风险很高。与此同时,相比10年前,机会已经变得小了很多。即使一种抗生素的效果明显优于市面上的现有产品,但也必须与医生已经熟悉且已经学会使用的完善产品竞争。即使是一种真正的突破,最后生产出的也极有可能不过是一种"追随"产品。与此同时,在一个几乎已经被研究透的领域内,做出重大新发现所需的费用和努力会急剧上涨。传统的市场思维,也就是根据市场规模推论出"更好"的新产品会取得巨大成功,会产生严重的误导作用,实际上,许多企业因此误入歧途。

没什么比每年"利润增长5%"的目标更加与成功的创新相矛盾了。创新的头3～5年,甚至更长时间内,根本毫无利润可言,5～10年的年增长率应该接近40%,而不是5%。只有当达到相对成熟的阶段时,创新项目才会以较低的百分比逐年增长，但此时这些项目已不再属于创新了。

因此，创新战略要求创新者具备非常强的纪律性，且必须在不依靠传统预算和会计惯例的条件下运作。传统预算和会计惯例将关于当前成果的可靠信息非常快地反馈到投资和努力上。创新的障碍在于需要不断投入人力和资金，却看不到任何成果。因此在管理创新时，重要的是深入思考人们的期望及何时实现期望，并且人们的期望不可避免地会随着事件的发展而发生变化。但除非产生了阶段性成果、具体进展、实际创新过程中的"意外结果"，否则创新难以被管理。

20世纪20年代末，当杜邦公司开展聚合物研究工作（10余年后最终开发出了尼龙）时，没人能够预测聚合物技术是否会造就合成橡胶、纺织纤维、合成皮革、新型润滑剂等产品，而最终，聚合物技术带来了上述所有新产品。直到聚合物研究工作接近尾声时，合成纤维会成为第一个主要的商业产品的趋势才日益明朗。但从一开始，杜邦公司就与负责的研究科学家华莱士·卡罗瑟斯⊖系统地制定了一份路线图，展示了可以期望会有什么发现和成果、何时会实现期望。伴随着实际成果的逐渐显现，该路线图每2~3年进行一次修订，但他们始终会画出下一阶段的路线。只有当该项研究发明聚合物纤维，使大规模开发成为可能时，杜邦公司才承诺进行大规模投资。在此之前，总成本实质上不过是支持华莱士·卡罗瑟斯及少数几位助手的费用。

失败的风险

创新战略必须立足于明确接受失败的风险，甚至是更危险的"接近成功"的风险。

⊖ 华莱士·卡罗瑟斯（Wallace Carothers），美国化学家、发明家，杜邦公司有机化学领域的领导者，发明尼龙，帮助奠定了氯丁橡胶的基础。——译者注

决定何时放弃一项创新，与知道何时开启一项创新同样重要，甚至前者更加重要。卓越的研究实验室主任知道什么时候该放弃不能产生预期成果的一系列研究。平庸的研究实验室主任往往被某个项目的"科学挑战性"迷惑，或者被科学家反复承诺的"明年将取得突破"愚弄，总是不死心。他们不能果断放弃一个项目，也不承认表面上看起来不错的点子已经成为研究人员、时间、资金上的无底洞。

许多创新项目最终都接近成功而不是完全成功或完全失败。接近成功比完全失败更加危险。有些产品或生产工艺不断被创新，创新者的初衷是指望其"彻底改变"整个行业，结果却不过是现有产品线的小修小补，既不舍得完全放弃，又无法取得重大成功。另有些创新，刚开始的时候令人异常兴奋，但在其开发过程中被竞争对手更具创新性的生产工艺、产品或服务超越。还有些创新，有意要成为家喻户晓的产品，结果却成为又一个"专业产品"，只有少数客户愿意购买却吝于付费。

因此，管理者在管理创新时，深入思考并写出自己的预期尤为重要。继而，一旦创新转化为一个产品、一项工艺或一项业务，管理者就会把自己的预期与现实进行比较。如果现实远远不如预期，那么管理者就不能投入更多资源，而是应该思考："我们不应该放弃吗？如何放弃？"

创新的态度

多年来，高管和员工对变革的抵制始终被视为管理的核心难题。市面上已经有无数的著作和文章探讨这个主题，无数的学术会议、研讨会议、管理课程都致力于此。然而，上述所有的努力对解决这个问题并没有多大帮助。

实际上，只要我们还在谈论"抵制变革"，那么这个难题就不可能得到解决。并非不存在此类抵制，也不是说这不是解决难题的主要障碍，但是把注意力集中在抵制变革上，就是以一种使问题变得不那么容易（而不是更容易）处理的方式，错误地界定了难题。正确方式是，把该难题界定为一种创造、构建、维护创新型组织的挑战。对创新型组织而言，变化是常态而非例外，是机会而非威胁。因此，创新就是态度和实践。最重要的是，创新是最高管理层的态度和实践。创新型组织赋予最高管理层不同于以往的新作用，体现了最高管理层与组织之间关系的不同理念。

讨论传统管理型组织的文献往往把最高管理层作为最终裁判者。最高管理层最重要的权力是否决权，最重要的作用是否决那些没有被彻底考虑清楚就提出的建议和想法。而在创新型组织中，最高管理层首要的和最重要的作用恰恰相反，是把不切实际的、不完整的、异想天开的想法转化为具体的创新实践。在创新型组织中，最高管理层把听取他人的观点并加以认真对待作为自身的工作。最高管理层知道，新想法从来都是"不切实际的"，也知道孕育一个可行的想法需要大量愚蠢的想法，而且在早期阶段，往往没法把愚蠢想法和天才灵感区分开来。二者表面上都同样不可能，也同样才华横溢。

因此，在创新型组织中，最高管理层不仅要像其他管理者那样鼓励新想法，还要不断思考"该想法如何才能变得实际、现实并有效"。即使对于最不切实际的想法，最高管理层也应组织力量去研究，直至能够评估其可行性。

在创新型组织中，最高管理层是创新的主要驱动力，利用组织内的各种想法来充实自己的愿景，继而使各种想法受到整个组织的关注。创新型组织的最高管理层把新想法和新工作融入组织力量与创新行为。

然而，这要求改变企业的最高管理层与人群组织之间的关系。当然，传统组织内的关系一如既往。实际上，从组织结构图来看，创新型组织和最严格的官僚制组织似乎没有什么区别。创新型组织根本无须所谓的"宽容"或"民主"，但它在正式的组织结构之外另建了一套"神经系统"，在传统组织围绕工作逻辑加以组织之处,另外存在一种以各种想法的动力机制为中心的关系。

在创新型企业中,最高管理层通常把时不时与整个组织内的年轻员工会面作为自身的职责。这不是特别严格的定期会面,最高管理层在会面时往往没有确定的议程,而是与年轻员工坐在一起,询问他们"看到了什么机遇"。

在成长最快、发展最迅猛的时期,3M 公司绝对不是一家宽容的企业。它由身处顶端的两三个人牢牢掌控,制定所有重大决策。但即使最初级的工程师也被鼓励去找最高管理者谈谈自己的新想法,哪怕再疯狂都没关系。该工程师会被一次又一次地告知:"我不太理解你的想法,但你愿意为之继续努力吗?"如果工程师的回答是肯定的,那么接下来最高管理者会要求他把想法写下来,并附上预算需求。通常情况下,最高管理层会允许该工程师从其他工作责任中解脱出来,拨付给他适度的款项,让他在一两年时间内继续心无旁骛地钻研。结果,3M 公司从一家默默无闻的小型研磨剂生产商成长为美国最大的企业之一。

创新型组织要求整个组织内具有浓厚的学习氛围,创造并保持持续学习。任何人在任何时候都不能认为自己"学完了"。对于所有组织成员来说,学习是一个持续的过程。

对变革的抵制源于对未知的恐惧和愚昧。如果变革被视为机遇,那么恐惧就会消失。由于日本人的工作有保障,且不担心提出新想法可能导致自己和同事失业,所以他们确实把变革视为机遇。通过把持续变革作为个人取得成就、获得认可、得到满意的机遇,日本人克服了恐惧和愚昧。即使新想法意义重大且有利可图,在培训项目中提出该想法的日本人也通常不会得到任何金钱奖励,但即使只能带来微小的改进,此人也会赢得声望和认可,并感到极为高兴。

我们不一定要去日本才能学习这些做法。美国企业中广泛采用的每种

"建议系统"都给我们上了同样的一课。把认可、成就和参与作为奖励的建议系统是一种成功的制度。在采用建议系统的企业部门中,尽管存在对工作保障的担忧和工会的反对,但对变革的抵制很少。在工作欠缺保障的地方(多数情况下都是如此),无论企业为取得成功的建议付出多少报酬,建议系统总是难以成功,也不像建议系统的支持者承诺的那样能改变员工的行为和态度。

创新的结构

创新性工作需要在现有业务之外单独加以组织。创新型组织认识到,一个组织不能同时开创新业务与维护现有业务;维护现有业务对相关人员而言是一项异常繁杂的任务,以至于他们没有时间开创不同于现在的新业务;开创未来的新业务同样是一件困难极大的繁重任务,不能被当前的种种忧虑干扰。两种任务彼此不同,但都必须完成。

因此,创新型组织把创新项目置于单独的组织部门中,该部门专门负责开创新业务。

最早的例子可能是杜邦公司在20世纪20年代初建立的开发部。杜邦公司设立了一个专门的大型研究实验室,开发部并不是一个研究部门,而是一门心思关注未来。开发部的本职工作是开发新业务,但生产、财务、营销与技术、产品、工艺受到开发部的同等关注。3M公司也建立了一个单独的新业务开发实验室,与研究实验室平行,但相互独立。

1952年,通用电气公司启动了大规模重组,成为后来世界各国的大型企业进行重大组织变革的模范。当时,业内人士尚未懂得创新需要被置于单独的组织部门中。根据通用电气公司的重组计划,每个"产品事业部"的总经理不仅要对现有业务负责,还要对创新性的新业务负责。这种安排貌似合情合理，似乎基于下述理念："产品事业部"的总经理应该尽可能像一家独立企业的首席执行官一样行动。但这种安排没有奏效，事实证明"产品事业部"的总经理不会致力于创新。

失败的一个原因是现有业务的沉重压力。总经理既没有时间也没有动力去淘汰自己正在管理的业务。另一个同等重要的原因是，真正的创新很少是现有业务的延伸。换言之，真正的创新与现有业务在范围、宗旨、目标、技术和生产工艺等方面相互匹配的可能性极低。重组10年后，通用电气公司历经挫折终于得出了正确的认识，开始在现有"产品事业部"和部门之外单独组织重大的创新业务。通用电气公司采用的组织结构形式，与杜邦公司多年来组织创新业务的方式非常接近，即把创新置于一个单独的"业务发展"单位中。

公共服务机构的经验同样表明，最好在现有的管理型组织之外单独组织非常具有创新性的业务。无论开发原子弹的曼哈顿工程，还是欧洲核子研究中心，都建立于现有的学术和政府组织体系之外，原因恰恰就在于它们的宗旨在于创新。

创新"事业部"

与此同时，创新型组织认识到，从一开始就应该把创新组织为一个"事业部"而不是一项"职能"——根据传统的时间顺序，首先是"研究部门"，接着是"开发部门"，随后是"制造部门"，最后是"营销部门"。把创新组织为一个"事业部"意味着放弃这种遵循时间先后的传统组织方式。创新型组织认为上述所有职能技术都是同一个生产过程（开发一项新业务的过程）的一部分。每种技术何时以及如何发挥作用，取决于现实情况的需要，而不是任何预先设想的时间序列。

因此，创新型组织一旦决定从事创新，就会任命一位专门负责的项目经理或事业部经理。项目经理可以来自任何职能部门，或者来自不属于任何职能部门的机构。他能够从一开始就利用所有职能技术，例如在进行任何研究之前就使用营销技术，或者在未来的业务没有生产出任何产品之前就制定出财务要求。

传统的职能部门立足于现在，面向未来组织各项工作。创新型组织则立足于未来，从事现在必须做的事，以实现目标。

创新型组织的设计原则是团队制，要求在现有结构之外构建一个"自治单位"。创新型组织不是传统意义上的"分权事业部"，而是必须独立于、外在于运营部门。

在大型企业内部，组织各创新项目的一种方式很可能是将其合并为一个创新团队。该团队向最高管理层的一名成员汇报工作，该成员除了指导、帮助、建议、审查、指导创新团队，没有其他任务。实际上，这就是杜邦公司开发部的实际情况。创新不同于现有业务，有一套独特的逻辑。无论创新项目彼此在技术、市场、产品、服务等方面存在多大的差异，它们都有一个共同特点，那就是创新。

未来日益需要的创新领域会与迄今为止从事的任何业务都截然不同，甚至上述自治性团队制组织对这类创新仍可能有太大的限制。我们可能需要构建一种真正具有企业家精神的创新单位。

通用电气公司、西屋公司⊖、埃克森石油公司⊜等若干大型企业，采用与负责创新的企业家合伙的形式来组织创新性工作。创新业务被组织为一家独立的公司，母公司掌握控股权，往往有权以预先商定的价格收购少数股东的

⊖ 西屋公司（Westinghouse），美国跨国公司，1886 年由乔治·威斯汀豪斯（George Westinghouse）创办，是电力工业的开拓者。——译者注

⊜ 埃克森石油公司（Exxon），美国跨国公司，1911 年标准石油公司被拆分为 34 家公司，该公司为其中之一，1999 年与美孚石油公司合并为埃克森美孚石油公司。——译者注

股份。但企业家,也就是直接负责开发创新业务的人本身就是大股东。

这种关系的一个优势在于能够灵活处理报酬问题。如同高级研究人员、高级营销专家一样,创新型人才能够从管理型组织获取高薪。然而,让一家创新型企业负担高薪成本是不可取的,因为它根本负担不起,与此同时,企业非常有必要根据创新成果付给企业家报酬。因此,适当的报酬办法就是,劝说企业家在实现成果前以微薄的薪资开展工作,同时承诺一旦取得成功就给予其可观的报酬。"合伙企业"使这一切具有了现实可能性。

这种以企业家为合伙人或股东的"邦联"[1]能否普及,将取决于税法,也在同等程度上取决于经济或组织结构。然而,重要的是下述原则:创新者的报酬应该与创新过程的经济现实相匹配。创新过程的风险很高、周期很长,一旦成功,回报非常丰厚。

无论创新团队是一家独立的企业,还是一个单独的部门,创新型组织都有可能采用若干系统制的组织设计原则,设立管理单位对已知和现行业务进行管理,同时设立独立于管理部门的创新单位,创新单位承担自身的责任,与前者合作共事但独自开展工作。两类单位必须分别向最高管理层汇报工作。要在现有组织中开展创新,就需要接受非常复杂的组织结构,既不是集权结构,也不是分权结构。在这种组织中,职能制、联邦分权制、模拟分权制、团队制等设计原则可能彼此共存,共同发挥作用。

小　结

无论私营部门还是公共部门,管理层都面临一个主要挑战——创新型组织问题。我们知道,创新有可能被有效地组织起来,现实

---

[1] 邦联(confederations),主权国家为共同目的而建立的永久联盟,成员国的地位彼此平等,保留各自的军队和外交,往往缺乏有效的行政权力,德鲁克用其来类比创新型组织的结构。——译者注

中已经产生了不少成功的榜样。但如何普及这种组织，如何使其对社会、经济和个人同样富有成效，在很大程度上仍然是一项有待完成的任务。种种迹象显示，未来将是一个创新时代，也是一个技术、社会、经济、制度迅速变革的时代，在 20 世纪的最后 25 年中，创新型组织将必须发展为社会的中心机构。

问　　题

1. 为什么创新管理长期被忽视？
2. 为什么社会和政治创新的需求正变得日益急迫？
3. 创新型组织的例子有哪些？它们有哪些共同点？
4. 为什么工商企业的创新必须始终以市场为中心？
5. 什么环境为实际的创新创造了机会？
6. 哪个问题应该成为思考创新战略的起点？
7. 创新战略的普遍假设是什么？
8. 创新战略需要什么样的衡量标准？
9. 什么类型的预算和预算核查最适合创新项目？
10. 为什么知道何时决定放弃一项创新，比知道何时开启一项创新更加重要？
11. 为什么谈论"抵制变革"会产生误导作用？
12. 创新型组织的最高管理层角色为什么不同于传统组织？有哪些不同？
13. 创新型组织必须是一个宽容的组织吗？
14. 什么样的组织结构最适用于创新性工作？
15. 为什么创新必须被组织为一个事业部而不是职能？

CHAPTER 38 | 第38章

最高管理层与董事会

俗话说"瓶颈总是位于瓶口",最高管理层决定了企业绩效的上限。在企业的所有工作中,最高管理层的工作最难以组织,但在需要加以组织的工作中最重要。

最高管理层的任务

在采用职能制、团队制、联邦分权制、模拟分权制的组织中,除最高管理层之外的每个管理部门都被赋予了一项具体的主要任务,组织的每个构成要件都由具体的贡献来界定。

最高管理层是唯一的例外。最高管理层的工作是多方面的,需要完成的不是具体的一项任务,而是概括性的多项任务。这一点既适用于企业,又适用于公共服务机构。

(1)最高管理层首要的任务是深入思考企业的使命,即思考问题:"我们的业务是什么以及应该是什么?"这会引导设立目标、确立计划和战略、为实现未来的成果制定当前的决策。显然,要做出上述行为,相关部门必须能够纵观企业的全局,有权制定影响整个企业的决策,在当前的目标和需求与未来的目标和需求之间保持平衡,且有权把人才和资金分配给关键的成果领域。

(2)最高管理层还需要确定标准,也就是履行良心职能。企业需要有一个机构来关注其"应然"和"实然"之间的差距——二者的差距往往很大;还需要有一个机构来关注其在关键领域的愿景和价值观。同样,只有能看到并理解企业全局的部门才能完成该任务。

(3)最高管理层要为构建和维护人群组织负责。最高管理层需要为明天的工作开发人力资源,尤其需要为最高管理层培养未来的接班人。一个组织的精神由最高管理层缔造。最高管理层的行为准则和价值观为整个组织树立了榜样,决定了成员的组织自豪感。

(4)同样重要的是,只有企业的最高管理层才能构建和维持一些主要关系,包括企业与主要客户或供应商的关系、与工会的关系、与银行的关系、与行政部门或国会等外部机构的关系。这些关系对企业的绩效能力有着至关重要的影响。最高管理层是整个企业的代表,为企业代言,支持企业,替企业做出承诺,所以只有最高管理层才能缔造上述关系。

(5)最高管理层必须履行大量"仪式"职能,例如参加宴会和公民活动等。实际上,相比那些巨型企业的最高管理者,在当地社区中占据支配地位的中小型企业的领导者更难以避免大量类似活动,耗费的时间也更多。

正如一家中型企业的领导者所言:"只要通用电气公司的总裁同意签发一张支票,该公司的某位副总就可以代表他出席此类活动——通用电气公司总共有65位副总,而我却不得不每次都亲自出席,因为我们是当地最大的雇主。"

（6）组织需要有一套应对重大危机的备用机制，以便事态严峻时某人可以合法接管组织，进而组织最有经验、最聪明、最杰出的人才撸起袖子一起迎接挑战。最高管理层对组织不仅负有法定责任，而且负有不能推卸的知识责任。

每个组织都需要最高管理职能，但最高管理层面临的具体任务因组织而异。最高管理岗位的要素是相同的，但具体任务取决于企业面临的具体情况，立足于分析自身的使命和宗旨、目标、战略、关键业务。所以，需要思考的不是"最高管理层是什么"，而是"哪些事务对于本企业的成功和生存至关重要且唯有最高管理层才能处理？哪些事务唯有能够纵览企业全局的人才能处理？谁能平衡企业的当前需求和未来需求？谁有权最终拍板"。

所以，探讨"理想的"最高管理层结构没什么意义。理想的最高管理者能够在正确的时间和正确的地点为企业做正确的事情。我们确实需要一种最高管理理论，但每种具体应用必须立足于特定企业的独特需求；必须根据企业的具体情况具体分析，进而加以调整；最重要的是必须跟随企业的战略并与之协调。

是否参与具体"运营"

只有分析企业或公共服务机构的具体情况，才能明确哪些关键业务是最高管理层的合适任务。

现有管理著作基本认为最高管理层不应参与具体的"运营"工作，并且多数熟悉最高管理层的观察者都认为，最高管理层的工作没有做好的最主要原因就是他们过多参与了具体的"运营"，导致不能妥善完成本职工作。

19 世纪 70 年代，德国人乔治·西门子⊖为当时欧洲规模最大的银行（德

⊖ 乔治·西门子（Georg Siemens），德国银行家、自由派政治家，1870 年参与创办德意志银行，并担任董事。——译者注

意志银行⊖）设计了最早的最高管理层结构，且至今仍然是西欧国家大型企业常用的最高管理层结构，甚至越来越多美国大企业也采用该结构。

然而，乔治·西门子设计的最高管理层结构包含了大量"运营工作"，并没有把最高管理层的工作局限于指挥、计划、审查、为德意志银行指明方向。相反，德意志银行最高管理层的第一项具体工作就是做出重大的产业决策和金融投资决策。显然，这不是"指挥"他人的工作，而是"亲力亲为"。在乔治·西门子设计的最高管理层结构中，最高管理层成员非但没有摆脱"具体细节"工作，反而被要求承担直接的个人责任，寻找合适的投资机会，并将其发展为成功的、管理有序的业务。显然，这正是德意志银行取得巨大成功的秘诀之一。

富有成效的最高管理层往往学习乔治·西门子的做法，而不是盲从理论家和顾问的说教。

下面是几个例子。在过去的 10～20 年中，一家规模中等的法国日用消费品生产商在西欧国家获得了强有力的市场地位。该公司取得成功的一个原因是，总裁同时兼任广告和推广经理，亲自撰写了大部分广告词，设计了促销活动，还亲自负责公司与西欧国家（尤其是法国）经销商的业务关系。一年的时间里，公司总裁亲自拜访了大约 30 家大型经销商，听取它们的意见，了解它们的业务，并共同维护双方的业务关系。"我们是一家销售企业，最重要的是，我们的业务依赖于经销商是否卖力销售我们的产品，因此我们必须与经销商相互理解，设计它们想要且能够销售的产品，以它们需要的方式交付，愿意且能够根据它们客户的价格偏好定价。"这位总裁出身于制造工程专业，却断然拒绝负责制造部门。

在成立之初，西尔斯公司的最高管理层一直坚持远离具体运营工作，以集中精力执行最高管理任务。没人比罗伯特·伍德将军更加坚信这一点。在

⊖ 德意志银行（Deutsche Bank），创办于 1870 年，总部位于法兰克福，是德国最大的银行。——译者注

伍德将军的领导下，西尔斯从一家专营邮购业务的企业发展为一家成功的零售连锁企业。然而，当伍德将军把最高管理工作系统化，并组建了一个最高管理3人团队时，他却要求最高管理团队"亲力亲为"负责为主要的新零售商店选址。伍德将军认为，该决定会对西尔斯公司的销售能力和盈利能力产生长期且不可逆转的影响。一旦店址被选定并建造商店，该决策的影响将长达20年。显然，选址是一项运营决策，但必须由最高管理层做出。为了能够做出明智的选址决策，最高管理层成员必须自始至终参与其中。

上述先例显然具有危险性。如果运营工作被合法地纳入最高管理层的工作范围，那么亲自打开所有来函或亲自对公司产品进行最终检验的首席执行官（这两种首席执行官我在大型企业中都遇到过），就能够理直气壮地声称自己正在从事最高管理工作了（我遇到的两种人都确实如此）。

这方面所需的规则很简单，如下。

（1）如果其他人能够做好运营工作，那么该工作就不是最高管理层的工作。当然，通过分析企业的关键业务，多数运营工作将被排除在最高管理工作之外。最高管理层绝不应该参与任何非关键业务。但关键业务也应该经受下列问题的审视："组织中有没有其他人能够做得同样好或者几乎同样好？企业内应该有人能够做这些工作吗？"如果答案是肯定的，那么这就不属于最高管理层的工作。

（2）晋升入最高管理层的人应该放手自己先前从事的职能工作或运营工作。那些工作应该转交给其他人负责，否则此人在实质上可能仍然是一名职能管理者或运营管理者。

最高管理任务的特征

最高管理任务尤其难以组织，其中每一项都具有重复性，需要不断反复地去做。其中只有很少属于必须每天朝九晚五从事的持续性任务。当这类任务出现时，一般都是生死攸关，真正涉及企业"生死存亡"的决策。如果对1年52周，1周5天的最高管理工作进行"计划"，显然愚不可及。制定关键人事决策的频率并不很高。人事决策需要耗费大量时间，没什么比草率的人事决策更不可能取得成功了。多数其他的最高管理任务同样如此。

最高管理任务的另一个鲜明特征是要求最高管理团队成员具备不同的能力，拥有不同的气质。最高管理任务要求执行者具备分析、思考、权衡各种选择、协调不同意见的能力，需要迅速并果断行动的能力，凭直觉做出大胆判断的能力。最高管理任务还要求执行者熟悉抽象概念、思想、计算、数据，还要求其重视人，具备人本意识，并且总体上对人有浓厚的兴趣并尊重人。某些最高管理任务还要求执行者独自开展工作。还有一些作为组织的代表和礼仪性的对外任务，需要执行者像政治家那样接受群众的欢呼和礼仪，具备卓越的表达能力，能够做空洞无物却依然妙趣横生的演讲。

最高管理任务至少需要4种不同类型的人：思想者、行动者、"交际者""代言者"。然而，一个人绝不可能具备上述4种气质。

因为最高管理任务不具有持续性，所以常常被视为只是在必要的时刻或条件下需要从事的工作，甚至许多经营可观规模的企业之人也持这种观点。但与此同时，最高管理层每天都觉得有必要从事某些持续性工作。当然，这意味着最高管理层从事一些职能工作，因为在制造、营销、会计、工程、广告、质量控制等部门存在大量持续性工作。如果最高管理层禁不住诱惑，那么真正的最高管理任务将根本无法按质按量地完成。掉入这种陷阱的人非常多，尽管在规模较小、结构较简单的企业中每一项具体的最高管理任务可能只需要耗费一点时间，但即使一家小型企业的所有最高管理任务加在一起，也不是能够同时从事职能工作所能处理的。日复一日的运营工作总会有急迫性，而许多最高管理工作需要慢慢推进，看起来似乎可以等到"明天"再做，但明天往往永远不会到来。

一个世纪前乔治·西门子主张，卓有成效的最高管理的首要要求是，客观地确定企业的所有关键业务和最高管理层的关键任务。有人说"每位首席执行官都有独特的风格，并决定了什么是最高管理"，这简直是无稽之谈。每位首席执行官（事实上是每个人）确实都有自己独特的风格，且有权如此，但决定最高管理是什么或应该是什么的是客观因素，如同万有引力定律不取决于物理学家吃什么早餐一样，最高管理也不取决于个人风格。

尽管最高管理层的任务（起码有大量任务）往往会重复出现，但并不是持续性工作，而且执行最高管理任务需要具备多种技能、素养和气质，因此最高管理任务需要明确分配给个人，否则重要任务将会被忽视。事实上，组织（尤其是小企业）应该制定一份最高管理层工作规划，明确说明每项任务的负责人、宗旨、目标以及截止期限。恰恰因为最高管理职能的基本性质不同于企业内几乎所有的其他工作，所以必须单独对待，责任到人。

最高管理层的结构

最高管理是团队工作而非个人工作。单个人不太可能具备从事最高管理工作所需的多种气质。对最高管理任务进行分析后，会发现其繁杂程度超出了单个人的能力范围。除了规模最小的企业之外，最高管理任务至少需要1名心无旁骛的全职人员，还需要1~2名人员起码把大部分时间用于最高管理工作，作为特定时刻的"领导者"并承担主要责任。

只有一个人的最高管理层往往会造成组织功能紊乱，另一个原因是企业内除了前任最高管理者，没人真正做过最高管理工作，其绩效表现更是没有任何可靠的证明，每一次最高管理者的接班都会成为一场"危机"，可谓孤注一掷的赌博。

如本书前文所言，亨利·福特完全不相信职业经理人，在很大程度上这就是他晚年时期福特汽车公司日益衰落甚至几乎崩溃的原因所在。近期的研究显示，在高速成长并大获成功的时期，也就是1907～1917年，福特汽车公司实际上由一个真正的最高管理团队经营，詹姆斯·卡曾斯○与亨利·福特的地位完全平等，且在分管的许多最高管理领域享有最终决定权。卡曾斯后来进入政界，在罗斯福新政时期成为一名广受欢迎的自由派参议员。卡曾斯离开福特汽车公司之后，该公司原有的最高管理团队只剩亨利·福特一人。正是从那时起，福特汽车公司开始衰落。

从组织结构图上看，一家公司的最高管理职位似乎只有一个人，但如果该公司状况良好，那么仔细观察就会发现，其他人也负有明确的最高管理责任。财务主管通常承担部分最高管理职能，诸如分析、计划、目标设置等方面。或者制造主管除了承担工厂的职能任务，还可能负责最高管理领域的人群组织工作。

只要公司的规模小、结构简单，这种方法就会非常有效。但规模更大、结构更复杂的企业需要设立一个结构明晰的最高管理团队。

如今，把最高管理团队组织为一个"总裁办公室"变得流行，其成员彼此平等地合作共事，每个人都有明确的责任范围，享有该范围内的最终决定权。这正是乔治·西门子设计的最高管理层结构。对于规模庞大、结构复杂的企业来说，尽管这并不容易做到，但可能仍是最佳选择。

但也有可能只有一个人担任首席执行官职务，同时兼任总裁或主席。该首席执行官只配备少数几名下级（或许被称为执行副总裁），其中每人都被明确赋予最高管理任务的部分权力和责任，别无其他工作可做。

○ 詹姆斯·卡曾斯（James Couzens），美国密歇根州联邦参议员（1922～1936年），第47任底特律市长（1919～1922年），1903年参与创办福特汽车公司，1906年任总经理和副总裁，1915年辞去总经理职务，但保留董事会席位，1919年出售掌握的福特汽车公司股份。——译者注

另一种相当常见的结构是，最高管理层由3~4名成员构成，尽管其中1人是公开的一把手，但每个人都明确承担部分最高管理责任。50多年来，通用汽车公司的最高管理层一直采用这种结构，由董事长、副董事长、执行委员会主席、总裁构成，4位成员根据彼此的个性分管不同领域，且这些都是常设职位。

需要注意的是，组织结构图上有这样的一个最高管理团队，并不代表该团队一定存在。有必要防范那种伪装成最高管理团队的独裁管理。

唯一有效的保障是，把每一项最高管理任务明确指派给对其负有直接的、主要的责任之人。在规模更大的企业中，任何承担最高管理责任之人都不应再承担其他任何不属于最高管理岗位的责任。

最近发生的一起并不非常严重的最高管理失误事件——运营部门的集团执行官被期望兼职从事最高管理工作，给我们上了同样的一课。

集团执行官通常负责多个部门，在大型企业中非常受欢迎，本是其所属部门的运营主管，但会拿出部分时间（通常是30%）来执行企业的最高管理任务。这种方法听起来貌似有理，但并没有奏效。集团执行官都太忙了，无法明确承担最高管理责任，因此无法对最高管理做出任何贡献。

IBM公司已经认识到了这一点。在IBM公司，集团执行官负责重大领域，如研究、工程与制造部门，国内营销与服务部门，国际部门，非计算机业务部门。该公司也设置了一个4人管理委员会，由董事长、总裁、两名高级执行官构成，他们都不从事具体的运营工作，且每个人都明确地承担部分最高管理责任，此外不履行任何其他职能。

然而，IBM公司的集团执行官也隶属于一个最高管理团队，只是并非总部的最高管理团队，而是各自治事业部的最高管理团队，每个主要的和重要的自治事业部本身就需要自己的最高管理层。

现在，我们可以把关于最高管理层结构的基本规范要求概括如下：

（1）起点是对最高管理任务的分析。

（2）每项最高管理任务都必须明确赋予对其负有直接和全面责任之人。

（3）需要组建一个最高管理团队，其内部成员各自承担的责任要与其个性、素养和气质相匹配。

（4）任何被赋予最高管理责任之人，无论具体头衔是什么，都属于"最高管理层"。

（5）除了在规模小、结构简单的企业中，任何负有最高管理责任之人都不应再从事其他工作。

（6）结构复杂的分权化企业需要设立不止一个最高管理团队，每个团队都需要根据上述要求构建。

最高管理团队合作

一个最高管理团队必须满足若干严格的要求才能有效发挥作用。团队并不是一种简单的组织结构形式，也不会仅仅因为成员彼此喜欢就能奏效。事实上，团队成员是否喜欢彼此是无关紧要的。无论团队成员的人际关系如何，最高管理团队都必须发挥作用。

（1）在某个领域负有主要责任之人实际上享有最终决定权。如果最高管理层要发挥作用，那么任何下级都不能对一名成员的决策向另一名成员申诉。每名成员都享有最高管理层的全部权威。

（2）最高管理团队的任何成员都不能在自己不负主要责任的事务上做决策。如果这类事项被提交到某位成员面前，那么他应该将其转交给负有主要责任的同事。实际上，对于最高管理团队的成员而言，明智的预防行为是对不在自己主要责任范围内的事务保持沉默。

毫无疑问，阿尔弗雷德·斯隆是通用汽车公司的一把手，在该公司的管理层中拥有无人能及的道德权威，然而斯隆曾一再地重复："我认为你应该把这件事提交给布朗先生㊀或布拉德利先生㊁或威尔逊先生㊂，"他们都是斯隆在最高管理层中的同事，"我很想听听他们的决定，或许你会让我知道。"来访者（通常是通用汽车公司的高管）离开后，斯隆有时会悄悄地给布朗先生打电话，请他到办公室来讨论这件事。斯隆通常非常有主见，并能够为之而奋斗，但他常常告诫自己，除非对正在讨论的事务负有直接责任，否则绝不在最高管理团队之外发表意见。

（3）最高管理团队成员无须彼此喜欢，甚至不需要彼此敬重，但他们绝不能互相拆台。在公共场合，也就是最高管理层的会议室之外，他们不能对彼此发表意见，不能互相批评，也不能互相贬低，最好也别互相称赞。

落实这条规则是团队组长的任务，并且他最好能够严格执行。即使最无拘无束的最高管理层成员，也绝不允许在公开场合批评、厌恶或蔑视任何其他成员。

（4）最高管理团队不是一个委员会，而是一个团队。团队需要有一位组长。团队组长不是老板，而是一名领导者。

在遭遇极端危机的时期，组长必须愿意且能够合法接掌大权。面临共同危险的时候，最高管理团队必须做到命令统一。

（5）最高管理层成员应该在分管的范围内制定决策，但某些特定决策应该被保留，只有整个团队才能做出这类决策。至少此类决策在公布之前必须提前与团队成员协商。

确定"我们的业务是什么以及应该是什么"，显然就是这类决策。例如，

㊀ 布朗先生，此处指弗兰克·布朗（Frank Brown），1937~1946年担任通用汽车公司董事会副主席。——译者注

㊁ 布拉德利先生，此处指艾伯特·布拉德利（Albert Bradley），1956年斯隆退休后继任通用汽车公司董事长。——译者注

㊂ 威尔逊先生，此处指查尔斯·威尔逊（Charles Wilson），1941~1953年任通用汽车公司总裁。——译者注

抛弃过时的产品线、增设新的产品线、关键的人事调动以及重大资本投资等决策，都属于这一范畴。

关键的人事决策既不能以鼓掌方式做出，也不能以表决方式出台，而是需要经过慎重思考、详细讨论并借鉴组织内部不同人的经验。准确地说，即使这些决策的实际决定权往往留给某位成员，但都应该是最高管理层作为一个集体来考虑的事务。

（6）最高管理任务要求团队成员之间进行系统而深入的沟通协调，这恰恰是因为存在多种不同的最高管理任务，且其中每一种都对整个组织的利益具有决定性影响，最重要的是因为最高管理层成员在自己分管的领域内应该享有最大的自治权来开展工作，而唯有在每位成员都尽一切努力让同事充分掌握相关信息的情况下才能允许这么做。

换句话说，尊重任务、清楚地理解任务内容，并确定负责之人，是最高管理层卓有成效的基础。

为最高管理层服务

乔治·西门子在最高管理层的组织结构方面最显著的创新是组建"执行秘书处"，或许这是他最重要的贡献。

世界各国的多数企业都有大量数据，也不断产生各种汇报材料、研究成果、演讲以及会议，其中多数都围绕着运营管理问题。典型的企业中都配备专门的服务部门来支持运营部门。事实上，在参谋理论中，设立参谋岗位的目的恰恰旨在支持、服务、培训运营管理者。那么，谁来为最高管理层服务呢？

总体来看，最高管理层与运营管理者获得的是相同的数据、相同的信息、相同的刺激，然而，最高管理层面临独特的任务和需求。最高管理层的需求本质上不同于运营管理者的需求。最高管理层主要关注未来而不仅仅是现在，主要关注企业全局而不是某个局部。

最高管理层思考"业务是什么以及应该是什么"，意味着对当前企业的看法，与立足于当前目标、结构、安排的看法截然不同。真正的创新从来都不符合现有的组织结构，而是超越了任何现有组织结构的范围。选择未来的关键人物的理由，总是不同于过去某一时刻选择当前的关键人物的标准。

一家主要的电气设备制造商是这方面简单又生动的案例。该企业传统上一直是蒸汽涡轮机行业的领导者，第二次世界大战期间进入喷气发动机行业。尽管喷气发动机（即燃气轮机）与蒸汽轮机一样被用来发电，但起初仅仅被用来为飞机提供动力。后来该企业进入核能领域。因为上述三种发电方式分别属于不同的技术领域，而且一开始也面向不同的市场，所以被单独组织为互不隶属的事业部。然而，对于作为客户的发电企业而言，三种技术只是发电的替代选择。其中任何两种搭配，都能够构建一个完整的电力供应系统。但该企业的服务部门都没有看到，或者说没能看到这一点，毕竟服务人员的工作是为三个事业部的运营管理者提供服务。事业部管理者都把自己的产品视为主要的发电机，并希望在发电设备市场的成长中获得最大份额。一个专门为最高管理层提供关于未来市场新思路的任务小组最终指出，三个事业部同属一个行业。但在那时，该企业在一个主要市场的地位，已经由于没能为最高管理层及时提供信息和思路而受到严重侵蚀。

乔治·西门子的解决方案，即德国式执行秘书处并不适用于所有企业。然而，除了规模很小、结构很简单的企业，每家企业都需要组建一个专门为最高管理层提供思路、激励、问题、知识尤其是信息的特定机构。最高管理是一种特殊的工作。任何工作都需要合适的工具，最高管理工作的工具就是信息、激励、分析和问题。

乔治·西门子构建的执行秘书处的成员被视为一种独特的职业。他煞费苦心地寻找德意志银行雇用的最能干、最聪明、最优秀的年轻人，或者从大学、政府机构中招聘这类优秀人才，把他们安排到"执行秘书处"。执行秘书处的成员很少有人会调动到银行的运营岗位，也很少有人会被提拔到最高管理层（人数非常少），结果，执行秘书处日益与外界隔离。

至今，这仍旧是德国式执行秘书处的一个缺陷。但该缺陷并不一定会存在，而是能够采取措施加以弥补，应该遵循的规则是，除非某人先前的实际工作绩效卓越，否则不能加入为最高管理层提供信息、激励和问题的团队。执行秘书处应被视为那些年纪轻轻就表现出卓越绩效能力之人的主要培训岗位。任何人在被调回取得绩效的工作岗位之前，待在执行秘书处的时间不应超过数年。作为一个整体，执行秘书处应该聚焦于处理关键议题，而不应试图处理所有事务。

董事会衰落的原因

在不同国家，负责监督最高管理层、为其提供咨询、审查其决策、任命最高管理者的机构有不同的名称。在美国，该机构被称作董事会，在其他国家被称为监事会或理事会等。

关于董事会的成员身份，不同国家的法律规定彼此不同。但无论法律地位如何，各国的董事会都几乎毫无作用。董事会的衰落是20世纪的普遍趋势。最明显的证据就是，虽然董事会在法律上是公司的支配机构，但20世纪发生的若干重大商业灾难所涉企业的董事会往往直到最后时刻才被告知。

例如，奥地利信贷银行⊖的破产事件。1931年，该银行是奥地利的主要

⊖ 奥地利信贷银行（Austrian Credit Anstalt），位于维也纳的一家商业银行，1855年由安塞尔姆·罗斯柴尔德（Anselm Rothschild）创办，1931年宣布破产，在整个欧洲引发连锁反应。——译者注

银行，其破产引发了首次全球货币危机，并在几周内导致英镑贬值。这种情况也发生在若干德国大型银行的破产事件中，这些破产事件与希特勒的上台有重大关系。40年后，美国宾夕法尼亚州中央运输公司㊀的倒闭同样如此。在上述所有事件中，企业的董事会都是直到最后一刻才发现事情进展不顺利。

每当丑闻被曝出时，董事会的失败就被归咎于成员的愚蠢、疏忽，或者最高管理层没有及时通报信息，但如果这种问题一再出现，我们就必须认识到，未能履行职责的是制度而不是个人。

无论具体名称是什么，法律地位如何，董事会都已经形同虚设。法律可能仍然规定董事会是公司的最高机构，但实际上董事会已经沦为清谈委员会，不发挥实际作用。

无论法律地位如何，董事会都已经丧失了履行职责的能力。原因是什么？

一个原因是大型上市公司的发展。无论在美国，还是在英国、法国或德国，最初的董事会都是股东的代表机构。19世纪，企业的股票由少数人或少数群体掌握，其中每一方都占有较大份额，董事会确实是代表这些股东的机构。换言之，董事会的每一名成员都在企业中拥有相当大的股份，每一名成员都在公司事务上投入大量时间和精力，且每一名成员都只兼任少数几个董事会的成员。

但发达国家大型企业的所有权日益不再掌握在少数人或少数群体手中，而是被成千上万名"投资者"掌握，结果，董事会不再代表所有者，实际上不再代表任何人或群体。董事会的成员身份已经丧失了继续存在下去的理

㊀ 宾夕法尼亚州中央运输公司（Penn-Central），美国铁路公司，1968年由宾夕法尼亚铁路公司和纽约中央铁路公司合并组建，1970年申请破产，成为当时美国历史上最大的破产案。——译者注

由。某人被邀请加入企业董事会可能仅仅因为特定的身份，更糟的是，董事会成员往往是与企业有业务往来之人，如公司的银行家或律师。最重要的是，当前的董事会成员多数都是有成就的企业高管：B公司把A公司的总裁吸收进董事会，作为回报，A公司也会把B公司的总裁吸收进董事会。这些忙忙碌碌的人仅仅拥有企业微不足道的股份，所以没有理由在企业管理上花费时间。如果董事会成员与企业有业务往来，那么他们不愿调查其业务，不愿提出尴尬的问题，或者不愿表现出批评态度就是情有可原的。而且这些人很可能是多家企业董事会的成员，以至于不会专心从事某一个董事会的工作。

另一个原因必然是，总体而言最高管理层不想要一个真正卓有成效的董事会。有效的董事会会要求最高管理层实现卓越的绩效，且会开除绩效不佳的最高管理层成员——这是董事会的职责。有效的董事会会向最高管理层提出一些难以答复的问题，会坚持在事件发生之前了解情况（这是董事会的法定责任），不会不加辨别地对最高管理层的建议照单全收，也不会甘做最高管理层人事决策的橡皮图章，而是想知道（实际上是想亲自了解）高级职位其他候选人的情况。换言之，有效的董事会坚持发挥实际作用。对于多数最高管理层成员而言，有效的董事会似乎是一种束缚、一种限制、一种对"管理特权"的干涉，总之是一种威胁。

最高管理层需要有效的董事会

有人主张董事会不应掌握实权，这种观点可谓鼠目寸光。越来越明显的是，如果缺乏一个有效且强大的董事会，最高管理层将不被允许经营企业。如果最高管理层不能为自身和企业的需求建立一个有效的董事会，那么社会就可能会把不恰当的董事会之类的机构强加给企业，尤其是强加给大型公司。这类强加的董事会将会企图控制最高管理层,并为其指定方向,代替其做决策,将会成为实际的"老板"。由于该董事会是由社会强加给企业的,所以它必然自视为最高管理层的对手,将不会(实际上是不能)从企业自身的利益出发采取行动。这方面的初期迹象已经在我们身边出现,实际上,扭转该趋势可能已为时太晚。

过去几年来,美国企业面临越来越大的压力要求董事会"与时俱进",也就是任命各种群体的代表为董事会成员,如黑人、女性、穷人等。无论这些被任命者个人多么优秀,都不能有效履行董事会成员的职能。他们代表的是各个外部团体,会推动特定项目,满足特定需求,落实特定政策,但不会关注企业,或者说不会对企业负责,也不会对在董事会议上听到的消息保密。实际上,这些人信任的不是企业,而是外部的支持者。

这类"与时俱进"的董事会的发展表明,社会将不允许最高管理层,尤其是规模庞大、频频曝光的企业的最高管理层在缺乏适当且有效的董事会的条件下行使权力。同样重要的是,美国证券交易委员会敦促企业设立为之负责的董事会,且要求其承担法定责任,能够证明自身行使实际控制权,具有明确的工作计划。董事会确实已经丧失了初始功能,这使最高管理层亟须深入思考企业及最高管理层自身需要一个什么样的董事会。传统董事会的衰落制造了一个权力的真空地带,而真空不会一直保持下去。负责任的最高管理层将会想要在替代性机构中拥有发言权。

董事会的三项功能

在一家企业(尤其是大型企业)中,有效的董事会实际上具备三项不同的功能。

(1)企业确实需要一个审查机构。企业需要一群经验丰富、诚实正直、声望崇高、绩效突出且愿意工作之人，向最高管理层提供咨询和深思熟虑的建议。这些人不是最高管理层的成员，但能够给最高管理层提供帮助，在危急时刻能够贡献自己的知识帮助最高管理层制定决策并采取行动。

大型企业对社会而言极为重要，故不能不在其自身的组织结构中设置一个"控制机制"。在大型企业中，必须有人确保最高管理层慎重思考企业的业务是什么以及应该是什么；必须有人确保最高管理层确立了明确的目标并制定了相应的战略；必须有人对企业的计划、资本投资政策、管理支出预算进行批判性审查；必须有人监测人员决策和组织难题；必须有人关注组织的精神，确保企业成功地帮助人们扬长避短，培养未来的管理者，对管理者的奖励、管理工具、管理方法会加强组织的能力并指导其向目标迈进。

董事会也需要满足最高管理层的一项重要需求——最高管理层需要与见多识广、聪明智慧的外部人进行对话协商。在小型企业中，最高管理层尤其需要与这类人对话协商，否则很容易被孤立。小型企业的最高管理层如果不能轻易地、不断地接触到外部顾问，如经验丰富的律师和咨询师，那么就需要从有经验、了解业务但并非企业内部之人那里得到建议。所以，小型企业的最高管理层也需要一个真正有效的董事会。但现实情况往往是，小型企业中董事会发挥的作用相比大型企业更加微乎其微。

（2）企业需要一个能够有效履行职能的董事会来撤换绩效不佳的最高管理层成员。

掌握实权的董事会能够撤换无能或绩效不佳的最高管理层成员，但只有无能的最高管理层才会对此感到担忧。任何社会都不会容忍大型企业的最高管理层软弱无能。如果最高管理层不构建有权撤换软弱无能的首席执行官的董事会，那么政府会接管这项工作。

还有一种替代选择——被"金融袭击者接管"。多数最高管理层成员貌似无所不能、地位牢固、完全掌控局面，却常常被金融袭击者组织的股东造反及"收购行动"轻易推翻。金融袭击者并不针对陷入困境的企业，而是针对那些没有发挥出自身潜力以及最高管理层绩效不佳的企业。

（3）企业需要一个"公共关系和社区关系"机构。企业需要能够频繁地与各种"公众"和"支持者"直接接触，需要听到他们的声音，并坦诚地开展对话。对于大型企业而言，这种需求显而易见，但对于具有一定规模的企业而言，这种需求可能更大，因为它们往往是中小型社区的主要雇主。

现代企业有许多支持者群体，股东是其中之一，但不再是唯一的支持者。股东不再是"所有者"，而是已成为"投资者"。员工显然也是支持者，但他们也不是唯一的支持者。构成支持者群体的还包括企业设立工厂的社区，以及消费者、供应商、分销商等。上述所有支持者群体都需要知道某家大型企业的实际情况、问题所在、政策方向以及计划。企业需要得到支持者群体的理解。最高管理层需要被他们认识，得到他们的尊重，被他们接纳。或许，最高管理层更需要理解这些支持者群体的需求、见解、误解、观点和疑问。与上述不同支持者群体建立联系的董事会能够满足这种双向的公共关系需求。

董事会必须代表整个企业基本的长期利益，而不是任何单方的利益，必须能够履行审查和监督最高管理层绩效的职能。

企业还需要董事会实际上作为提供信息、建议、咨询和沟通的机构，也就是作为公共关系和社区关系董事会。如果企业及其最高管理层没能构建这样的董事会，那么董事会将以错误的形式被强加给企业，也就是作为一个对抗、控制和束缚企业的机构。例如，德国企业董事会中的员工代表，瑞典企业董事会中的政府代表，美国企业董事会中的少数群体代表。这些举措不仅会进一步削弱董事会，还会损害企业及其最高管理层的权威，降低其绩效能力。

企业的需求

显然，企业需要两种不同的机构。

一种是执行董事会，既作为最高管理层的协商对象，又是审查机构、企业良心、咨询顾问和指导者。该董事会是一个见多识广且时刻准备着的"备用机构"，以防企业最高管理层遭遇失败或需要为当前的最高管理层寻找接班人。

另一种是公共关系和社区关系董事会，能够使企业（尤其是大型企业）与各种公众群体相互接触。

法律并未禁止这两种机构合二为一，但现实中必须分开运作。企业的最高管理层需要通过公共关系和社区关系董事会来讨论不同支持者群体想要什么、需要知道什么以及需要理解什么。企业的最高管理层需要通过执行董事会来讨论最高管理层需要讨论什么、思考什么、决定什么和理解什么。满足上述两种对董事会的需求的一种方法是，把执行董事会作为一个特别委员会（即执行委员会）来运作，该委员会将社区关系董事会囊括在内。

现实中也存在有效的董事会。迄今为止，还没有一个董事会拥有全部三项功能，但它们确实表明了有效董事会的重要性及其能够做出的贡献。

董事会要有效地发挥作用，首先需要仔细思考最高管理层的职能，以及董事会的职能和工作；还需要确立自身的目标和工作计划。设立的董事会除非能够履行具备明确目标的特定职能，否则将无法取得绩效。

董事会成员的资格

董事会要有效地发挥作用，还需要考虑成员的资格问题。如今，与企业有业务往来的银行领导者往往被任命为董事会成员，隶属于公共关系和社区关系董事会。金融界是企业的一种支持群体，管理层需要与之接触并相互理解。但当前加入董事会的人，只有很少够格成为公共关系和社区关系董事会或执行董事会的成员。

例如，两种机构中都不应该包含已退休的企业高管。有人会争辩说，把企业的前高管排除在董事会之外，等于浪费了他们拥有的大量知识和智慧资源。企业当前管理层利用已退休高管的知识和智慧的正确方式是，像日本人那样聘请此人担任"顾问"。同样，供应商、律师、咨询人员等所有向企业出售产品或服务之人，都不应该成为董事会成员。

那么，什么人应该成为董事会成员呢？迄今为止，我们能够回答的仅限于执行董事会成员的资格条件。

首先是能力条件。执行董事会成员应该证明自己具备高管人员的能力。在理想情况下，未来的执行董事会成员应该在50岁左右，愿意退出运营岗位成为一名顾问，指导相关工作，履行良心职能。

其次，执行董事会成员应该有充足的时间从事这项工作。兼任多个董事会成员之人，没有一个能把这项工作真正做好。

最后，执行董事会成员应该独立于最高管理层。或许这意味着执行董事会成员的任期受到限制，任期结束后不能连选连任。如果某人知道自己5年后没有资格再次参加选举，无论与最高管理层的关系多么融洽都不能改变这个结果，那么他顺服最高管理层的可能性就比较低。与此同时，执行董事会成员应该由定期选举产生，且应该在此期间享有合理的任期保障。

我们尚不清楚如何构建公共关系和社区关系董事会，但该问题同样亟须解决。从政治角度看，该问题的急迫性甚至高于构建执行董事会。显然，最高管理层的一贯态度，即抵制董事会履行公共关系和社区关系职能的发展趋势，将难以维持。或许无论最高管理层的做法一直以来多么合理，将来都不会奏效了。

我们并不是在当今普遍形同虚设的董事会与卓有成效的董事会之间进行选择，而是要么选择被强加的董事会，既对企业抱有敌意，又不适合企业的实情；要么选择主动构建的董事会，既是一个卓有成效的企业机构，又切合企业的实情。

小　　结

在企业的所有工作中，最高管理层的工作最重要却最难以组织。最高管理层的工作是多方面的，每家企业各不相同，最高管理层需要根据企业的具体需求加以调整。

运营工作是最高管理层的任务吗？最高管理任务往往具有重复性，但很少具有持续性。最高管理任务需要执行者具备各种各样的气质特征。由于每项任务都是工作，所以必须责任到人，因此最高管理层也需要制定一份工作规划。尽管存在多种不同的工作组织方式，但最高管理工作往往采取团队制。最高管理团队的规范要求都一样，并且每一条都非常严格苛刻。最高管理层也存在若干具体需求，例如信息。企业需要有一个最高管理层，最高管理层也需要一个作为监督机构的董事会，然而现实中的董事会往往没有履行自身的监督职能。为了最高管理层、企业、社会的利益，需要使董事会有效地发挥职能。

问　　题

1. 最高管理层的任务是什么？
2. 决定最高管理层是否从事具体运营工作的规则是什么？
3. 最高管理任务的特征是什么？
4. 有效的最高管理层结构的基本规范要求是什么？

5. 最高管理团队要有效发挥作用必须满足哪些严格要求？
6. 为什么董事会往往形同虚设？
7. 为什么最高管理层需要一个有效的董事会？
8. 董事会具备哪三项功能？
9. 什么人应该作为董事会成员？

第39章 CHAPTER 39
管理组织的结论

多年来，组织理论家一直在争论，组织设计应该从"理想型组织"出发还是从"实用"出发。组织设计应该优先考虑原则吗？或者应该优先考虑适应某个组织的特定需求、具体情况、传统习惯吗？

前文围绕组织构成要件、组织设计规范、组织设计原则的讨论表明，这类争论毫无意义。两种方法都有合理性，必须并行不悖地加以采用。组织设计必须立足于"理想型组织"，也就是相关的概念框架。我们必须仔细地界定组织结构的设计原则，反过来，这项工作必须基于企业的宗旨、目标、战略、优先事项、关键业务。但世界上没有通用的组织设计原则，甚至也不存在一种最佳设计原则，每种设计原则都存在特定的要求和严重的局限，都只能在有限的范围内运用。任何设计原则都不能用来同时组织运营工作、最高管理工作和创新性工作。

在进行组织设计时，必须考虑到并理解企业面对的各种复杂情形。各种假设，尤其是作为"理想型组织设计"基础的假设必须受到检验。对于企业内部的人而言，这些假设似乎总是非常合理，但实际上很少能够经受住仔细检验。

只要人们能够假设组织设计需要遵循一种基本原则或两种基本原则的简单结合，那么合乎逻辑的第一步就是开发一种理想型组织。当然，人人都知道理想型组织不可能真正出现，理想总会屈服于现实，但人们能够期望不断接近理想状态，也就是只有极少数例外情形不符合理想状态，且仅限于局部。

但人们不能再这样假设了。围绕组织的概念性思考，需要与检验关于组织现实的基本假设同时进行，否则最终得到的理想型组织尽管"概念上纯正"，但往往不适合甚至会损害绩效。

下面的两个例子来自同一个重大的组织性任务，能够证明这一点。

20世纪50年代初，在通用电气公司的组织架构中，人人都"很清楚"任何负有"产品责任"的单位实际上都是一个"制造事业部"。然而，也有许多单位什么都不制造，只是为了开发一种新工艺或新产品线。这些单位有自己的"客户"，有"收益"（通常是一份政府研发合约），也承担"绩效责任"。但它们不是制造事业部，而是创新型组织。根据制造事业部典型的职能制原则来设计这类单位会阻碍其发展。如果对理想型设计原则进行检验，那么人人都会清楚这一点，但这过于明显以至于无人进行检验。

通用电气公司的另一个基本假设是，"产品事业部"的总经理就像通用汽车公司汽车事业部的总经理一样，都是运营管理者。通用电气公司模仿了通用汽车公司的组织结构。但通用汽车公司所有汽车事业部都非常相似。尽管通用汽车公司在多个市场上开展业务，但它是一家地地道道的单一产品企业，而通用电气公司堪称世界上最多元化的企业，拥有极其多样的技术、工艺、产品和市场。多数通用电气公司的"产品事业部"都在某个重要行业占据领导地位，因此通用电气公司各"产品事业部"的总经理应当属于最高管理层，而不是运营管理者。同样，如果对这个基本假设进行检验，很快就会发现这一点。但通用电气公司没有对假设进行检验就设立了若干总经理岗位，且没有为其配备从事最高管理工作所需的团队，同时这些自治事业部在规模和范围上往往太小而无法支撑所需的最高管理层。与斯隆为通用汽车公司设计的稳定的联邦分权制形成鲜明对比，通用电气公司频繁地重组所谓的"决定性"组织结构，在很大程度上正是未能对貌似合理的假设进行检验导致的结果。（因为这番评论可能被解读为对通用电气公司管理工作的批评，所以有必要指出，本书作者作为一名顾问曾深度参与通用电气公司的重组工作。如今看来似乎显而易见的事情，20 世纪 50 年代初的人却不了解。）

从"理想型组织"出发进行组织设计的方法不是"理论"，而是非常具有实用性，反之，从明确界定继而在组织现实中检验相关假设出发的实用方法，并不是"得过且过"或"修修补补"。在可能存在其他"理想型组织"的情况下，实用方法也具有理论上的合理性。组织设计既要经得起概念检验又要经得起实用检验，否则就是失败的设计。

简化的需要

要从事某项工作，最简单的组织结构最好。某种组织结构是否"良好"，要看有没有导致问题。结构越简单，问题往往就越少。

世界上不存在一种完美的或通用的组织设计原则，所有组织设计原则都存在缺陷，甚至结构最简单的企业，如只有一条主要产品线面向一个主要市场的中小企业，也起码会采用两种组织设计原则——职能制和团队制，最高管理工作和创新性工作遵循团队制，与根据职能制加以组织的工作相互补充。

当然，如果为了追求简单匀称而不顾所用原则的固有限制，那就等于自找麻烦。

如果在需要团队制的工作（如知识工作或真正的创新性工作）中采用职能制，会使整个组织看起来"干净整洁"，但也会造成绩效不佳。反之，如果在需要职能制的工作（如各类无须变化的大规模生产工作）中采用团队制，则只会造成混乱。在某些工作中，特定任务能够且通常情况下应该采用团队制原则，但工作自身往往必须遵循具体的、专业的职能制原则。如果一个单位不是真正的事业部，那么采用联邦分权制只会导致混乱，因为存在种种限制因素，所以不得不采用模拟分权制。

某些设计原则相比其他原则会更加难以应用，但任何原则都存在不足。没有任何组织设计原则主要以人为中心，而是主要以任务为中心；没有任何组织设计原则"更有创造力""更自由"或"更民主"。组织设计原则是工具，工具本身只有是否应用得当，而无所谓优劣，仅此而已。为了尽可能简单并尽可能"适应"现实，组织设计必须从一开始就明确聚焦于产生关键成果所需的关键业务。关键业务必须尽可能根据最简单的设计原则来组织和安排。最重要的是，组织构建者需要始终牢记自己正在设计的组织结构的宗旨。

小 结

组织是实现目的的手段而不是目的本身。合理的结构是组织健康发展的前提而不是健康本身。企业是否健康的检验标准不是组织结构的美观、清晰、完美，而是员工的绩效。

问 题

1. 为什么检验关于组织现实的基本假设，必须与围绕组织的概念性思考并行开展？
2. 为什么最简单的组织结构最好？
3. 企业是否健康的真正检验标准是什么？

结 论

未来的管理者

如今,高等院校中管理系的学生依然非常活跃,在今后45~50年的时间内(直到2025~2050年)他们将一直从事管理工作。

19世纪下半叶,没人能够预见到1925年或1930年的世界。1930年左右,当今天的管理者开始接受高等教育或刚刚参加工作时,同样没人能够预见到1970年的世界。当时唯一能够预测的是,半个世纪后的政治、社会、经济将发生巨大变化。

但是,我们已经能够较准确地预测未来管理者(当今管理系的学生)的许多状况。为了规划自我的发展并养成持续学习的习惯,未来的管理者当然会掌握新技能、产生新需求,然而管理者的基本任务将保持不变。未来管理者的首要任务仍然是自己所属机构的绩效。管理者将负责使工作富有成效,帮助员工取得成就。对组织造成的社会影响和社会责任进行管理的任务的重要性将日益提高,要求将日益增加。换言之,我相信,尽管未来的管理者被期望拥有更丰富的知识、更深刻的思想、更完善的计划、更精湛的能力来履行上述责任，但与当今的管理者相比，双方关注的是相同的任务，操心的是同样的事情，面对的是相似的难题和要求。

然而，我们也可以预测，管理任务将发生若干重大变化。其中之一必然会成为公共服务机构（政府机构、医院、学校等）推进系统化管理的主要动力。在过去的50年中，工商企业是管理的前沿领域；未来50年，公共服务机构很可能成为新的管理前沿领域。但是，每一个重大的任务领域也存在若干主要问题，它们很可能需要未来的管理者开展系统性工作才能解决。在首要的任务领域（即企业和公共服务机构的绩效），最紧迫的问题是组织有序地抛弃过时的、没有成效的、不再合适的业务。创新是一项有组织的活动，这方面我们已经学到很多。我们起码已经知道，创造一个美好的明天是管理者的主要责任。现在我们必须明白，抛弃昨天同样是管理者的核心任务。公共服务机构的管理者尤其需要了解这一点。迄今为止，公共服务机构很少抛弃过时的业务，而且几乎从未组织有序地这么做过。

在工作和做工领域，使组织内的工业关系符合社会现实是未来管理者面临的重大任务。过去的50年中，所有发达国家的"工人阶级"都发生了剧烈变化。当今的"工人"从收入和社会地位来衡量很可能是"中产阶级"，并且可能是"知识工作者"而不再是"体力劳动者"。确实，在大多数著作和讨论中，制造业的"蓝领工人"（"工人"的原型）如今在所有发达国家都已经成为少数群体，并且到2000年很可能成为工作人口中非常小的一部分。但即使是当今的体力劳动者，也就是制造业的蓝领工人，在收入和受教育水平（尤其是后者）上也与过去的体力劳动者截然不同了。"工人"与"资本家"之间的界限正在迅速消失。无论该界限在我们的言辞中具有多么强烈的感情色彩，它都已经变得不合时宜。通过养老基金制度，雇员（尤其是在美国）正在迅速成为各行各业的真正所有者。在当今美国，雇员养老基金拥有大约1/3行业的所有权，掌握了大量巨型企业。到1985年，养老基金在美国企业股本中的持股比例将上升至50%左右，在大型企业中的持股比例将远远高于50%。其他发达国家与美国殊途同归。这一切不会造就乌托邦式的劳资关系。本书中讨论过的围绕工作和做工的全部原有紧张关系、难题、冲突都将继续存在，但员工通过养老基金制度日益成为真正的所有者（即使员工不能直接控制企业），这将使其通过系统性地、有目的地开展工作朝本书所谓的"负责任的员工"前进成为可能和必要。负责任的员工无论身在何种岗位，都对自己的任务、自己的工作团队、工厂社区的治理以及关注的问题负有高度的管理责任。这并不需要太多创新。实际上，100多年来，大量企业一直在从事这项工作，只不过向来是彼此孤立的例外情况，未来必须成为普遍的惯例。公共服务机构在这方面再次需要进行最大限度的改革，因为在对工作和做工的管理方面，公共服务机构总体上远远落后于管理有序的企业。

最后，对组织造成的社会影响和社会责任进行管理方面，管理者将必须学会系统而仔细地思考，从而在相互冲突的需求和权利之间进行难以抉择的、风险重重的"权衡"。与此同时，无论组织的影响是技术性的还是社会性的，也不管这些影响作用于组织中的个人还是社会、社区、外部环境，管理者都必须学会预先考虑组织（企业、学校、医院、政府机构等）的社会影响。这是一种领导责任。并且在组织社会中，无论具体的管理者个人拥有的权力和发挥的作用多么微小，但作为整体的管理者是社会的领导群体。

这些既是管理层面临的新挑战，也是对管理层的新要求。我们还能预测管理者个人的重大变化。越来越多未来的管理者将拥有不止一个职业生涯。越来越多的人会在四五十岁的某个时刻调整自己的工作、更换所处的环境、改变自己的角色。一位管理者或专业人员越成功，就越可能改变自己的职业，有可能仅仅是从一家企业跳槽到另一家企业，或者从会计岗位换到销售管理岗位，但也可能是从一种类型的机构更换到另一种类型的机构。例如，一家中型企业中成功的财务主管转变为一家医院中的行政人员。如今,"第二职业"绝非稀奇,然而,在我们仍旧视之为例外情况的领域,未来很有可能会成为公认的常态。其中一个原因(绝不是唯一原因)出在雇员养老金计划,尤其是企业的养老金计划。养老金计划使中年管理者和专业人员获得了高度的经济保障,而在以往,仅仅经济上的不安全感就会把人们束缚在他们已经驾轻就熟、感到厌倦、不再有挑战性、丧失愉悦感的工作岗位上。我们可以有把握地预测,形势的变化将使管理者高度重视持续学习;高度重视作为个人和管理者承担的自我开发责任;高度重视管理工作、管理技能、管理工具的全面知识。

关于未来的管理者,我们能够预测的最重要的事,莫过于未来将继续存在管理者。很有可能,未来管理者的人数要比当前更多,并且更加重要。除非人类社会在核战争等人祸中灰飞烟灭,否则未来仍然是一个组织社会。随着经济和社会的进步,发展中国家也将日益转变为组织社会。组织远非完美,每位管理者都有切身的体会,组织往往难以管理、频遭挫折、氛围紧张、冲突弥漫、笨拙迟缓,但是组织是我们实现经济生产和分配、医疗保健、治理、教育等社会目标的唯一工具。只有现代组织才能提供上述服务,我们没有丝毫理由预期社会愿意丧失现有的一切。实际上,我们完全能够预期,社会将对所有组织的绩效提出更高的要求,并将更加依赖组织的绩效。

正是管理者,使各类组织顺利运作,并取得卓越绩效。

彼得·德鲁克

参考文献

第一部分

Appley, Lawrence A. *Formula for Success*. New York: American Management Association, Inc., 1974.
Beer, Stafford. *Management Science*. New York: Doubleday, 1968.
Burnham, James. *The Managerial Revolution*. Westport, Ct.: Greenwood Press, reprint of 1960 edition, 1972.
Chandler, Alfred D., Jr. *Strategy and Structure*. Cambridge, Mass.: M.I.T. Press, 1962.
Davis, Ralph. *Principles of Business Organization and Operation*. Easton, Pa.: Hive Publishing Company, reprint of 1937 edition, 1973.
Dennison, Henry S. *Organization on Engineering*. Easton, Pa.: Hive Publishing Company, reprint of 1931 edition, 1973.
Drucker, Peter F. *Concept of the Corporation*. New York: John Day, 1946; revised edition, 1972. Title of British edition: *Big Business*. London: Heinemann, 1946.
Drucker, Peter F. *Managing for Results*. New York: Harper & Row, 1964.
Drucker, Peter F. *The New Society*. New York: Harper & Row, 1950.
Emerson, Harrington. *Twelve Principles of Efficiency*. Easton, Pa.: Hive Publishing Company, reprint of 1919 edition, 1974.
Fuller, Don. *Manage or Be Managed*. Boston: Cahners Books, 1963.
Galbraith, John Kenneth. *The New Industrial State*. Boston: Houghton Mifflin, 1967.
Jay, Anthony. *Management and Machiavelli: An Inquiry into the Politics of Corporate Life*. New York: Holt, Rinehart, and Winston, 1968.
Koontz, H. *Toward a Unified Theory of Management*. New York: McGraw-Hill, 1964.
Loring, Rosalind and Wells, Theodora. *Breakthrough: Women into Management*. New York: Van Nostrand Reinhold, 1972.
Maynard, H., ed. *Handbook of Business Administration*. New York: McGraw-Hill, 1967.
Merrill, Harwood, ed. *Classics in Management*. New York: American Management Association, 1960.
Moore, Russell F., ed. *AMA Management Handbook*. New York: American Management Associations, Inc., 1970.
Niles, Mary Cushing. *Essence of Management*. New York: Harper & Row, 1958.
Randall, Clarence B. *The Folklore of Management*. Boston: Little, Brown & Co., 1959.
Sloan, Alfred P. *My Years with General Motors*. New York: Doubleday, 1964.
Taylor, F.W. *Scientific Management*. New York: Harper & Row, 1911.
Urwick, Lyndall F., ed. *The Golden Book of Management*. London: Newman Neame, 1956.

第二部分

Crozier, Michael. *The Bureaucratic Phenomenon.* Chicago: University of Chicago Press, 1964.

Dyer, Frederick C., and Dyer, John M. *Bureaucracy vs. Creativity: The Dilemma of Modern Management*, Vol. 2. Coral Gables, Fl.: The University of Miami Press, 1969.

Gross, Bertram M. *Organizations and Their Managing.* New York: Free Press, 1968.

Simon, Herbert A. *Administrative Behavior.* New York: Macmillan, 1957.

Woodruff, Phillip. *The Men Who Ruled India.* 2 vols. New York: St. Martin's Press, and London: Macmillan, 1954.

第三部分

Ford, Robert N. *Motivation Through the Work Itself.* New York: American Management Associations, Inc., 1969.

Gellerman, Saul W. *Management by Motivation.* New York: American Management Associations, Inc., 1968.

Herzberg, Frederick. *Work and the Nature of Man.* New York: T.Y. Crowell, 1966.

Herzberg, Frederick, et al. *The Motivation to Work*, 2nd ed. New York: John Wiley & Sons, Inc., 1959.

Hughes, Charles L. *Goal Setting.* New York: American Management Associations, Inc., 1965.

Likert, Rensis. *The Human Organization.* New York: McGraw-Hill, 1967.

Maher, John, ed. *New Perspectives in Job Enrichment.* New York: Van Nostrand Reinhold, 1971.

Marrow, Alfred J., et al. *Management by Participation.* New York: Harper & Row, 1967.

Marrow, Alfred J. *The Failure of Success.* New York: American Management Associations, Inc., 1972.

Maslow, A.H. *Motivation and Personality*, 2nd ed. New York: Harper & Row, 1970.

McGregor, Douglas. *Human Side of Enterprise.* New York: McGraw-Hill, 1960.

Myers, M.S. *Every Employee a Manager: More Meaningful Work Through Job Enrichment.* New York: McGraw-Hill, 1970.

第四部分

Anshen, M., ed. *Managing the Socially Responsible Corporation.* New York: Macmillan, 1974.

Backman, Jules, ed. *Social Responsibility and Accountability.* New York: New York University Press, 1975.

Bauer, Raymond and Ackerman, Robert. *Corporate Social Responsiveness.* Reston, Va.: Reston Publishing, 1976.

Chamberlain, Neil W. *The Limits of Corporate Responsibility.* New York: Basic

Books, Inc., 1973.

Jacoby, Neil H. *Corporate Power and Social Responsibility.* New York: Macmillan, 1973.

Linowes, David F. *The Corporate Conscience.* New York: Hawthorn Books, 1974.

McGuire, J.W. *Business and Society.* New York: McGraw-Hill, 1963.

Seidler, Lee J. *Social Accounting: Theory, Issues and Cases.* New York: John Wiley and Sons, 1974.

Steiner, George A. *Business and Society.* New York: Random House, 1971.

Stone, Christopher D. *Where the Law Ends: The Social Control of Corporate Behavior.* New York: Harper & Row, 1975.

Walton, Clarence. *Corporate Social Responsibility.* Belmont, Ca.: Wadsworth Publishing Co., 1967.

第五部分

Barnard, Chester I. *Functions of the Executive.* Cambridge, Mass.: Harvard University Press, 1968.

Blake, Robert R., and Mouton, Jane S. *Managerial Grid.* Houston, Tex.: Gulf Publishing, 1972.

Carroll, Stephen J., Jr., and Tosi, Henry L., Jr. *Management by Objectives.* New York: Macmillan, 1973.

Cleveland, Harlan. *The Future Executive: A Guide for Tomorrow's Managers.* New York: Harper & Row, 1972.

Drucker, Peter F. *The Effective Executive.* New York: Harper & Row, 1966.

Fiedler, Fred. *Theory of Leadership Effectiveness.* New York: McGraw-Hill, 1967.

Humble, John W. *How to Manage by Objectives.* New York: American Management Associations, Inc., 1973.

Jennings, Eugene. *Executive Success.* New York: Appleton-Century-Crofts, 1967.

Kellog, Marion S. *What to Do About Performance Appraisal,* rev. ed. New York: American Management Associations, Inc., 1975.

Levinson, Harry. *The Exceptional Executive.* Cambridge, Mass.: Harvard University Press, 1968.

Mali, Paul. *Management by Objectives.* New York: John Wiley and Sons, 1972.

McGregor, Douglas. *The Professional Manager.* New York: McGraw-Hill, 1967.

Odiorne, George S. *Management and the Activity Trap.* New York: Harper & Row, 1974.

Reddin, W.J. *Effective Management by Objectives.* New York: McGraw-Hill, 1971.

Silber, Mark B., and Sherman, Clayton. *Managerial Performance and Promotability: The Making of an Executive.* New York: American Management Associations, Inc., 1974.

Vance, Charles C. *Manager Today, Executive Tomorrow.* New York: McGraw-Hill, 1974.

Zaleznik, Abraham. *Human Dilemmas of Leadership.* New York: Harper & Row, 1966.

第六部分

Ackoff, Russell Lincoln. *A Concept of Corporate Planning.* New York: Wiley-Interscience, Inc., 1970.
Anthony, R.N. *Planning and Control Systems.* Boston: Harvard Business School, 1965.
Beer, Stafford. *Decision and Control.* New York: Wiley, 1966.
Christopher, William M. *The Achieving Enterprise.* New York: American Management Associations, Inc., 1974.
Ewing, D.W., ed. *Long-Range Planning for Management.* New edition. New York: Harper & Row, 1972.
Feldman, Edwin B. *How to Use Your Time to Get Things Done.* New York: Frederick Fell Publishers, 1968.
Forrester, Jay W. *Industrial Dynamics.* Cambridge, Mass.: M.I.T. Press, 1961.
Lakein, Alan. *How to Get Control of Your Time.* New York: Peter H. Wyden, 1973.
Loen, R.O. *Manage More by Doing Less.* New York: McGraw-Hill, 1971.
Solomon, Ezra. *The Theory of Financial Management.* New York: Columbia University Press, 1963.
Steiner, George A. *Top Management Planning.* New York: Macmillan, 1969.
Webber, Ross A. *Time and Management.* New York: Van Nostrand Reinhold, 1972.

第七部分

Allen, Louis A. *Management and Organization.* New York: McGraw-Hill, 1958.
Bennis, Warren. *Organizational Development: Its Nature, Origins and Prospects.* Reading, Ma.: Addison-Wesley Publishing Col, 1969.
Dale, Ernest. *The Great Organizers.* New York: McGraw-Hill, 1960.
Drucker, Peter F. *Concept of the Corporation.* New York: John Day, 1946; revised edition, 1972. Title of British edition: *Big Business.* London: Heinemann, 1946.
Drucker, Peter F. *The Age of Discontinuity.* New York: Harper & Row, 1956.
Drucker, Peter F., ed. *Preparing Tomorrow's Business Leaders Today.* Englewood Cliffs, N.J.: Prentice-Hall, 1969.
Huse, Edgar. *Organization Development and Change.* St. Paul, Mn.: West Publishing Co., 1975.
Kepner, C. and Tregoe, B. *The Rational Manager.* New York: McGraw-Hill, 1965.
Lawrence, Paul R. and Lorsch, Jay W. *Organization and Environment.* Cambridge, Ma.: Harvard University Press, 1967.
Sayles, Leonard R., and Chandler, Margaret K. *Managing Large Systems: Organizations for the Future.* New York: Harper & Row, 1971.
Thompson, J.D. *Organization in Action.* New York: McGraw-Hill, 1967.
Webb, James E. *Space Age Management.* New York: McGraw-Hill, 1969.

| 赞 誉 |

（以姓氏拼音排序）

陈劲，清华大学经济管理学院教授、《清华管理评论》执行主编

德鲁克是最早系统总结管理规律并促成管理学诞生的管理思想家，在他充满智慧的论述中，对目标管理、知识工作者等关键概念做了超前的分析，同时他高度重视管理理论的实际应用，是管理实践最重要的践行者。在《认识管理》一书中，德鲁克提供了管理的基本特征和有效管理的基础知识，为管理的实际运用奠定了理论基准。

成甲，《好好学习》《好好思考》作者

顶级高手和普通专家的差别不在于知识量，而在于对更基本的概念是否有更深刻的理解和洞察。作为管理学的开山鼻祖，德鲁克的知识大厦是建立在对管理学基本概念的深刻洞察之上的，《认识管理》这本书全面介绍了这些重要的概念，值得我们反复研读。

何振红，《中国企业家》杂志社社长

重读德鲁克，领悟之处在于穿越管理思考的人文之光。德鲁克一再强调公司是社会的工具和器官，它的本质和目标不在于经济业绩而在于不断地为公民设置生活方向和生存准则。

对于那些丧失商业底线肆意造假、作恶的公司，德鲁克《认识管理》一书是一记重锤。希望这本书成为引领商业向上的力量，希望所有企业家协力创造更加美好的社会。

华杉，上海华与华营销咨询有限公司董事长

德鲁克不仅开创了企业管理这一学科，而且是一个社会学家。他的思想——将企业看成社会的公器，为社会解决问题，成为我制定企业战略的指导思想：一个社会问题，就是一个商业机会，企业的本质是为社会解决问题，企业的社会责任是企业的业务，而不是义务。企业的产品及服务即是该社会问题的解决方案。品牌是对解决该问题的完整承诺，承诺越完整，则社会交易成本越低。解决的问题越大，则企业的市值越大。

黄伟强，壹心理创始人

我们在谈管理的时候容易思维窄化或功利，聚焦于对人的激励和任务的达成。德鲁克先生的《认识管理》提供了更宏大的视野和多维的视角去看管理与管理者。管理不仅是在成就企业，也是在成就他人，让工作者闪闪发光；同时，管理还在成就社会，让人类社会和人类社群更有机与健康。

贾国龙，西贝餐饮集团创始人、董事长

人和组织是西贝最核心的竞争力，我们的组织建设有非常个性的一面，但随着公司规模越来越大，我们需要科学的管理。我希望我们的组织建设共性中有个性，既符合科学的基本规则，又有与众不同的东西，这个度的拿捏需要认真思考，需要有革命性的观念和创造性的设计。关于科学和基础的管理，我推荐德鲁克的《认识管理》。

康至军，HR 转型突破中心创始人

如何避免让工作完全沦为生活的代价？如何避免让企业完全沦为赚钱的机

器？如何让职业生涯卓有成效，成为有意义的人生的一部分？如何让企业在取得卓越经济绩效的同时，也能够成为成就员工、创建美好社会的中坚力量？德鲁克的著作是写给心怀善意的管理者看的。他的建议总是务实、有力，提供了清晰的实践指引，能够让善者更强：成事、成人、成己。

刘润，润米咨询创始人、"5分钟商学院"主理人、微软前战略合作总监

彼得·德鲁克是管理学的鼻祖，无数企业家心中的大师。但是如果你想"买本书"跟着德鲁克学习，那买的可不是一本，而是三十几本。德鲁克的一生著作等身，这让不少管理者不知从哪里开始。这本《认识管理》解决了这个问题。它把德鲁克的管理思想用集大成的方式、体系化的结构、面对问题的表述语言，完整展开，是一本教材式的读物，强烈推荐。

刘学辉，砺石咨询、《砺石商业评论》创始人

德鲁克之所以被赞誉为"大师中的大师"，是因为很多管理大师的理论都可以在德鲁克的著述中找到源头，例如波特的竞争战略理论、特劳特的定位理论与卡普兰的平衡计分卡理论……所以要想对管理有系统的了解，去了解德鲁克的管理思想是极其必要的。

由于德鲁克最初是一个社会研究专家，其研究组织管理也是将组织作为一个重要的社会功能去研究，希望通过组织的有效管理使社会避免陷入极权主义，从而构建一个人人希冀的美好社会，因此在德鲁克一生的众多著述中，除了管理，还涉及人类社会相关的很多话题。在这些著述中，最系统完整，并且以类似教材的形式总结其管理理论的书籍便是这本《认识管理》，所以对于那些想系统学习德鲁克管理思想的管理研究者与实践者，首推这本《认识管理》。

吕伟胜，跟谁学联合创始人

现代管理学之父——彼得·德鲁克，是管理学领域最著名、最有影响力的思想家之一。他的作品传播到130多个国家，经久不衰。读德鲁克的书，是一种享受，常使人有茅塞顿开之感。这本《认识管理》更使我爱不释手，书中提出"有系统的无知"（organized ignorance）这一概念，并试图找到若干方法来探究我们无知的领域，深入思考了相关政策、原则和实践。面对变化莫测的市场和全球化竞争的困惑，相信你会从这本书中得到启示。

乔健，联想集团高级副总裁、首席战略官、首席市场官

德鲁克的管理思想对我最有启发的一点就是如何真正释放人的才能。企业不断转型需要创新与人力资本驱动，唯有唤起员工的自我驱动与创造性劳动，才能为企业发展源源不断地输送新动能。

宋观，凤凰网内容部资深品牌策划经理、凤凰网文化创意频道主编

我们曾策划推出"德鲁克：每一位知识工作者其实都是管理者 | 风向书单"，试图借鉴德鲁克的思考方式，形成一份博雅书单。如德鲁克所说，"并不是只有高级管理人员才是管理者，每一位知识工作者其实都是管理者"。我希望德鲁克的思想成为凤凰网友解决问题、发现需求的重要思考工具。《认识管理》贯穿了两条思考线索：什么是"理想"的组织／管理（愿景），如何从"实际"出发及相关技巧、案例（基石）。归根结底，如德鲁克在本书中所言，"组织是实现目的的手段而不是目的本身"，永远不能偏执于抽象的组织机构之中。"未来管理者的人数要比当前更多，并且更加重要。"《认识管理》因此有着更为务实的价值，值得更多人阅读。

孙思远，远读重洋创始人

在管理学领域，"德鲁克"三个字就等同于经典。作为一名管理学科班出身的创业者，我一直把德鲁克先生的思想奉为圭臬。几十年来，管理学领域涌现出了各种新工具、新方法，但德鲁克的思想之光如同一座永不熄灭的灯塔，照耀着全世界的管理实践者。时隔40多年，德鲁克的经典长销书《认识管理》终于在中国出版。向所有人推荐这本书：拥有它，就等于拥有进入管理学殿堂的金钥匙。

王光丽，香港彼得·德鲁克管理学院院长、博雅管理基金会行政总裁

德鲁克的著作充满了人性的光辉和对个体生命的尊重。"管理是一门真正的博雅艺术"（management is a truly liberal art）是德鲁克对"管理是什么"的诠释，同时也折射出他毕生努力研究发展"专业和有承诺的管理"（management as profession and commitment）的初心。让每一颗活泼的心灵绽放生命的光彩，释放出个人与生俱来的善意和创造力，是德鲁克赋予管理的特殊目的和意义。《认识管理》这本书是德鲁克写给每一位向往美好、不甘平庸、希望成为更好的自己的人的。在快速变化的今天，这本启迪"博雅管理"之旅的入门读物更弥足珍贵。

王赛，CEO咨询顾问、科特勒咨询（KMG）管理合伙人

作为管理学的一代宗师，德鲁克却自认为是一名"社会生态学家"。他用CEO咨询顾问的眼睛，洞穿半个世纪产业社会变迁中的组织与人，并复原了古希腊"苏格拉底"式的活法——不断追问"企业是什么""业务是什么""战略是什么"，又把这些思辨进行清理，让管理落实在人性和实践性之中，而这些，正是《认识管理》回答的内容。

王志纲，中国著名战略咨询专家、智纲智库创始人

在众多"西学"之中，管理学占了相当突出的位置，"现代管理学之父"彼得·德鲁克先生及其著作，对中国企业走向规模化和现代化起到了奠基性的作用，影响极为深远。

当下之中国，已经走过了"拿来主义"阶段，正面临着越来越大的全球化

挑战。我希望中国的企业家朋友们，在吸收、学习德鲁克学说的基础上，能够结合自身丰富的实践，融汇中西，走出一条创新的企业实践之路，这也算是对德鲁克先生最好的纪念吧！

吴晓波，著名财经作家

彼得·德鲁克被称为"大师中的大师"，他真正让管理学建立起完整的知识架构，并对企业的性质和企业家精神下了定义。每一个商业工作者，都应该为德鲁克留下一行书架。

颜杰华，《商业评论》主编

这是一个外部环境快速变化的时代，管理者渴望通过学习增强自己的应对能力。但是，各种管理新词满天飞，管理者很容易迷失在其中，乱动盲动。在这种情况下，抓住管理的本质，抓住那些不变的要义，从原点出发，生发出应对变化的各种招数，就显得格外重要。德鲁克的著作正是起到了正本清源的作用，能让你越读越清醒，拨开迷雾看本质。

杨斌，清华大学经济管理学院领导力研究中心主任

德鲁克善于问出本质性的问题，帮助我们认识那些因其常见而不为人见的事物，思考那些因其向来如此而兀自继续如此的行为，唤起那些因其沉浸于商业领域而忘记该承载的超越商业的意义。器识为先，文艺其从，德鲁克眼中的世界、笔下的管理，在技术、模式、效率、利润、手段中，总是看到人，并以人为本。

朱恒源，清华大学经济管理学院教授、清华大学全球产业研究院副院长

管理是人类社会最重要的发明之一，也随时代的发展和组织形态的演化而不断变化。在众声嘈杂的年代，读大师德鲁克的通识入门书《认识管理》，追根溯源，看管理是怎样一门达人成己的"博雅技艺"，常有醍醐灌顶之悟。

彼得·德鲁克全集

序号	书名	要点提示
1	工业人的未来 The Future of Industrial Man	工业社会三部曲之一，帮助读者理解工业社会的基本单元——企业及其管理的全貌
2	公司的概念 Concept of the Corporation	工业社会三部曲之一，揭示组织如何运行，它所面临的挑战、问题和遵循的基本原理
3	新社会 The New Society: The Anatomy of Industrial Order	工业社会三部曲之一，堪称一部预言，书中揭示的趋势在短短十几年都变成了现实，体现了德鲁克在管理、社会、政治、历史和心理方面的高度智慧
4	管理的实践 The Practice of Management	德鲁克因为这本书开创了管理"学科"，奠定了现代管理学之父的地位
5	已经发生的未来 Landmarks of Tomorrow: A Report on the New "Post-Modern" World	论述了"后现代"新世界的思想转变，阐述了世界面临的四个现实性挑战，关注人类存在的精神实质
6	为成果而管理 Managing for Results	探讨企业为创造经济绩效和经济成果，必须完成的经济任务
7	卓有成效的管理者 The Effective Executive	彼得·德鲁克最为畅销的一本书，谈个人管理，包含了目标管理与时间管理等决定个人是否能卓有成效的关键问题
8 ☆	不连续的时代 The Age of Discontinuity	应对社会巨变的行动纲领，德鲁克洞察未来的巅峰之作
9 ☆	面向未来的管理者 Preparing Tomorrow's Business Leaders Today	德鲁克编辑的文集，探讨商业系统和商学院五十年的结构变化，以及成为未来的商业领袖需要做哪些准备
10 ☆	技术与管理 Technology, Management and Society	从技术及其历史说起，探讨从事工作之人的问题，旨在启发人们如何努力使自己变得卓有成效
11 ☆	人与商业 Men, Ideas, and Politics	侧重商业与社会，把握根本性的商业变革、思想与行为之间的关系，在结构复杂的组织中发挥领导力
12	管理：使命、责任、实践（实践篇） Management:Tasks,Responsibilities,Practices	为管理者提供一套指引管理者实践的条理化"认知体系"
13	管理：使命、责任、实践（使命篇） Management:Tasks,Responsibilities,Practices	
14	管理：使命、责任、实践（责任篇） Management:Tasks,Responsibilities,Practices	
15	养老金革命 The Pension Fund Revolution	探讨人口老龄化社会下，养老金革命给美国经济带来的影响
16	人与绩效：德鲁克论管理精华 People and Performance: The Best of Peter Drucker on Management	广义文化背景中，管理复杂而又不断变化的维度与任务，提出了诸多开创性意见
17 ☆	认识管理 An Introductory View of Management	德鲁克写给步入管理殿堂者的通识入门书
18	德鲁克经典管理案例解析（纪念版） Management Cases(Revised Edition)	提出管理中10个经典场景，将管理原理应用于实践

彼得·德鲁克全集

序号	书名	要点提示
19	旁观者：管理大师德鲁克回忆录 Adventures of a Bystander	德鲁克回忆录
20	动荡时代的管理 Managing in Turbulent Times	在动荡的商业环境中，高管理层、中级管理层和一线主管应该做什么
21 ☆	迈向经济新纪元 Toward the Next Economics and Other Essays	社会动态变化及其对企业等组织机构的影响
22 ☆	时代变局中的管理者 The Changing World of the Executive	管理者的角色内涵的变化、他们的任务和使命、面临的问题和机遇以及他们的发展趋势
23	最后的完美世界 The Last of All Possible Worlds	德鲁克生平仅著两部小说之一
24	行善的诱惑 The Temptation to Do Good	德鲁克生平仅著两部小说之一
25	创新与企业家精神 Innovation and Entrepreneurship: Practice and Principles	探讨创新的原则，使创新成为提升绩效的利器
26	管理前沿 The Frontiers of Management	德鲁克对未来企业成功经营策略和方法的预测
27	管理新现实 The New Realities	理解世界政治、政府、经济、信息技术和商业的必读之作
28	非营利组织的管理 Managing the Non-Profit Organization	探讨非营利组织如何实现社会价值
29	管理未来 Managing for the Future: The 1990s and Beyond	解决经理人身边的经济、人、管理、组织等企业内外的具体问题
30 ☆	生态愿景 The Ecological Vision	对个人与社会关系的探讨，对经济、技术、艺术的审视等
31 ☆	知识社会 Post-Capitalist Society	探索与分析了我们如何从一个基于资本、土地和劳动力的社会，转向一个以知识作为主要资源、以组织作为核心结构的社会
32	巨变时代的管理 Managing in a Time of Great Change	德鲁克探讨变革时代的管理与管理者、组织面临的变革与挑战、世界区域经济的力量和趋势分析、政府及社会管理的洞见
33	德鲁克看中国与日本：德鲁克对话"日本商业圣手"中内功 Drucker on Asia	明确指出了自由市场和自由企业，中日两国等所面临的挑战，个人、企业的应对方法
34	德鲁克论管理 Peter Drucker on the Profession of Management	德鲁克发表于《哈佛商业评论》的文章精心编纂，聚焦管理问题的"答案之书"
35	21世纪的管理挑战 Management Challenges for the 21st Century	德鲁克从6大方面深刻分析管理者和知识工作者个人正面临的挑战
36	德鲁克管理思想精要 The Essential Drucker	从德鲁克60年管理工作经历和作品中精心挑选、编写而成，德鲁克管理思想的精髓
37	下一个社会的管理 Managing in the Next Society	探讨管理者如何利用这些人口因素与信息革命的巨变，知识工作者的崛起等变化，将之转变成企业的机会
38	功能社会：德鲁克自选集 A Functioning society	汇集了德鲁克在社区、社会和政治结构领域的观点
39 ☆	德鲁克演讲实录 The Drucker Lectures	德鲁克60年经典演讲集锦，感悟大师思想的发展历程
40	管理（原书修订版） Management(Revised Edition)	融入了德鲁克于1974～2005年间有关管理的著述
41	卓有成效管理者的实践（纪念版） The Effective Executive in Action	一本教你做正确的事，继而实现卓有成效的日志笔记本式作品

注：序号有标记的书是新增引进翻译出版的作品